梁啓雄編

廿四史傳目引得

中華書局印行

序

以二十四史卷帙之浩繁,設執一古人名而致諸史傳,卽知其人繫於何世何代,檢索固已匪易,若並世代而不知,則'探海求鍼'之喻,庶足以方其勞憊耳!甚矣哉尋檢之難也。

清儒汪氏輝祖固嘗有史姓韻編之作,其書蒐集二十四史中各人之姓名,依韻編次;於尋檢致索,不無裨助,惜其書編排尙欠精密,且稍傷繁複蕪累,現行各種印本,又均舛謬百出,故檢索之勞,未克殫祛。

余夙嘗從事於編纂哲匠錄,所蒐取之資料,類皆不辨何世何代之古人斷片事蹟,至其人之爵里事業,非進而加以致索,則無繇得以詳察!林熾田范彥回二君襄余編纂有年,二君深感致索鉤稽之煩勞,乃建議利用課餘之暇,彙編二十四史傳目引得一書,余深韙其言,遂發凡起例,由林君司迻錄各史傳目於卡片,范君按各傳「首」「二」「三」⋯⋯字筆畫之繁簡而次第其先後;復由林君淸釐,范君讎校;莫玉華女士復精校三通,余止居於待問之地位而已!孳孳兀兀,朞年而業迺成。書之內容雖視史姓韻編稍簡略,然尋檢之便利則似過之,竊意工具

之書,壹以節省尋檢者之時力為主旨,而引得之作,尤宜
使尋檢者於最短時間內獲其所求。本書雖甚麤疏陋略,
然始終堅秉斯旨,其或有一得以獻於世耶?

　　　民國二十三年冬新會梁啟雄識

目 錄

序⋯⋯⋯⋯⋯⋯⋯⋯⋯⋯⋯⋯⋯⋯⋯⋯⋯⋯⋯1—2

述例⋯⋯⋯⋯⋯⋯⋯⋯⋯⋯⋯⋯⋯⋯⋯⋯⋯1—4

筆畫檢字⋯⋯⋯⋯⋯⋯⋯⋯⋯⋯⋯⋯⋯⋯1—11

拼音檢字⋯⋯⋯⋯⋯⋯⋯⋯⋯⋯⋯⋯⋯⋯1—14

傳目引得

　一　畫⋯⋯⋯⋯⋯⋯⋯⋯⋯⋯⋯⋯⋯1

　二　畫⋯⋯⋯⋯⋯⋯⋯⋯⋯⋯⋯⋯⋯1

　三　畫⋯⋯⋯⋯⋯⋯⋯⋯⋯⋯⋯⋯⋯3

　四　畫⋯⋯⋯⋯⋯⋯⋯⋯⋯⋯⋯⋯⋯5

　五　畫⋯⋯⋯⋯⋯⋯⋯⋯⋯⋯⋯39

　六　畫⋯⋯⋯⋯⋯⋯⋯⋯⋯⋯⋯52

　七　畫⋯⋯⋯⋯⋯⋯⋯⋯⋯⋯⋯66

　八　畫⋯⋯⋯⋯⋯⋯⋯⋯⋯⋯⋯118

　九　畫⋯⋯⋯⋯⋯⋯⋯⋯⋯⋯⋯134

　十　畫⋯⋯⋯⋯⋯⋯⋯⋯⋯⋯⋯156

　十 一 畫⋯⋯⋯⋯⋯⋯⋯⋯⋯⋯⋯185

　十 二 畫⋯⋯⋯⋯⋯⋯⋯⋯⋯⋯⋯235

　十 三 畫⋯⋯⋯⋯⋯⋯⋯⋯⋯⋯⋯250

　十 四 畫⋯⋯⋯⋯⋯⋯⋯⋯⋯⋯⋯267

十 五 畫 …………………………………………281

十 六 畫 …………………………………………312

十 七 畫 …………………………………………320

十 八 畫 …………………………………………339

十 九 畫 …………………………………………344

二 十 畫 …………………………………………347

二 十 一 畫 ………………………………………351

二 十 二 畫 ………………………………………353

二 十 三 畫 ………………………………………354

二 十 四 畫 ………………………………………354

二 十 五 畫 ………………………………………355

列 女 ……………………………………………355

后 妃 ……………………………………………368

宗室諸王 …………………………………………383

公 主 ……………………………………………409

雜 目 ……………………………………………411

外 紀 ……………………………………………414

叢 傳 ……………………………………………424

補 遺 ……………………………………………431

正 誤 ……………………………………………433

述　例

一、　本引得所包括之範圍,以二十四史列傳中之正附傳爲限。　晉書之載記,以與列傳大致無殊,亦悉數編入。　史記及五代史之世家多與漢書及舊五代史之列傳互見,則以漢書舊五代史之列傳爲主,而附識史記五代史世家之卷第於其後。　自餘如:　帝紀,書,志,表,年譜,考,及史記之吳太伯,晉,楚……等世家,　篇幅本甚短少,展卷立能得之,更無竢乎緒檢,故概不編入。

二、　本引得分「正編」及「類編」二大部。　正編率以人爲本位,所標之傳目亦多以人名爲主。　編排之體例,按筆畫省繁爲先後之序而爲筆畫排比體。　在某一姓（例:李姓）之內,單名者（例:李白）按「名」字之筆畫爲序悉數排於前端;複名者（例:李光弼）按「名」字之首二三……字之筆畫爲序排於後端。

　　並於大姓中人名之首字旁標識數目字以示該字之筆畫數,自是而降,筆畫相同者,不復逐一附標,直至筆畫加增,乃標示焉。　如是,傳目雖繁衆,而各有其確當不移之位置;範圍既愈縮而愈小,時力自彌節而彌多,則向之勞如'探海求鍼',今直猶'探囊取物'耳!　類

1

●編有：列女、后妃、宗室諸王、公主、釋氏、外紀、雜目、叢傳八類，皆依各傳性質相近者以類編綴之；排編之體例，后妃、宗室、公主均以年代相從，采斷代體，餘均與正編同。

三、凡二人以上同姓名者，不論時代相去之遠邇，止標舉最先見者一名爲目，其餘諸人，但舉其所在之書及卷第，按年代之先後順序彙列於下。檢閱者但遊目瀏覽，則歷代同姓名者幾何人，各繫屬於何世何代，自能辨之，不煩臚舉。

例：張　昇　魏書卷86孝感
　　　　　　北史卷84孝行
　　　　　　宋史卷318
　　　　　　元史卷177
　　　　　　明史卷184
　　　　　　明史卷300外戚附張鶴齡傳

四、凡同一人而有數傳分見於數史者，亦止標舉一目其複見者，僅舉史名及卷第。

例：彭　越　史記卷90
　　　　　　漢書卷34

五、一人見於二史，而所標之目互異者，不問所標者爲名、爲字、爲號、……，所用之字爲古字、爲今字、爲俗字，均照目標之原名並存之，而互注其異名於後。

例：秦　瓊　唐書卷89　　（舊唐書卷68作秦叔寶）

　　秦叔寶　舊唐書卷68　　（唐書卷89作秦瓊）

六、目錄所標與傳中之名殊異者，依傳中之名，而注目

2

標之名於其後。

　　例：仇　覽　後漢書卷106（目作仇香）

　　　　楊　璇　後漢書卷68　（目作楊琔）

七、宗室、家人、諸子、諸王……諸叢傳中之子目，悉照目
　　標之原名，（卽：梁孝王武、陳思王植……等）裒錄爲
　　一類，編以宗室諸王四字名之采斷代體。復於正編
　　中改從各人之姓名；（卽劉武、曹植……等）插入。

八、各史中之「僧」「沙門」……傳，悉照目標之原
　　名（如：‘僧玄奘、沙門洪藴……’）蒐取爲一類，編以
　　「釋氏」名之采筆畫排比體。復削去「僧」「沙
　　門」等字樣，獨留其法名（如：‘玄奘、洪藴’，）插入正編。

九、台溫二樵、河西傭、石門丐婦、莎衣道人、皂旗張、漳泉
　　留氏、順昌山人、……悉數薈集爲一類，編以「雜目」
　　名之采筆畫排比體。北漢劉氏、西蜀孟氏、荊南高氏，
　　……亦暫入此類　匈奴劉聰、島夷桓玄，……除削去
　　「匈奴」「島夷」……獨留「劉聰」「桓玄」……
　　排入正編外，於此仍照其原名插入。　老莊申韓管晏
　　……傳，固已析標老聃、莊周、申不害、韓非、管仲、晏嬰、諸
　　目編入正編，而於此仍存諸合傳之原名。　春申君、淮
　　陰侯、李將軍……傳，於正編改稱黃歇、韓信、李廣，於此

均存諸傳舊名。

十、　各史中之列女，均裒錄爲一類編，以「列女」名之，
采筆畫排比體。

十一、　后妃、皇后、妃嬪之子目，悉裒錄爲一類編，以「后
妃」名之，采斷代體。

十二、唐宋明三史之公主傳裒錄爲一類編，以「公主」
名之，采斷代體。

十三、外國、四夷、外紀、夷貊、異域、諸夷、蠻夷⋯⋯之子目，
裒錄爲一類編，以「外紀」名之，采筆畫排比體。

十四、　方技、文苑、文藝、外戚、外國、后妃、良吏、佞幸、孝義、宗
室、宦者、循吏、儒林⋯⋯等叢傳，裒錄爲一類編，以「叢
傳名之，采筆畫排比體。

十五、　羅馬拼音檢字，除"Hsuan"改拼"Hsien"自增拼"璹
Shou, 寮 Iiao"外，餘悉以商務印書館之漢英新辭典爲
標準。

筆畫檢字

一畫
- 一 1 / 424叢傳
- 乙 1 / 414外國

二畫
- 丁 2 / 355列女 / 414外國
- 乃 1
- 九 1
- 八 1 / 410釋氏 / 414外國
- 刁 1 / 355列女
- 卜 1 / 414外國

三畫
- 万 3 / 414外國
- 三 3 / 355列女 / 411雜目
- 上 4
- 乞 3 / 355列女
- 也 4 / 355列女 / 414外國
- 于
- 兀 3
- 千 3 / 414外國
- 口 3
- 士 3 / 424叢傳 / 414外國
- 士 3
- 大 3 / 414外國
- 女 3 / 414外國
- 子 3
- 小 3 / 414外國
- 山 3
- 干 3 / 414外國
- 弋 3

四畫
- 不 5 / 414外國
- 丑 5 / 414外國
- 中 410釋氏 / 415外國
- 丹 5
- 云 5
- 井 6
- 仇 12 / 355列女 / 411雜目
- 元 7 / 424叢傳
- 公 424叢傳
- 六 411雜目
- 勿 5 / 414外國
- 卜 6 / 415外國
- 天 6 / 411雜目 / 414外國
- 太 10
- 夫 6 / 355列女
- 孔 9. / 355列女
- 尤 5 / 355列女 / 414外國
- 尹 5
- 巴 6 / 415外國 / 424叢傳
- 支 8 / 356列女 / 424叢傳
- 文 415外國 / 424叢傳
- 方 5 / 355列女
- 曰 5 / 414外國 / 424叢傳
- 月 5
- 木 5
- 止 414外國
- 母 8 / 355列女
- 毋 5
- 比 5 / 414外國
- 毛 5
- 氏 5 / 414外國
- 火
- 牙 5
- 牛 6
- 王 19 / 356列女

五畫
- 且 41 外國
- 世 425叢傳
- 丘 41
- 丙 39
- 主 39
- 仝 39
- 代 39
- 令 42
- 冉 39
- 加 415外國
- 匄 411雜目 / 415外國
- 包 41
- 北 411雜目 / 415外國
- 占 415外國
- 古 40 / 357列女 / 415外國
- 句 40 / 415外國
- 只 357列女
- 召 40
- 可 39

筆畫檢字

六 畫

七 畫

台　411雜目
叱　40
史　43　357列女　415外國
司　48
外　425叢傳
失　40　415外國
仐　41
尼　40
左　42
巨　39
布　40
平　40　411雜目　411雜目
幼　415外國
弁　40　410釋氏　415外國
必　39
打
且　39
末　415外國
札　39
尤　40
氏　411雜目　415外國
永　40
氾　39
玄　39
玉　39　411雜目

瓜　415外國
瓦　415外國
甘　41　415外國　44　357列女　39
田　42
由　43　356列女　415外國
申　40　357列女　46　357列女　411雜目　415外國　39
白
皮
石
立

交　416外國
亦　53　416外國　52
仰　53　357列女　411雜目
仲
伃　52
任　57　357列女　411雜目
伊　54
伍　54
伏　54
充　52

光　52
全　53
列　425叢傳
匡　52
危　53
吃　416外國
合　53　416外國　54
吉　52
同　416外國
名　52　425叢傳　52　416外國　54　357列女　52　416外國　58　357列女　52
后　55　357列女　416外國
吐　52
向　52
回　53
宇　53　416外國　52
守　60　357列女　416外國
安　52
州
年
忙
曲
有
朱
朴

朵　53　416外國　420叢傳
死　56　357列女　416外國
江　53
地
牟　52　416外國　416外國
百　53　416外國
竹　55　357列女　52　411雜目　52
米
羊
老
自
艾　53
衣　357列女
西　53　411雜目　416外國

2

筆畫檢字

倭	426叢傳	抄	66	谷	69 357列女	呼	118
冶	66	把	67	豆	68 417外國	和	121 417外國
冷	66	投	417外國	貝	66	坤	417外國
別	67 417外國 83 358列女 412雜目	折	67	赤	67 417外國	奄	417外國
吳		攸	66	車	67	奇	128 359列女 412雜目
吾	67	李	91 358列女 411雜目	辛	71	孟	119
吹	66	杜	81 357列女	辰	417外國	季	118
呂	76 358列女 417外國	東	66	邢	70 357列女 417外國	宓	417外國
坎	417外國	步	67	那	69	宕	126 426叢傳 118
夾	68	汪	71 357列女	阮		宗	417外國
妙	357列女	汲	67	**八 畫**		官	118 412雜目 120
孛	68	沃	66	京	118	定	121
孝	426叢傳	沈	72 357列女	來	121	宛	120
宋	74 358列女 87 358列女	沐	66	侍	118	尙	118
完	66	沙	66 410釋氏 417外國	兒	118	屈	121
肖	68	灼	66	兒	359列女	岳	120
岑	66	狄	67 357列女	兩	118 417外國	帖	118
巫	66	甬	412雜目	典	118	幸	118
希	66	皂	411雜目	到	120	底	417外國
延	66	禿	67	劾	118	忠	118 427叢傳
忒	66	私	412雜目	卓	119 426叢傳	念	118
志	69 357列女 66 417外國	罕	417外國	叔	119 359列女	忽	119 417外國
成		良	425叢傳	周	129 359列女 417外國	怡	118
扶		言	66	呵	418外國	怯	118
						房	123 359列女

筆畫檢字

柔　418外國
查　135
柯　135　360列女　418外國
柳　143　360列女　418外國
段　139　360列女
泉　135
洗　360列女　412雜目
洪　138　360列女
洼　134
活　134
爰　134
畏　134　360列女
皇　139　360列女
盆　134
相　134　360列女
矧　134
祈　134
禹　134
种　137
突　134　418外國
紀　136
紇　137
美　418外國
耶　152　360列女

胡　147　360列女　419外國
胥　135
苑　134
苗　136
苟　135　360列女
若　134
苦　134
英　136　360列女
苻　145　360列女
范　135　360列女
茅　134
計　134
迦　134
迪　135　418外國
迭　134
郁　135
郇　134
重　134
韋　149　360列女

十　畫

乘　361列女
俱　156
俺　419外國

倖　427叢傳
倪　159　361列女　420外國
倭　156
倉　156
党　156　419外國　412雜目
剡　156
原　156
員　156
哥　419外國
咟　156
唆　166　361列女
唐　165　361列女　412雜目　420外國　159　419外國
夏　156
奚　175　361列女　419外國
娥　427叢傳
孫　156
宦　156
宰　156
家　412雜目
容　157　410釋氏　419外國　361列女
島　159
師
席

庫　158　419外國
徐　171　361列女
徒　160　412雜目
恩　427叢傳
息　156
挹　419外國
晃　157
時　157
晏　156
格　156
桂　156
桑　158
柴　159　361列女
桓　163
殷　161　361列女　427叢傳　420外國
流　419外國
淨　419外國
浪　419外國
泰　156　419外國
浦　156
浮　410釋氏
海　156　412雜目　419外國
涂　157　361列女
涉　156

筆畫檢字

字	頁碼
烏	164 / 361列女 / 420外國
牂	419外國
特	156
犀	156
狼	419外國
班	157
留	157
眞	156 / 420外國
破	156
祕	156
祖	160 / 419外國
祝	158
神	157
秦	162 / 361列女
納	158 / 419外國
紐	157
純	156
索	159 / 419外國
翁	157
耽	419外國
耿	161
能	427叢傳
荔	156
茹	157
荀	162 / 361列女

字	頁碼
荊	157 / 412雜目 / 413外國
夷	156
袁	167 / 361列女 / 419外國
討	156
貢	156
軒	427叢傳
逆	158
郤	160 / 361列女
郝	158 / 361列女
郎	156
郤	412雜目
陝	169 / 361列女 / 420外國
馬	156 / 419外國
骨	179 / 361列女 / 427叢傳 / 412雜目 / 420外國

十一畫

字	頁碼
乾	362列女
剔	185
庵	185
商	87
啗	185

字	頁碼
國	186
乹	125
堅	185
婁	189
婆	186 / 421外國
宿	185
密	185
寇	189
專	185
尉	190
崇	186
崔	206 / 362列女
巢	185
常	191
康	191 / 362列女 / 421外國
張	219 / 363列女 / 421外國
從	186
悉	421外國
戚	187 / 362列女
戾	186
探	185
捨	420外國
敏	420外國
敍	421外國

字	頁碼
斛	188
斜	187
曹	199 / 362列女 / 420外國
朗	186
梁	193 / 362列女 / 412雜目
梅	188 / 420外國
涼	185 / 412雜目
淺	188 / 362列女 / 420外國
淡	412雜目
淮	187
淳	420外國
焉	185
爽	185
牽	185
猗	185
猛	420外國
琉	412雜目
略	190 / 362列女 / 420外國
疎	185
睚	186
祭	189 / 362列女
移	192 / 362列女
章	362列女

筆畫檢字

筆畫檢字

（十二畫）

字	頁碼
隋	235
隁	412雜目 / 235
雲	235
頂	235
須	226 / 364列女
順	363列女 / 421外國 / 412雜目
馮	245 / 364列女 / 421外國
黃	247 / 364列女 / 235 / 421外國
黑	

十三畫

字	頁碼
塔	251
奧	250
嫈	421外國
廉	250
觳	250
意	421外國
愛	250
慎	250
慇	412雜目
敬	251
新	421外國
暗	250
楊	259 / 364列女
楚	251 / 412雜目

字	頁碼
源	251
滑	250 / 428叢傳 / 421外國
溫	254
溜	421外國
瑯	250
睦	250
義	428叢傳 / 421外國
蕭	253 / 364列女
萬	255 / 364列女
葉	252 / 364列女
葛	256 / 364列女
董	422外國

字	頁碼
廣	254 / 364列女
蜀	250
裘	250
解	252 / 364列女
詹	251 / 364列女
訾	250
賈	257 / 364列女
賊	428叢傳
路	253
載	428叢傳
道	250 / 428叢傳
萬	250

字	頁碼
達	250 / 421外國
酬	250
鄒	252 / 364列女
陘	250
雋	250
雍	252 / 364列女
雷	250
靖	250 / 364列女
靳	250
鳩	410釋氏

十四畫

字	頁碼
僕	268
僧	267 / 410釋氏 / 413雜目 / 428義傳
僭	267
壽	268
察	422外國
寧	269 / 365列女
廖	267
摑	268
斡	268
暢	268 / 365列女
榮	267
槊	422外國
槃	422外國
榜	

字	頁碼
滿	268 / 422外國
漁	413雜目
漕	422外國
漢	413雜目
漆	312
漳	413雜目
熊	270 / 365列女
爾	269
朦	267
瑤	267
瑠	422外國
瑣	422外國
甄	269 / 365列女
碟	422外國
福	267 / 422外國
窩	267
端	267
管	268 / 413雜目
箇	422外國
綦	268
綢	422外國
翟	271
聞	267
閭	422外國
臧	269
臺	267 / 365列女

筆畫檢字

9

筆畫檢字

繼	347 411釋氏	**廿 二 畫**		筆畫檢字
蘭	347	襄	353	
蘇	349 423外國	樏	353	
蠕	423外國	歡	353	
贍	347	穰	353	
釋	411釋氏 429蕘傳	覽	424外國	
鐩	423外國	酈	353	
闞	347 367列女	韃	424外國	
闡	423外國	龔	353 367列女	
騶	347			
鯨	347	**廿 三 畫**		
黨	347 429蕘傳	啾	424外國	
		饞	354	
廿 一 畫		欒	354	
灌	351	顯	354	
續	351			
蘭	351 367列女	**廿 四 畫**		
護	423外國	靈	354	
鐵	351 424外國			
霸	351	**廿 五 畫**		
顧	351	蠻	424外國	
鐃	351 367列女	觀	355 367列女	
驃	423外國			
鶴	351			
鶺	351			

拼音檢字

拼音	字	頁
A	阿	125 / 357列女 / 412雜目 / 418外國
Ai	艾	53
Ai	愛	250
An	安	55 / 416外國 / 357列女
An	按	135
An	暗	250
An	俺	185
An	俺	419外國
An	諳	312
Ang	昂	118
Ao	奧	250
Cha	札	39
Ch'a	查	135
Ch'a	察	268
Ch'a	獻	424外國
Chai	翟	271
Ch'ai	柴	159 / 361列女
Chan	占	415外國
Chan	苫	134
Chan	棧	235
Chan	湛	235
Chan	詹	251 / 364列女
Chan	瞻	423外國
Ch'an	闡	423外國
Ch'ang	昌	118
Chang	章	192 / 326列女
Chang	張	219 / 363列女 / 421外國
Chang	掌	235
Chang	漳	412雜目
Chang	璋	281
Ch'ang	萇	235
Ch'ang	長	124 / 418外國
Ch'ang	常	191
Ch'ang	暢	268
Chao	召	40
Chao	招	359列女 / 412雜目 / 421外國
Chao	朝	417外國
Chao	沼	
Ch'ao	晁	157
Ch'ao	趙	274 / 422外國 / 365列女
Ch'ao	抄	66
Ch'ao	巢	185
Ch'ao	潮	281
Ch'ao	鼂	339
Chê	折	67
Chê	車	67
Ch'ê	徹	282
Chên	辰	417外國
Cheu	鎮	333
Ch'ên	陳	211 / 362列女 / 412雜目
Cheng	甄	269 / 365列女
Chêng	眞	156 / 420外國
Chêng	徵	281
Chêng	鄭	290 / 366列女
Chêng	乘	361列女
Ch'êng	成	69 / 357列女
Ch'êng	承	119
Ch'eng	程	244 / 363列女 / 422外國
Ch'eng	誠	423遺傳
Chi	吉	54
Chi	季	119
Chi	汲	67
Chi	紀	136
Chi	祭	186
Chi	計	134
Chi	姬	135
Chi	急	418外國
Chi	稽	422外國
Chi	闖	423外國
Chi	薊	320
Chi	冀	312
Chi	濟	320

拼音檢字

1

拼音檢字

Chi	繼	347 411辟氏	Chiao	矯	320	Chih	蛭	235
Chi	雞	423外國	Chiao	譙	344 413雜目	Chih	執	185
Ch'i	乞	4	Ch'iao	橋	312	Chih	止	424叢傳
Ch'i	契	134 418外國	Chieh	玠	118	Chih	摯	281
Ch'i	祁	119	Chieh	揭	235	Ch'ih	赤	67 417外國
Ch'i	祈	134	Chieh	節	428叢傳	Ch'ih	叱	40
Ch'i	郤	156	Chieh	解	252 364列女	Chih	吃	416外國
Ch'i	戚	187 362列女	Chieh	羯	413雜目	Chin	金	122 359列女
Ch'i	綦	268	Chieh	怯	118	Chin	敬	251
Ch'i	齊	270 365列女 413雜目	Chieh	且	415外國	Chin	靳	250 364列女
Ch'i	奇	417外國	Chien	堅	185	Ch'in	琴	235
Chia	夾	68	Chien	雋	250	Ching	井	5
Chia	家	156	Chien	減	235	Chi g	京	118
Chia	賈	257 364列女 415外國	Chien	簡	339	Ching	景	237
Chia	加	134	Chien	僭	413雜目 248叢傳	Ching	荊	157 412雜目 419外國
Chia	迦	134	Chien	錢	315			
Chiau	江	56 357列女	Chien	姦	427叢傳	Ching	靖	250
Chiang	姜	140 360列女	Chien	蹇	321	Ch'ing	青	118
Chiang	蔣	237 365列女	Ch'ien	牽	185	Ch'ing	秦	162 361列女
Ch'iang	彊	312	Ch'ien	黔	423外國	Ch'ing	慶	281
Ch'iang	羌	412雜目	Chih	支	5	Ch'ing	黥	347
Ch'ing	強	236	Chih	只	357列女	Chiu	九	1
Chiao	焦	237 363列女 416外國	Chih	志	66	Chiu	裘	250
Chiao	交	238	Chih	智	235	Chiu	鳩	250 410辟氏 421外國
			Chih	直	119	Chiung	窘	
Ch'iao	喬	238	Chih	郅	135	Ch'iu	丘	41

Ch'iu	邱	121 359列女	Ch'u	處	427叢傳	Ch'ung	崇	186
Cho	卓	119 426叢傳	Ch'u	儲	339	Ch'ung	种	137
Chou	州	52	Ch'ü	曲	53 416外國	Ê	娥	156
Chou	周	129 359列女 417外國	Ch'ü	屈	121	Ê	訛	186
			Ch'ü	麴	344	Ên	恩	427叢傳
Chou	丑	5	Ch'ü	瞿	340 413雜目	Er	曷	134
Ch'ou	仇	6	Chuan	專	185	Er	兒	118
Ch'ou	酬	250	Chuan	顓	339	Erh	尒	41
Chu	主	39	Chüan	權	353	Erh	爾	269
Chu	朱	60 416外國 357列女	Ch'üan	全	53	Fa	法	119
			Chuang	莊	187 362列女	Fan	氾	39
Chu	祝	158	Chüang	淋	118	Fan	潘	429叢傳
Chu	注	417外國	Ch'üeh	闕	339	Fan	范	145 360列女
Chu	諸	314 423外國 366列女	Ch'ui	吹	66	Fan	樊	286 365列女
			Ch'un	純	156	Fang	方	8 356列女 424叢傳
Chu	竺	118	Ch'un	淳	187			
Chu	竹	416外國	Ch'un	春	412雜目	Fang	房	123 359列女
Chü	亙	39	Chung	仲	53 357列女 411雜目	Fang	繁	320
Chü	句	40 415外國				Fei	費	238
Chü	俱	156	Chung	忠	118 427叢傳	Feng	逢	185
Chü	沮	120	Chung	衷	156	Fêng	豐	339
Chü	鞠	320	Chung	終	185	Fêng	封	138 360列女
Chü	劇	282	Chung	鍾	321 367列女	Fêng	馮	245 364列女 421外國
Ch'u	褚	285	Chung	中	414外國			
Ch'u	楚	251 412雜目	Ch'ung	重	134	Fu	伏	54
Ch'u	樗	281	Ch'ung	充	52	Fu	扶	417外國

Fu	佛	66 410繹氏 417外國	Hê	劾	118	Hsi	息	156
Fu	宓	118	Hê	呵	418外國	Hsi	席	159
Fu	服	118	Hê	鶴	351	Hsi	習	186
Fu	苻	136 360列女	Hê	渴	421外國	Hsi	奚	159 419外國 412雜目
Fu	浮	410繹氏	Hei	黑	235 421外國	Hsi	犀	
Fu	符	189 362列女	Hêng	亨	66	Hsi	眭	185
Fu	傅	243	Heng	衡	366列女	Hsi	喜	235
Fu	夫	414外國	Ho	合	53 416外國	Hsi	錫	423外國
Fu	富	236	Ho	何	78 357列女 417外國	Hsi	悉	421外國
Fu	拂	417外國	Ho	河	412雜目 418外國	Hsi	霫	423外國
Fu	福	267 422外國	Ho	和	121 417外國	Hsi	稀	236
Fu	附	417外國	Ho	紇	137	Hsi	郗	153
Fu	輔	267 422外國	Ho	郝	160 361列女	Hsi	斜	187
Fu	撫	422外國	Ho	赫	268	Hsia	夏	165 361列女 420外國 412雜目
Ha	哈	136 419外國	Ho	賀	241	Hsia	瑕	250
Hai	孩	134	Ho	訶	421外國	Hsia	轄	320
Hai	海	156 412雜目 419外國	Hou	后	52 425叢傳	Hsiang	向	54 357列女
Han	邯	118	Hou	侯	142	Hsiang	相	134 360列女
Han	寒	235	Hou	後	134 412雜目	Hsiang	項	236 364列女
Han	漢	413雜目	Hou	貨	427叢傳	Hsiang	襄	320 413雜目
Han	韓	327 267列女 417外國	Hsi	西	53 416外國 411雜目	Hsiao	小	3 414外國
Han	罕		Hsi	昔	119	Hsiao	肖	66
Han	闞	347 367列女	Hsi	希	66	Hsiao	孝	426叢傳
Hang	杭	119	Hsi	洗	360列女 412雜目	Hsiao	蕭	330 367列女
						Hsieh	謝	322 367列女

4

Hsien	威	134	Hsüeh	薛	324	Hui	惠	363列女
Hsien	軒	156	Hsün	循	427叢傳	Hui	回	52 416外國
Hsien	顯	354	Hsün	荀	162 361列女	Hui	慧	281
Hsien	鮮	321 367列女 413雜目 423外國	Hsün	郁	134	Hun	渾	235
Hsien	遷	423外國	Hu	胡	147 360列女 419外國	Hung	洪	138 360列女
Hsin	辛	71	Hu	呼	118	Hung	泓	118
Hsin	新	421外國	Hu	忽	119 417外國	Huo	火	414外國
Hsin	信	135 412雜目	Hu	虎	119	Huo	活	134
Hsing	幸	118	Hu	斛	188	Huo	霍	313 366列女
Hsing	星	134	Hu	湖	412雜目	I	一	1 424叢傳
Hsing	邢	70 357列女	Hu	扈	186	I	乙	1 414外國
Hsing	興	312 413雜目 427叢傳	Hu	鵠	351	I	弋	3
Hsiung	熊	270 365列女 411雜目 415外國	Hu	護	423外國	I	亦	53 416外國
Hsiung	匈	415外國	Hua	花	118	I	衣	357列女
Hsü	徐	171 361列女	Hua	華	239 412雜目	I	伊	54
Hsü	許	194 362列女	Hua	滑	250 421外國 428叢傳	I	怡	118
Hsü	昴	185	Huai	淮	412雜目	I	易	120 359列女
Hsü	胥	135	Huai	懷	344	I	弈	134
Hsü	須	363列女	Huan	環	423外國	I	移	189 362列女
Hsü	鈒	421外國	Huan	歡	353	I	猗	185
Hsü	續	351	Huan	宦	427叢傳	I	藝	429叢傳
Hsüan	玄	39	Huang	桓	163	I	義	250 412叢傳 427叢傳
Hsüan	宜	135 360列女	Huang	皇	139 366列女	I	逸	427叢傳
Hsueh	雪	185	Huang	黃	247 364列女	I	翼	339
						I	意	421外國
						I	儀	281

拼音檢字

拼音檢字

I	抱	419外國				427叢傳 412雜目 420外國	Kuan	母	5
Jan	冉	39					Kuan	官	118
Jang	穰	353	Kao	杲	118		Kuan	管	268 413雜目
Jao	饒	351 367列女	Kê	格	156		Kuan	關	344
Jen	閏	235	Kê	哥	156		Kuan	灌	351
Jen	任	57 357列女 411雜目	Kê	响	419外國		Kuan	觀	355 367列女
			Kên	耿	419		K'uan	寬	281
Jih	日	415外國 424叢傳	K'ê	可	39		Kuang	光	52
Jo	若	134	Ko	柯	135 418外國 360列女		Kuang	廣	281 422外國
Jou	柔	418外國					Kuang	鄺	339
Ju	儒	428叢傳	Ko	葛	252 364列女		Kuang	匡	52
Juan	蠕	423外國	K'o	客	134		K'uang	況	118
Ju	茹	157	Kô	箇	422外國		Kuei	貴	363列女
Jui	芮	418外國	Kou	苟	135 360列女		Kuei	桂	156
Juan	阮	69	Kou	彀	250		Kuei	歸	340
Jung	容	156	K'ou	口	3		Kuei	襄	347
Jung	縈	268 365列女	K'ou	寇	189		K'uei	礦	354
Kai	蓋	268	Ku	古	40 415外國 357列女		Kuei	龜	422外國 428叢傳
K'ai	開	235					Kun	袞	185
Kan	干	3 414外國	Ku	谷	69 357列女		Kun	坤	417外國
Kan	甘	41 415外國	Ku	骨	156 419外國		K'un	昆	417外國
Kan	乾	362列女	Ku	顧	351		Kung	公	7
Kan	坎	417外國	K'u	庫	158 419外國 428叢傳		Kung	貢	156
Kang	康	191 362列女 421外國	Ku	酷			Kung	鞏	281
			Kua	瓜	415外國		Kung	龔	353 367列女
Kao	高	179 361列女	K'uai	蒯	267		K'ung	孔	10

Kuo	郭	202 362列女	Liang	兩	118 417外國	Liu	六	411雜目
Kuo	國	186	Liang	梁	193 362列女 412雜目	Liu	留	157
Kuo	摑	267	Liang	涼	185 412雜目	Liu	柳	143 360列女 418外國
K'uo	擴	339	Liang	諒	281	Liu	鎦	339
K'uo	闊	321	Liang	良	425叢傳	Liu	劉	293 366列女
La	臘	344	Liao	寮	235	Lo	雒	267
Lai	來	121	Liao	聊	185	Lo	羅	345
Lai	賴	312	Liao	廖	269 365列女	Lou	婁	189
Lan	蘭	351 367列女	Liao	獠	422外國	Lou	樓	282
Lan	藍	339	Lieh	列	425叢傳	Lu	鹿	186
Lan	覽	424外國	Lien	連	186	Lu	路	253
Lang	郎	158 361列女	Lien	廉	250	Lu	陸	197 362列女 283 422外國
Lang	浪	419外國	Lien	練	282	Lu	魯	236
Lang	朗	186	Lin	林	127 359列女 417外國	Lu	盧	317 367列女 413雜目
Lang	狼	419外國	Lin	藺	347			
Lao	老	52 411雜目	Ling	令	42	Lu	瀘	423外國
L'ê	駱	312	Ling	淩	188 362列女	Lü	呂	76 358列女 417外國
Lei	雷	252 364列女	Ling	臨	320 413雜目			
Leng	冷	66	Ling	靈	354	Lü	閭	282
Li	立	39	Ling	伶	425叢傳	Luan	欒	354
Li	李	91 358列女 411雜目	Liu	流	420外國 427叢傳	Lüen	略	412雜目
Li	荔	156	Liu	琉	420外國	Lun	論	281
Li	厲	281	Liu	瑠	422外國	Lung	龍	312 413雜目
Li	黎	282 422外國	Liu	溜	421外國	Ma	麻	187 421外國
Li	酈	353						

			Miao	妙	357列女	Nai	乃	1
Ma	馬	169 361列女 420外國	Mien	緬	422外國	Nan	南	136 419外國 412雜目
			Min	閔	235			
Mai	買	235	Min	閩	422外國	Nang	齉	353
Mai	邁	320	Min	愍	412雜目	Nêng	能	427叢傳
Mai	麥	186	Min	敏	420外國	Ni	倪	159 361列女
Man	謾	339	Ming	明	121 412雜目	Ni	泥	418外國
Man	滿	422外國	Ming	名	416外國	Ni	尼	40
Man	蠻	424外國	Miu	繆	321	Ni	逆	427叢傳
Mang	忙	53	Mo	万	3	Ni	儞	344
Mao	毛	8 355列女	Mo	莫	188	Nieh	聶	340 367列女
Mao	冒	134	Mo	末	415外國	Nieh	揑	235
Mao	茅	135 360列女	Mo	抹	119	Nien	年	52
Mei	梅	188 420外國	Mo	摩	422外國	Nien	念	118
Mei	枚	118	Mo	靺	422外國	Nien	粘	187
Mei	美	418外國	Mo	默	423外國	Ning	甯	236 422外國
Mên	門	119	Mo	邈	423外國	Ning	佞	426叢傳
Meng	孟	128 359列女 412雜目	Mou	牟	53	Niu	牛	6
			Mou	謀	312	Niu	紐	157
Meng	蒙	267 422外國	Mu	木	5 414外國	Nou	耨	312
Mêug	猛	185	Mu	沐	66	Nü	女	3 414外國
Mi	密	185	Mu	睦	250	Ou	歐	284 365列女
Mi	弭	134	Mu	穆	314 423外國	Pa	八	1 410釋氏 414外國
Mi	米	53 416外國	Mu	慕	283 365列女			
Mi	糜	320	Na	納	158 419外國	Pa	巴	5 355列女 414外國
Miao	苗	136	Na	那	417外國			

Pa	拔	119	P'ie	裴	271 365列女	Po	渤	421外國
Pa	把	67	P'ei	邳	118	Po	勃	418外國
Pa	霸	351	Pên	奔	134	Po	孛	68
Pai	白	43 415外國 356列女	P'êng	盆	134	Po	跋	235 421外國
Pai	百	52 416外國	P'êng	彭	239 421外國 363列女	Po	博	236
Pai	柏	135	Pi	必	40 410釋氏	Po	薄	320
Pai	拜	135	Pi	畢	190 362列女	Po	濮	320
Pan	班	157	Pi	祕	156	P'o	朴	52
P'an	潘	286 365列女	Pi	比	414外國	P'o	破	156
P'an	叛	427義傳	Pi	皮	40 357列女	P'o	婆	186 421外國
P'ang	龐	344 367列女	Piao	驃	423外國	P'o	鏺	423外國
Pang	榜	422外國	Pieh	別	67 417外國	Pu	不	5 414外國
Pang	槃	421外國	Pien	卞	6	Pu	布	40
Pang	槃	422外國	Pien	扁	134	Pu	步	67
P'ang	盤	281 422外國	Pien	邊	344	P'u	浦	156
Pao	包	41	Pien	弁	415外國	P'u	普	235
Pao	保	134	Pin	賓	422外國	P'u	蒲	270 422外國 365列女
Pao	抱	118	Ping	丙	39			
Pao	暴	281	Ping	邴	118	P'u	僕	268
Pao	寶	347	Ping	秉	118	Sa	撒	282 422外國 365列女
Pao	鮑	313 366列女	P'ing	平	40 411雜目	Sa	薩	320
Pei	北	1 414外國	Po	卜	1 414外國	Sai	賽	320 423外國
Pei	辈	281	Po	伯	68	San	散	235
Pei	貝	66	Po	波	418外國	San	三	414外國
Pei	裨	422外國	Po	淳	419外國	Sang	桑	158

拼音檢字

排音檢字

Seng	僧	267 410釋氏	Shi	時	157	Shuan	爽	185
Sha	沙	66 410釋氏 417外國	Shi	施	136 360列女 418外國	Shun	順	412雜目
						Shuo	槊	267
Shan	山	3	Shih	士	3	So	索	159 419外國
Shan	單	236 421外國	Shih	石	46 357列女 411雜目 415外國	So	陵	156
Shan	陝	412雜目				So	莎	412雜目
Shan	鄯	281 422外國	Shih	失	40 415外國	So	鎖	339
Shan	贍	347	Shih	氏	5	So	瑣	422外國
Shan	膳	422外國	Shih	史	43 415外國 357列女	Ssŭ	私	412雜目
Shang	上	3 411雜目 355列女				Su	速	186
			Shih	是	134	Su	宿	185
Shang	尙	120	Shih	侍	118	Su	疏	235 421外國
Shang	商	187	Shih	室	134 419外國 425載傳	Su	粟	421外國
Shao	灼	66	Shih	世		Su	蘇	349 423外國
Shao	邵	122 359列女	Shih	師	157 361列女 410釋氏 419外國 423外國	Su	蕭	421外國
Shao	紹	185				Sui	隋	235 412雜目
Shê	涉	156	Shih	識		Sun	孫	175 361列女 419外國
Shê	闍	320 423外國	Shih	釋	411釋氏 429載傳			
Shê	捨	420外國	Shou	守	52	Sung	宋	74 358列女
Shen	沈	72 357列女	Shou	壽	267	Sung	松	118 412雜目
Shen	剡	134	Shou	璹	339	Szu	司	48
Shen	愼	250	Shu	尢	40	Szu	思	134
Shên	申	42	Shu	束	66	Szu	死	425載傳
Shên	盛	237 363列女	Shu	叔	119 359列女	Szŭ	兕	359列女
Shên	諶	312	Shu	蜀	250	Szŭ	俱	66
Shêng	神	157	Shu	舒	237	Ta	大	3 414外國

Ta	答	236 421外國	T'ang	唐	166 361列女				424外國
Ta	韃	424外國	T'ang	湯	238 363列女	Tien	天	415外國
Ta	達	250 421外國	Tao	到	120	Tien	典	118
Ta	打	415外國	Tao	道	250 428潭傳	T'ieng	田	44 357列女
T'a	沓	118	Tao	島	412雜目	Ting	丁	2 355列女 414外國
T'a	塔	251	T'ao	陶	192 362列女 419外國	Ting	定	417外國
Tai	代	39	T'ao	討		T'o	朶	53 416外國
Tai	戴	340 367列女	T'ê	忒	65	T'o	陀	118
T'ai	太	6	T'ê	特	156	T'o	陁	417外國
T'ai	台	411雜目	Têng	鄧	288 422外國	T'o	脫	186 362列女
T'ai	泰	156 419外國	T'êng	滕	282	T'o	墮	422外國
T'ai	臺	267 365列女	T'êng	遵	423外國	Tou	豆	68 417外國
Tan	丹	410釋氏 415外國	Ti	氐	411雜目 415外國	Tou	竇	348 367列女
Tan	旦	39	Ti	邸	119	T'ou	投	417外國
Tan	耽	419外國	Ti	底	417外國	Ts'a	雜	428叢傳
Tan	啖	185	Ti	地	416外國	Tsai	載	428叢傳
Tan	淡	420外國	Ti	迪	134	Tsai	宰	156
Tan	覃	235 363列女	Ti	狄	67 357列女	T'sai	蔡	289 365列女
T'an	探	185	Ti	第	186	Tsan	昝	134
T'an	譚	344 367列女	Tiao	刁	1 355列女	Tsan	賛	423外國
T'an	澹	312	Tiao	銚	267	Tsang	臧	269
T'an	曇	410釋氏	Tieh	迭	135 418外國	Tsang	胖	419外國
T'an	檀	312 410釋氏	Tieh	牒	267	Ts'ang	倉	156
Tang	党	156 419外國	Tieh	蝶	422外國	Tsao	皁	411雜目
Tang	黨	347 429叢傳	Tieh	帖	118	Tsao	漕	422外國
Tang	宕	417外國	T'ieh	鐵	351 413雜目			

11

拼音檢字

Tsao	棗	235	T'u	土	3 414外國 424叢傳	Wan	宛	118 412雜目
Ts'ao	曹	199 362列女 420外國	T'u	吐	52 416外國	Wang	王	19 356列女
Tsei	賊	428叢傳	T'u	禿	67	Wang	汪	71 357列女
Ts'en	岑	63	T'u	涂	157 361列女	Wei	魏	342 367列女 423外國 413雜目
Tsêng	曾	240 363列女	T'u	突	134 418外國	Wei	衛	314 366列女 413雜目
T'sêng	層	422外國	T'u	徒	160 412雜目			
T'si	漆	312	T'u	屠	236 363列女	Wei	隗	235
T'sien	千	3 414外國	Tuan	段	139 360列女	Wei	危	53
Tso	左	42	Tuan	端	267	Wei	蔚	281
Tsou	鄒	252 364列女	Tun	鈍	235	Wei	畏	134 360列女
Tsòu	騶	347	Tung	東	118 417外國	Wei	韋	149 360列女
Tsu	祖	160 419外國	Tung	董	256 364列女 422外國	Wei	威	418外國
Tsüan	泉	135				Wei	尉	190
T'sui	崔	206 362列女	T'ung	仝	39	Wei	隤	250
Tsung	宗	126 426叢傳	T'ung	同	52	Wei	濊	422外國
Tsung	寶	413雜目	T'ung	童	236 363列女	Wên	文	6 415外國 424叢傳
Ts'ung	琮	235	Tzu	子	3			
Ts'ung	從	186	Tzu	訾	250	Wên	溫	254
Ts'ung	叢	339	Tzu	自	52	Wên	聞	267 365列女
Tu	度	134	Tz'u	刺	418外國 427叢傳	Wêng	翁	157
Tu	杜	81 357列女	Wa	洼	134	W'hai	迴	413外國
Tu	都	235	Wa	瓦	415外國	Wo	沃	66
Tu	堵	235	Wai	外	425叢傳	Wo	窩	267
Tu	獨	313 366列女 428叢傳	Wan	萬	253 364列女	Wo	倭	420外國
			Wan	完	87 358列女	Wû	吾	67

讀音	字	頁碼
Wu	仵	52
Wu	伍	54
Wu	吳	83 / 358列女 / 412雜目
Wu	毋	5
Wu	巫	66
Wu	武	123 / 417外國 / 359列女
Wu	烏	164 / 361列女 / 420外國
Wu	勿	5 / 414外國
Wu	兀	3
Wua	斡	268
Ya	牙	5
Yang	羊	55 / 357列女
Yang	仰	52
Yang	揚	235
Yang	陽	238 / 363列女
Yang	楊	259 / 364列女 / 422外國
Yao	岳	120
Yao	咬	134
Yao	姚	141 / 360列女
Yao	堯	235
Yao	瑤	267
Yao	樂	282 / 365列女
Yao	藥	344
Yeh	也	3 / 355列女
Yeh	冶	66
Yeh	耶	152 / 360列女
Yeh	葉	255 / 364列女
Yeh	野	186 / 412雜目
Yeh	謁	312
Yen	言	66
Yen	延	66
Yen	兗	134
Yen	晏	156
Yen	剡	412雜目
Yen	郾	267
Yen	燕	312 / 413雜目 / 417外國
Yen	奄	315
Yeu	顏	341 / 367列女
Yen	閻	428叢傳
Yen	嚴	347 / 357列女
Yen	焉	420外國
Yin	尹	9 / 355列女
Yin	陰	188 / 362列女
Yin	銀	267
Yin	隱	428叢傳
Ying	英	134
Ying	殷	161 / 361列女
Ying	應	321
Ying	嬴	312
Ying	潁	281
You	有	52
Yu	尤	6 / 355列女
Yu	由	39
Yu	幼	411雜目
Yu	攸	66
Yu	游	237 / 428叢傳
Yu	優	320
Yü	于	4 / 414外國 / 355列女
Yü	玉	39 / 411雜目
Yü	宇	58 / 357列女
Yü	余	70 / 357列女
Yü	郁	134
Yü	俞	137 / 360列女
Yü	禹	134
Yü	魚	186
Yü	庾	242
Yü	喻	235
Yü	虞	254 / 364列女 / 413雜目
Yü	豫	312 / 423外國
Yüan	元	12 / 355列女 / 411雜目

一畫

	行	舊唐書卷191方技
一乙	送	金史卷84附耶盌溫敦思忠傳
乙乙	瑗	魏書卷44附乙瓌傳
乙乙	瓖	魏書卷44 北史卷25
乙乙	邦才	明史卷272附劉綎基傳
乙乙	乾歸	魏書卷44附乙瓖傳
乙弗	朗	北史卷49
乙弗	繪	北史卷80外戚
乙弗	弘禮	舊唐書卷191方技 新唐書卷204方技附袁天綱傳
乙速孤佛保		北史卷85節義

二畫

九	住	金史卷121忠義
八	丹	元史卷134附小雲石脫忽隣傳
八巴	思	元史卷202釋老
乃	燕	元史卷119附木華黎傳
乃蠻	台	元史卷139
卜	式	漢書卷58
卜	瑚	晉書卷95藝術
卜	商	史記卷67仲尼弟子傳
卜	萬	明史卷142附馬宣傳
卜天	生	宋書卷91孝義附卜天與傳 南史卷73孝義附卜天與傳
卜天	與	宋書卷91孝義 南史卷73孝義
卜天	璘	元史卷191良吏
卜勝	榮	元史卷197孝友附尹莘傳
卜里牙	敦	元史卷195忠義
卜顏帖木	兒	元史卷144
刁	冲	魏書卷84儒林 北史卷26附刁雍傳
刁	協	晉書卷69
刁	柔	北齊書卷44儒林 北史卷26附刁雍傳
刁	衍	宋史卷441文苑
刁	逵	晉書卷69附刁協傳
刁	閒	漢書卷91貨殖
刁	雍	魏書卷38(北史卷26作刁雍)
刁	肅	魏書卷38附刁雍傳

二畫	刁 遵	北史卷26附刁雍傳
	刁 整	魏書卷38附刁雍傳
	刁 雙	魏書卷38附刁雍傳
	刁 彝	晉書卷69附刁協傳
	刁 癱	北史卷26(魏書卷38作刁雍)
丁	丁 4元	宋史卷453忠義附孫暉傳
	丁 5玉	明史卷134
	丁 7罕	宋史卷275附薛超傳
	丁 8奉	三國吳志卷10(或卷55)
	丁 9度	宋史卷292
	丁 10恭	後漢書卷109下儒林
	丁 11紹	晉書卷90良吏
	丁 了13會	舊五代史卷59唐書 新五代史卷44雜傳
	丁 寬	漢書卷88儒林
	丁 瑄	明史卷165
	丁 鉉	明史卷167附王佐傳
	丁 15儀	三國魏志卷21附王粲傳
	丁 賓	明史卷221
	丁 廙	三國魏志卷21附王粲傳
	丁 潭	晉書卷78
	丁 16穆	晉書卷89忠義
	丁 積	明史卷281循吏
	丁 謂	宋史卷283
	丁 17鴻	後漢書卷67
	丁 謐	三國魏志卷9附書眞傳
	丁 18璿	明史卷159附李儀傳

丁 19黼	宋史卷454忠義
丁 3大 全	宋史卷474姦臣
丁 4文 忠	元史卷197孝友
丁 公 著	舊唐書卷188孝友 新唐書卷164
丁 少 微	宋史卷461方技
丁 元 薦	明史卷236
丁 6此 呂	明史卷229附沈思孝傳
丁 仲 修	宋史卷453忠義附謝嗣復傳
丁 好 禮	元史卷196忠義
丁 汝 夔	明史卷204
丁 7志 方	明史卷141附王庚傳
丁 9柔 立	新唐書卷180附李德裕傳
丁 10泰 運	明史卷294忠義
丁 11啓 睿	明史卷260
丁 乾 學	明史卷245附萬燝傳
丁 13暐 仁	金史卷90
丁 魁 楚	明史卷260附丁啓睿傳
丁 15德 裕	宋史卷274
丁 德 與	明史卷130
丁 17懋 遜	明史卷233附李獻可傳
丁 21鶴 年	明史卷285文苑附戴良傳

三畫

弋謙　明史卷164
士哈　元史卷128
口兒吉　元史卷135
千奴貢　元史卷134附和尚傳
子貢　史記卷129貨殖(史記卷67仲尼弟子傳作端木賜) 漢書卷91(貢作贛)
子產　史記卷119循吏
于寶　晉書卷82
干文傳　元史卷185
小雲石海涯　元史卷143
小雲石脫忽鄰　元史卷134
万俟洛　北齊書卷27附万俟普傳 北史卷53附万俟普傳
万俟卨　宋史卷474姦臣
万俟普　北齊書卷27 北史卷53
女里　遼史卷79
女奚烈守愿　金史卷128循吏
女奚烈資祿　金史卷122忠義
女奚烈幹出　金史卷122忠義
大臭　金史卷80(本名塔不也)
大鑿　金史卷80(本名蒲速越)
大康乂　遼史卷88
大與國　金史卷132逆臣

大懷貞　金史卷92
上成公　後漢書卷112方術
上官正　宋史卷308
上官均　宋史卷355
上官儀　舊唐書80 新唐書卷105
上官藎　明史卷291忠義附王藎坤傳
兀都帶　元史卷126附安童傳
兀魯台　元史卷120附肯乃台傳
兀良合台　元史卷121附速不台傳
兀顏畏可　金史卷122忠義
兀顏訛出虎　金史卷122忠義
士匡　三國吳志卷4附士燮傳(或卷49)
士壹　三國吳志卷4附士燮傳(或卷49)
士徽　三國吳志卷4附士燮傳(或卷49)
士燮　三國吳志卷4(或卷49)
士孫瑞　與魏書71附江悆之傳
山偉　魏書卷81 北史卷50
山該　晉書卷43附山濤傳
山雲　明史卷166
山退　晉書卷43附山濤傳
山濤　晉書卷43
山簡　晉書卷43附山濤傳
山海牙　元史卷145(即惠廉山海牙)
也先速不　元史卷142
也先不花　元史卷134

三畫 弋士口千子干小万女大上兀士山也

三畫

也乞于

也	罕	斤	元史卷133
也	速	答兒	元史卷129附紐璘傳
也	速	觧兒	元史卷133
也	蒲	甘卜	元史卷123
乞		台	元史卷135
乞	伏	保	魏書卷86孝感 / 北史卷84孝行
乞	伏	慧	隋書卷55 / 北史卷73
乞	伏	國仁	晉書卷125西秦載記 / 魏書卷99(目作鮮卑乞伏國仁) / 北史卷93僭偽附庸西秦
乞	伏	乾歸	晉書卷125西秦載記附乞伏國仁傳 / 魏書卷99附鮮卑乞伏國仁傳 / 北史卷93僭偽附庸西秦附乞伏國仁傳
乞	伏	暮末	魏書卷99附鮮卑乞伏國仁傳 / 北史卷93僭偽附庸西秦附乞伏國仁傳
乞	伏	熾盤	晉書卷125西秦載記附乞伏國仁傳 / 魏書卷99附鮮卑乞伏國仁傳(熾作磐) / 北史卷93僭偽附庸西秦附乞伏國仁傳
于		6光	明史卷133附濮英傳
于		8忠	魏書卷31附于栗磾傳
于		昕	魏書卷31附于栗磾傳

于	果	魏書卷31附于栗磾傳
于	邵	舊唐書卷137 / 新唐書卷203文藝
于	9勁	魏書卷83外戚 / 北史卷23附于栗磾傳
于	10烈	魏書卷31附于栗磾傳
于	祚	魏書卷31附于栗磾傳
于	敖	舊唐書卷149附于休烈傳 / 新唐書卷104附于志寧傳
于	罣	明史卷170附于謙傳
于	12景	魏書卷31附于栗磾傳
于	敦	魏書卷31附于栗磾傳
于	提	魏書卷87節義
于	寔	周書卷15附于謹傳 / 北史卷23附于栗磾傳
于	琮	舊唐書卷149附于休烈傳 / 新唐書卷104附于志寧傳
于	13禁	三國魏志卷17
于	義	隋書卷39 / 北史卷23附于栗磾傳
于	顗	舊唐書卷146 / 新唐書卷149附劉晏傳
于	蕭	舊唐書卷149附于休烈傳
于	14頔	舊唐書卷156 / 新唐書卷172
于	17翼	周書卷30 / 北史卷23附于栗磾傳
于	謙	明史卷170

于　18謹　周書卷15
北史卷23附于栗磾傳

于　19璽　北史卷23附于栗磾傳
隋書卷60附于仲文傳

于　顗　北史卷23附于栗磾傳
隋書卷60附于仲文傳

于什門　魏書卷87節義（名簡）
北史卷85節義

于孔兼　明史卷231

于公異　舊唐書卷137
新唐書卷203文藝

于文傳　元史卷185

于天寶　宋書卷94恩倖

于玉立　明史卷236附丁元薦傳

于仲文　北史卷23附于栗磾傳
隋書卷60

于休烈　舊唐書卷149
新唐書卷104附于志寧傳

于志寧　舊唐書卷78
新唐書卷104

于季友　新唐書卷172附于頔傳

于定國　漢書卷71

于洛拔　魏書卷31附于栗磾傳

于洛侯　魏書卷89酷吏
北史卷87酷吏

于宣敏　北史卷23附于栗磾傳
隋書卷39附于義傳

于宣道　北史卷23附于栗磾傳
隋書卷39附于義傳

于栗磾　魏書卷31
北史卷23

于愼行　明史卷217

于德辰　舊五代史卷131周書

四　畫

井丹　後漢書卷113逸民

勿辛　元史卷125附賽典赤贍思丁傳

火眞　明史卷145附邱福傳

云敞　漢書卷67

丑閭　元史卷195忠義

不忽木　元史卷130

牙忽都　元史卷117

氏叔琮　新唐書卷223姦臣附柳璨傳
舊五代史卷19梁書
新五代史卷43雜傳

木華黎　元史卷119

支漸　宋史卷456孝義

支叔才　新唐書卷195孝友

巴肅　後漢書卷97黨錮

巴寡婦清　漢書卷91貨殖

巴而木阿而忒的斤　元史卷122

毋丘儉　三國魏志卷28

毌煚　舊唐書卷102附韋述傳

毌守素　宋史卷479西蜀世家附孟昶傳

毌將隆　漢書卷77

月乃合　元史卷134

月里麻思　元史卷123

月魯不花　元史卷145

月魯帖木兒　元史卷144

四畫

（邊欄導字：月　尤　太　卞　仇　文　牛）

姓名	出處
月舉連赤海牙	元史卷135
尤袤	宋史卷389
尤世功	明史卷271附賀世賢傳
尤世威	明史卷269
尤時熙	明史卷283儒林
尤繼先	明史卷239附達雲傳
太平	元史卷140
太不花	元史卷141
太公鼎	遼史卷105能吏
太史慈	三國吳志卷4（或卷49）
太史叔明	梁書卷48儒林附沈峻傳；南史卷71儒林附沈峻傳
太平公主	舊唐書卷183外戚附武承嗣傳；金史卷66（本名吾母）
卞彬	南齊書卷52文學；南史卷72文學
卞袞	宋史卷277
卞華	梁書卷48儒林；南史卷71儒林
卞敦	晉書卷70附卞壺傳
卞琛	元史卷194忠義
卞壺	晉書卷70
卞時	明史卷237附馮應京傳
卞範之	晉書卷99
卞成	明史卷130
仇殷	舊五代史卷24梁書
仇念	宋史卷399
仇鉽	明史卷175
仇儼	魏書卷94閹官附仇洛齊傳
仇覽	後漢書卷106循吏（目作仇香）
仇鸞	明史卷175附仇鉽傳
仇士良	新唐書卷207宦者
仇洛齊	魏書卷94閹官；北史卷92恩倖；金史卷74附宗望傳
文立	晉書卷91儒林
文同	宋史卷443文苑
文翁	漢書卷89循吏
文聘	三國魏志卷18
文天祥	宋史卷418
文安之	明史卷279
文彥博	宋史卷313
文徵明	明史卷287文苑
文震孟	明史卷251
文獻叔	南史卷73孝義附封延伯傳
牛斗	金史卷121忠義附王晦傳
牛弘	隋書卷49；北史卷72
牛冕	宋史卷277
牛皐	宋史卷368
牛富	宋史卷450忠義
牛皓	宋史卷452忠義
牛蔚	舊唐書卷172附牛僧孺傳；新唐書卷174附牛僧孺傳
牛諒	明史卷136附崔亮傳

（天）

四畫　牛　公

姓	名	出處
牛	徽	舊唐書卷172附牛僧孺傳　新唐書卷174附牛僧孺傳
牛	藂	舊唐書卷172附牛僧孺傳（新唐書卷174藂作叢）
牛	叢	新唐書卷174附牛僧孺傳（舊唐書卷172叢作藂）
牛	大年	宋史卷422
牛	元翼	新唐書卷148
牛	仙客	舊唐書卷103　新唐書卷133
牛	存節	舊五代史卷22梁書　新五代史卷22梁臣
牛	思進	宋史卷273附郭進傳
牛	景先	明史卷143
牛	溫舒	遼史卷86
牛	僧孺	舊唐書卷172　新唐書卷174
牛	德昌	金史卷128循吏
公	皙哲	史記卷67仲尼弟子
公	鼎	明史卷216
公	西赤	史記卷67仲尼弟子
公	冶長	史記卷67仲尼弟子
公	伯僚	史記卷67仲尼弟子
公	沙穆	後漢書卷112下方術
公	儀休	史記卷119循吏
公	孫弘	史記卷112（目作平津侯）　漢書卷58
公	孫永	晉書卷94隱逸
公	孫良	魏書卷33附公孫表傳
公	孫表	魏書卷33　北史卷27
公	孫衍	史記卷70（卽犀首）
公	孫述	後漢書卷43
公	孫度	三國魏志卷8
公	孫軌	魏書卷33附公孫表傳
公	孫敖	史記卷111附衞將軍驃騎傳　漢書卷55附霍去病傳
公	孫恭	三國魏志卷9附公孫度傳
公	孫晃	三國魏志卷8附公孫度傳
公	孫康	三國魏志卷8附公孫度傳
公	孫淵	三國魏志卷8附公孫度傳
公	孫賀	史記卷111附衞將軍驃騎傳　漢書卷66
公	孫軹	史記卷68（卽商君軮）
公	孫鳳	晉書卷94隱逸
公	孫質	魏書卷33附公孫表傳
公	孫叡	魏書卷33附公孫表傳
公	孫邃	魏書卷33附公孫表傳
公	孫羅	舊唐書卷189儒學附曹憲傳
公	孫瓚	後漢書卷103　三國魏志卷8
公	孫同	魏書卷33附公孫表傳
公	孫慶	漢書卷66附公孫賀傳
公	孫武達	舊唐書卷57附劉文靜傳　新唐書卷88附裴寂傳
公	孫景茂	隋書卷73循吏　北史卷86循吏
公	孫敬遠	南齊書卷55孝義
公	孫僧遠	

四畫							
			南史卷73孝義	方	信	孺	宋史卷395
方			金史卷80附阿离補傳	方	從	哲	明史卷218
方		太	舊五代史卷94晉書	方	國	珍	明史卷123
方		法	明史卷141附方孝孺傳	方	國	儒	明史卷292忠義
方		洪	宋史卷450忠義附趙與懽傳	方	逢	年	明史卷253附程國祥傳
方毛		偕	宋史卷304	方	逢	時	明史卷222
方		鈍	明史卷202附孫應奎傳	方	震	孺	明史卷248
方		瑛	明史卷166	方	獻	夫	明史卷196
方		新	明史卷307附楊思忠傳	毛	公		漢書卷88儒林
方		綱	宋史卷456孝義	毛	弘		明史卷180
方		賓	明史卷151	毛	玉		明史卷192
方		豪	明史卷286文苑附鄭善夫傳	毛	吉		明史卷165
方		徵	明史卷139附鄭士利傳	毛	玠		三國魏志卷12
方		銳	明史卷300外戚	毛	注		宋史卷348
方		騰	宋史卷468宦者附童貫傳	毛	忠		明史卷156
方		瓊	明史卷208附洪垣傳	毛	佺		金史卷124忠義附綦八兒傳
方	士	亮	明史卷258附熊開元傳	毛	洵		宋史卷456孝義
方	允	武	宋史卷452忠義附朱暉傳	毛	紀		明史卷190
方	孔	炤	明史卷260附鄭崇儉傳	毛	喜		陳書卷29 南史卷68
方	正	化	明史卷305宦官	毛	勝		明史卷156
方	克	勤	明史卷281循吏	毛	退		北史卷49
方	孝	孺	明史卷141	毛	愷		明史卷214附王廷傳
方	良	永	明史卷201	毛	暢		魏書卷94閹官附劉思逸傳 北史卷92恩倖附劉思逸傳
方	良	卿	明史卷201附方良永傳				
方	岳	貢	明史卷251	毛	漸	碩	宋史卷348
方	重	杰	明史卷201附方良永傳	毛			金史卷92

（天）

毛		璋	舊五代史卷73唐書 新五代史卷26唐臣	尹	拙	宋史卷431儒林
毛		銳	明史卷156附毛忠傳	尹	直	明史卷168
毛		澄	明史卷191	尹	洙	宋史卷295
毛		璩	晉書卷81附毛寶傳	尹	挺	魏書卷71附裴叔業傳
毛		騏	明史卷135附郭景祥傳	尹	敏	後漢書卷109上儒林
毛		寶	晉書卷81	尹	略	南齊書卷30附桓康傳
毛	子	廉	金史卷75	尹	莘	元史卷197孝友
毛	士	龍	明史卷246附王允成傳	尹	焞	宋史卷128道學
毛	文	龍	明史卷259附袁崇煥傳	尹	憕	新唐書卷200儒學附趙冬曦傳
毛	羽	健	明史卷258	尹	暉	舊五代史卷88晉書
毛	安	之	晉書卷81附毛寶傳	尹	源	宋史卷442文苑
毛	安	輿	宋史卷456孝義	尹	賞	漢書卷90酷吏
毛	伯	溫	明史卷198	尹	齊	漢書卷90酷吏
毛	若	虛	舊唐書卷186酷吏 新唐書卷209酷吏	尹	鳳	明史卷212附李錫傳
毛		脩	宋史卷48 魏書卷43 南史卷16 北史卷27 明史卷151附張釴傳	尹	緯	晉書卷118後秦載記
				尹	勳	後漢書卷97黨錮
				尹	默	三國蜀志卷12或42
毛	泰	亨	晉書卷81附毛寶傳	尹	憲	宋史卷276
毛	德	祖	晉書卷81附毛寶傳	尹	穀	宋史卷450忠義
毛	穆	之	北史卷49附毛脩傳	尹	稿	宋史卷372
毛	鴻	賓				
尹		正	周書卷48附蕭詧傳 北史卷93僭僞附庸梁附蕭詧傳	尹	元 貞	舊唐書卷187上忠義
				尹	元 凱	舊唐書卷190中文苑附閭朝隱傳 新唐書卷202文藝
尹		玉	宋史卷450忠義	尹	羽	舊五代史卷93晉書
尹		式	隋書卷76文學	尹	玉 興	明史卷277附邱祖德傳
尹		伸	明史卷395忠義	尹	民 翁	明史卷264附賀逢聖傳
尹		武	北史卷83文苑附潘徽傳		如	

	姓	名	出處
四畫	尹	知章	舊唐書卷189下儒學 新唐書卷199儒學
	尹	昌隆	明史162
	尹	思貞	舊唐書卷100 新唐書卷128
	尹	翁歸	漢書卷76
尹孔	尹	崇珂	宋史卷259
	尹	夢龍	元史卷197孝友周畢 也速答立傳
	尹	夢鼇	明史卷292忠義
	尹	繼倫	宋史卷275
	孔	4 氏	史記卷129貨殖(目作宛朐孔氏) 漢書卷91貨殖(目作宛朐孔氏)
	孔	元	元史卷165
	孔	6 光	漢書卷81
	孔	至	新唐書卷199儒學附孔若思傳
	孔	全	元史卷197孝友
	孔	7 汪	晉書卷78附孔愉傳
	孔	沈	晉書卷78附孔愉傳
	孔	8 坦	晉書卷78附孔愉傳
	孔	良	明史卷297孝義附孔金傳
	孔	昱	後漢書卷97黨錮
	孔	宜	宋史卷431儒林
	孔	攽	宋史卷457隱逸
	孔	金	明史卷297孝義
	孔	9 衍	晉書卷91儒林
	孔	奐	陳書卷21 南史卷27附孔靖之傳
	孔	拯	金史卷105附孔璠傳
	孔	10 珪	南史卷49(南齊書卷48作孔稚珪)
	孔	勖	舊五代史卷64唐書
	孔	祗	晉書卷78附孔愉傳
	孔	12 愉	晉書卷78
	孔	逭	南史卷72文學附丘巨源傳
	孔	邁	南史卷49附何憲傳
	孔	循	新五代史卷43雜傳
	孔	13 羣	晉書卷78附孔愉傳
	孔	僉	梁書卷48儒林 南史卷71儒林
	孔	靖	南史卷27(宋書卷54作孔季恭)
	孔	戢	舊唐書卷154附孔巢父傳 新唐書卷163附孔巢父傳
	孔	戡	舊唐書卷154附孔巢父傳 新唐書卷162附孔巢父傳
	孔	殷	舊唐書卷154附孔巢父傳 新唐書卷163附孔巢父傳
	孔	14 僖	後漢書卷109上儒林
	孔	禎	舊唐書卷190上文苑附孔紹安傳
	孔	15 廣	南史卷72文學附丘巨源傳
	孔	緯	舊唐書卷179 新唐書卷163附孔巢父傳
	孔	維	宋史卷431儒林
	孔	16 融	後漢書卷100 三國魏志卷12附崔琰傳
	孔	奮	後漢書卷61
	孔	範	南史卷77恩倖

孔		瑤	金史卷105
孔	17	謙	舊五代史卷73唐書 新五代史卷26唐臣
孔		覬	宋書卷84 南史卷27附孔琳之傳
孔		鏞	明史卷172
孔		邈	舊五代史卷68唐書
孔	20	巖	晉書卷78附孔愉傳
孔	3子	袪	梁書卷48儒林 南史卷71儒林
孔	4文	仲	宋史卷344
孔	公	恂	明史卷152
孔	友	諒	明史卷164附黃澤傳
孔	5平	仲	宋史卷344附孔文仲傳
孔	6守	正	宋史卷275
孔	安	國	漢書卷88儒林 晉書卷78附孔愉傳
孔	休	源	梁書卷36 南史卷60
孔	7克	仁	明史卷135
孔	伯	恭	魏書卷51 北史卷37
孔	希	學	明史卷284儒林
孔	8武	仲	宋史卷344附孔文仲傳
孔	承	恭	宋史卷276
孔	知	濬	舊五代史卷125周書
孔	宗	旦	宋史卷446忠義附曹覲傳
孔	宗	翰	宋史卷297附孔道輔傳
孔	季	恭	宋書卷54(南史卷27作孔靖)
孔	季	詡	新唐書卷199儒學附孔若思傳
孔	9若	思	舊唐書卷190上文苑附孔紹安傳

			新唐書卷199儒學
孔	思	晦	元史卷180
孔	貞	運	明史卷253附張至發傳
孔	述	睿	舊唐書卷192隱逸 新唐書卷196隱逸
孔	彥	舟	金史卷79
孔	彥	繩	明史卷284儒林附孔希學傳
孔	10祖	湯	金史卷122忠義附移剌阿里合傳
孔	師	程	明史卷295忠義附席上珍傳
孔	11巢	父	舊唐書卷154 新唐書卷163
孔	淳	之	宋書卷93隱逸 南史卷75隱逸
孔	紹	安	舊唐書卷190上文苑
孔	敏	行	舊唐書卷192隱逸附孔述睿傳 新唐書卷196隱逸附孔述睿傳
孔	崇	弼	舊五代史卷96晉書
孔	琇	之	南齊書卷53良政 南史卷27附孔靖傳
孔	12琳	之	宋書卷56 南史卷27
孔	13溫	業	新唐書卷163附孔巢父傳
孔	嗣	之	南史卷76隱逸附吳苞傳
孔	敬	宗	金史卷75
孔	稚	珪	南齊書卷48(南史卷49作孔珪)
孔	道	輔	宋史卷297
孔	道	徽	南史卷75隱逸附杜京產傳
孔	14聞	禮	明史卷284儒林附孔希學傳
孔	15德	紹	隋書卷76文學 北史卷83文苑附潘徽傳
孔	16穎	達	舊唐書卷73 新唐書卷198儒學

四畫

元

元　金史卷69(本名常勝)

2乂　魏書卷16附京兆王黎傳

4仁　魏書卷17附永昌王健傳

5石　魏書卷14
　　北史卷15魏宗室附吉陽王比干傳(卽司徒石)

丕　魏書卷14附武衞將軍譚傳(卽東陽王)
　　魏書卷17(卽樂平王)
　　北史卷16魏宗室

玄　魏書卷15附常山王遵傳

他　魏書卷16附陽平王熙傳(卽臨淮王)

正　新唐書卷201文藝附元萬頃傳

6因　魏書卷14(卽武陵侯)
　　北史卷15魏宗室

汎　魏書卷19上附汝陰侯天賜傳

匡　魏書卷19上附廣平王洛侯傳(卽濟南王)

休　魏書卷19下(卽安定王)
　　北史卷18魏宗室

羽　魏書卷21上(卽廣陵王)
　　北史卷19魏宗室

7臣　元史卷149附移剌揑兒傳

呂　魏書卷14(卽江夏公)
　　北史卷15魏宗室附吉陽男比干傳

況　魏書卷19上附汝陰王天賜傳

志　魏書卷14附河間公齊傳

良　魏書卷15附秦王翰傳

均　魏書卷17附樂安王鑑傳
　　魏書傳16附陽平王熙傳

孚　魏書卷19上附汝陰王天賜傳

余　魏書卷18附臨淮王譚傳
　　魏書卷18(卽南安王)
　　北史卷16魏宗室

劭　魏書卷21下附彭城王勰傳

亨　北史卷15魏宗室附常山王遵傳
　　隋書卷54

8孤　魏書卷14
　　北史卷15魏宗室附吉陽男比干傳(卽高涼王)

泥　魏書卷14
　　北史卷15魏宗室附武衞將軍譚傳(卽文安公)

屈　魏書卷14附文安公泥傳

忠　魏書卷15附常山王遵傳
　　魏書卷19上附樂良王萬壽傳

和　魏書卷16附河南王曜傳

昌　魏書卷18附臨淮王譚傳

炤　魏書卷19下附南安王楨傳

欣　魏書卷21上附廣陵王羽傳

坦　北齊書卷28

定　周書卷34
　　北史卷69

9航　魏書卷14附眞定侯臨傳

郁　魏書卷14
　　北史卷15魏宗室附曲陽侯素延傳(卽順公)

珍　魏書卷14附高涼王孤傳

(天)

四畫　元

元	修	北史卷19魏宗室（即汝南王）／魏書卷16（即河間王）／北史卷16魏宗室
元	彧	
元	祐	魏書卷18附臨淮王潭傳／魏書卷20附齊郡王簡傳
元	恭、泰	魏書卷21上附廣陵王羽傳／魏書卷21上附高陽王雍傳
元	11陸	魏書卷14（即眞定侯）／北史卷15魏宗室附上谷公紇羅傳
元	崀觚	魏書卷14附高涼王孤傳／魏書卷15附秦王翰傳
元	紹	魏書卷15附常山王遵傳／魏書卷16（即清河王）／北史卷16魏宗室
元	崇	魏書卷15附陳留王虔傳／魏書卷17（即建寧王）／北史卷16魏宗室（即建寧王）
元	崘連	魏書卷15附陳留王虔傳／魏書卷16（即廣平王）／北史卷16魏宗室
元	爽	魏書卷16附京兆王黎傳
元	健	魏書卷17（即永昌王）／北史卷16魏宗室
元	深悰	魏書卷18附廣陽王建閭傳／魏書卷19上附京兆王子推傳
元	假	魏書卷19上附濟陰王小新成傳

元	昭	魏書卷15附常山王遵傳
元	禹	魏書卷16附陽平王熙傳
元	亮	魏書卷16附河南王曜傳／魏書卷16附京兆王黎傳
元	俊	魏書卷17（即新興王）／魏書卷19下附章武王太洛傳／北史卷16魏宗室（即新興王）
元	恆	魏書卷19上附京兆王子推傳
元	昴	魏書卷19上附京兆王子推傳
元	衍	魏書卷19上附陽平王新成傳
元	英	魏書卷9下附南安王楨傳（即中山王）
元	桃	北史卷19魏宗室（即臬子）
元	若	魏書卷20（即河間王）／北史卷19魏宗室
元	昶	魏書卷21上附咸陽王禧傳
元	恂	魏書卷22（即廢太子）／北史卷19魏宗室（即廢太子）
元	建	北史卷6魏宗室（即廣陽王）
元	胃	北史卷73／隋書卷40
元	10烈	魏書卷15附秦王翰傳（即陰平王）
元	素	魏書卷15附常山王遵傳
元	虔	魏書卷15（即陳留王）／魏書卷19上附陽平王新成傳／北史卷15魏宗室（即陳留王）
元	悅	魏書卷15附陳留王虔傳／魏書卷22（即汝南王）

四畫

元

畫	姓	名	出處
	元	逞	魏書卷19上附汝陰王大賜傳
	元	朗	魏書卷19中附任城王雲傳／魏書卷19下
	元	略	魏書卷19下附南安王楨傳(即南平王)／魏書卷20(即廣川王)／北史卷19魏宗室(即廣川王)
	元	彬	魏書卷19下附章武王太洛傳(即章武王)
	元	猛	魏書卷20(即安豐王)／北史卷19魏宗室
	元	通	魏書卷21上附咸陽王禧傳
	元	偉	周書卷38
	元	琇	新唐書卷149附劉晏傳
12	元	敦	魏書卷14／北史卷15魏宗室附吉陽男比干傳(即西江公)
	元	提	魏書卷14附武衛將軍謂傳／魏書卷16附河南王曜傳／魏書卷18附臨淮王潭傳
	元	超	魏書卷14附武衛將軍謂傳／魏書卷19下附安定王休傳
	元	隆	魏書卷14附武衛將軍謂傳
	元	琛	魏書卷15附陳留王虔傳／魏書卷20附河間王若傳(即河間王)
	元	順	魏書卷15(即毗陵王)／魏書卷19中附任城王雲傳／北史卷15魏宗室(即毗陵王)
	元	粟渾	魏書卷15附遼西公意烈傳
	元	渾	魏書卷15附遼西公意烈傳／魏書卷16附廣平王連傳(即南平王)
	元	湛	魏書卷18附廣陽王建閭傳／魏書卷19下附章武王太洛傳
	元	欽	魏書卷19上附陽平王新成傳／魏書卷21下附彭城王勰傳／北史卷17魏宗室附陽平王新成傳
	元	殉	魏書卷19上附濟陰王小新成傳北齊書卷28
	元	雲	魏書卷19中(即任城王)／北史卷18魏宗室
	元	斌	北齊書卷28／魏書卷21附高陽王雍傳
	元	愉	魏書卷22(即京兆王)／北史卷19魏宗室(即京兆王)
	元	善	隋書卷75儒林／元史卷197孝友附楊一傳／北史卷16魏宗室附京兆王黎傳
	元	結	新唐書卷143
	元	絳	宋史卷343
13	元	幹	魏書卷15附秦王翰傳／魏書卷21上(即趙郡王)／北史卷19魏宗室(即趙郡王)
	元	瑞	魏書卷15附秦王翰傳
	元	暉	魏書卷15附常山王遵傳

四畫	元 遏	魏書卷19上附京兆王子推傳
	元 暉	魏書卷19下附南安王楨傳（卽東海王）
		魏書卷21上附咸陽王禧傳
	元 徽	魏書卷19下附城陽王長壽傳
元	元 融	魏書卷19下附章武王太洛傳
		魏書卷19上附陽平王新成傳
	元 凝	魏書卷19下附章武王太洛傳（卽安東王）
	元 諧	魏書卷20附廣川王略傳
		北史卷73
		隋書卷40
		梁書卷39
	元 樹	魏書卷21上附咸陽王禧傳
	元 諶	魏書卷21上附趙郡王幹傳
	元 叡	魏書卷21上附高陽王雍傳
	元 懌	魏書卷22（卽清河王）
		北史卷19魏宗室
	元 默	明史卷260附陳奇瑜傳
	元 17巍	魏書卷15附常山王遵傳
	元 彌	魏書卷17（卽安定王）
		北史卷16魏宗室
	元 穎	魏書卷18附臨淮王潭傳
	元 彝	魏書卷19中附任城王雲傳
	元 燮	魏書卷19下附安定王休傳
	元 禧	魏書卷21（卽咸陽王）
		北史卷19魏宗室
	元 謐	魏書卷21上附趙郡王幹傳
	元 褒	隋書卷50附元孝矩傳

元 18題	魏書卷14附上谷公乾羅傳（卽襄城王）
元 曜	魏書卷16（卽河南王）
	北史卷16魏宗室
元 簡	魏書卷20（卽齊郡王）
	北史卷19魏宗室
元 翼	魏書卷21上附咸陽王禧傳
元 19顥	魏書卷15附陳留王虔傳
	魏書卷19上附陽平王新成傳
元 羅	魏書卷16附京兆王黎傳
元 譚	魏書卷18（卽臨淮王）
	魏書卷21上附趙郡王幹傳
	北史卷16魏宗室（卽臨淮王）
元 懷	魏書卷22（卽廣平王）
	北史卷19魏宗室
元 20纂	魏書卷15附秦王翰傳（卽中山王）
	魏書卷16附廣平王連傳
	魏書卷19下附南昌王楨傳
元 繼	魏書卷16附京兆王黎傳（卽江陽王）
元 麗	魏書卷17附建寧王崇傳
	魏書卷19上附濟陰王小新成傳
元 瞻	魏書卷19中附任城王雲傳
元 21顥	魏書卷21上北海王詳傳
元 22鷙	魏書卷14附高涼王孤傳（卽華山王）
元 鑒	魏書卷16附河南王曜傳
	魏書卷20附安樂王長樂傳
元 23顯	魏書卷16附河南王曜傳

四畫

元

元	太興	魏書卷19上附京兆王子推傳
元	天賜	魏書卷19上（即汝陰王） 北史卷17魏宗室
元	天穆	魏書卷14附高涼王孤傳（即上黨王）
元	5目辰	魏書卷14 北史卷15魏宗室附曲陽侯素延傳（即宜都王）
元	平原	魏書卷16附河南王曜傳
元	弘嗣	北史卷87酷吏 隋書卷74酷吏
元	世儁	魏書卷19中附任城王澄傳
元	世遵	魏書卷16附陽平王熙傳
元	6伏羅	魏書卷18（即晉王） 北史卷16魏宗室
元	好問	金史卷126文藝附元德明傳
元	仲文	舊唐書卷88附裴寂傳
元	仲冏	魏書卷16附廣平王連傳
元	仲景	魏書卷19上附京兆王子推傳
元	行沖	舊唐書卷102 新唐書卷200儒學
元	行欽	舊五代史卷76唐書 新五代史卷25唐臣
元	7忻之	魏書卷16附陽平王熙傳
元	延明	魏書卷20附安豐王猛傳
元	孝友	魏書卷18附臨淮王澤傳 北齊書卷28
元	孝矩	隋書卷50
元	8拔干	魏書卷15附遼西公意烈傳
元	叔仁	魏書卷19下附南安王楨傳
元	季方	新唐書卷201文藝附元萬頃傳
元	明善	明史卷181

		魏書卷16附陽平王熙傳 魏書卷19下附城陽王長壽傳
元	嚴	北史卷75 隋書卷62
元	24讓	舊唐書卷188孝友 莘唐書卷195孝友
元	25蠻	北齊書卷48外戚
元	27諶	魏書卷21上附趙郡王斡傳
元	30鸞	魏書卷19下附城陽王長壽傳
元	3大曹	魏書卷14附高涼王孤傳
元	大頭	魏書卷14 北史卷15魏宗室附武衛將軍諷傳（即淮陵侯）
元	子正	魏書卷21上附彭城王勰傳
元	子孝	魏書卷19上附陽平王新成傳
元	子直	魏書卷21下附彭城王勰傳
元	子思	魏書卷14附高涼王孤傳
元	子推	魏書卷19上（即京兆王） 北史卷17魏宗室
元	子華	魏書卷14附高涼王孤傳
元	子寬	魏書卷21下附彭城王勰傳
元	4比干	魏書卷14（即吉陽男） 北史卷15魏宗室
元	六修	魏書卷14（即穆帝長子） 北史卷15魏宗室
元	文都	隋書卷71誠節
元	文遙	北齊書卷38 北史卷55
元	太洛	魏書卷19下（即章武王） 北史卷18魏宗室

四畫 元	元 法 壽	魏書卷16附陽平王熙傳 / 北史卷16魏宗室
	元 法 僧	梁書卷39 / 魏書卷16附陽平王熙傳
元	元 長 壽	魏書卷19下(即城陽王) / 北史卷18魏宗室
	元 長 樂	魏書卷20（即安樂王） / 北史卷19魏室宗
	元 9宣 洪	魏書卷16附陽平王熙傳
	元 胡 兒	魏書卷19下(即樂陵王) / 北史卷18魏宗室
	元 洛 侯	魏書卷17上(即廣平王) / 北史卷17魏宗室
	元 洪 超	魏書卷15附遼西公意烈傳
	元 昭 業	魏書卷19上附濟陰王小新成傳
	元 建 閭	魏書卷18(即廣陽王)
	元 紇 羅	魏書卷14(即上谷公) / 北史卷15魏宗室
	元 思 敬	舊唐書卷190上文苑
	元 思 譽	魏書卷19下附樂陵王胡兒傳(即樂陵王)
	元 10庫 汗 延	魏書卷15附遼西公意烈傳
	元 素 延	魏書卷14(即曲陽侯) / 北史卷15魏宗室
	元 烏 眞	魏書卷14附武衛將軍謂傳
	元 修 義	魏書卷19上附汝陰王天賜傳
	元 11處 文	魏書卷16(即長樂王)
	元 處 眞	魏書卷14 / 北史卷15魏宗室附武衛將軍謂傳(即扶風公)
	元 12斌 之	魏書卷20附安樂王長樂傳
	元 貴 平	魏書卷19下附安定王休傳
	元 寔 君	魏書卷15 / 北史卷15魏宗室
	元 窟 咄	魏書卷15 / 北史卷15魏宗室 / 隋書卷39
	元 景 山	魏書卷18魏宗室附安定王休傳
	元 景 安	北齊書卷41 / 北史卷53
	元 13敬 先	魏書卷16附陽平王熙傳
	元 新 成	魏書卷19上(即陽平王) / 北史卷17魏宗室
	元 意 烈	魏書卷15(即遼西公) / 北史卷15魏宗室
	元 道 符	魏書卷18附東平王翰傳
	元 義 方	新唐書卷201文藝附元兢傳
	元 義 興	魏書卷19下附南安王楨傳
	元 暉 業	北齊書卷28 / 魏書卷19上附濟陰王小新成傳
	元 頎	舊唐書卷190中文苑 / 新唐書卷201文藝
	元 萬 壽	魏書卷19上(即樂良王) / 北史卷17魏宗室
	元 14壽 樂	魏書卷14(即長樂王) / 北史卷15魏宗室
	元 壽 興	魏書卷15附常山王遵傳

		出處
元15	羯兒	魏書卷16附河間王傳（即略陽王）
元	慶和	魏書卷9上附汝陰王天賜傳
元	德秀	舊唐書卷190下文苑 新唐書卷94卓行
元	德明	金史卷126文藝
元16	興都	魏書卷14附武衛將軍謂傳
元	磨渾	魏書卷14附文安公泥傳
元17	嬰文	魏書卷14（即建德公） 北史卷15魏宗室附上谷公紇羅傳
元19	願平	魏書卷19下附定安王休傳
元	願達	梁書卷39
元	羅侯	魏書卷16附京兆王黎傳
元20	賓炬	魏書卷22附京兆王愉傳
元23	顯和	魏書卷19上附濟陰王小新成傳
元	小新成	魏書卷19上（即濟陰王） 北史卷17魏宗室
元	可悉陵	魏書卷15附常山王遵傳
王 4	丹	後漢書卷57
王	允	後漢書卷96
王	斤	魏書卷30附王建傳
王	介	宋史卷400
王	友	明史卷146
王	文	明史卷168
王	化	明史卷222附譚綸傳
王 5	平	三國蜀志卷13或43
王	尼	晉書卷49
王	弘	宋書卷42 南史卷21
王	由	魏書卷71附王世弼傳
王	丘	舊唐書卷100 新唐書卷129
王	用	新唐書卷147附王難得傳
王	仙	宋史卷452忠義
王	旦	宋史卷282
王	白	遼史卷108方技
王	玉	元史卷151
王	本	明史卷137附安然傳
王 6	充	後漢書卷79 隋書卷85(北史卷79) 舊唐書卷54 新唐書卷85 並作王世充）
王	吉	漢書卷72 後漢書卷107酷吏
王	式	漢書卷18儒林 舊唐書卷164附王播傳 新唐書卷167附王播傳
王	戒	晉書卷43
王	如	晉書卷100
王	份	梁書卷21 南史卷23附王彧傳 陳書卷17 南史卷21附王弘傳
王	冲	魏書卷91藝術 北史卷89藝術
王	早	舊唐書卷180酷吏 新唐書卷209酷吏 宋史卷269附王祐傳
王	旭	
王	朴	舊五代史卷128周書 新五代史卷31周臣 明史卷139
王	存	宋史卷341
王	回	宋史卷345附鄧洞傳 宋史卷432儒林
王	衣	宋史卷377

丙畫

元王

四畫	王	向	宋史卷432儒林附王旦傳
	王	艮	元史卷192良吏 明史卷143 明史卷283儒林附王藝傳
王	王	宇	明史卷159
	王	行	明史卷285文苑
	王	安	明史卷305宦官
	王	7成	漢書卷89循吏
	王	良	後漢書卷57 明史卷143
	王	扶	後漢書卷69附劉平傳
	王	忱	後漢書卷111獨行
	王	沈	晉書卷39 晉書卷92文苑
	王	劭	晉書卷6 附王導傳 北史卷35附王慧龍傳 隋書卷69
	王	忱	晉書卷75附王湛傳 元史卷151附王玉傳
	王	延	晉書卷88孝友 舊五代史卷131周書 新五代史卷57雜傳
	王	宏	晉書卷90良吏
	王	志	梁書卷21 南史卷22附王曇首傳 明史卷131
	王	克	南史卷23附王彧傳
	王	伽	北史卷86循吏 隋書卷73循吏
	王	佖	舊唐書卷133附李晟傳 新唐書卷154附李晟傳
	王	佖	舊唐書卷135附王叔文傳 新唐書卷168附王叔文傳
	王	助	新唐書卷201文藝附王勃傳
	王	罕	宋史卷312附王珪傳
	王	阮	宋史卷395
	王	扑	宋史卷470佞幸
	王	佐	金史卷122忠義 明史卷167 明史卷285文苑附孫賁傳 明史卷289忠義附霍恩傳
	王	佑	明史卷140附陶垕仲傳
	王	忤	明史卷204
	王	廷	明史卷214
	王	圻	明史卷286文苑附陸深傳
	王	8孟	漢書卷92游俠附劇孟傳
	王	昌	後漢書卷42
	王	協	晉書卷65附王導傳
	王	育	晉書卷89忠義
	王	承	晉書卷75附王湛傳 梁書卷41 南史卷22附王曇首傳
	王	固	陳書卷21 南史卷23附王彧傳
	王	昕	北齊書卷31 北史卷24附王憼傳
	王	沛	舊唐書卷161 新唐書卷171 明史卷290忠義附王德傳
	王	炎	舊唐書卷164附王播傳
	王	昂	舊唐書卷118附元載傳
	王	周	舊五代史卷106漢書 新五代史卷48雜傳
	王	松	新五代史卷57雜傳
	王	沔	宋史卷266
	王	明	宋史卷270

王	侁	宋史卷274
王	杲	宋史卷280 明史卷202
王	沿	宋史卷300
王	果	宋史卷326
王	忠	宋史卷448忠義 明史卷145附邱禑傳
王	奇	宋史卷452忠義
王	直	明史卷169
王	來	明史卷172
王	沿	明史卷215
王	昇	明史卷300外戚
王	9柔	後漢書卷98附郭太傳
王	昶	三國魏志卷27 舊五代史卷134僭偽附王審知傳
王	衍	晉書卷43附王戎傳 魏書卷63附王肅傳 舊五代史卷136僭偽附王建傳 新五代史卷63前蜀世家附王建傳
王	洽	晉書卷65附王導傳 明史卷257
王	恬	晉書卷65附王導傳
王	恂	晉書卷93外戚 元史卷164
王	珉	晉書卷65附王導傳
王	述	晉書卷75附王湛傳 周書卷18附王羆傳 （隋書卷54北史62並作王長述）
王	奐	南齊書卷49 南史卷23附王誕傳
王	茂	梁書卷9 南史卷55
王	亮	梁書卷16 南史卷23附王誕傳
王	建	魏書卷30 北史卷20

		舊五代史卷136僭偽 新五代史卷63前蜀世家
王	度	魏書卷30附王建傳 明史卷141
王	則	北齊書卷20 北史卷53
王	春	北齊書卷49方技 北史卷89藝術
王	勇	周書卷29 北史卷66
王	軌	周書卷40 北史卷62
王	貞	北史卷83文苑 隋書卷76文學
王	胄	北史卷83文苑 隋書卷76文學
王	春	北史卷83文苑附王胄傳
王	勃	舊唐書卷190上文苑 新唐書卷201文藝
王	珂	舊唐書卷182附王重榮傳 新唐書卷187附王重榮傳 舊五代史卷14梁書 新五代史卷42雜傳
王	俌	新唐書卷116附王綝傳
王	洙	宋史卷294
王	信	宋史卷326 宋史卷400 明史卷166 明史卷292忠義
王	彥	宋史卷368
王	庠	宋史卷377
王	柟	宋史卷395
王	柏	宋史卷438儒林
王	拱	宋史卷453忠義
王	洤	宋史卷456孝義附常貞傳
王	郁	遼史卷75

四畫	王	政	金史卷128循吏		孔穎達傳
	王	珍	元史卷152	王 浚	晉書卷39附王沉傳
	王	約	元史卷178	王 虔	晉書卷93外戚附王恂傳
	王	英	元史卷188 明史卷152	王 素	宋書卷93隱逸 宋史卷320 南史卷24附王淮之傳
王	王	省	明史卷142		
	王	香	明史卷160附石璞傳	王 矩	晉書卷100附王機傳
	王	竑	明史卷177	王 晏	南史卷24附王鎮之傳 南齊書卷42 宋史卷252
	王	思	明史卷192		
	王	相	明史卷192附王思傳	王 訓	梁書卷21附王暕傳 南史卷22附王曇首傳
	王	科	明史卷206附馬錄傳		
	王	保	明史卷239附查一元傳	王 泰	梁書卷21 南史卷22附王曇首傳
	王	紀	明史卷241		
	王	俊	明史卷297孝義	王 峻	梁書卷21 南史卷24附王裕之傳 北齊書卷25 北史卷55 舊五代史卷130周書 新五代史卷50雜傳
	王	10烈	後漢書卷111獨行 三國魏志卷11附管寧傳		
	王	真	後漢書卷112下方術 明史卷145	王 淹	周書卷48附蕭詧傳
	王	修	三國魏志卷11 晉書卷93外戚附王濛傳	王 彧	南史卷23(宋書卷85作王景文)
	王	珣	晉書卷65附王導傳 新唐書卷111附王方翼傳 元史卷149	王 紘	北齊書卷25 北史卷55
	王	凌	三國魏志卷28	王 珪	舊唐書卷70 新唐書卷98 宋史卷312 宋史卷325附任福傳
	王	悅	晉書卷65附王導傳 周書卷33 北史卷69	王 翃	舊唐書卷157 新唐書卷143
	王	豹	晉書卷89忠義	王 起	舊唐書卷164附王播傳 新唐書卷167附王播傳
	王	恭	晉書卷84 舊唐書卷73附孔穎達傳 新唐書卷198儒學附	王 郯	新唐書卷186附王虔存傳
				王 琪	新唐書卷187附王重榮傳

北史卷84孝行

四畫

王

王	宰	舊五代史卷14梁書附王珂傳 新唐書卷206外戚附王仁皎傳（舊唐書183作王守一） 新唐書卷172附王智興傳（舊唐書156作王晏宰）	王	章	漢書卷76 舊五代史卷107漢書 新五代史卷30漢臣 明史卷266
王	殷	舊五代史124周書 新五代史卷50雜傳	王	商	漢書卷82
王	祚	宋史卷249附王溥傳	王	常	後漢書卷45
王	祜	宋史卷269 明史卷289忠義附萬珠傳	王	梁	後漢書卷52
			王	堂	後漢書卷61
王	能	宋史卷279	王	望	後漢書卷69附劉平傳
王	沿	宋史卷300	王	符	後漢書卷79
王	恩	宋史卷359	王	朗	三國魏志卷13
王	倫	宋史卷371 金史卷79	王	基	三國魏志卷27
王	厚	宋史卷328附王韶傳	王	連	三國蜀志卷11或41
王	進	宋史卷452忠義附郭僎傳	王	祥	晉書卷33
王	珠	宋史卷456孝義	王	接	晉書卷51
王	浩	金史卷128循吏	王	彬	晉書卷76 南史卷22附王曇首傳 宋史卷304 明史卷142附陳性善傳
王	倚	元史卷176			
王	恕	明史卷182	王	猛	晉書卷114前秦載記 南史卷24附王淮之傳
王	軏	明史卷201			
王	效	明史卷211	王	球	宋書卷58 南史卷23附王惠傳
王	剛	明史卷289忠義	王	規	梁書卷41 南史卷22附王曇首傳
王	原	明史卷297孝義			
王	振	明史卷304宦官	王	通	陳書卷17 南史卷23附王彧傳 元史卷167附王國昌傳 明史154
王	陵	漢書卷40			
王	訢	漢書卷66			
王	崇	漢書卷72附王吉傳 魏書卷86孝感	王	翊	魏書卷63附王憲傳 舊唐書卷157附王翃

王

四畫		傳	
		新唐書卷143附王翃傳	
		宋史卷449忠義	
王	王 晞	北齊書卷31附王昕傳	
		北史卷24附王憲傳	
	王 寂	南史卷22附王曇首傳	
	王 偃	南史卷23附王誕傳	
	王 清	南史卷24附王淮之傳	
	王 偉	舊五代史卷95晉書	
		新五代史卷33死事	
		南史卷80賊臣	
		明史卷170附王諫傳	
		明史卷300外戚	
	王 晧	北史卷24附王憲傳	
	王 晙	舊唐書卷93	
		新唐書卷111	
	王 紹	舊唐書卷123	
		新唐書卷149	
	王 逢	舊唐書卷161附王沛傳	
		新唐書卷171附王沛傳	
		宋史卷443文苑	
		明史卷285文苑附戴良傳	
	王 涯	舊唐書卷169	
		新唐書卷179	
	王 勔	舊唐書卷190文苑附王勃傳	
	王 都	舊五代史卷54唐書附王處直傳	
	王 敏	舊五代史卷128周書	
	王 陟	宋史卷307附喬維岳傳	
	王 崈	宋史卷328附王䫒傳	
	王 陶	宋史卷329	
	王 淵	宋史卷369 明史卷180附王徽傳	
	王 庶	宋史卷372	

王 淮	宋史卷396	
王 塈	宋史卷420	
王 晦	金史卷121忠義	
王 庸	元史卷198孝友	
王 晟	明史卷172附張驥傳	
王 敎	明史傳230附萬國欽傳	
王 國	明史卷232	
王 問	明史卷282儒林附邵寶傳	
王 冤	明史卷285文苑	
王 紱	明史卷290忠義 明史卷286文苑	
王 尊	漢書卷76	
王 莽	漢書卷99	
王 逸	後漢書卷110上文苑	
王 隆	後漢書卷110上文苑	
王 渙	後漢書卷106循吏 明史卷188附楊敬禮傳	
王 景	後漢書卷106循吏 宋史卷252 明史卷152附直倫傳	
王 喬	後漢書卷112上方術	
王 弼	三國魏志卷28附鍾會傳 明史卷132	
王 象	三國魏志卷21附衛顗傳	
王 渾	晉書卷42	
王 湛	晉書卷75	
王 愉	晉書卷75附王湛傳	
王 舒	晉書卷76	

王	雅	晉書卷83 周書卷29 北史卷68
王	敦	晉書卷98叛逆
王	惠	宋書卷58 南史卷23
王	華	宋書卷63 南史卷23
王	諶	梁書卷21 南史卷22附王曇首傳
王	雲	魏書卷33附王憲傳 宋史卷357
王	琚	魏書卷94閹宦 北史卷92恩倖 舊唐書卷106 新唐書卷121
王	翊	魏書卷93恩倖附王叡傳
王	溫	魏書卷94閹宦 北史卷92恩倖
王	琳	北齊書卷32 南史卷64
王	雄	周書卷19 北史卷60 明史卷189附胡燧傳
王	傑	周書卷29 北史卷66
王	琮	南史卷24附王裕之傳
王	絢	南史卷23附王彧傳
王	彭	南史卷73孝義
王	鈞	舊唐書卷186下酷吏 附吉溫傳
王	進	舊五代史卷124周書 新五代史卷49雜傳 金史卷117附王賔傳
王	詔	宋史卷266附王化基 傳 明史卷185附梁璟傳
王	凱	宋史卷255附王全斌 傳
王	著	宋史卷269 宋史卷296
王	貴	宋史卷272附楊業傳
王	超	宋史卷278
王	曾	宋史卷310
王	琪	宋史卷312附王珪傳
王	雱	宋史卷327附王安石 傳
王	寓	宋史卷352附耿仲南 傳
王	登	宋史卷412
王	復	宋史卷448忠義附趙 立傳 明史卷177
王	琦	宋史卷453忠義附屈 堅傳
王	棠	遼史卷105能吏
王	賁	金史卷96
王	儦	金史卷105
王	善	元史卷151
王	惲	元史卷167
王	結	元史卷178
王	閏	元史卷197孝友
王	鈍	明史卷151
王	越	明史卷171
王	鈇	明史卷290忠義
王	13畫 肅	三國魏志卷13附王 朗傳 魏書卷63 北史卷42
王	粲	三國魏志卷21
王	嗣	三國蜀志卷15或45 附楊戲傳
王	綏	晉書卷75附王湛傳
王	愷	晉書卷75附王湛傳 晉書卷93外戚附王

四畫			恂傳 明史卷289忠義
	王	稜	晉書卷26附王興傳
	王	瑚	晉書卷82附王隱傳
	王	袞	晉書卷88孝友
王	王	遜	晉書卷93外戚
	王	微	宋書卷62 南史卷21附王弘傳
	王	琨	南齊書卷32 南史卷23附王華傳
	王	僉	梁書卷21附王份傳 南史卷23附王藝傳
	王	筠	梁書卷33 南史卷22附王曇首傳
	王	瑒	陳書卷23 南史卷23附王弘傳
	王	椿	魏書卷93恩倖附王叡傳
	王	遇	魏書卷94閹宦 北史卷92恩倖
	王	紘	北齊書卷25
	王	盟	周書卷20 北史卷61
	王	瑜	南史卷21附王弘傳 舊五代史卷96晉書 明史卷153附陳蕰傳
	王	頒	北史卷84孝行 隋書卷72孝義
	王	頍	北史卷84孝行附王頒傳 隋書卷76文學
	王	遂	舊唐書卷162 新唐書卷116附王綝傳 宋史卷415
	王	摶	新唐書卷116附王綝傳
	王	溥	新唐書卷182 宋史卷249 明史卷134附郭登傳 明史卷140附劉仕遒傳
	王	暉	宋史卷261附李萬全傳
	王	鼎	宋史卷300附王沿傳 遼史卷104文學 明史卷289忠義附花雲傳
	王	靖	宋史卷320附王素傳
	王	萬	宋史卷416
	王	當	宋史卷432儒林
	王	義	元史卷151
	王	軾	明史卷172
	王	瑞	明史卷180
	王	禕	明史卷191附薛蕙傳
	王	暄	明史卷202附王杲傳
	王	準	明史卷206附陸粲傳
	王	源	明史卷281循吏 明史卷289忠義附吳景傳 明史卷300外戚附王鏌傳
	王	14嘉	漢書卷86 晉書卷95藝術
	王	暢	後漢書卷86附王興傳
	王	廙	晉書卷76
	王	遜	晉書卷81
	王	誕	宋書卷52 南史卷23
	王	慈	南齊書卷46 南史卷22附王曇首傳
	王	誦	魏書卷63附王肅傳
	王	遠	南史卷21附王弘傳
	王	銓	南史卷23附王藝傳
	王	摀	南史卷49附王湛傳

王	韶	北史卷75 隋書卷62 宋史卷328		王	諒	晉書卷89忠義	四畫
				王	墮	晉書卷112前秦載記	
王	銑	舊唐書卷105 新唐書卷134		王	儉	南齊書卷23 南史卷22附王曇首傳	
王	維	舊唐書卷190下文苑 新唐書卷202文藝					
王	糅	新唐書卷116(舊唐書卷89作王方慶)		王	螢	梁書卷16 南史卷23附王誕傳 明史卷281循吏附李驥傳	王
王	賓	宋史卷276 金史卷117					
王	榮	宋史卷280		王	勱	陳書卷17附王通傳 南史卷23附王彧傳 北史卷61附王盟傳	
王	翰	宋史卷372 明史卷299方技					
王	稟	宋史卷452忠義附劉仕英傳		王	質	陳書卷18 南史卷23附王彧傳 魏書卷94閹宦 北史卷92恩倖 舊唐書卷163 新唐書卷164 宋史卷269附王祐傳 宋史卷395	
王	福	金史卷118					
王	構	元史卷164					
王	綧	元史卷166					
王	壽	元史卷176		王	閭	魏書卷87節義 北史卷85節義	
王	銘	明史卷134		王	德	周書卷17 北史卷65 宋史卷368 明史卷290忠義	
王	彰	明史卷160					
王	圖	明史卷216		王	慶	周書卷33 北史卷69	
王	漢	明史卷267附高名衡傳		王	褒	漢書卷64下 周書卷41(褒同裒) 北史卷83文苑	
王	豪	明史卷285文苑					
王	綱	明史卷289忠義		王	誼	北史卷61附王盟傳 隋書卷40	
王	韡	明史卷289忠義		王	緯	舊唐書卷146 新唐書卷159	
王	禎	明史卷289忠義		王	稷	舊唐書卷151附王鍔傳 新唐書卷170附王鍔傳	
王	15翦	史記卷73					
王	澄	晉書卷43附王戎傳 明史卷296孝義附鄭濂傳		王	播	舊唐書卷164 新唐書卷167	
				王	勵	舊唐書卷190上文苑附王勃傳 新唐書卷201文藝附王勃傳	
王	嶠	晉書卷75附王湛傳					
王	談	晉書卷88孝義		王	適	舊唐書卷190中文苑附劉憲傳	

四畫

王

王	潮	新唐書卷190
王	潛	新唐書卷191忠義附王同皎傳
王	絨	舊五代史卷60唐書 明史卷203附王儀傳
王	震	宋史卷320附王系傳 金史卷127孝友
王	霆	宋史卷408
王	蔚	金史卷95
王	毅	金史卷121忠義
王	磐	元史卷160
王	瑾	明史卷171附王驥傳
王	儀	明史卷203
王	畿	明史卷283儒林
王	履	明史卷299方技
王	徵	明史卷294忠義附祝萬齡傳
王	16蕃	三國吳志卷20或65
王	導	晉書卷65
王	機	晉書卷100
王	諶	南齊書卷34 南史卷49
王	融	南齊書卷47 南史卷21附王弘傳
王	錫	梁書卷21附王份傳 南史卷23附王裒傳 南史卷23附王弘傳
王	樹	魏書卷30附王建傳
王	憲	魏書卷33 北史卷24 明史卷199
王	叡	魏書卷93恩倖 北史卷92恩倖
王	靜	魏書卷93恩倖附王叡傳
王	操	周書卷48附蕭詧傳 北史卷93僭偽附蕭詧傳

		附蕭詧傳
王	捌	北史卷73附劉方傳 隋書卷53附劉方傳
王	縉	舊唐書卷118 新唐書卷145
王	龜	舊唐書卷164附王播傳 新唐書卷167附王播傳
王	堯	舊唐書卷164附王播傳
王	璠	舊唐書卷169 新唐書卷179
王	澣	舊唐書卷190中文苑（新唐書202作王翰）
王	翰	新唐書卷202文藝（舊唐書190中作王澣） 宋史卷456孝義附呂昇傳
王	臻	宋史卷302
王	隨	宋史卷311
王	儔	宋史卷453忠義
王	樵	宋史卷458隱逸 明史卷221
王	溱	明史卷135附郭景祥傳
王	璲	明史卷143
王	環	明史卷186
王	縝	明史卷201
王	翔	明史卷177
王	曄	明史卷210附謝瑜傳
王	衡	明史卷218附王錫爵傳
王	遴	明史卷220
王	17襄	漢書卷64下（襄同襄） 周書卷41 北史卷83
王	竣	漢書卷72附王吉傳

王	濟	晉書卷42
王	濟	晉書卷42附王渾傳 宋史卷304
王	晉	晉書卷65附王尊傳
王	謐	晉書卷65附王尊傳
王	濛	晉書卷93外戚
王	彌	晉書卷100
王	巂	魏書卷33附王憲傳
王	謙	周書卷21 北史卷60附王雄傳 明史卷222附王崇古傳
王	鍔	舊唐書151 新唐書卷170
王	璵	舊唐書卷130 新唐書109
王	凝	舊唐書卷165附王正雅傳 新唐書卷143附王翊傳
王	徽	舊唐書178 新唐書卷185 明史卷180
王	續	舊唐書卷192隱逸 新唐書卷196隱逸
王	檀	舊五代史卷22梁書 新五代史卷23雜傳
王	環	舊五代史卷129周書 新五代史卷50雜傳
王	曙	宋史卷286
王	獵	宋史卷322
王	臨	宋史卷329附王廣淵傳
王	襄	宋史卷352
王	邁	宋史卷423
王	謹	金史卷122忠義附女奚烈斡出傳
王	檝	元史卷153
王	聰	明史卷145附邱福傳

四畫

王

王	樴	明史卷161附楊璡傳 明史卷192附郭楠傳
王	鋸	明史卷297孝義附王在復傳
王	隱	晉書卷82
王	18瞻	梁書卷21 南史卷16附王玄謨傳
王	續	南史卷21附王弘傳 南齊書卷49附王奐傳 南史卷23附王彧傳
王	鎔	舊唐書卷142附王廷湊傳 新唐書卷211滄鎮附王廷湊傳 舊五代史卷54唐書 新五代史卷39雜傳
王	燾	新唐書卷98附王珪傳 明史卷292忠義
王	虜	宋史卷448忠義附韓浩傳 元史卷197孝友
王	擴	金史卷104
王	鰲	明史卷181
王	鎮	明史卷300外戚
王	19蘊	晉書卷93外戚 南史卷23附王奧傳 魏書卷38附王慧龍傳 明史卷198
王	瓊	
王	懷	北齊書卷19 北史卷53 周書卷18 北史卷62 宋史卷274
王	羆	
王	贊	
王	疇	宋史卷291附王博文傳
王	黼	宋史卷470佞幸
王	璽	明史卷174

四畫	王	懭	明史卷201
	王	20籍	梁書卷50文學 南史卷21附王弘傳
	王	籥	南史卷22附王曇首傳
	王	藻	南史卷23附王誕傳
王	王	鐐	新唐書卷185附王鐸傳
	王	饒	舊五代史卷125周書
	王	鏻	新五代史卷68閩世家附王審知傳(舊五代史卷134作王延鈞)
	王	瞻	宋史卷350附王君萬傳
	王	蘭	宋史卷386
	王	競	金史卷125文藝
	王	鶚	元史卷160
	王	21霸	後漢書卷50 後漢書卷113逸民
	王	辯	北史卷78 隋書卷64
	王	鐸	舊唐書卷164附王播傳 新唐書卷185
	王	爚	宋史卷418
	王	22襲	後漢書卷86
	王	覽	晉書卷33附王祥傳
	王	歡	晉書卷91儒林
	王	懿	宋書卷46 南史卷25
	王	襲	魏書卷93恩倖附王叡傳
	王	權	舊五代史卷92晉書 新五代史卷56雜傳
	王	覿	宋史卷344
	王	23鑒	晉書卷71
	王	顯	魏書卷91藝術 北史卷90藝術

			宋史卷268
王		瓚	舊五代史卷59唐書
王		礿	宋史卷291
王	25觀		三國魏志卷24 遼史卷97 明史卷140
王	27驥		明史卷171
王		鑾	明史卷188附徐文溥傳
王	29鬱		金史卷126文藝
王	1一	桂	明史卷291忠義附王轟坤傳
王	一	夔	明史卷165附王得仁傳
王	2十	朋	宋史卷387
王	九	思	明史卷286文苑李夢陽傳
王	3三	善	明史卷249
王	大	壽	宋史卷453忠義
王	大	寶	宋史卷386
王	子	直	周書卷39 北史卷70
王	子	雲	南史卷72文學附何思澄傳
王	子	韶	宋史卷329
王	子	融	宋史卷310附王曾傳
王	子	輿	宋史卷277
王	子	顏	舊唐書卷183外戚 新唐書卷147附王難得傳
王	士	元	元史卷194忠義
王	士	平	舊唐書卷142附王武俊傳
王	士	弘	元史卷198孝友 明史卷140附盧熙傳
王	士	良	周書卷36 北史卷67

四畫

王

王士言	宋史卷453忠義	
王士性	明史卷223附王宗沐傳	
王士昌	明史卷223附王宗沐傳	
王士和	明史卷277附鄭㵾虹傳	
王士則	舊唐書卷142附王武俊傳	
王士眞	舊唐書卷142附王武俊傳 新唐書卷211藩鎮附王武俊傳	
王士敏	宋史卷454忠義附劉士昭傳	
王士崟	明史卷223附王宗沐傳	
王士琦	明史卷223附王宗沐傳	
王士傑	明史卷295忠義附高其勳傳	
王4心一	明史卷246附侯震暘傳	
王少玄	舊唐書卷188孝友附王君操傳 新唐書卷195孝友	
王中正	宋史卷467宦者	
王予可	金史卷127隱逸	
王毛仲	舊唐書卷106 新唐書卷121	
王及善	舊唐書卷90 新唐書卷116	
王允之	晉書卷76附王舒傳	
王允功	宋史卷448忠義附韓浩傳	
王允成	明史卷246	
王友直	宋史卷370	
王友貞	舊唐書卷192隱逸 新唐書卷196隱逸	
王化貞	明史卷259附熊廷弼傳	
王化基	宋史卷266	
王方慶	舊唐書卷89（新唐書卷116作王綝）	
王方翼	舊唐書卷185上良吏 新唐書卷111	
王之宋	明史卷222附王崇古傳 明史卷244	
王之望	宋史卷372	
王之禎	明史卷222附王崇古傳	
王之誥	明史卷220	
王之翰	明史卷237附馬廉京傳	
王文同	北史卷87酷吏 隋書卷74酷吏	
王文郁	宋史卷350	
王文殊	南齊書卷55孝義 南史卷73孝義 元史卷206叛臣	
王文統		
王文寶	宋史卷274	
王元正	明史卷192附楊愼傳	
王元規	陳書卷33儒林 南史卷71儒林	
王元達	舊唐書卷142附王廷湊傳 新唐書卷211藩鎮附王廷湊傳	
王元感	舊唐書卷189下儒學 新唐書卷199儒學	
王元節	金史卷126文藝	
王元翰	明史卷236	
王仁恭	北史卷78 隋書卷65	
王仁皎	舊唐書卷183外戚 新唐書卷206外戚 舊五代史卷128周書 新五代史卷57雜傳	
王仁裕		
王仁睿	宋史卷466宦者	
王仁鎬	宋史卷261	
王仁贍	宋史卷257	
王5玉汝	元史卷153	

31

四畫	王用汲	明史卷229	
	王仔昔	宋史卷462方技	
	王去非	金史卷127隱逸	
	王以旂	明史卷199	
王	王令言	隋書卷78藝術附萬寶常傳	
	王令溫	舊五代史卷124周書	
	王正言	舊五代史卷69唐書	
	王正志	明史卷237附華鈺傳	
	王正國	明史卷198附王邦瑞傳	
	王正雅	舊唐書卷165 新唐書卷143附王栩傳	
	王弘之	宋書卷93隱逸 南史卷24附王鎮之傳	
	王弘義	舊唐書卷186上酷吏 新唐書卷209酷吏	
	王弘贄	新五代史卷48雜傳	
	王玄之	晉書卷80附王羲之傳	
	王玄威	魏書卷87節義 北史卷85節義	
	王玄象	南史卷16附王玄謨傳	
	王玄載	南齊書卷27 南史卷16附王玄謨傳	
	王玄邈	南齊書卷27附王玄載傳 南史卷16附王玄謨傳	
	王玄謨	宋書卷76 南史卷16	
	王世充	北史卷79 舊唐書卷54(隋書卷85作王充) 新唐書卷85	
	王世名	明史卷297孝義	
	王世貞	明史卷287文苑	
	王世琇	明史卷293忠義	
	王世弼	魏書卷71 北史卷45	
	王世欽	明史卷269附尤世威傳	
	王世積	北史卷68附王雅傳 隋書卷40	
	王世懋	明史卷287文苑附王世貞傳	
	王自中	宋史卷390	
	王先生	史記卷126滑稽	
	王吉甫	宋史卷330	
	王老志	宋史卷462方技	
	王次翁	宋史卷380	
	王同皎	舊唐書卷187上忠義 新唐書卷191忠義	
	王全斌	宋史卷255	
	王如堅	明史卷233	
	王在晉	明史卷257附王洽傳	
	王在復	明史卷297孝義	
	王光祖	宋史卷350	
	王光濟	宋史卷456孝義	
	王行敏	新唐書卷191忠義	
	王行瑜	舊唐書卷175附昭宗十子傳 新唐書卷224下叛臣	
	王仲丘	新唐書卷200儒學下	
	王仲舒	舊唐書卷190下文苑 新唐書卷164	
	王仲興	魏書卷93恩倖 北史卷92恩倖	
	王仲寶	宋史卷325附任福傳	
	王汝玉	明史卷152附鄒濟傳	

王	汝	訓	明史卷235
王	汝	梅	金史卷127隱逸 明史卷208附黎貫傳
王	安	中	宋史卷352
王	安	世	魏書卷71附江悅之傳
王	安	石	宋史卷327
王	安	國	宋史卷327
王	安	節	宋史卷450忠義附陳昭傳
王	安	禮	宋史卷327
王	守	一	舊唐書卷183外戚附王仁皎傳（新唐書206作王崒）
王	守	仁	明史卷195
王	守	恩	舊五代史卷125周書
王	守	規	宋史卷467宦者
王	守	愼	舊唐書卷192隱逸
王	守	道	元史卷153
王	守	誠	元史卷183
王	守	澄	舊唐書卷184宦官 新唐書卷208宦官
王	住	兒	元史卷197孝友附田改住傳
王	利	用	元史卷170
王	邦	瑞	明史卷199
王	鈞	諒	明史卷289忠義附牟魯傳
王	阮	韜	南史卷24附王裕之傳
王	求	禮	舊唐書卷101 舊唐書卷187上忠義 新唐書卷112
王	希	夷	舊唐書卷192隱逸 新唐書卷196隱逸
王	希	呂	宋史卷388

王	成	衍	宋史卷250附王審琦傳
王	成	衎	宋史卷250附王審琦傳
王	志	愔	舊唐書卷100 新唐書卷128
王	志	堅	明史卷288文苑
王	志	道	明史卷256附李長庚傳
王	孝	忠	宋史卷454忠義
王	孝	傑	舊唐書卷93 新唐書卷111
王	孝	籍	北史卷82儒林 隋書卷75儒林
王	伯	大	宋史卷420
王	伯	勝	元史卷169
王	伯	龍	金史卷81
王	伯	顏	元史卷195忠義
王	君	奭	舊唐書卷103 新唐書卷133
王	君	萬	宋史卷350
王	君	廓	舊唐書卷60宗室附盧江王瑗傳 新唐書卷92
王	君	操	舊唐書卷188孝友
王	克	己	元史卷198孝友
王	克	臣	宋史卷250附王審琦傳
王	克	明	宋史卷462方技
王	克	敬	元史卷184
王	廷	相	明史卷194
王	廷	陳	明史卷286文苑
王	廷	湊	舊唐書卷142 新唐書卷211藩鎭
王	廷	義	宋史卷252附王彥傳
王	廷	瞻	明史卷221

四畫

王

四畫	王	延	之	南齊書卷32 南史卷24附王裕之傳

四畫

王

王	延	之	南齊書卷32 南史卷24附王裕之傳	王	長	文	晉書卷82
王	延	政	新五代史卷68閩世家附王審知傳	王	長	述	隋書卷54(周書卷18作王述) 北史卷62附王羆傳
王	延	範	宋史卷280	王	叔	文	舊唐書卷135 新唐書卷168
王	延	鈞	舊五代史卷134僭偽附王審知傳(新五代史卷68作王鏻)	王	叔	承	明史卷288文苑附王稚登傳
王	延	德	宋史卷309(本卷有二王延德一開封人一大名人)	王	叔	英	明史卷143
				王	宗	沐	明史卷223
王	延	翰	新五代史卷68閩世家附王審知傳	王	宗	茂	明史卷210
王	延	羲	舊五代史卷134僭偽附王審知傳 新五代史卷68閩世家附王審知傳	王	宗	望	宋史卷320
王	8坦	之	晉書卷75附王湛傳	王	宗	顯	明史卷140
王	秀	之	南齊書卷46 南史卷24附王裕傳	王	居	正	宋史卷381
王	和	平	後漢書卷112下方術	王	居	安	宋史卷405
王	知	玄	南史卷74孝義附張昭傳	王	居	卿	宋史卷331
王	松	年	北齊書卷35 北史卷35附王慧龍傳	王	承	元	舊唐書卷142附王武俊傳 新唐書卷148
王	武	俊	舊唐書卷142 新唐書卷211藩鎮	王	承	宗	舊唐書142附王武俊傳
王	昔	刺	元史卷166				新唐書卷211藩鎮附王武俊傳
王	肯	堂	明史卷221附王樵傳	王	承	美	宋史卷253
王	來	聘	明史卷269附姜名武傳	王	承	恩	明史卷305宦官
王	初	應	元史卷197孝友	王	承	裕	明史卷182附王恕傳
王	易	簡	宋史卷262	王	9茂	元	舊唐書卷152附王栖曜傳
王	昌	齡	舊唐書卷190下文苑 新唐書卷203文藝附孟浩然傳				新唐書卷170附王栖曜傳
				王	拱	辰	宋史卷318
王	忠	民	宋史卷459隱逸	王	洛	兒	魏書卷34 北史卷25
王	忠	植	宋史卷448忠義	王	洪	軌	南史卷70循吏
王	忠	嗣	舊唐書卷103 新唐書卷133	王	禹	偁	宋史卷293

王珍國　梁書卷17　南史卷46附王廣之傳

王指揮　明史卷142附羅能傳

王若虛　金史卷126文藝

王俊義　宋史卷344附王覿傳

王建及　新五代史卷25唐臣（舊五代史65作李建及）

王建立　舊五代史卷91晉書　新代五史卷46雜傳

王昭素　宋史卷431儒林

王昭晦　舊五代史卷54唐書附王鎔傳

王昭遠　宋史卷276附王繼升傳　宋史卷479西蜀世家附孟昶傳

王重師　舊五代史卷19梁書　新五代史卷22梁臣

王重裔　舊五代史卷129周書

王重榮　舊唐書卷182　新唐書卷187

王彥昇　宋史卷250

王彥威　舊唐書卷157　新唐書卷164

王彥章　舊五代史卷21梁書　新五代史卷32死節

王彥超　宋史卷255

王彥達　明史卷289忠義附王綱傳

王思同　舊五代史卷65唐書　新五代史卷33死事

王思政　周書卷18　北史卷62

王思廉　元史卷160

王思誠　元史卷183

王思遠　南齊書卷43　南史卷24附王錕之

傳

王思聰　元史卷197孝友

王思禮　舊唐書卷110　新唐書卷147

王悅之　南史卷24

王珪之　南史卷24附王淮之傳

王剛中　宋史卷386

王納言　明史卷209附楊最傳

王神念　梁書卷39　南史卷63

王益柔　宋史卷286附王曙傳

王晉卿　宋史卷271

王祖道　宋史卷348

王栖曜　舊唐書卷152　新唐書卷170

王孫蘭　明史卷294忠義

王虔休　舊唐書卷132　新唐書卷147

王虔裕　舊五代史卷21梁書　新五代史卷23梁臣

王庭允　舊五代史卷88晉書

王庭秀　宋史卷399附鄭驤傳

王庭筠　金史卷126文藝

王晏宰　舊唐書卷156附王智興傳（新唐書卷172作王宰）

王晏平　舊唐書卷156附王智興傳　新唐書卷172附王智興傳

王晏球　舊五代史卷64唐書　新五代史卷46雜傳

王師約　宋史卷250附王貽永傳

王師道　宋史卷453忠義

王師範　新唐書卷187附王敬武傳

四畫

王

四畫			
王	王　家　屏	舊五代史卷13梁書 新五代史卷42雜傳 明史卷217	
	王　家　彥	明史卷265	
	王　家　禎	明史卷264	
	王　家　錄	明史卷294忠義附都任傳	
	王　時　中	明史卷202	
	王　時　化	明史卷292忠義附徐尙卿傳	
	王　時　柯	明史卷192	
	王　時　槐	明史卷283儒林	
	王　時　畢	明史卷207附楊思忠傳	
	王11得　仁	明史卷165	
	王　惟　儉	明史卷288文苑	
	王　淮　之	宋書卷60 南史卷24	
	王　逡　之	南齊書卷52文學 南史卷24附王淮之傳	
	王　彪　之	晉書卷76附王廙傳	
	王　崇　古	明史卷222	
	王　處　存	舊唐書卷182 新唐書卷186	
	王　處　直	舊唐書卷182附王處存傳 舊五代史卷54唐書 新五代史卷39雜傳	
	王　處　納	宋史卷461方技	
	王　國　光	明史卷225	
	王　國　昌	元史卷167	
	王　國　訓	明史卷292忠義	
	王　國　寶	晉書卷75附王湛傳	
	王　紹　正	明史卷292忠義附方國儒傳	
	王　紹　宗	舊唐書卷189下儒學 新唐書卷199儒學	
	王　紹　鼎	舊唐書卷142附王廷湊傳 新唐書卷211藩鎭附王廷湊傳	
	王　紹　徵	明史卷306閹黨	
	王　紹　懿	舊唐書卷142附王廷湊傳 新唐書卷211藩鎭附王廷湊傳	
	王12渙　之	宋史卷347附王漢之傳	
	王　盧　之	南史卷73孝義	
	王　都　中	元史卷184	
	王　貽　永	宋史卷464外戚	
	王　堯　臣	宋史卷292	
	王　傅　拯	舊五代史卷94晉書	
	王　溫　舒	史記卷122酷吏 漢書卷90酷吏	
	王　喬　棟	明史卷295忠義	
	王　雄　誕	舊唐書卷56附輔公祐傳 新唐書卷92附杜伏威傳	
	王　就　學	明史卷234附盧洪春傳	
	王　博　文	宋史卷291	
	王　博　武	新唐書卷195孝友	
	王　智　深	南齊書卷52文學 南史卷72文學	
	王　智　興	舊唐書卷156 新唐書卷172	
	王　無　咎	宋史卷444文苑	
	王　無　競	舊唐書卷190中文苑附閻朝隱傳 新唐書卷107附陳子昂傳	
	王　欽　臣	宋史卷294附王洙傳	
	王　欽　若	宋史卷283	

王	景	文	宋書卷85（南史卷23作王蔚）
王	景	仁	舊五代史卷23梁書 新五代史卷23梁臣
王	景	崇	舊唐書卷142附王廷湊傳 新唐書卷211藩鎮附王廷湊傳 新五代史卷53雜傳
王13	熙	元方	宋史卷461方技附王虙納傳
王	義	方	舊唐書卷187上忠義 新唐書卷112
王	源	中	新唐書卷164附盧景亮傳
王	慎	中	明史卷287文苑
王	楨	之	晉書卷80附王羲之傳
王	裕	之	南史卷24（宋書卷66作王敬弘）
王	歆	之	宋書卷92良吏
王	嗣	宗	宋史卷287
王	瑞	栴	明史卷276
王	鼎	爵	明史卷218附王錫爵傳
王	運	開	明史卷295忠義附劉廷標傳
王	運	閎	明史卷295忠義附劉廷標傳
王	與	齡	明史卷207
王	與	夔	明史卷290忠義附張瑤傳
王	道	同	明史卷289忠義附孫炎傳
王	道	純	明史卷264
王	道	焜	明史卷276附朱大典傳
王	道	隆	宋史卷94恩倖
王	道	蓋	南史卷73孝義附徐耕傳
王	敬	弘	宋書卷66（南史卷24作王裕之）
王	敬	臣	明史卷282儒林附鄒彼傳
王	敬	武	新唐書卷187
王	敬	則	南齊書卷26 南史卷45
王	敬	堯	舊五代史卷20梁書 新五代史卷43雜傳
王14	禕	之	晉書卷15附王湛傳
王	綸	之	南史卷24附王裕之傳
王	韶	之	宋書卷60 南史卷24 明史卷278
王	養	正	元史卷186附陳祖仁傳
王	遜	志	
王	遠	知	舊唐書卷192隱逸 新唐書卷204方技附袁天綱傳
王	肇	坤	明史卷291忠義
王	端	冕	明史卷291忠義附吉孔嘉傳
王	毓	蓍	明史卷255附劉宗周傳
王	榮	世	魏書卷87節義 北史卷85節義
王	榮	祖	元史卷149附王珣傳
王	漢	之	宋史卷347
王	漢	忠	宋史卷279
王	維	楨	明史卷286文苑附李夢陽傳
王	維	新	明史卷291忠義附鄧藩錫傳
王	維	翰	金史卷121忠義
王	僧	虔	南齊書卷33 南史卷22附王曇首傳
王	僧	祐	南史卷21附王弘傳
王	僧	達	宋書卷75 南史卷21附王弘傳
王	僧	孺	梁書卷33 南史卷59
王	僧	綽	宋書卷71 南史卷22附王曇首傳

四畫

王

四畫			
	王 僧 辯	梁書卷45 南史卷63附王神念傳	
王	王15徽 俊	明史卷294忠義	
	王 慧 龍	魏書卷38 北史卷35	
	王 慶 遠	周書卷18附王顯傳	
	王 慶 端	元史卷151附王善傳	
	王 審 知	舊五代史卷134僭僞 新五代史卷68閩世家	
	王 審 邽	新唐書卷190附王潮傳	
	王 審 琦	宋史卷250	
	王 德 用	宋史卷278附王超傳	
	王 德 完	明史卷235	
	王 德 謙	宋史卷469宦者	
	王 廣 之	南齊書卷29 南史卷46	
	王 廣 淵	宋史卷329	
	王16凝 之	晉書卷80附王羲之傳	
	王 操 之	晉書卷80附王羲之傳	
	王 曇 首	宋書卷63 南史卷22	
	王 穉 登	明史卷288文苑	
	王 遵 業	魏書卷38附王慧龍傳	
	王 擧 元	宋史卷266附王化基傳	
	王 擧 正	宋史卷266附王化基傳	
	王 學 曾	明史卷233	
	王 學 夔	明史卷203附王儀傳	
	王 興 宗	明史卷140附王宗顯傳	
	王 興 福	遼史卷140附王宗顯傳	

王 羲 之	晉書卷80		
王 錫 袞	明史卷279		
王 錫 爵	明史卷218		
王17徽 之	晉書卷80附王羲之傳		
王 勵 精	明史卷295忠義		
王 鴻 孺	明史卷185		
王 績 燦	明史卷258附吳執御傳		
王 應 元	明史卷297孝義附李文詠傳		
王 應 辰	宋史卷387		
王 應 多	明史卷248附顏繼祖傳		
王 應 電	明史卷282儒林附魏校傳		
王 應 熊	明史卷253		
王 應 鵬	明史卷290忠義附汪一中傳		
王 應 麟	宋史卷438儒林		
王18鎭 之	宋書卷92良吏 南史卷24		
王 鎭 惡	宋書卷15 南史卷16		
王19難 得	新唐書卷147		
王 懷 隱	宋史卷461方技		
王20寶 興	魏書卷38附王慧龍傳		
王 獻 之	晉書卷80附王羲之傳		
王 獻 臣	明史卷180		
王 繼 升	宋史卷276		
王 繼 先	宋史卷470侫幸		
王 繼 宏	舊五代史卷125周書		
王 繼 忠	宋史卷279 遼史卷81		
王 繼 英	宋史卷268		

五畫

玉　失　必　句　布　尼　召　叱　皮　古　平　永　尢

名	出處
玉昔帖木兒	元史卷119附博爾朮傳
失里伯	元史卷133
失剌拔都兒	元史卷135
必蘭阿魯帶	金史卷102
必蘭納識理	元史卷202釋老附八思巴傳
句濤	宋史卷382
句中正	宋史卷441文苑
句龍如淵	宋史卷380
句輝	金史卷66附合住傳
布智兒	元史卷123
布魯海牙	元史卷125
尼厖古鑑	金史卷95
尼厖古鈔兀	金史卷86
尼厖古蒲魯虎	金史卷122忠義
召馴	後漢書卷109下儒林
召信臣	漢書卷89循吏
召烈台抄兀兒	元史卷123
叱列平	北齊書卷20；北史卷53（「列」北齊書作「利」）
叱羅協	周書卷11附晉蕩公護傳；北史卷57附邵惠公顥傳
叱列伏緄	周書卷20；北史卷61
皮慶	魏書卷80；北史卷49
皮延喜	魏書卷51附皮豹子傳
皮豹子	魏書卷51；北史卷37
皮景和	北齊書卷41；北史卷53
皮龍榮	宋史卷420
古朴	明史卷150
古迭	遼史卷114逆臣
古弼	魏書卷23；北史卷25
古道子	北齊書卷45文苑附顏之推傳
古里甲石倫	金史卷111
平安	明史卷144
平季	魏書卷94閹宦；北史卷92恩倖
平恒	魏書卷84儒林；北史卷81儒林
平當	漢書卷71
平鑒	北齊書卷26；北史卷55
平陽公主	舊唐書卷58附柴紹傳
永元	金史卷76（本名元奴）
永中	金史卷85
永升	金史卷85
永功	金史卷85
永成	金史卷85
永德	金史卷85
永蹈	金史卷85
尢赤	元史卷117
尢魯	金史卷66
尢赤台	元史卷120

姓名	傳目
尢甲臣 嘉	金史卷103
尢甲法 心	金史卷121忠義
尢甲脫 魯灰	金史卷124忠義
尢虎高 琪	金史卷106
尢虎筠 壽	金史卷100
甘 始	後漢書卷112下方術
甘 卓	晉書卷70
甘 茂	史記卷71
甘 昪	宋史卷469宦者
甘 寧	三國吳志卷10或55
甘 霖	明史卷141附王度傳
甘 羅	史記卷71附甘茂傳
甘延 壽	漢書卷70
甘昭 吉	宋史卷467宦者
包 孝	明史卷207附包節傳
包 佶	新唐書卷149附劉晏傳
包 咸	後漢書卷109下儒林
包 拯	宋史卷316
包 恢	宋史卷421
包 愷	北史卷82儒林附何妥傳／隋書卷75儒林附何妥傳
包 節	明史卷207
包 融	舊唐書卷190中文苑附賀知章傳
包見 捷	明史卷237
包實夫	明史卷296孝義附謝定住傳
尒朱 兆	北史卷48附尒朱榮傳
尒朱 敞	北史卷48附尒朱榮傳／隋書卷55
尒朱 榮	北史卷48
尒朱天 光	北史卷48附尒朱榮傳
尒朱文 暢	北齊書卷48外戚／北史卷48附尒朱榮傳
尒朱仲 遠	北史卷48附尒朱榮傳
尒朱彥 伯	北史卷48附尒朱榮傳
尒朱度 律	北史卷48附尒朱榮傳
尒朱世 承	北史卷48附尒朱榮傳
尒朱世 隆	北史卷48附尒朱榮傳
丘 和	舊唐書卷59／新唐書卷90
丘 悅	舊唐書卷190中文苑附員半千傳
丘 堆	魏書卷30／北史卷25
丘 崈	宋史卷398
丘 遲	梁書卷49文學／南史卷72文學附丘靈鞠傳
丘 傑	南史卷73孝義
丘巨 源	南齊書卷52文學／南史卷72文學
丘仲 孚	梁書卷52良吏／南史卷72文學附丘靈鞠傳
丘行 恭	舊唐書卷59附丘和傳／新唐書卷90附丘和傳
丘冠 先	南史卷73孝義
丘神 勣	舊唐書卷59附丘和傳／舊唐書卷186上酷吏／新唐書卷209酷吏附

五畫

尢甘包尒丘

五畫

丘左令申

			來俊臣傳
丘	處	機	元史卷202釋老
丘	靈	鞠	南齊書卷52文學 南史卷72文學
左		泌	金史卷75
左		思	晉書卷92文苑
左		原	後漢書卷89附郭太傳
左		澗	金史卷75附左泌傳
左		雄	後漢書卷91
左		鼎	明史卷164
左		慈	後漢書卷112下方術
左		胥	宋史卷356附錢遹傳
左	企	弓	金史卷75
左	光	斗	明史卷244
左	光	先	明史卷244附左光斗傳
左	光	慶	金史卷75附左泌傳
左	良	玉	明史卷273
左	相	申	明史卷293忠義附何燮傳
左	懋	第	明史卷275
令	狐	仕	魏書卷86孝感附閻元明傳
令	狐	休	周書卷36附令狐整傳
令	狐	定	舊唐書卷172附令狐楚傳 新唐書卷166附令狐楚傳
令	狐	建	舊唐書卷124附令狐彰傳 新唐書卷148附令狐彰傳
令	狐	峘	舊唐書卷149 新唐書卷102附令狐德棻傳

令	狐	通	舊唐書卷124附令狐彰傳 新唐書卷148附令狐彰傳
令	狐	愚	三國魏志卷28附王淩傳
令	狐	熙	周書卷36附令狐整傳 北史卷67附令狐整傳 隋書卷56
令	狐	楚	舊唐書卷172 新唐書卷166
令	狐	滈	舊唐書卷172附令狐楚傳 新唐書卷166附令狐楚傳
令	狐	運	舊唐書卷124附令狐彰傳
令	狐	彰	舊唐書卷124 新唐書卷148
令	狐	絢	舊唐書卷172附令狐楚傳 新唐書卷166附令狐楚傳
令	狐	緒	舊唐書卷172附令狐楚傳 新唐書卷166附令狐楚傳
令	狐	整	周書卷36 北史卷67
令	狐	德棻	舊唐書卷73 新唐書卷102
申		公	史記卷121儒林 漢書卷88儒林
申		良	明史卷192附楊淮傳
申		恬	宋書卷65(南史卷70作申怙)
申		怙	南史卷70循吏(宋書卷65作申恬)
申		徽	周書卷32 北史卷69
申		纂	魏書卷61附畢衆敬傳
申	文	炳	舊五代史卷131周書
申	不	害	史記卷63
申	世	寧	宋史卷456孝義

申	用	嘉	明史卷218附申時行傳
申	用	懋	明史卷218附申時行傳
申	佳	允	明史卷266
申	時	行	明史卷218
申	紹	芳	明史卷218附申時行傳
申	積	中	宋史卷456孝義
申	屠	剛	後漢書卷59
申	屠	嘉	史記卷96 漢書卷42
申	屠	蟠	後漢書卷83
申	屠	致遠	元史卷170
白		圭	史記卷129貨殖 漢書卷91貨殖 明史卷172
白		建	北齊書卷40 北史卷55
白		起	史記卷73
白		華	金史卷114
白		瑜	明史卷242
白		鉞	明史卷172附白圭傳
白		撒	金史卷113（一名承裔）
白		整	魏書卷94閹官 北史卷92恩倖
白	元	光	新唐書卷136附李光弼傳
白	文	珂	舊五代史卷124周書
白	守	素	宋史卷280
白	再	榮	舊五代史卷106漢書 新五代史卷48雜傳
白	行	簡	舊唐書卷166附白居易傳 新唐書卷119附白居易傳
白	志	貞	新唐書卷167（舊唐書135作白志眞）
白	志	眞	舊唐書卷135（新唐書167作白志貞）
白	延	遇	舊五代史卷124周書
白	孝	德	舊唐書卷109 新唐書卷136附李光弼傳
白	居	易	舊唐書卷166 新唐書卷119
白	奉	進	舊五代史卷95晉書
白	彥	敬	金史卷84
白	重	贊	宋史卷261
白	時	中	宋史卷371
白	敏	中	舊唐書卷166附白居易傳 新唐書卷119附白居易傳
白	景	亮	元史卷192良吏
白	精	忠	明史卷297孝義附張清雅傳
白	慧	元	明史卷291忠義附孫士美傳
白	履	忠	舊唐書卷192隱逸 新唐書卷196隱逸 金史卷121忠義附訛里也傳
史	大	丹	漢書卷82
史		方	宋史卷326
史		圭	舊五代史卷92晉書 新五代史卷56雜傳
史		安	明史卷154附柳升傳
史		抗	宋史卷446忠義
史		序	宋史卷461方技
史		格	元史卷155附史天澤傳
史		昭	明史卷174
史		浩	宋史卷396
史		珪	宋史卷274

五畫

申白史

五畫	史	祥	北史卷61 隋書卷63附史寧傳
	史	渙	三國魏志卷9附夏侯惇傳
史田	史	弼	後漢書卷94 元史卷162
	史	雄	北史卷61附史寧傳
	史	楫	元史卷147附史天倪傳
	史	寧	周書卷28 北史卷61
	史	樞	元史卷147附史天倪傳
	史	儼	舊五代史卷55唐書
	史	懿	舊五代史卷124周書
	史	權	元史卷147附史天倪傳
	史大	奈	新唐書卷110諸夷蕃將
	史元	忠	新唐書卷212藩鎮附李載義傳
	史五	常	明史卷297孝義
	史天	倪	元史卷147
	史天	祥	元史卷147附史天倪傳
	史天	澤	元史卷155
	史永	安	明史卷249附李棲傳
	史可	法	明史卷274
	史弘	肇	舊五代史卷107漢書 新五代史卷30漢臣
	史次	秦	宋史卷449忠義附楊震仲傳
	史匡	翰	舊五代史卷88晉書 新五代史卷25晉臣附史建瑭傳
	史	孝章	舊唐書卷181附史憲誠傳 新唐書卷148
	史季	俊	宋史卷449忠義附陳隆之傳
	史孟	麟	明史卷231

史	思	明	舊唐書卷200上 新唐書卷225上逆臣
史	建	瑭	舊五代史卷55唐書 新五代史卷25唐臣
史	彥	超	舊五代史卷124周書 新五代史33死事
史	彥	斌	元史卷198孝友
史	彥	瓊	新五代史卷37伶官
史	記	言	明史卷292忠義
史	務	滋	舊唐書卷90附盧欽望傳 新唐書卷114附盧欽望傳
史	朝	義	舊唐書卷200上附史思明傳 新唐書卷225上叛臣附史思明傳
史	嵩	之	宋史卷414
史	萬	歲	北史卷73 隋書卷53
史	敬	奉	舊唐書卷152 新唐書卷170附高固傳
	敬	鎔	舊五代史卷55唐書
史	誠	祖	明史卷281循吏
史	德	義	舊唐書卷192隱逸 新唐書卷196隱逸附田游巖傳
史	憲	忠	新唐書卷148附史孝章傳
史	憲	誠	舊唐書卷181 新唐書卷210藩鎮
史	彌	遠	宋史卷414
史	彌	鞏	宋史卷423
田	4文		史記卷75（即孟嘗君）
田	仁		史記卷104附田叔傳
田	5弘		周書卷27 北史卷65
田	布		舊唐書卷141附田弘正傳

五畫

田

		新唐書卷148附田弘正傳	田		錫	宋史卷293
田	6牟	新唐書卷148附田弘正傳	田	17翼		北史卷84孝行 隋書卷72孝義
田	式	北史卷87酷吏 隋書卷74酷吏	田	19疇		三國魏志卷11
田	7況	宋史卷292	田	21鐸		明史卷281循吏
田	8叔	史記卷104 漢書卷37	田	24灝		金史卷81
田	武	舊五代史卷90晉書	田1	一	僑	明史卷216
田	京	宋史卷303	田3	大	益	明史卷237
田	10蚡	史記卷107 漢書卷52（即武安侯）	田4	仁	會	舊唐書卷185上良吏 新唐書卷197循吏
田	悅	舊唐書卷141附田承嗣傳 新唐書卷210藩鎮附田承嗣傳	田	仁	恭	北史卷65附田弘傳 隋書卷54
			田	仁	朗	宋史卷275
田	11敏	宋史卷326	田5	弘	正	舊唐書卷141 新唐書卷148
田		宋史卷431儒林	田	令	孜	舊唐書卷184宦官 新唐書卷208宦者
田	12單	史記卷82	田6	汝	成	明史卷287文苑
田	晝	宋史卷345附鄒浩傳	田7	延	年	漢書卷90酷吏
田	琢	金史卷102	田	改	佳	元史卷197孝友
田	雄	元史卷151	田8	季	安	舊唐書卷141附田承嗣傳 新唐書卷210藩鎮附田承嗣傳
田	13瑜	宋史卷299				
田	穀	金史卷89附孟浩傳	田	忠	良	元史卷203方技
田	滋	元史卷191良吏	田9	承	嗣	舊唐書卷141 新唐書卷210藩鎮
田	15橫	史記卷94	田	重	進	宋史卷260
田	儋	史記卷94 漢書卷33	田10	益	宗	魏書卷61 北史卷37
田	緒	舊唐書卷141附田承嗣傳 新唐書卷210藩鎮附田承嗣傳	田	時	震	明史卷264
			田	神	玉	舊唐書卷124附田神功傳 新唐書卷144附田神功傳
田	16豫	三國魏志卷26				
田	頵	新唐書卷189	田	神	功	舊唐書卷124 新唐書卷144
田	紹	舊五代史卷17梁書 新唐書卷310藩鎮附田承嗣傳	田11	紹	斌	宋史卷280

45

五畫	田12景咸	宋史卷261附李萬全傳		石	10瑞	明史卷190
	田 欽祚	宋史卷274		石	珪	元史卷193忠義
	田13遊巖	舊唐書卷192隱逸 新唐書卷196隱逸		石	11崇	晉書卷33附石苞傳
	田14爾耕	明史卷306閹黨		石	勒	晉書卷104至105後趙載記 魏書卷95(目作羯胡石勒)
	田15廣明	漢書卷90酷吏		石	彪	明史卷173附石亨傳
田石	田 德懋	北史卷65附田弘傳 隋書附72孝義		石	12奢	史記卷119循吏
	田17歸道	舊唐書卷185上良吏附田仁會傳 新唐書卷97循吏附田仁會傳		石	雄	舊唐書卷161 新唐書卷171
	田19懷諫	新唐書卷210藩鎭附田承嗣傳		石	普	宋史卷324 元史卷194忠義
	田 藝衡	明史卷287文苑附田汝成傳		石	琚	金史卷88
	石 4介	宋史卷432儒林			14榮	魏書卷94閹宦附抱嶷傳
	石 5弘	晉書卷105後趙載記附石勒傳下(魏書卷95作石大雅)		石	15撰	明史卷142附馬宣傳
	石 世	晉書卷107後趙載記附石季龍傳下 魏書卷95附羯胡石勒傳		石	16鼎	明史卷297孝義
				石	邃	晉書卷107後趙載記附石季龍傳 魏書卷95附羯胡石勒傳
	石 永	元史卷198孝友		石	豫	宋史卷356附錢遹傳
	石 7亨	明史卷173		石	璞	明史卷160
	石 8虎	魏書卷95附羯胡石勒傳(晉書卷106作石季龍)		石	18奮	史記卷103 漢書卷46(卽萬石君)
	石 昂	新五代史卷34一行		石	曜	北齊書卷44儒林 北史卷81儒林附孫惠蔚傳
	石 玠	明史卷190附石碏傳		石	20曦	宋史卷271
	石 金	明史卷207附薛侃傳		石	23鑒	晉書卷44 晉書卷107後趙載記附石季龍傳下 魏書卷95附羯胡石勒傳
	石 苞	晉書卷33				
	石 9垣	晉書卷94隱逸				
	石 洪	新唐書卷171烏重胤傳				
	石 後	明史卷173附石亨傳		石	顯	漢書卷93佞幸 金史卷67

石 3土	門	金史卷70	
石 三	畏	明史卷306閹黨附曹欽程傳	
石 大	雅	魏書卷95附羯胡石勒傳（晉書105作石弘）	
石 大	祿	元史卷162	
石 4中	立	宋史卷263附石熙載傳	
石 元	孫	宋史卷250附石守信傳	
石 允	常	明史卷143附程通傳	
石 公	弼	宋史卷348	
石 文	德	魏書卷87節義　北史卷85節義	
石 天	柱	明史卷188	
石 天	祿	元史卷152	
石 天	應	元史卷149	
石 天	麟	元史卷153	
石 5古	乃	金史卷121忠義附鄯陽傳	
石 永	壽	明史卷296孝義附徐允讓傳	
石 6守	信	宋史卷250	
石 全	彬	宋史卷466宦者附石知顒傳	
石 仲	覽	新唐書卷106附高智周傳	
石 光	霽	明史卷285文苑附張以寧傳	
石 7君	立	舊五代史卷65唐書	
石 邦	憲	明史卷211	
石 延	年	宋史卷442文苑	
石 延	煦	舊五代史卷87晉書宗室　新五代史卷17晉家人	
石 延	寶	舊五代史卷87晉書宗室	

			新五代史卷17晉家人
石 8明	三	元史卷198孝友	
石 抱	忠	新唐書卷112附員半千傳	
石 季	龍	晉書卷106至107後趙載記（魏書95作石虎）	
石 知	顒	宋史卷466宦者	
石 9保	吉	宋史卷250附石守信傳	
石 保	興	宋史卷250附石守信傳	
石 重	乂	舊五代史卷87晉書宗室（即壽王五代史17作石重義）	
石 重	杲	舊五代史卷87晉書宗室（即陳王）　新五代史卷17晉家人	
石 重	信	舊五代史卷37晉書宗室（即楚王）　新五代史卷17晉家人	
石 重	英	舊五代史卷87晉書宗室（即鎮王）　新五代史卷17晉家人	
石 重	胤	舊五代史卷87晉書宗室（　鄭王）　新五代史卷17晉家人	
石 重	進	舊五代史卷87晉書宗室（即虢王）　新五代史卷17晉家人	
石 重	義	新五代史卷17晉家人（石重乂）	
石 重	睿	舊五代史卷87晉書宗室　新五代史卷17晉家人	
石 10高	山	元史卷166	
石 家	奴	金史卷120外戚	

五畫

石 司

石	祖	興	魏書卷87節義 北史卷85節義
石11得		一	宋史卷467宦者
石13楊		休	宋史卷299
石	熙	載	宋史卷263
石	萬	友	新五代史卷17晉家人
石	萬	銓	新五代史卷17晉家人
石	敬	威	舊五代史卷87晉書宗室(即廣王) 新五代史卷17晉家人
石	敬	殷	舊五代史卷87晉書宗室 新五代史卷17晉家人
石	敬	暉	舊五代史卷87晉書宗室(即韓王) 新五代史卷17晉家人
石	敬	德	新五代史卷17晉家人
石	敬	儒	新五代史卷17晉家人
石	敬	贇	舊五代史卷87晉書宗室附廣王敬威傳 新五代史卷17晉家人
石14演		芬	舊唐書卷187下忠義 新唐書卷193忠義
石	盏 女	魯 歡	金史卷116
石	抹	卞	金史卷91
石	抹	元	金史卷128循吏
石	抹	榮	金史卷91
石	抹	也 先	元史卷150
石	抹	元 毅	金史卷121忠義
石	抹	世 勣	金史卷114
石	抹	仲 溫	金史卷103
石	抹	阿 辛	元史卷152

石	抹	明 安	元史卷150
石	抹	明 里	元史卷169 （總目作舒穆嚕明埒克）
石	抹	狗 狗	元史卷166
石	抹	宜 孫	元史卷188
石	抹	按 只	元史卷154 （總目作舒穆魯安札）
石	抹	孛 迭 兒	元史卷151
司		超	宋史卷272
司	五	教	明史卷294忠義
司	空	圖	舊唐書卷190下文苑 新唐書卷194卓行
司	空	頲	舊五代史71唐書 新五代史卷54雜傳
司	徒	石	魏書卷14 北史卷15魏宗室附吉陽男比干
司	徒	詡	舊五代史卷128周書
司	馬2父		晉書卷59（長沙厲王）
司	馬4允		晉書卷64（淮南忠壯王）
司	馬5申		陳書卷29 南史卷77恩倖
司	馬	旦	宋史卷298附司馬池傳
司	馬6兆		晉書卷38諸王（城陽王）
司	馬	冲	晉書卷64（東海哀王）
司	馬	池	宋史卷298
司	馬	扑	史卷298附司馬池傳
司	馬	光	宋史卷336
司	馬7孚		晉書卷37宗室（即安平獻王）
司	馬	仙	晉書卷38諸王（琅邪王）

司	馬	肜	晉書卷38諸王（梁王）
司	馬	攸	晉書卷38諸王（齊王）
司	馬	冏	晉書卷59（齊王）
司	馬	8里	宋史卷298附司馬池傳
司	馬	芝	三國魏志卷12
司	馬	承	晉書卷37宗室附譙剛王遜傳（冏王）
司	馬	京	晉書卷38諸王（清惠亭侯）
司	馬	尙	晉書卷53附愍懷太子遹傳
司	馬	宗	晉書卷59附汝南文城王祐傳
司	馬	岳	魏書卷96附司馬叡傳
司	馬	9恬	晉書卷37宗室附譙剛王遜傳（敬王）
司	馬	洪	晉書卷37宗室附安平獻王孚傳（河間平王）
司	馬	俊	晉書卷37宗室附彭城穆王權傳
司	馬	威	晉書卷37宗室附安平獻王孚傳
司	馬	保	晉書卷37附高密文獻王泰傳
司	馬	亮	晉書卷59（卽汝南文成王）
司	馬	美	晉書卷59附汝南文成王亮傳
司	馬	郁	晉書卷64（臨川獻王）
司	馬	恢	晉書卷64（渤海瘋王）
司	馬	軌	晉書卷64（毗陵王）
司	馬	柬	晉書卷64（秦獻王）
司	馬	衍	魏書卷96附司馬叡傳
司	馬	奕	魏書卷96附司馬叡傳
司	馬	昱	魏書卷96附司馬叡傳
司	馬	恂	明史卷152附孔公恂傳
司	馬	10耕	史記卷67仲尼弟子
司	馬	邕	晉書卷37宗室附尙平獻王孚傳
司	馬	倫	晉書卷59（趙王）
司	馬	紘	晉書卷37宗室附彭城穆王權傳
司	馬	珪	晉書卷37宗室附安平獻王孚傳（高陽元王）
司	馬	尲	晉書卷37宗室附范陽康王綏傳
司	馬	晃	晉書卷37宗室附安平獻王孚傳（下邳獻王）
司	馬	泰	晉書卷37宗室（卽高密文獻王）
司	馬	矩	晉書卷59附汝南文成王亮傳
司	馬	祐	晉書卷59附汝南文成王亮傳
司	馬	祗	晉書卷64（東海沖王）
司	馬	晏	晉書卷64（吳敬王）
司	馬	悅	魏書卷37附司馬楚之傳
司	馬11朗		三國魏志卷15
司	馬	略	晉書卷37宗室附高密文獻王泰傳（孝王）
司	馬	陵	晉書卷37宗室（卽任城景王）
司	馬	望	晉書卷37宗室附安平獻王孚傳（卽義陽成王）
司	馬	晞	晉書卷64（武陵威王）
司	馬	彪	晉書卷82
司	馬	羕	晉書卷59附司馬亮傳（卽西陽王）
司	馬	聃	魏書卷96附司馬叡傳
司	馬	紹	魏書卷96附司馬叡傳

五畫

司

五畫	司	馬	倘	周書卷36附司馬裔傳	司	馬 裔	周書卷36 北史卷29附司馬楚之傳
司	司	馬	康	宋史卷336附司馬光傳	司	馬14遜	晉書卷37宗室(卽譙剛王)
	司	馬12愔		晉書卷37宗室附譙剛王遜傳	司	馬 輔	晉書卷37宗室附安平獻王孚傳(太原成王)
	司	馬	斌	晉書卷37宗室附任城景王陵傳(西河繆王)			
	司	馬	順	晉書卷37宗室附任城景王陵傳	司	馬 暢	晉書卷38附扶風武王駿傳
	司	馬	景	晉書卷37宗室附安平獻王孚傳(沛順王) 晉書卷64(城陽懷王)	司	馬 灌	晉書卷38附琅邪王伷傳
					司	馬 臧	晉書卷53附愍懷太子遹傳
	司	馬	越	晉書卷59(東海孝獻王)	司	馬 粹	晉書卷59附汝南文成王亮傳
	司	馬	該	晉書卷64(新都懷王)	司	馬 演	晉書卷64(代哀王)
	司	馬13覃		晉書卷64	司	馬 嵩	陳書卷32孝行 南史卷74孝義
	司	馬	楙	晉書卷37宗室附安平獻王孚傳(竟陵王)		馬15模	晉書卷37宗室附高密文獻王泰傳(南陽王)
	司	馬	遂	晉書卷37宗室(卽濟南惠王)	司	馬 確	晉書卷37宗室附高密文獻王泰傳(莊王)
	司	馬	綏	晉書卷37宗室(卽范陽康王)			
	司	馬	幹	晉書卷38諸王(平原王)	司	馬 寔	晉書卷38附齊武王攸傳
	司	馬	歆	晉書卷38附扶風武王駿傳	司	馬 瑾	晉書卷64附司馬晞傳(梁王)
	司	馬	瑋	晉書卷59(楚隱王)		馬16遷	漢書卷62
	司	馬	熙	晉書卷59附汝南文成王亮傳	司	馬 勳	晉書卷37宗室附濟南惠王遂傳
	司	馬	煥	晉書卷64(琅邪悼王)	司	馬 衡	晉書卷37宗室附安平獻王孚傳(常山孝王)
	司	馬	裒	晉書卷64(琅邪孝王)			
	司	馬	遐	晉書卷64(清河康王)	司	馬 整	晉書卷37宗室附安平獻王孚傳(隨穆王)
	司	馬	裕	晉書卷64(始平哀王)			
	司	馬	篤	梁書卷48儒林 南史卷71儒林	司	馬 澹	晉書卷38附琅邪王伷傳
	司	馬	睦	晉書卷37宗室(高陽王)	司	馬 蕤	晉書卷38附齊武王攸傳
	司	馬	準	魏書卷37附司馬景之傳	司	馬 遹	晉書卷53(卽愍懷太子)

司	馬	穎	晉書卷59（成都王）
司	馬	遼	晉書卷64附司馬晞傳（忠敬王）
司	馬	襃	梁書卷40 南史卷62
司	馬	叡	魏書卷96（目作僭晉司馬叡）
司	馬	憲	南史卷72文學附丘巨源傳
司	馬	鄴	舊五代史卷20梁書
司	馬17絲		晉書卷38附琅邪王伷傳
司	馬	駿	晉書卷38諸王（扶風王）
司	馬	彪	晉書卷53附愍懷太子遹傳
司	馬	鐘	舊唐書卷190中文苑附劉憲傳
司	馬18冀		晉書卷37宗室附安平獻王孚傳
司	馬	觀	晉書卷38附琅邪王伷傳
司	馬	顒	晉書卷59（河間王）
司	馬	謨	晉書卷64（汝陰哀王）
司	馬19贊		晉書卷38附齊武王攸傳
司	馬20騰		晉書卷37宗室附高密文獻王泰傳（新蔡武哀王）
司	馬	瓌	晉書卷37宗室附安平獻王孚傳（太原烈王）
司	馬	寶	晉書卷64附司馬郁傳（嗣臨川王）
司	馬	躍	魏書卷37附司馬楚之傳
司	馬22權		晉書卷37宗室（即彭城穆王）
司	馬23鑒		晉書卷38諸王（樂安王）
司	馬3子		如北齊書卷18 北史卷54
司	馬4才		章舊唐書卷73附孔穎達傳
司	馬	允	之晉書卷37宗室附譙剛王遜傳
司	馬	天	助魏書卷37 北史卷29附司馬楚之傳
司	馬	文	思魏書卷37附司馬休之傳
司	馬6休		之晉書卷37宗室附譙剛王遜傳 魏書卷37 北史卷29
司	馬	仲	明魏書卷37附司馬叔璠傳
司	馬7延		祚晉書卷38諸王（樂平王）
司	馬8尚		之晉書卷37宗室附譙剛王遜傳（忠王）
司	馬	季	主史記卷127日者
司	馬	昌	明魏書卷96附司馬叡傳
司	馬	定	國晉書卷38諸王（遼東王）
司	馬	承	禎舊唐書卷192隱逸 新唐書卷196隱逸附吳筠傳
司	馬	叔	璠魏書卷37 北史卷29附司馬楚之傳
司	馬9恢		之晉書卷37宗室附譙剛王遜傳
司	馬	相	如史記卷117 漢書卷57
司	馬10消		難周書卷21 北史卷54附司馬子如傳
司	馬12景		之魏書卷37 北史卷29附司馬楚之傳
司	馬	無	忌晉書卷37宗室附譙剛王遜傳（烈王）
司	馬13楚		之魏書卷37 北史卷29
司	馬	道	子晉書卷64（會稽文孝王）

五畫

司

司	馬 道	生	晉書卷64（會稽思世子）
司	馬14夢	求	宋史卷452忠義
司	馬15德	文	魏書卷96附司馬叡傳
司	馬 德	宗	魏書卷96附司馬叡傳
司	馬 德	戡	北史卷79附宇文逑傳 隋書卷85附宇文化及傳
司	馬 廣	德	晉書卷38諸王（廣漢王）
司	馬17膺	之	北史卷54附司馬子如傳
司	馬22穰	苴	史記卷64
司	馬24靈	壽	魏書卷37附司馬叔璠傳

五六
畫

司充回有州同老年仵自后百朴仰吐守光匡

充			金史卷76（本名神土懣）
回		回	元史卷143附襲襲傳
有		若	史記卷67仲尼弟子
州		泰	三國魏志卷28附鄧艾傳
同		恕	元史卷189儒學
老		聃	史記卷63儒學
年		富	明史卷177
仵		瑜	明史卷192附張澯傳
自		當	元史卷143
后		蒼	漢書卷88儒林
百	家	奴	元史卷129附唆都傳
朴	賽 因	不 花	元史卷196忠義
仰		忻	宋史卷456孝義
仰		瞻	明史卷150附虞謙傳
吐	萬	緒	北史卷78 隋書卷65
吐	突	承	璀舊唐書卷184宦官 新唐書卷207宦者
守		真	金史卷73（本名左腿）
守		能	金史卷73（本名胡刺）
守		純	金史卷93
光		英	金史卷82
光		祖	金史卷88附移刺道傳
光		逸	晉書卷49
匡		所	南史卷73孝義附解叔謙傳

六
畫

匡　衡　史記卷96附張蒼等傳
　　　　漢書卷81
匡　凝　新唐書卷186附趙德諲傳
合　住　金史卷66
合　周　金史卷114附斜卯愛實傳
合　刺　普　華　元史卷193忠義
忙　兀　台　元史卷131
忙　古　帶　元史卷149附耶律禿花傳
忙　哥　徹　兒元史卷124
西　方　鄴　舊五代史卷61唐書
　　　　　　新五代史卷25唐臣
西　門　豹　史記卷126滑稽
曲　珍　宋史卷350
曲　端　宋史卷369
曲　樞　元史卷137
曲　環　舊唐書卷122
　　　　新唐書卷147
全　琮　三國吳志卷15或60
全　綏　陳書卷33儒林
　　　　南史卷71儒林
全　景　文　南齊書卷29附呂安國傳
全　普　庵　撒　里　元史卷195忠義
亦　力　撒　合　元史卷120附蔡罕傳
亦　思　馬　因　元史卷203工藝（一作伊斯瑪音）
亦　黑　迷　失　元史卷131
亦　憐　眞　班　元史卷145
仲　　　　金史卷72（本名石古乃）
仲　由　史記卷67仲尼弟子傳

仲　簡　宋史卷304
仲　于　陞　明史卷284儒林附孔希學傳
仲　長　統　後漢書卷79
　　　　　　三國魏志卷21附劉劭傳
米　立　宋史卷454忠義
米　信　宋史卷260
米　芾　宋史卷444文苑
米　萬　鍾　明史卷288文苑附董其昌傳
米　壽　圖　明史卷295忠義
危　素　明史卷285文苑
危　積　宋史卷415
危　貞　防　明史卷296孝義附朱熙傳
危　昭　德　宋史卷425
危　復　之　元史卷199隱逸附何中傳
危　朵　兒　只　元史卷139
朵　兒　赤　元史卷134
朵　羅　台　元史卷134
朵　里　不　花元史卷195忠義
朵　爾　直　班元史卷139
牟　　長　後漢書卷109上儒林
牟　俸　明史卷159
牟　魯　明史卷289忠義
牟　融　後漢書卷56
牟　子　才　宋史卷411
牟　應　龍　元史卷190儒學
艾　洪　明史卷188附劉端傳

六畫

匡合忙西曲全亦仲米危朵牟艾

六畫		
艾	貌	元史卷123
艾	穆	明史卷229
艾	南英	明史卷288文苑
艾	萬年	明史卷269
艾	毓初	明史卷293忠義附顏日愉傳
伏	恭	後漢書卷109下儒林
伏	挺	梁書卷50文學 南史卷71儒林附伏曼容傳
伏	滕	史記卷121儒林 漢書卷88儒林
伏	湛	後漢書卷56
伏	隆	後漢書卷56附伏湛傳
伏	滔	晉書卷92文苑
伏	晅	梁書卷53良吏 南史卷71儒林附伏曼容傳
伏	曼容	梁書卷48儒林 南史卷71儒林
吉	人	明史卷180附湯鼐傳
吉	悍	晉書卷89忠義
吉	掞	梁書卷47孝行 南史卷74孝義
吉	溫	舊唐書卷186下酷吏 新唐書卷209酷吏
吉	頊	舊唐書卷186上酷吏 新唐書卷117
吉	翰	宋書卷65 南史卷70循吏 南史卷55
吉	士嘉	明史卷291忠義
吉	孔洪	明史卷296孝義
伍	被	漢書卷45
伍	雲	明史卷154附陳洽傳

伍	朝	晉書卷94隱逸
伍	驥	明史卷165
伍	子胥	史記卷66
伍	文定	明史卷200
伍	袁萃	明史卷223附徐貞明傳
伊	慎	舊唐書卷151 新唐書卷170
伊	馣	魏書卷44 北史卷25
伊	廣	舊五代史卷55唐書
伊	籍	三國蜀志卷8或38
伊	盆生	魏書卷44附伊馣傳
伊	敏生	明史卷210附謝瑜傳
伊	婁穆	周書卷29 北史卷66
伊	婁謙	北史卷75 隋書卷54
伊	審徵	宋史卷479西蜀世家附孟昶傳
向	化	明史卷296孝義附趙紳傳
向	朴	明史卷142附顏伯諱傳
向	秀	晉書卷49
向	長	後漢書卷113逸民
向	柳	南史卷17附向靖傳
向	拱	宋史卷255
向	栩	後漢書卷111獨行
向	朗	三國蜀志卷11或41
向	雄	晉書卷48
向	靖	宋史卷45 南史卷17
向	經	宋史卷464外戚附向轉範傳
向	綜	宋史卷464外戚附向轉範傳

艾伏吉伍伊向

向		寵	三國蜀志卷11或41附向朗傳
向		寶	明史卷150附古朴傳 宋史卷323
向	子	韶	宋史卷447忠義
向	子	諲	宋史卷377
向	士	璧	宋史卷416
向	宗	回	宋史卷464外戚附向轉傳
向	宗	良	宋史卷464外戚附向轉傳
向	敏	中	宋史卷282
向	轉	範	宋史卷464外戚
羊		仁	元史卷197孝友
羊		戎	南史卷36附羊玄保傳
羊		希	南史卷36附羊玄保傳
羊		欣	宋史卷62 南史卷36
羊		侃	梁書卷39(南史卷63作羊偘)
羊		祉	魏史卷89酷吏 北史卷39
羊		陟	後漢書卷97黨錮
羊		烈	北齊書卷43 北史卷39附羊祉傳 晉書卷49
羊		曼	晉書卷49附羊曼傳
羊		聃	晉書卷34
羊		祜	南史卷63附羊侃傳
羊		球	南史卷63(梁書卷39作羊侃)
羊		偘	魏書卷77 北史卷39附羊祉傳
羊		深	北史卷39附羊祉傳
羊		肅	晉書卷93外戚
羊		琇	魏書卷88良吏 北史卷39附羊祉傳
羊		敦	

羊			續	後漢書卷61
羊			鵾	梁書卷39附羊侃傳 南史卷63附羊侃傳
羊			鑒	晉書卷81
羊	可	立	明史卷236附李植傳
羊	玄	之	晉書卷93外戚
羊	玄	保	宋書卷54 南史卷36
羊		鴉	梁書卷39 南史卷63
羊		仁	宋史卷402
安		丙	魏書卷30 北史卷20
安		同	宋史卷276
安		忠	
安		俊	宋史卷323
安		原	魏書卷30附安同傳
安		惇	宋史卷471姦臣
安		國	明史卷174
安		童	元史卷126
安		然	明史卷137
安		熙	元史卷189儒學
安		頡	魏書卷30附安同傳
安		磐	明史卷192
安		璽	明史卷192附張澯傳
安		燾	宋史卷328
安		難	魏書卷30附安同傳
安		達	明史卷291忠義附黨還醇傳
安	上	信	舊五代史卷61唐書 舊五代史卷90晉書
安	元	通	宋史卷459隱逸(一作青城山道人)
安	世	忠	宋史卷275
安		守	

六畫

向羊安

六畫			
	安	希	范	明史卷231

				南史卷60

	安	叔	干	舊五代史卷123周書 新五代史卷48雜傳
	安	金	全	舊五代史卷61唐書 新五代史卷25唐臣
	安	金	藏	舊唐書卷187上忠義 新唐書卷191忠義
	安	彥	威	舊五代史卷91晉書 新五代史卷47雜傳
安	安	重	榮	舊五代史卷98晉書 新五代史卷51雜傳
江	安	重	誨	新五代史卷24唐臣
	安	重	霸	舊五代史卷66唐書 舊五代史卷61唐書 新五代史卷46雜傳
	安	崇	阮	舊五代史卷90晉書
	安	從	進	舊五代史卷98晉書 新五代史卷51雜傳
	安	祿	山	舊唐書卷200上 新唐書卷225上逆臣
	安	審	信	舊五代史卷123周書
	安	審	通	舊五代史卷61唐書 附安金全傳
	安	審	琦	舊五代史卷123周書
	安	審	暉	舊五代史卷123周書
	安	德	裕	宋史卷440文苑
	安	慶	緒	舊唐書卷200上 新唐書卷225上逆臣 附安祿山傳

	江		白	宋史卷456孝義
	江		充	漢書卷45
	江		夷	宋書卷53 南史卷36
	江		式	魏書卷91藝術 北史卷34
	江		泌	南齊書卷55孝義 南史卷73
	江		果	魏書卷71附江悅之傳
	江		旴	北齊書卷45文苑附 顏之推傳
	江		革	後漢書卷69 梁書卷36

	江		洪	南史卷72文學附吳 筠傳
	江		祏	南齊書卷42 南史卷47
	江		秉	梁書卷47孝行 南史卷36附江夷傳
	江		惇	晉書卷56附江統傳
	江		逌	晉書卷83
	江		淹	梁書卷14 南史卷59
	江		淵	明史卷168
	江		彬	明史卷307佞幸
	江		統	晉書卷56
	江		湛	宋書卷71
	江		挼	南史36附江夷傳 南史卷36附江夷傳
	江		軻	南史卷73孝義附王 虛之傳
	江		蒨	梁書卷21 南史卷36附江夷傳
	江		祿	晉書卷56附江統傳
	江		彪	晉書卷83附江逌傳
	江		謐	南齊書卷31 南史卷36附江秉之 傳
	江		總	陳書卷27
	江		斅	南齊書卷43 南史卷36附江夷傳
	江		灌	晉書卷83附江逌傳
	江		鐸	明史卷228附李化龍 傳
	江	子	一	梁書卷43 南史卷64
	江	子	四	梁書卷43附江子一 傳
	江	子	五	梁書卷43附江子一 傳

江天一	明史卷277附金聲傳	
江公望	宋史卷346	
江文遙	魏書卷71附江悅之傳	
江仲明	宋史卷446忠義附詹良臣傳	
江休復	宋史卷443文苑	
江秉之	宋書卷92良吏 南史卷36	
江秉謙	明史卷246	
江東之	明史卷236	
江柔之	南史卷73孝義附王虛之傳	
江悅之	魏書卷71 北史卷45	
江智淵	宋書卷59(南史卷36作江智深)	
江智深	南史卷36附江夷傳(宋書卷59作江智淵)	
江萬里	宋史卷418	
江德藻	陳書卷34文學 南史卷60附江革傳	
任氏	史記卷129貨殖	
任未	後漢書卷109下儒林	
任布	宋史卷288	
任安	史記卷104附田叔傳 後漢書卷109上儒林 宋史卷452忠義附牛皓傳	
任光	後漢書卷51	
任旭	晉書卷94隱逸	
任延	後漢書卷106循吏	
任志	元史卷193忠義	
任昉	梁書卷14 南史卷59	
任忠	陳書卷31 南史卷67	

任果	周書卷44 北史卷66	六畫
任胄	北史卷53附任祥傳	
任昂	明史卷136	
任敖	史記卷96 漢書卷42	
任峻	三國魏志卷16	江 任
任祥	北史卷53(北齊書卷19作任敬)	
任隗	後漢書卷51附任光傳	
任愷	晉書卷45	
任詢	金史卷125文藝	
任福	宋史卷325	
任諒	宋史卷356	
任圜	舊五代史卷67唐書 新五代史卷28唐臣	
任澤	宋史卷464外戚	
任環	明史卷205附曹邦輔傳	
任頤	宋史卷330	
任禮	明史卷155	
任瀚	明史卷287文苑附陳東傳	
任鏜	明史卷297孝義附石鐸傳	
任瓌	舊唐書卷59 新唐書卷90	
任文公	後漢書卷112上方術	
任天寵	金史卷105	
任中正	宋史卷288	
任中師	宋史卷288附任中正傳	
任民育	明史卷274附史可法傳	
任守忠	宋史卷468宦者	
任光裕	明史卷291忠義附黨還醇傳	

六畫	任 延 皓	舊五代史卷108漢書	
	任 延 敬	北齊書卷19（北史卷53作任祥）	
	任 希 夷	宋史卷395	
	任 伯 雨	宋史卷345	
任字	任 孝 恭	梁書卷50文學南史卷72文學	
	任 亨 泰	明史卷137附吳伯宗傳	
	任 迪 簡	舊唐書卷185下良吏新唐書卷170	
	任 彥 藻	明史卷233附何選傳	
	任 速 哥	元史卷184	
	任 敬 臣	新唐書卷195孝友	
	任 熊 祥	金史卷105	
	宇 文 允	周書卷13（卽譙王）北史卷58周宗室	
	宇 文 元	周書卷13（卽荆王）北史卷58周宗室	
	宇 文 丘	周書卷29附宇文盛傳	
	宇 文 仲	周書卷10（卽虞國公）北史卷57周宗室	
	宇 文 充	周書卷13（卽道王）北史卷58周宗室	
	宇 文 延	魏書卷44附宇文福傳	
	宇 文 兒	周書卷13（卽蔡王）北史卷58周宗室	
	宇 文 忻	北史卷60附宇文貴傳隋書卷40	
	宇 文 直	周書卷13（卽衞剌王）北史卷58周宗室	
	宇 文 招	周書卷 3（卽趙僭王）北史卷58周宗室	
	宇 文 虯	北史卷66周書卷29	

宇 文 洛	周書卷10附虞國公仲傳		
宇 文 冑	周書卷10附邵惠公顥傳		
宇 文 亮	周書卷10附邵惠公顥傳		
宇 文 述	北史卷79隋書卷61		
宇 文 貞	周書卷13（卽鄖王）北史卷58周宗室		
宇 文 衍	周書卷13（卽鄴王）北史卷58周宗室		
宇 文 純	周書卷13（卽陳惑王）北史卷58周宗室		
宇 文 弼	北史卷75隋書卷56		
宇 文 連	周書卷10（卽杞簡公）北史卷57周宗室		
宇 文 通	周書卷13（卽冀康公）北史卷58周宗室		
宇 文 遄	周書卷13（卽滕聞王）北史卷58周宗室		
宇 文 康	周書卷13（紀厲公）北史卷58周宗室		
宇 文 術	周書卷13（卽遄王）北史卷58周宗室		
宇 文 深	周書卷27附宇文測傳北史卷57周宗室附廣川公測傳		
宇 文 常	宋史卷353附宇文昌齡傳		
宇 文 盛	周書卷 3（卽野王）周書卷29北史卷58周宗室		
宇 文 測	周書卷27北史卷57周宗室（卽廣川公）		
宇 文 衆	周書卷10附邵惠公熾傳		
宇 文 貴	周書卷12附齊煬王憲傳		

六畫

字

			周書卷19 北史卷60
宇	文	寔	周書卷13 北史卷58周宗室
宇	文	達	周書卷13（即代奰王） 北史卷58周宗室
宇	文	椿	周書卷10附邵惠公顥傳
宇	文	愷	北史卷60附宇文貴傳 隋書卷68
宇	文	福	魏書卷44 北史卷25
宇	文	廣	周書卷10附邵惠公顥傳 北史卷57周宗室附邵惠公顥傳
宇	文	質	周書卷12附齊煬王憲傳
宇	文	震	周書卷3（即宋獻公） 北史卷58周宗室
宇	文	儉	周書卷13（即譙孝王） 北史卷58周宗室
宇	文	憲	周書卷12（即齊煬王） 北史卷58周宗室
宇	文	慶	北史卷57周宗室附東平公神舉傳 隋書卷50
宇	文	導	周書卷10附邵惠公顥傳 北史卷57周宗室附邵惠王顥傳
宇	文	奧	周書卷10附庚國公仲傳
宇	文	賢	周書卷13（即畢剌王） 北史卷58周宗室
宇	文	融	舊唐書卷105 新唐書卷134
宇	文	翼	周書卷10附邵惠公顥傳
宇	文	賀	周書卷13（即漢王） 北史卷58周宗室
宇	文	贊	周書卷13（即秦王） 北史卷58周宗室
宇	文	籍	舊唐書卷160
宇	文	顥	周書卷10（即邵惠公） 北史卷57周宗室
宇	文	護	周書卷11（即晉蕩公） 周書卷10附邵惠公顥傳 北史卷57周宗室附邵惠公顥傳
宇	文	士及	舊唐書卷63 新唐書卷100
宇	文	化及	北史卷79附宇文述傳 隋書卷85
宇	文	之邵	宋史卷458隱逸
宇	文	什肥	周書卷10附邵惠公顥傳 北史卷57周宗室附邵惠公顥傳
宇	文	公諒	元史卷190儒學
宇	文	孝伯	周書卷40 北史卷57周宗室附廣川公測傳
宇	文	忠之	魏書卷81 北史卷50
宇	文	昌齡	宋史卷353
宇	文	洛生	周書卷10（即莒莊公） 北史卷57周宗室
宇	文	神舉	周書卷40 北史卷57周宗室（即東平公）
宇	文	莫槐	魏書卷103（目作匈奴宇文莫槐） 北史卷98

六畫	字文虛	中宋史卷371 金史卷79	
	字文紹	節宋史卷398	
	字文智	及隋書卷85附字文化及傳	
	字文善	捉周書卷10莒莊公洛生傳	
字朱	朱 3才	北齊書卷45文苑附顏之推傳	
	朱 4升	明史卷136	
	朱 5弁	宋史卷373	
	朱 永	明史卷173附朱謙傳	
	朱 6冲	晉書卷94隱逸	
	朱 异	梁書卷38 南史卷62	
	朱 朴	舊唐書卷179 新唐書卷183	
	朱 先	明史卷242附戚繼光傳	
	朱 7邑	漢書卷89循吏	
	朱 序	晉書卷81	
	朱 伺	晉書卷81	
	朱 良	宋史卷452忠義附朱躋傳	
	朱 杞	明史卷116諸王(即趙王)	
	朱 8治	三國吳志卷11或56	
	朱 玖	舊唐書卷175 新唐書卷224下叛臣	
	朱 京	宋史卷322	
	朱 松	明史卷118諸王(即韓王)	
	朱 9建	史記卷97 漢書卷43	
	朱 泚	舊唐書卷200下 新唐書卷225中逆臣	
	朱 宣	新唐書卷188(舊唐書卷182宣作瑄) 新五代史卷42雜傳	
	朱 珍	舊五代史卷19梁書 新五代史卷21雜傳	

朱	服	宋史卷347
朱	昂	宋史卷439文苑
朱	昭	宋史卷446忠義
朱	柏	明史卷117諸王(即湘獻王)
朱	英	明史卷178
朱	紈	明史卷205
朱	10家	史記卷124游俠 漢書卷92游俠
朱	祐	後漢書卷52
朱	浮	後漢書卷63
朱	桓	三國吳志卷11或56
朱	偉	宋史卷372
朱	泰	宋史卷456孝義
朱	桂	明史卷117諸王(即代簡王)
朱	能	明史卷145
朱	11異	三國吳志卷11或56附朱桓傳
朱	勔	宋史卷470佞幸
朱	梓	明史卷116諸王(即潭王)
朱	樫	明史卷118諸王(即唐定王)
朱	樉	明史卷284儒林附孔希學傳
朱	12雲	漢書卷67
朱	博	漢書卷83
朱	然	三國吳志卷11或56
朱	景	宋史卷333
朱	禍	明史卷116諸王(即晉恭王)
朱	植	明史卷117諸王(即遼簡王)
朱	棟	明史卷118諸(即郢靖王)

朱	善	明史卷137附劉三吾傳
朱	勝	明史卷161附況鐘傳
朱	欽	明史卷186
朱	澍	明史卷207
朱	袞	明史卷290忠義
朱	13暉	後漢書卷73　明史卷173附朱謙傳
朱	瑞	魏書卷80　北史卷49
朱	粲	舊唐書卷56附李子通傳　新唐書卷87附李子通傳
朱	瑄	舊唐書卷182(新唐書188重作宣)　舊五代史卷13梁書
朱	滔	舊唐書卷143　新唐卷212藩鎮
朱	勣	宋史卷449忠義附聞遜傳
朱	楨	明史卷116諸王(即楚昭王)
朱	樉	明史卷117諸王(即廩莊王)
朱	椿	明史卷117諸王(即蜀獻王)
朱	楠	明史卷118諸王(即皇子楠)
朱	梗	明史卷118諸王(即岷莊王)
朱	楹	明史卷118諸王(即安惠王)
朱	胸	明史卷296孝義
朱	14燾	明史卷132附藍玉傳
朱	榑	明史卷116諸王(即齊王)
朱	椆	明史卷117諸王(即慶王)
朱	榮	明史卷155
朱	裳	明史卷203
朱	墅	明史卷284儒林附孔希學傳
朱	15儁	後漢書卷101
朱	據	三國吳志卷12或57
朱	瑾	舊唐書卷182附朱瑄傳　舊五代史卷13梁書　新五代史卷42雜傳
朱	熠	宋史卷420
朱	震	宋史卷435儒林
朱	標	明史卷115諸王(即興宗孝皇帝)
朱	㰘	明史卷116諸王(即秦愍王)
朱	模	明史卷118諸王(即潘簡王)
朱	廞	明史卷219
朱	16穆	後漢書卷73附朱暉傳
朱	諤	宋史卷351
朱	熹	宋史卷429道學
朱	衡	明史卷223
朱	樬	明史卷118諸王(即谷王)
朱	17績	三國吳志卷11或56附朱然傳
朱	檀	明史卷116諸王(即魯荒王)
朱	謙	明史卷173
朱	18蹕	宋史卷452忠義
朱	橚	明史卷116諸王(即周定王)
朱	爵	明史卷230附松恂傳
朱	22欐	明史卷118諸王(即伊厲王)
朱	權	明史卷117諸王(即寧獻王)
朱	23顯	元史卷197孝友附劉韞泉傳
朱	鑑	明史卷142附馬宣傳　172
朱 1一	統	明史卷294忠義附楊璉傳

六畫

朱

六畫	朱 3大	典	明史卷276
	朱 子	奢	舊唐書卷189上儒學 新唐書卷198儒學
朱	朱 士	完	明史卷294忠義附盧 學古傳
	朱 士	鼎	明史卷294忠義附崔 文榮傳
	朱 4元	旭	魏書卷72 北史卷45
	朱 仁	軌	新唐書卷115附朱敬 則傳
	朱 之	馮	明史卷263
	朱 天	麟	明史卷279
	朱 允	熥	明史卷118諸王(卽 吳王)
	朱 允	熞	明史卷118諸王(卽 衡王)
	朱 允	熙	明史卷118諸王(卽 徐王)
	朱 文	圭	明史卷118諸王(卽 少广文圭)
	朱 文	奎	明史卷118諸王(卽 八 太子文奎)
	朱 文	剛	明史卷289忠義附孫 炎傳
	朱 文	遜	明史卷289忠義附花 雲傳
	朱 文	德	明史卷272附曹變蛟 傳
	朱 文	濟	南史卷73孝義附儁 叔謙傳
	朱 友	文	舊五代史卷12梁書 宗室(卽博王) 新五代史卷13梁家 人
	朱 友	孜	舊五代史卷12梁書宗 室(卽康王) 新五代史卷13梁家 人
	朱 友	恭	新唐書卷223下姦臣 附柳璨傳 舊五代史卷19梁書 朱史卷452忠義附郭 滔傳
	朱 友	能	舊五代史卷12梁書 宗室(卽惠王) 新五代史卷13梁家 人

朱 友	珪	舊五代史卷12梁書 宗室(卽郢王) 新五代史卷13梁家 人
朱 友	倫	舊五代史卷12梁書 宗室(卽密王) 新五代史卷13梁家 人
朱 友	雍	舊五代史卷12梁書 宗室(卽賀王) 新五代史卷13梁家 人
朱 友	裕	舊五代史卷12梁書 宗室(卽郴王) 新五代史卷13梁家 人
朱 友	寧	舊五代史卷12梁書 宗室(卽安王) 新五代史卷13梁家 人
朱 友	誨	舊五代史卷12梁書 宗室(卽邵王) 新五代史卷13梁家 人
朱 友	璋	舊五代史卷12梁書 宗室(卽福王) 新五代史卷13梁家 人
朱 友	諒	舊五代史卷12梁書 宗室 新五代史卷13梁家 人
朱 友	徽	舊五代史卷12梁書 宗室(卽建王) 新五代史卷13梁家 人
朱 友	謙	舊五代史卷63唐書 新五代史卷45雜傳
朱 5幼	圻	明史卷118諸王附潘 簡王楧傳(卽淸源 王)
朱 台	符	宋史卷306
朱 永	佑	明史卷276附張肯堂 傳
朱 由	栩	明史卷12)諸王(卽 緗溪王)
朱 由	楫	明史卷120諸王(卽 齊思王)
朱 由	模	明史卷120諸王(卽 懷惠王)

朱	由	樻	明史卷120諸王(卽惠昭王)
朱	由	㰅	明史卷120諸王(卽簡王)
朱	6百	年	宋書卷93隱逸 南史卷75隱逸
朱	全	昱	舊五代史卷12梁書宗室(卽廣王) 新五代史卷13梁家人
朱	光	庭	宋史卷333附朱景傳
朱	宇	泆	明史卷118諸王附唐定王桱傳(卽輔國將軍)
朱	汝	諧	元史卷197孝友附劉德泉傳
朱	有	爋	明史卷116諸王附周定王橚傳(卽鎮平王)
朱	安	滅	明史卷116諸王附周定王橚傳(卽博平王)
朱	安	泧	明史卷116諸王附周定王橚傳(卽鎮國將軍)
朱	守	仁	明史卷138附單安仁傳
朱	守	殷	舊五代史卷74唐書 新五代史卷51雜傳
朱	守	謙	明史卷118諸王(卽靖江王)
朱	7宏	昭	舊五代史卷66唐書 新五代史卷27唐臣
朱	芝	垝	明史卷118諸王附唐定王桱傳(卽三城王)
朱	吾	弼	明史卷242
朱	克	融	舊唐書卷180 新唐書卷212藩鎮
朱	成	鏻	明史卷117諸王附代王桂傳
朱	延	壽	新唐書卷189 舊五代史卷17梁書附田頵傳
朱	廷	鄯	明史卷117諸王附代王桂傳
朱	廷	聲	明史卷188附趙佑傳
朱	希	周	明史卷191
朱	希	彩	舊唐書卷143附李儦仙傳
朱	見	治	明史卷119諸王(卽忻穆王)
朱	見	沛	明史卷119諸王(卽徽莊王)
朱	見	浚	明史卷119諸王(卽吉簡王)
朱	見	淳	明史卷119諸王(卽許悼王)
朱	見	澍	明史卷119諸王(卽秀懷王)
朱	見	澤	明史卷119諸王(卽崇簡王)
朱	見	濚	明史卷119諸王(卽德莊王)
朱	見	濟	明史卷119諸王(卽懷獻太子)
朱	8忠	亮	舊唐書卷151 新唐書卷170
朱	奇	湖	明史卷116諸王附晉恭王棡傳(卽西河王)
朱	長	文	宋史卷444文苑
朱	長	生	魏書卷87節義 北史卷85節義
朱	9建	平	三國魏志卷29方技
朱	亮	祖	明史卷132
朱	厚	煇	明史卷119諸王(卽蔚悼王)
朱	洪	實	舊五代史卷66唐書
朱	10祖	文	明史卷245附周順昌傳
朱	修	之	宋書卷76 魏書卷43附毛修之傳 南史卷16 北史卷27附毛修之傳
朱	桃	椎	新唐書卷196隱逸

六畫

朱

六畫							
	朱	庭	傑	宋史卷448忠義附韓浩傳	朱	翊	鏐	明史卷120諸王（卽潞簡王）
	朱	家	仕	明史卷263附衛景瑗傳	朱	國	彥	明史卷271附趙率敎傳
	朱	家	民	明史卷249附王三善傳	朱	國	祚	明史卷240
朱	朱	高	煦	明史卷118諸王	朱	國	棟	明史卷264附田時震傳
	朱	高	燧	明史卷118諸王（卽趙簡王）	朱	國	禎	明史卷240附朱國祚傳
	朱	高	爔	明史卷118諸王	朱	國	寶	元史卷165
	朱	祐	杬	明史卷115諸王（卽睿宗興獻皇帝）	朱	常	治	明史卷120諸王（卽沅懷王）
	朱	祐	枔	明史卷119諸王（卽歧惠王）	朱	常	洵	明史卷120諸王（卽福恭王）
	朱	祐	楷	明史卷119諸王（卽申懿王）	朱	常	浩	明史卷120諸王（卽瑞王）
	朱	祐	橒	明史卷119諸王（卽汝安王）	朱	常	潊	明史卷120諸王（卽邠襄王）
	朱	祐	楎	明史卷119諸王（卽衡恭王）	朱	常	潤	明史卷120諸王（卽惠王）
	朱	祐	椋	明史卷119諸王附襄王瞻墡傳（卽襄陽王）	朱	常	瀛	明史卷120諸王（卽桂端王）
	朱	祐	極	明史卷119諸王（卽悼恭太子）	朱12	超	石	宋書卷48附朱齡石傳 南史卷16附朱齡石傳
	朱	祐	樞	明史卷119諸王（卽榮莊王）	朱	買	臣	漢書卷64上
	朱	祐	檡	明史卷119諸王（卽涇簡王）	朱	勝	非	宋史卷362
	朱	祐	楒	明史卷119諸王（卽泰定王）	朱	雄	英	明史卷118諸王（卽虞懷王）
	朱	祐	橝	明史卷119諸王（卽雍靖王）	朱	欽	相	明史卷246附侯震暘傳
	朱	祐	檳	明史卷119諸王（卽益端王）	朱	敦	儒	宋史卷445文苑
	朱11	健	根	明史卷116諸王附魯王檀傳（卽奉國將軍）	朱	集	璜	明史卷277附侯峒曾傳
					朱13	與	言	明史卷158附吳訥傳
	朱	敏	泰	明史卷263附朱之馮傳	朱	萬	年	明史卷290忠義
	朱	理	堨	明史卷118諸王附瀋王模傳（卽沁水王）	朱	嗣	孟	宋史卷453忠義附王繪傳
	朱	崇	德	明史卷264附田時震傳	朱	新	㙾	明史卷116諸王附晉王棡傳
	朱	翊	鈏	明史卷120諸王（卽益懷太子）	朱	勸	熨	明史卷116諸王附周定王橚傳（卽鐵嶺國中尉）
	朱	翊	鈴	明史卷120諸王（卽靖悼王）				

六畫 朱

朱敬則 舊唐書卷90 新唐書卷115
朱敬循 明史卷219附朱賡傳
朱睦㰂 明史卷116諸王附周定王橚傳（即南陵王）
朱睦㰒 明史卷116諸王附周定王橚傳（即鎭國中尉）
朱當沍 明史卷116諸王附魯王檀傳(即歸善王)
朱當漬 明史卷116諸王附魯王檀傳（即輔國將軍）
朱當𣾰 明史卷116諸王附魯王檀傳(即安邱王)
朱載圳 明史卷120諸王(即景恭王)
朱載埛 明史卷120諸王（即均思王）
朱載基 明史卷120諸王（即哀冲太子
朱載堙 明史卷119諸王附鄭王瞻埈傳（即盧江王)
朱載𡐓 明史卷120諸王（即潁殤王）
朱載墐 明史卷120諸王（即薊哀王）
朱載壡 明史卷120諸王（即莊敬太子）
朱載璽 明史卷119諸王附衡恭王祐楎傳(即新樂王）
朱載墍 明史卷120諸王（即戚懷王）
朱14誠洌 明史卷116諸王附秦愍王樉傳（即汧陽王）
朱夢炎 明史卷136附崔亮傳
朱維京 明史卷233
朱漢賓 舊五代史卷64唐書 新五代史卷45雜傳
朱遜烇 明史卷117諸王附代簡王桂傳（即靈邱王）
朱遜燂 明史卷117諸王附代簡王桂傳（即襄垣王）
朱壽昌 宋史卷456孝義
朱壽隆 宋史卷333
朱壽鏻 明史卷116諸王附魯王檀傳
朱慈炅 明史卷120諸王（即獻懷太子）
朱慈炯 明史卷120諸王（即定王）
朱慈炤 明史卷120諸王（即永王）
朱慈烜 明史卷120諸王)即懷隱王）
朱慈烺 明史卷120諸王（即太 慈烺）
朱慈然 明史卷120諸王（即懷冲太子）
朱慈焆 明史卷120諸王（即悼懷太子）
朱慈煥 明史卷120諸王（即悼靈王）
朱15實漣 明史卷278附陳子壯傳
朱17謙之 南齊書卷55孝義
朱燮元 明史卷249
朱濟炫 明史卷116諸王附晉恭王棡傳（即慶成王）
朱貔孫 宋史卷411
朱鴻謨 明史卷227
朱彌鉗 明史卷118諸王附唐定王桱傳（即文成王）
朱彌鍛 明史卷118諸王
朱18瞻埏 明史卷119諸王（即蘄獻王）

七 畫

名			出處
亨			金史卷77 (本名字选)
尹			金史卷73 (本名谷神)
言			宋史卷462方技 (總目作僧志言)
全			元史卷132
英			明史卷126
皙			晉書卷51
測			金史卷72附麻吉傳
訶			金史卷68
偃			史記卷67仲尼弟子
凱			明史卷174
鄭			陳書卷33儒林
鄰			金史卷93
篤			後漢書卷94
鍾			明史卷185
台	乃		元史卷120
戩	斯		元史卷205姦臣 (目作搠思監)
澄	圖		晉書卷95藝術
徵	應		宋史卷416
剌	都 兒	哈	元史卷193忠義
思			元史卷123
猛			周書卷44 北史卷66
儉	克		明史卷221附郝杰傳
瓊			明史卷137附宋訥傳

七 畫（續）

六畫 七畫

姓		名	出處
朱	瞻	垍	明史卷119諸王 (卽梁桂王)
朱	瞻	埏	明史卷119諸王 (卽衞恭王)
朱	瞻	埈	明史卷119諸王 (卽鄭王)
朱	瞻	堈	明史卷119諸王 (卽荊憲王)
朱	瞻	垕	明史卷119諸王 (卽滕懷王)
朱	瞻	埘	明史卷119諸王 (卽越靖王)
朱	瞻	墡	明史卷119諸王 (卽襄獻王)
朱	瞻	壈	明史卷119諸王 (卽淮靖王)
朱20繼		祧	明史卷276
朱	齡	石	宋書卷48 南史卷16
朱23顯		忠	明史卷289附牟魯傳
朱	顯	槐	明史卷116諸王附楚昭王楨傳 (卽武岡王)

朱亭希志沙沐束沃冶言巫灼武延佀肖吹佛冷攸抄扶貝

七畫

貝把汲赤別車步折吾禿狄

姓名	出處
折從阮	舊五代史卷125周書；新五代史卷50雜傳
折德展	宋史卷253
折衛卿	宋史卷253附折德展傳
折衛勳	宋史卷253附折德展傳
吾彦	晉書卷57
吾紳	明史卷158附段民傳
吾粲	三國吳志卷12或57
吾也而	元史卷120
吾札忽	金史卷71
吾丘壽王	漢書卷64上
禿刺	元史卷117
禿忽魯	元史卷134
禿滿答兒	元史卷149附耶律希花傳
禿髮烏孤	晉書卷126南涼載記；魏書卷99(本作鮮卑禿髮烏孤)
禿髮傉檀	晉書卷126南涼載記附禿髮烏孤傳；魏書卷99附鮮卑禿髮烏孤傳
禿髮利鹿孤	晉書卷126南涼載記附禿髮烏孤傳；魏書卷99附鮮卑禿髮烏孤傳
狄青	宋史卷290
狄棐	宋史卷299
狄仁傑	舊唐書卷89；新唐書卷115
貝彝	明史卷281循吏
把胡魯	金史卷108
把匝刺瓦爾密	明史卷124
汲固	魏書卷87節義；北史卷85節義
汲鄭	史記卷120
汲黯	史記卷120；漢書卷50
赤盞暉	金史卷80
赤盞合喜	金史卷113
赤盞尉忻	金史卷115
別之傑	宋史卷419
別的因	元史卷121附抄思傳
別里古台	元史卷117
別兒怯不花	元史卷140
車胤	晉書卷83
車濟	晉書卷89忠義
車千秋	漢書卷66
車伊洛	魏書卷30；北史卷25
車路頭	魏書卷34；北史卷25
步熊	晉書卷95藝術
步闡	三國吳志卷7或52附步騭傳
步騭	三國吳志卷7或52
步大汗薩	北齊書卷20；北史卷53
步魯合答	元史卷132
折象	後漢書卷112上方術
折克行	宋史卷253附折德展傳

貝把汲赤別車步折吾禿狄

七畫			
	狄	光 嗣	新唐書卷115附狄仁傑傳
	狄	嗣 謨	舊唐書卷89附狄仁傑傳
	狄	廉	新唐書卷115附狄仁傑傳
	狄 斯	彬	明史卷209附楊允繩傳
	狄 遵	度	宋史卷293附狄棐傳
狄岑豆夾伯孛	岑	旺	後漢書卷97黨錮
	岑 彭		後漢書卷47
	岑	羲	舊唐書卷70附岑文本傳
			新唐書卷102附岑文本傳
	岑 本		舊唐書卷70
			新唐書卷102
	岑 敬		陳書卷34文學
			南史卷72文學
	岑 之 寶		明史卷215附周弘祖傳
	岑 用 倩		舊唐書卷70附岑文本傳
	岑 長		新唐書卷102附岑文本傳
	岑 善 方		周書卷48附蕭詧傳
			北史卷93僭偽附庸梁附蕭詧傳
	豆 代 田		魏書卷30
			北史卷25
	豆 莫 婁		魏書卷100
			北史卷94
	豆 盧 革		舊五代史卷67唐書
			新五代史卷28唐臣
	豆 盧 通		北史卷68附豆盧寧傳
			隋書卷39附豆盧勣傳
	豆 盧 琢		舊唐書卷177
			新唐書卷183附劉鄴傳
	豆 盧 勣		北史卷68附豆盧寧傳
			隋書卷39
	豆 盧 寧		周書卷19
			北史卷68

豆 盧 毓		北史卷68附豆盧寧傳
		隋書卷39附豆盧勣傳
豆 盧 欽 望		舊唐書卷90
		新唐書卷114
夾 谷 衡		金史卷94
夾 谷 之 奇		元史卷174
夾 谷 守 中		金史卷121忠義
夾 谷 胡 刺		金史卷86
夾 谷 查 刺		金史卷86
夾 谷 清 臣		金史卷94
夾 谷 謝 奴		金史卷81
夾 谷 石 里 哥		金史卷103
夾 谷 吾 里 補		金史卷81
伯 八		元史卷193忠義
伯 夷		史記卷61
伯 都		元史卷121附博羅歡傳
伯 顏		元史卷127
		元史卷138
		元史卷190儒學
伯 答 沙		元史卷124附忙哥撒兒傳
伯 帖 木 兒		元史卷131
伯 德 窊 哥		金史卷122忠義
伯 德 特 里 補		金史卷81
伯 德 梅 和 尚		金史卷121忠義
伯 顏 子 中		明史卷124附陳友定傳
伯 顏 不 花 的 斤		元史卷195
孛 禿		元史卷118

姓名	出處
孛魯	元史卷119附木華黎傳
孛果速	金史卷121忠義附九住傳
孛兒速	元史卷135
孛蘭奚	元史卷133
孛羅帖木兒	元史卷195忠義
孛朮魯狪	元史卷183
孛朮魯遠	元史卷183附孛朮魯翀傳
孛朮魯定方	金史卷86
孛朮魯福壽	金史卷122忠義
孛朮魯德裕	金史卷101
孛朮魯阿魯罕	金史卷91
谷永	漢書卷85
谷洪	魏書卷33附谷渾傳
谷倚	舊唐書卷190中文苑附富嘉謨傳
谷渾	魏書卷33／北史卷27
谷楷	魏書卷89酷吏／北史卷27谷渾傳
谷潁	魏書卷33附谷渾傳
谷纂	魏書卷33附谷渾傳
谷權	北史卷27附谷渾傳
谷大用	明史卷304宦官
谷士恢	魏書卷33附谷渾傳
谷那律	舊唐書卷189上儒學／新唐書卷198儒學
谷那律政	新唐書卷198儒學附谷那律傳
谷從政	新唐書卷190
成汭	舊五代史卷17梁書
成軌	魏書卷94閹官／北史卷92恩倖
成勇	明史卷258
成淹	魏書卷79／北史卷46
成閔	宋史卷370
成象	宋史卷456孝義
成德	明史卷266
成霄	魏書卷79附成淹傳
成遵	元史卷186
成三郎	舊唐書卷187上忠義
成公綏	晉書卷92文苑
成公簡	晉書卷61
成基命	明史卷251
成景儁	南史卷74孝義
阮孚	晉書卷49附阮籍傳
阮放	晉書卷49附阮籍傳
阮卓	陳書卷34文學／南史卷72文學
阮咸	晉書卷49附阮籍傳
阮种	晉書卷52
阮修	晉書卷49附阮籍傳
阮勤	明史卷178附余子俊傳
阮瑀	三國魏志卷21附王粲傳
阮裕	晉書卷49附阮籍傳
阮駿	宋史卷452忠義附李異傳
阮瞻	晉書卷49附阮籍傳
阮韜	南齊書卷32／南史卷24附王裕之傳
阮籍	三國魏志卷21附王粲傳

左半

七畫	姓	名	出處
			晉書卷49
阮邢余	阮	鶚	明史卷205附胡宗憲傳
	阮	大鋮	明史卷308姦臣附馬士英傳
	阮	之鈿	明史卷292忠義
	阮	弘道	明史卷135附楊元杲傳
	阮	佃夫	宋書卷94恩倖 / 南史卷77恩倖
	阮	孝緒	梁書卷51處士 / 南史卷76隱逸
	阮	長之	宋書卷92良吏 / 南史卷70循吏
	阮	萬齡	宋書卷93隱逸
	邢	巨	舊唐書卷190中文苑附賀知章傳
	邢	虯	魏書卷65附邢巒傳
	邢	昕	魏書卷85文苑 / 北史卷43附邢巒傳
	邢	邵	北齊書卷36 / 北史卷43附邢巒傳
	邢	侗	明史卷288文苑附董其昌傳
	邢	峙	北齊書卷44儒林 / 北史卷81儒林
	邢	昺	宋史卷431儒林
	邢	宥	明史卷159附劉玘傳
	邢	晏	魏書卷65附邢巒傳
	邢	恕	宋史卷471姦臣
	邢	珣	明史卷200附伍文定傳
	邢	敦	宋史卷457隱逸
	邢	煥	宋史卷465外戚
	邢	遜	魏書卷65附邢巒傳 / 北史卷43附邢巒傳
	邢	巒	魏書卷85文苑 / 北史卷43附邢巒傳
	邢	寰	明史卷203附汪元錫傳
	邢	顒	三國魏志卷12

右半

姓	名	出處
邢	巒	魏書卷65 / 北史卷43
邢	讓	明史卷163
邢	文偉	舊唐書卷189下儒學 / 新唐書卷106
邢	君牙	舊唐書卷144 / 新唐書卷156
邢	抱朴	遼史卷80
邢	和璞	新唐書卷204方技附張果傳
邢	神留	宋史卷456孝義
邢	國璽	明史卷291忠義
余	丙	元史卷197孝友
余	光	明史卷203附潘珍傳
余	玠	宋史卷416
余	珊	明史卷208
余	祐	明史卷282儒林附胡居仁傳
余	琛	宋史卷352
余	靖	宋史卷320
余	煌	明史卷276
余	塙	明史卷292忠義附徐世淳傳
余	瑱	明史卷142附宋忠傳
余	禎	明史卷192附張濚傳
余	濂	明史卷180附王獻臣傳
余	翔	明史卷192附王時柯傳
余	闕	元史卷143
余	爵	明史卷293忠義附李棠雲傳
余	濬	明史卷130附姜綰傳
余	大成	明史卷248附徐從治傳
余	子俊	明史卷178

余	天	錫	宋史卷419	汪	之	鳳	明史卷269附張令傳
余	良	眩	宋史卷333	汪	元	錫	明史卷203
余	彥	誠	明史卷281循吏附高斗南傳	汪	文	盛	明史卷198附毛伯溫傳
余	逢	辰	明史卷142附張昺傳	汪	文	輝	明史卷215
余	端	禮	宋史卷398	汪	立	信	宋史卷416
余	齊	人	南史卷73孝義(宋書卷91作余齊民)	汪	世	顯	元史卷155
余	齊	民	宋書卷91孝義(南史卷73作余齊人)	汪	良	臣	元史卷155附汪世顯傳
余	應	桂	明史卷260	汪	伯	彥	宋史卷473姦臣
余	懋	衡	明史卷232	汪	克	寬	明史卷282儒林
余	懋	學	明史卷235	汪	泗	論	明史卷257附童漢儒傳
余	繼	登	明史卷216	汪	若	海	宋史卷404
汪		河	明史卷135附楊元杲傳	汪	若	霖	明史卷230
汪		直	明史卷304宦官	汪	惟	正	元史卷155附汪世顯傳
汪		奎	明史卷180	汪	舜	民	明史卷180附汪奎傳
汪		俊	明史卷191	汪	喬	年	明史卷262
汪		珊	明史卷208附余珊傳	汪	道	昆	明史卷287文苑附王世貞傳
汪		泉	明史卷300外戚	汪	德	臣	元史卷155附汪世顯傳
汪		偉	明史卷191附汪俊傳 明史卷266	汪	廣	洋	明史卷127
汪		綱	宋史卷408	汪	澤	民	元史卷185
汪		澥	宋史卷354	汪	興	祖	明史卷133附張德勝傳
汪		澈	宋史卷384	汪	應	軫	明史卷208
汪		叡	明史卷137附劉三吾傳	汪	應	蛟	明史卷241
汪		㷭	明史卷280附瞿式耜傳	辛		旻	新唐書卷147附辛雲京傳
汪		藻	宋史卷445文苑	辛		昂	周書卷39附辛慶之傳
汪	一	中	明史卷290忠義				北史卷70附辛慶之傳
汪	大	猷	宋史卷400	辛		毗	三國魏志卷25

七畫

辛沈

辛	彥	之	北史卷82儒林 / 隋書卷75儒林
辛	恭	靖	晉書卷89忠義
辛	紹	先	魏書卷45 / 北史卷26
辛	寅	遜	宋史卷479西蜀世家附孟昶傳
辛	替	否	舊唐書卷101 / 新唐書卷118
辛	普	明	南史卷75隱逸附關康之傳
辛	雲	京	舊唐書卷110 / 新唐書卷147
辛	棄	疾	宋史卷401
辛	慶	之	周書卷39 / 北史卷70
辛	慶	忌	漢書卷69
辛	德	源	北史卷50附辛雄傳 隋書卷58
沈	5立		宋史卷333
沈	正		宋史卷456孝義附邢神留傳
沈	6冲		南齊書卷34 / 南史卷34附沈懷文傳
沈	充		晉書卷98叛臣
沈	光		北史卷78附麥鐵杖傳 / 隋書卷64
沈	束		明史卷209
沈	8炎		宋史卷420
沈	固		明史卷171附楊善傳
沈	周		明史卷298隱逸
沈	9勁		晉書卷89忠義
沈	約		梁書卷13 / 南史卷57
沈	洙		陳書卷33儒林 / 南史卷71儒林
沈	恪		陳書卷12 / 南史卷67

辛		勉	晉書卷89忠義
辛		威	周書卷27 / 北史卷65
辛		炳	宋史卷372
辛		秘	舊唐書卷157 / 新唐書卷143
辛		祥	魏書卷45附辛紹先傳
辛		悠	魏書卷77附辛雄傳
辛		術	北齊書卷38 / 北史卷50附辛雄傳
辛		琛	魏書卷77附辛雄傳 / 北史卷50附辛雄傳
辛		雄	魏書卷77 / 北史卷50
辛		愿	金史卷127隱逸
辛		穆	魏書卷45附辛紹先傳
辛		謐	魏書卷71附江悅之傳
辛		謐	晉書卷94隱逸
辛		纂	魏書卷77附辛雄傳
辛		讜	舊唐書卷187下忠義 / 新唐書卷193忠義
辛	大	德	隋書卷76文學附庾綽傳
辛	子	馥	魏書卷45附辛紹先傳
辛	文	悅	宋史卷431儒林
辛	少	雍	魏書卷45附辛紹先傳
辛	公	義	北史卷86循吏 / 隋書卷73循吏
辛	自	修	明史卷220
辛	次	膺	宋史卷383
辛	仲	甫	宋史卷266
辛	仲	景	周書卷39附辛慶之傳
辛	京	杲	新唐書卷147附辛雲京傳
辛	珍	之	魏書卷77附辛雄傳

沈	重	周書卷45儒林 北史卷82儒林
沈	括	宋史卷331附沈遘傳
沈	宣	宋史卷456孝義
沈	度	明史卷286文苑
沈	10浚	梁書卷43 南史卷36附沈演之傳
沈	峻	梁書卷48儒林 南史卷71儒林
沈	倫	宋史卷264
沈	起	宋史卷334
沈	11棻	陳書卷18 南史卷57附沈約傳
沈	烱	陳書卷19 南史卷79（烱或作炯）
沈	陵	魏書卷61附沈文秀傳
沈	旋	南史卷57附沈約傳
沈	晦	宋史卷378
沈	12渤	南史卷36附沈演之傳
沈	斌	新五代史卷33死事（舊五代史95作沈贇）
沈	13瑀	梁書卷53良吏 南史卷70循吏
沈	詢	舊唐書卷149附沈傳師傳 新唐書卷132附沈既濟傳
沈	畸	宋史卷348
沈	煥	宋史卷410
沈	溍	明史卷138附唐鐸傳
沈	演	明史卷218附沈潅傳
沈	潅	明史卷218
沈	粲	明史卷286文苑附沈度傳
沈	14遘	舊五代史卷131周書 宋史卷331
沈	銖	宋史卷354
沈	漢	明史卷206附馬錄傳
沈	15璟	金史卷75
沈	16憲	南齊書卷53良政 南史卷36附沈演之傳
沈	遴	宋史卷331附沈遘傳
沈	錫	宋史卷354附沈銖傳
沈	17鍊	明史卷209
沈	18邈	宋史卷302
沈	鯉	明史卷217
沈	19顥	梁書卷51處士 南史卷36附沈璘之傳
沈	贇	舊五代史卷95晉書（新五代史33作沈斌）
沈	1一 貫	明史卷218
沈	4不 害	陳書卷33儒林 南史卷71儒林
沈	文 秀	宋書卷88 南齊書卷44 魏書卷61 南史卷37附沈慶之傳
沈	文 季	北史卷45 南齊書卷44 南史卷37附沈慶之傳
沈	文 阿	陳書卷33儒林 南史卷71儒林附沈洙傳
沈	6有 客	明史卷270
沈	7攸 之	宋書卷74 南史卷37附沈慶之

傳

七畫

沈宋

沈	廷	揚	明史卷277
沈	作	賓	宋史卷390
沈	伯	儀	新唐書卷199儒學
沈	希	儀	明史211
沈	君	理	陳書卷23 南史卷68
沈	君	游	周書卷48附蕭督傳
沈	8昇	之	南史卷73孝義附樂頤之傳
沈	佺	期	舊唐書卷190中文苑 新唐書卷262文藝附李適傳
沈	季	詮	新唐書卷195孝友
沈	法	興	舊唐書卷56 新唐書卷87
沈	承	禮	宋史卷480吳越世家附錢俶傳
沈	9思	孝	明史卷229
沈	客	卿	南史卷77恩倖
沈	昭	略	南史卷37附沈慶之傳
沈	10宸	荃	明史卷276
沈	11崇	倸	梁書卷47孝行 南史卷74孝義
沈	既	濟	新唐書卷132
沈	12傳	師	舊唐書卷149 新唐書卷132附沈既濟傳
沈	雲	祚	明史卷295忠義附劉士斗傳
沈	猶	龍	明史卷277
沈	13與	求	宋史卷372
沈	道	周	宋書卷93隱逸
沈	道	虔	宋書卷93隱逸 南史卷75隱逸
沈	14演	之	宋書卷63 南史卷36
沈	僧	昭	南史卷37附沈慶之傳
沈	壽	民	明史卷216附田一儁傳
沈	壽	崇	明史卷263附宋一鶴傳
沈	15慶	之	宋書卷77 南史卷37
沈	儆	价	明史卷249附蔡復一傳
沈	履	祥	明史卷276附沈宸荃傳
沈	德	四	明史卷296孝義
沈	德	威	陳書卷33儒林附鄭灼傳 南史卷71儒林附鄭灼傳
沈	16積	中	宋史卷354
沈	曇	慶	宋書卷54 南史卷34附沈懷之傳
沈	17戀	學	明史卷216附田一儁傳
沈	19懷	文	宋書卷82 南史卷34
沈	20繼	宗	宋史卷264附沈倫傳
沈	23麟	士	南史卷76隱逸(南齊書卷54作沈驎士)
沈	驎	士	南齊書卷54高逸(南史卷76作沈麟士)
宋		5弘	後漢書卷56
宋		弁	魏書卷63 北史卷26附 宋隱傳
宋		白	宋史卷439文苑
宋		可	金史卷127隱逸
宋		本	元史卷182
宋		7均	後漢書卷71
宋		克	明史卷285文苑附王行傳
宋		8果	後漢書卷89附郭太傳

宋	祁	宋史卷284附宋庠傳		宋	13意	後漢書卷71附宋均傳
宋	昇	宋史卷356附宋喬年傳		宋	稚	魏書卷52附宋繇傳
宋	炎	宋史卷448忠義附李彥仙傳		宋	搏	宋史卷307
宋	忠	明史卷142		宋	準	宋史卷440文苑
宋	玫	明史卷267		宋	14輔	魏書卷33附宋隱傳
宋	9宜	魏書卷33附宋隱傳		宋	維	魏書卷63附宋弁傳
宋	洽	魏書卷33附宋隱傳		宋	綬	宋史卷291
宋	紀	魏書卷63附宋弁傳		宋	僖	明史卷285文苑附趙壎傳
宋	俠	舊唐書卷191方技		宋	15徵	元史卷178
宋	庠	宋史卷284		宋	微	明史卷141附練子寧傳
宋	10旅	宋史卷453忠義附輔嗣復傳		宋	16隱	魏書卷33 北史卷26
宋	辰	金史卷121忠義		宋	璟	舊唐書卷96 新唐書卷124
宋	珪	金史卷131宦者		宋	濂	明史卷128
宋	矩	晉書卷89忠義		宋	17繇	魏書卷52 北史卷34
宋	11偓	宋史卷255		宋	璲	宋史卷276
宋	球	宋史卷349附宋守約傳		宋	18翻	北史卷26附宋隱傳（魏書卷77作宋黝）
宋	訥	明史卷137		宋	禮	明史卷153
宋	晟	明史卷155		宋	燾	明史卷230附姜士昌傳
宋	12登	後漢書卷109上儒林		宋	19瓊	魏書卷33附宋隱傳
宋	愔	北史卷26附宋隱傳		宋	20縉	明史卷224
宋	景	明史卷202附周用傳		宋	21黝	魏書卷77（北史卷26作宋翻）
宋	渾	新唐書卷124附宋璟傳		宋	纖	晉書卷94隱逸
宋	琪	宋史卷264		宋	23顯	北齊書卷20 北史卷53
宋	雄	宋史卷264附宋琪傳		宋 1一	鶴	明史卷263
宋	混	宋史卷287		宋 2九	嘉	金史卷126文藝
宋	傑	明史卷159附劉孜傳		宋 3子	貞	元史卷159

七畫

宋

七畫	宋 4 太	初	宋史卷277
	宋 之	問	舊唐書卷190中文苑 新唐書卷202文藝附 李適傳
宋呂	宋 之	儕	明史卷294忠義附王 徵俊傳
	宋 5 以	方	明史卷289忠義
	宋 用	臣	宋史卷467宦者
	宋 令	詢	舊五代史卷66唐書
	宋 申	錫	舊唐書卷167 新唐書卷152
	宋 世	良	北齊書卷46循吏 北史卷26附宋隱傳
	宋 世	軌	北齊書卷46循吏附 宋世良傳 北史卷26附宋隱傳
	宋 世	景	魏書卷68良吏 北史卷26附宋隱傳
	宋 6 守	約	宋史卷349
	宋 汝	為	宋史卷399
	宋 7 邦	輔	明史卷209附馮恩傳
	宋 8 季	儒	魏書卷88良吏附宋 世景傳
	宋 昌	言	宋史卷291附宋綬傳
	宋 昌	祚	宋史卷453忠義
	宋 9 彥	筠	舊五代史卷123周書
	宋 思	禮	新唐書卷195孝友
	宋 思	顏	明史卷135
	宋 10 師	襄	明史卷264
	宋 11 務	光	新唐書卷118
	宋 敏	求	宋史卷291附宋綬傳
	宋 12 喬	年	宋史卷356
	宋 景	業	北齊書卷49方技 北史卷89藝術

宋 欽	道	北齊書卷34附楊愔 傳 北史卷26附宋隱傳
宋 游	道	北齊書卷34附宋繇 傳 北齊書卷47酷吏
宋 13 道	璵	魏書卷77附宋繇傳
宋 14 端	儀	明史卷161
宋 15 德	之	宋史卷400
宋 儀	望	明史卷227
宋 慶	禮	舊唐書卷185下良吏 新唐書卷130
宋 16 學	朱	明史卷291忠義附張 寰文傳
宋 與	貴	舊唐書卷188孝友附 劉君良傳
宋 17 應	亨	明史卷267宋玫傳
宋 應	龍	宋史卷454忠義
宋 23 顯	章	明史卷297孝義附孫 清傳
呂 2 父		三國蜀志卷9或39
呂 3 才		舊唐書卷79 新唐書卷107
呂 4 午		宋史卷407
呂 升		明史卷150附虞謙傳
呂 5 布		後漢書卷105 三國魏志卷7
呂 本		明史卷300外戚
呂 6 光		晉書卷122後涼載記 魏書卷95（目作略陽 氏呂光）
呂 向		新唐書卷202文藝
呂 7 沆		宋史卷407附呂午傳
呂 8 岱		三國吳志卷15或60
呂 武		宋史卷454忠義附鄒 洬傳

呂	昇	宋史卷456孝義
呂	坤	明史卷226
呂	9祉	宋史卷370
呂	柟	明史卷282儒林
呂	10虔	三國魏志卷18
呂	恭	舊唐書卷137附呂渭傳
		新唐書卷160附呂渭傳
呂	祐	元史卷198孝友
呂	原	明史卷176
呂	獅	明史卷188附劉蕘傳
呂	11紹	魏書卷95附略陽氏呂光傳
呂	陶	宋史卷346
呂	璽	元史卷167
呂	强	後漢書卷108宦者
呂	12凱	三國蜀志卷13或43
呂	隆	晉書卷122後涼載記附呂光傳
		魏書卷95附略陽氏呂光傳
呂	溫	魏書卷51附呂羅漢傳
		舊唐書卷137附呂渭傳
		新唐書卷160附呂渭傳
呂	渭	舊唐書卷137
		新唐書卷160
呂	琦	舊五代史卷92晉書
		新五代史卷56雜傳
呂	復	明史卷299方技
呂	13溱	宋史卷320
呂	經	明史卷203附潘壎傳
呂	14蒙	三國吳志卷9或54
呂	端	宋史卷281

呂	誨	宋史卷321
呂	15範	三國吳志卷11或56
呂	儉	新唐書卷137附呂渭傳
呂	震	明史卷151
呂	毅	明史卷154附劉儁傳
呂	黨	明史卷176附呂原傳
呂	潛	明史卷282儒林附呂柟傳
呂	16據	三國吳志卷11或56附呂範傳
呂	諲	舊唐書卷185下良吏
		新唐書卷140
呂	19懷	明史卷208附洪垣傳
呂	20獻	明史卷180附龐泮傳
呂	21纂	晉書卷122後涼載記附呂光傳
		魏書卷95附略陽氏呂光傳
呂	23顯	魏書卷51附呂羅漢傳
呂	24讓	舊唐書卷137附呂渭傳
呂	3子 臧	舊唐書卷187上忠義
		新唐書卷191忠義
呂	大 防	宋史卷340
呂	大 忠	宋史卷340附呂大防傳
呂	大 鈞	宋史卷340附呂大防傳
呂	大 器	明史卷279
呂	大 臨	宋史卷340附呂大防傳
呂	4中 孚	金史卷126文藝
呂	不 韋	史記85
呂	方 毅	新唐書卷107附呂才傳
呂	元 泰	新唐書卷118附呂務光傳
呂	元 膺	舊唐書卷154
		新唐書卷162

七畫

呂

七畫

呂

呂	元	簡	舊唐書卷188孝友附梁文貞傳
呂	公	著	宋史卷336
呂	公	弼	宋史卷311附呂夷簡傳
呂	公	綽	宋史卷311附呂夷簡傳
呂	公	孺	宋史卷311附呂夷簡傳
呂	文	仲	宋史卷296
呂	文	信	宋史卷454忠義
呂	文	度	南齊書卷56倖臣
呂	文	祖	魏書卷30附呂洛拔傳
呂	文	燧	明史卷140附王宗顯傳
呂	文	願	南史卷77恩倖
呂	文	顯	南齊書卷56倖臣 南史卷77恩倖
呂	5本	中	宋史卷376
呂	由	誠	宋史卷448忠義
呂	6安	國	南齊書卷9 南史卷46
呂	好	問	宋史卷362
呂	夷	簡	宋史卷311
呂	7希	哲	宋史卷336附呂公著傳
呂	希	純	宋史卷336附呂公著傳
呂	9南	公	宋史卷444文苑
呂	洛	拔	魏書卷30 北史卷25
呂	思	誠	元史卷185
呂	思	禮	周書卷38 北史卷70
呂	10祐	之	宋史卷296
呂	夏	卿	宋史卷331
呂	祖	泰	宋史卷455忠義
呂	祖	儉	宋史卷455忠義
呂	祖	謙	宋史卷434儒林
呂	12景	初	宋史卷302
呂	惠	卿	宋史卷471姦臣
呂	13圓	登	宋史卷448忠義附李彥仙傳
呂	14蒙	正	宋史卷265
呂	僧	珍	梁書卷11 南史卷56
呂	嘉	問	宋史卷355
呂	維	祺	明史卷264附呂維祺傳
呂	維	祺	明史卷264
呂	15餘	慶	宋史卷263
呂	16頤	浩	宋史卷362
呂	19羅	漢	魏書卷51 北史卷37

何

何		4中	元史卷199隱逸
何		5弘	南史卷73孝義附封延伯傳
何		6休	後漢書卷109下儒林
何		充	晉書卷77 宋史卷449忠義附陳寅傳
何		7劭	晉書卷33附何曾傳
何		求	南齊書卷54高逸 南史卷30附何尚之傳
何		妥	北史卷82儒林 隋書卷75儒林
何		8並	漢書卷77
何		武	漢書卷86
何		9胤	梁書卷51處士附何點傳 南史卷30附何尚之傳

何	建	舊五代史卷94晉書		何	稠	北史卷90藝術 隋書卷68
何	洪	明史卷175		何	稟	宋史卷353
何	10晏	三國魏志卷9附曹眞 傳		何	犖	宋史卷457隱逸
何	涉	宋史卷432儒林		何	瑋	元史卷150附何伯祥 傳
何	時	宋史卷454忠義		何	鼎	明史卷304宦官
何	眞	明史卷130		何	14遜	梁書卷49文學 南史卷33附何承天 傳
何	剛	明史卷274附史可法 傳		何	遠	梁書卷53良吏 南史卷70循吏
何	11焵	梁書卷47孝行 南史卷30附何佝之 傳　焵或作焵）		何	蒙	宋史卷277
何	偃	宋書卷59 南史卷30附何佝之 傳		何	福	明史卷144
何	朗	南史卷72文學附何 思澄傳		何	瑭	明史卷282儒林
何	郯	宋史卷322		何	15澄	晉書卷93外戚附何 準傳
何	常	宋史卷354		何	實	元史卷150
何	基	宋史卷438儒林		何	16憲	南史卷49
何	卿	明史卷211		何	蕃	新唐書卷194卓行附 陽城傳
何	敞	後漢書卷73		何	澹	宋史卷394
何	12進	後漢書卷99		何	遵	晉書卷33附何曾傳 明史卷189
何	曾	晉書卷33		何	選	明史卷233
何	琦	晉書卷88孝友		何	17點	梁書卷51處士 南史卷30附何佝之 傳
何	準	晉書卷93外戚				
何	巽	宋史卷401		何	澤	新五代史卷56雜傳
何	楷	明史卷276		何	燮	明史卷293忠義
何	復	明史卷295忠義		何	18顒	後漢書卷97黨錮
何	13達	梁書卷53良吏		何	19攀	晉書卷45
何	戢	南齊書卷32 南史卷30附何佝之		何	20夔	三國魏志卷12

七畫	何	競	明史卷297孝義
	何	21灌	宋史卷357
	何	22鑄	宋史卷380
	何	鑑	明史卷187
	何	23瓚	新五代史卷28唐臣
何	何	麟	明史卷297孝義
	何	25觀	明史卷162附陳鑑傳
	何	3子平	宋書卷91孝義 / 南史卷73孝義
	何	士晉	明史卷235
	何	4之元	陳書卷34文學 / 南史卷72文學
	何	中立	宋史卷302
	何	文輝	明史卷134
	何	天球	明史卷291忠義附李獻明傳
	何	天衢	明史卷290忠義
	何	5正臣	宋史卷329
	何	以尚	明史卷226附海瑞傳
	何	弘敬	舊唐書卷181附何進滔傳 / 新唐書卷210藩鎮附何進滔傳
	何	可綱	明史卷271
	何	6光裕	明史卷209附楊鎔盛傳
	何	全皞	新唐書卷210藩鎮附何進滔傳
	何	如申	明史卷251附何如寵傳
	何	如寵	明史卷251
	何	7佟之	梁書卷48儒林 / 南史卷71儒林
	何	吾騶	明史卷253附王應熊傳
	何	廷仁	明史卷283儒林
	何	廷魁	明史卷291忠義
	何	伯祥	元史卷150
	何	伯璵	南史卷73孝義附吳逵之傳
	何	8易于	新唐書卷197循吏
	何	尚之	宋書卷66 / 南史卷30
	何	孟春	明史卷191
	何	宗彥	明史卷240
	何	昌寓	南齊書卷43 / 南史卷30附何尚之傳
	何	承天	宋書卷64 / 南史卷33
	何	承光	明史卷292忠義
	何	承矩	宋史卷273附何繼筠傳
	何	承裕	宋史卷439文苑附梁周翰傳
	何	9保之	宋史卷456孝義
	何	思澄	梁書卷50文學 / 南史卷72文學
	何	相劉	明史卷294忠義附簡仁瑞傳
	何	11執中	宋史卷351
	何	紹正	明史卷188附湯敬禮傳
	何	從義	元史卷198孝友
	何	12棟如	明史卷237附馮應京傳
	何	無忌	晉書卷85
	何	景明	明史卷286文苑
	何	進滔	舊唐書卷181 / 新唐書卷210藩鎮
	何	喬新	明史卷183
	何	喬遠	明史卷242附洪文衡傳
	何	13敬容	梁書卷37 / 南史卷30附何尚之

傳

何14維 伯　明史卷210
何　榮 祖　元史卷168
何　福 進　舊五代史卷124周書
何20繼 筠　宋史卷273
何　騰 蛟　明史卷280
杜　2乂　晉書卷93外戚
杜　5生　新唐書卷204方技
　　　　宋史卷458隱逸
杜　本　元史卷199隱逸
杜　6夷　晉史卷91儒林
杜　充　宋書卷475叛臣
杜　7佑　舊唐書卷147
　　　　新唐書卷166
　　　　元史卷197孝友
杜　甫　舊唐書卷190下文苑
　　　　新唐書卷201文藝附
　　　　杜審言傳
杜　防　遼史卷86
杜　杞　宋史卷300
杜　8周　史記卷122酷吏
　　　　漢書卷60
杜　林　後漢書卷57
杜　弢　晉書卷100
杜　岸　梁書卷46附杜崱傳
　　　　南史卷64附杜崱傳
杜　杲　周書卷39
　　　　北史卷70
　　　　宋史卷412
杜　亞　舊唐書卷146
　　　　新唐書卷172
杜　牧　舊唐書卷147附杜祐傳
　　　　新唐書卷166附杜祐傳

杜　松　明史卷239附杜桐傳
杜　9茂　後漢書卷52
杜　彥　北史卷73
　　　　隋書卷55
杜　咸　新唐書卷106附杜正倫傳
杜　洪　新唐書卷190
　　　　舊五代史卷17梁書
杜　衍　宋史卷310
杜　10根　後漢書卷87
杜　恕　三國魏志卷16附杜畿傳
杜　栖　南齊書卷55孝義
　　　　南史卷75隱逸附杜京產傳
杜　彝　舊唐書卷146
　　　　新唐書卷172
杜　羔　新唐書卷172附杜彝傳
杜　純　宋史卷330
杜　紘　宋史卷330附杜純傳
杜　桐　明史卷239
杜　11密　後漢書卷97黨錮
杜　淹　舊唐書卷66附杜如晦傳
　　　　新唐書卷96附杜如晦傳
杜　悰　舊唐書卷147附杜祐傳
　　　　新唐書卷166附杜祐傳
杜　悰　新唐書卷166附杜祐傳
杜　常　宋史卷330
杜　庶　宋史卷412附杜杲傳
杜　12欽　漢書卷60附杜周傳
杜　喬　後漢書卷93
杜　軫　晉書卷90良吏

七畫

杜

杜	曾	晉書卷100
杜	崱	梁書卷46 / 南史卷64
杜	超	魏書卷83上外戚 / 北史卷80外戚
杜	弼	北齊書卷24 / 北史卷55
杜	勝	新唐書卷169附杜黃裳傳
杜	13詩	後漢書卷61
杜	微	三國蜀志卷12或42
杜	預	三國魏志卷16附杜畿傳 / 晉書卷34
杜	稜	陳書卷12 / 南史卷67
杜	瑛	元史卷199隱逸
杜	14銓	魏書卷45 / 北史卷26
杜	濟	宋史卷454忠義附鄒湷傳
杜	槐	明史卷290忠義
杜	15綏	漢書卷60附杜周傳
杜	撫	後漢書卷109下儒林
杜	畿	三國魏志卷16
杜	摯	三國魏志卷21附劉劭傳
杜	魯	宋史卷300附陳太素傳
杜	範	宋史卷407
杜	誼	宋史卷456孝義
杜	16鄴	漢書卷85
杜	篤	後漢書卷110上文苑
杜	錫	晉書卷34附杜預傳
杜	整	北史卷77 / 隋書卷54
杜	暹	舊唐書卷98 / 新唐書卷126

杜		曉	舊五代史卷18梁書 / 新五代史卷35唐六臣附蘇循傳
杜		18顓	魏書卷45附杜銓傳
杜		鎬	宋史卷296
杜		19琮	三國蜀志卷12或42
杜		顗	新唐書卷166附杜祐傳
杜		21纂	魏書卷88良吏 / 北史卷86循吏
杜		豐	元史卷151
杜		22襲	三國魏志卷23
杜		龕	梁書卷46附杜崱傳 / 南史卷64附杜崱傳
杜		夔	三國魏志卷29方技
杜		27驥	宋書卷65 / 南史卷70循吏
杜		30巒	明史卷206
杜	4中	立	新唐書卷172附杜兼傳
杜	之	偉	陳書卷34文學 / 南史卷72文學
杜	不	愆	晉書卷95藝術
杜	文	煥	明史卷239附杜桐傳
杜	元	穎	舊唐書卷163 / 新唐書卷96附杜如晦傳
杜	元	寶	魏書卷83上外戚附杜超傳
杜	5幼	安	梁書卷46附杜崱傳 / 南史卷64附杜崱傳
杜	弘	域	明史卷239附杜桐傳
杜	弘	徽	舊唐書卷177附杜審權傳
杜	正	玄	隋書卷76文學
杜	正	倫	舊唐書卷70 / 新唐書卷106
杜	正	藏	隋書卷76文學附杜正玄傳

杜 6 守 元	宋史卷463外戚附杜 希琦傳	杜13楚 客	舊唐書卷66附杜如 晦傳
杜 式 方	舊唐書卷147附杜祐 傳		新唐書卷96附杜如 晦傳
	新唐書卷166附杜祐 傳	杜14僧 明	陳書卷8 南史卷66
杜 伏 威	舊唐書卷56 新唐書卷92	杜 臺 卿	北史卷55附杜弼傳 隋書卷58
杜 如 晦	舊唐書卷66 新唐書卷96	杜 漢 徽	宋史卷271
杜 7 求 仁	新唐書卷106附杜正 倫傳	杜15慧 度	宋書卷92良吏(南史 卷70作杜慧慶)
杜 希 全	舊唐書144 新唐書156	杜 慧 慶	南史卷70循吏(宋書 卷92作杜慧度)
杜 延 年	漢書卷60附杜周傳	杜 審 言	舊唐書卷190上文苑 附杜易簡傳
杜 邦 舉	明史卷293忠義附劉 振之傳		新唐書卷201文藝
杜 8 叔 毗	北史卷85節義 周書卷46孝義	杜 審 琦	宋史卷463外戚
杜 京 產	南齊書卷54高逸 南史卷75隱逸	杜 審 進	宋史卷463外戚附杜 審琦傳
杜 易 簡	舊唐書卷190上文苑 新唐書卷201文藝附 杜審言傳	杜 審 肇	宋史卷463外戚附杜 審琦傳
		杜 審 瓊	宋史卷463外戚附杜 審琦傳
杜 松 贇	北史卷85節義附堯 君素傳	杜 審 權	舊唐書卷177 新唐書卷96附杜如 晦傳
杜 9 重 威	舊五代史卷109漢書 新五代史卷52雜傳		
杜 彥 圭	宋史卷463外戚附杜 審琦傳	杜17孺 休	新唐書卷66附杜祐 傳
杜 彥 林	舊唐書卷177附杜審 權傳	杜 鴻 漸	舊唐書卷108 新唐書卷126附杜遐 傳
杜 彥 鈞	宋史卷463外戚附杜 審琦傳		
杜10時 昇	金史卷127隱逸	杜24讓 能	舊唐書卷177附杜審 權傳 新唐書卷96附杜如 晦傳
杜 筍 鶴	舊五代史卷24梁書		
杜11莘 老	宋史卷387	吳 3 及	宋史卷302
杜 惟 序	宋史卷463外戚附杜 審琦傳	吳 山	明史卷216
杜 從 郁	舊唐書卷147附杜祐 傳	吳 4 中	明史卷151
杜12黃 裳	舊唐書卷147 新唐書卷169	吳 元	明史卷229附吳中行 傳
杜 景 佺	新唐書卷116	吳 6 充	宋史卷312
杜 景 儉	舊唐書卷90	吳 安	明史卷300外戚

七畫	吳	7良	後漢書卷57 明史卷130	吳	11猛	晉書卷95藝術	
	吳	均	梁書卷49文學 南史卷72文學	吳	敏	宋史卷352	
	吳	材	宋史卷356	吳	淵	宋史卷416	
	吳	沉	明史卷137	吳	淑	宋史卷441文苑	
	吳	成	明史卷156	吳	訥	明史卷158	
吳	吳	兖	明史卷222	吳	祥	明史卷281循吏附史 誠祖傳	
	吳	8芮	漢書卷34	吳	12普	三國魏志卷29方技 附華陀傳	
	吳	育	宋史卷291	吳	景	三國吳志卷5妃嬪附 孫破虜吳夫人傳 明史卷289忠義	
	吳	玠	宋史卷366				
	吳	泳	宋史卷423	吳	逵	晉書卷88孝友 宋書卷91孝義 南史卷73孝義	
	吳	9苞	南齊書卷54高逸 南史卷76隱逸				
	吳	奎	宋史卷316	吳	喜	宋書卷83 南史卷40	
	吳	芾	宋史卷387	吳	筠	南史卷72文學 舊唐書卷192隱逸 新唐書卷196隱逸	
	吳	革	宋史卷452忠義				
	吳	亮	明史卷166附蕭授傳 明史卷22.附吳中行 傳	吳	溆	舊唐書卷183外戚 新唐書卷193忠義 舊唐書卷183外戚附 吳湊傳	
	吳	炯	明史卷23.附顧憲成 傳	吳	湊	新唐書卷159	
	吳	炳	明史卷279	吳	復	明史卷130	
	吳	10起	史記卷65	吳	琳	明史卷139附陳修傳	
	吳	祐	後漢書卷94	吳	雲	明史卷289忠義附王 梓傳	
	吳	時	宋史卷347	吳	貴	明史卷289忠義附皇 甫斌傳	
	吳	挺	宋史卷366附吳璘傳	吳	傑	明史卷299方技	
	吳	益	宋史卷465外戚	吳	13瑛	宋史卷458隱逸	
	吳	甡	明史卷252	吳	鼎	元　史卷170	
	吳	悌	明史卷283儒林	吳	當	元史卷187	
	吳	海	明史卷298隱逸	吳	14寬	明史卷184	

吳		漢	後漢書卷48
吳		兢	舊唐書卷102 新唐書卷132
吳		蓋	宋史卷465外戚附吳 益傳
吳		禛	明史卷131
吳		寧	明史卷170附于謙傳
吳	15	範	三國吳志卷18或63
吳		質	三國魏志卷21附王 粲傳
吳		潛	宋史卷418
吳		澄	元史卷171
吳		瑾	明史卷156附吳允誠 傳
吳		廣	明史卷247附陳璘傳
吳		履	明史卷281循吏
吳	16	融	新唐書卷203文藝
吳		�’璘	宋史卷366
吳		激	金史卷125文藝
吳	17	獵	宋史卷397
吳		嶽	明史卷201
吳	20	曦	宋史卷475叛臣
吳	22	巒	舊五代史卷95晉書 新五代史卷29晉臣
吳		儼	明史卷184
吳	1一	貴	明史卷180附王獻臣 傳
吳	一	鵬	明史卷191
吳	3士	矩	新唐書卷159附吳湊 傳
吳	子	騏	明史卷295忠義附張 耀傳
吳	4之	佳	明史卷233附李獻可 傳
吳		仁	度	明史卷283儒林附吳 悌傳
吳	允	誠	明史卷156
吳	中	行	明史卷229
吳	中	復	宋史卷322
吳	文	度	明史卷186附張泰傳
吳	文	華	明史卷221附郭應聘 傳
吳	少	陽	舊唐書卷145附吳少 誠傳 新唐書卷214藩鎮附 吳少誠傳
吳	少	微	舊唐書卷190中文苑 附富嘉謨傳
吳	少	誠	舊唐書卷145 新唐書卷214藩鎮
吳	元	晨	宋史卷257附吳延祚 傳
吳	元	珪	元史卷177
吳	元	載	宋史卷257附吳延祚 傳
吳	元	輔	宋史卷257附吳延祚 傳
吳	元	濟	舊唐書卷145附吳少 誠傳 新唐書卷214藩鎮附 吳少誠傳
吳	5世	忠	明史卷185
吳	甘	來	明史卷266
吳	弘	濟	明史卷231附安希範 傳
吳	6羽	文	明史卷235附鄒維璉 傳
吳	好	直	元史卷197孝友
吳	百	朋	明史卷220
吳	汝	訥	舊唐書卷173附李紳 傳
吳	安	國	宋史卷449忠義附崔 縱傳
吳	全	節	元史卷202釋老附張 宗演傳
吳	7伯	宗	明史卷137
吳	延	祚	宋史卷257

七畫			
吳	希	魯	元史卷197孝友附孫遠傳
吳	成	器	明史卷205附曹邦輔傳
吳	克	忠	明史卷156附吳允誠傳
吳	克	勤	明史卷156附吳允誠傳
吳	廷	弼	明史卷201附吳廷舉傳
吳	廷	舉	明史卷201
吳	邦	傑	金史卷122忠義
吳	邦	輔	明史卷222附吳兌傳
吳	8欣	之	南齊書卷55孝義 南史卷73孝義
吳	表	臣	宋史卷381
吳	孟	明	明史卷222附吳兌傳
吳	居	厚	宋史343
吳	武	陵	新唐書卷203文藝
吳	昌	裔	宋史卷408
吳	明	徹	陳書卷9 南史卷66
吳	承	範	舊五代史卷92晉書
吳	宗	堯	明史卷237
吳	宗	達	明史卷229附吳中行傳
吳	9保	安	新唐書卷191忠義
吳	彥	芳	明史卷258附吳執御傳
吳	思	建	元史卷197孝友附劉德泉傳
吳	柔	勝	宋史卷400
吳	貞	毓	明史卷279
吳	10時	來	明史卷210
吳	桂	芳	明史卷223
吳	虞	裕	宋史卷271

吳	師	道	元史卷190儒學
吳	師	禮	宋史卷347
吳	11執	中	宋史卷356
吳	執	御	明史卷258
吳	悉	達	魏書卷86孝感 北史卷84孝行
吳	從	龍	宋史卷452忠義附郭傑傳
吳	國	夫	南史卷73孝義附范叔孫傳
吳	國	寶	元史卷197孝友附李忠傳
吳	通	玄	舊唐書卷190下文苑 新唐書卷145附寶參傳
吳	通	微	舊唐書卷190下文苑附吳通玄傳
吳	處	厚	宋史卷471姦臣附蔡確傳
吳	13鼎	臣	宋史卷302附李京傳
吳	楚	材	宋史卷452忠義
吳	道	南	明史卷217
吳	達	之	南齊書卷55孝義 南史卷73孝義
吳	達	可	明史卷227
吳	與	弼	明史卷282儒林
吳	14淳	夫	明史卷306閹黨附崔呈秀傳
吳	暢	春	明史卷292忠義附蔣佳徵傳
吳	僧	哥	金史卷122忠義
吳	15慶	之	南史卷73孝義
吳	16隱	之	晉書卷90良吏
吳	擇	仁	宋史卷322附吳中復傳
吳	遵	世	北齊書卷49方技 北史卷89藝術
吳	遵	路	宋史卷426循吏

吳17廳 箕 明史卷277附邱祖德傳
吳 邁 遠 南史卷72文學附檀超傳
吳 鍾 巒 明史卷276附張肯堂傳
吳20寶 秀 明史237
吳23麟 徵 明史卷266
完 16澤 元史卷130
完 9者 都 元史卷131
完 者 拔 都元史卷133
完 顏 4卞 金史卷66宗室(本名吾母)
完 顏 元 金史卷69 (本名常勝)
完 顏 文 金史卷74附宗翰傳
完 顏 方 金史卷80附完顏阿离朵傳
完 顏 6仲 金史卷72 (本名石古乃)
完 顏 充 金史卷76(本名土神蘊)
完 顏 匡 金史卷98 (本名撒速)
完 顏 7亨 金史卷77 (本名孛迭)
完 顏 佐 金史卷103
完 顏 8昂 金史卷66宗室(本名吳都)
　　　　金史卷84 (本名奔睹)
完 顏 忠 金史卷70(本名迪古乃)
完 顏 杲 金史卷76 (本名斜也)
　　　　金史卷84(本名撒离喝)
完 顏 昌 金史卷77 (日作撻懶)
完 顏 京 金史卷74附宗翰傳
完 顏 玠 金史卷93
完 顏 9奕 金史卷66宗室(本名三寶)

完 顏 兗 金史卷76 (本名梧桐)
完 顏 10夷 金史卷66宗室(本名醜漢)
完 顏 晏 金史卷73 (本名斡論)
完 顏 11爽 金史卷69 (本名阿隣)
完 顏 套 金史卷76 (本名蒲甲)
完 顏 12勖 金史卷66宗室(本名烏也)
完 顏 琮 金史卷93
完 顏 寓 金史卷104
完 顏 弼 金史卷102
完 顏 14齊 金史卷66宗室 (本名掃合)
　　　　金史卷74附宗望傳
完 顏 綱 金史卷98 (本名元奴)
完 顏 15璋 金史卷65宗室附完顏斡者傳
完 顏 喬 金史卷66宗室(本名阿里刺)
完 顏 霆 金史卷103
完 顏 17襄 金史卷76 (本名永慶)
　　　　金史卷94(日作內族襄)
完 顏 18禱 金史卷85附完顏永功傳
完 顏 20瓊 金史卷93
完 顏 2九 住金史卷121忠義
完 顏 4六 斤金史卷122忠義
完 顏 元 宜金史卷132逆臣
完 顏 元 壽金史卷82
完 顏 5奴 申金史卷115
完 顏 石 柱元史卷165
完 顏 可 喜金史卷69

七畫

完顏	尤	魯	金史卷66宗室
完顏	布	輝	金史卷66宗室附完顏合住傳
完顏	白	撒	金史卷113（一名承裔）
完顏	玄	齡	金史卷93
完顏	永	元	金史卷76（本名元奴）

完

完顏	永	中	金史卷85
完顏	永	升	金史卷85
完顏	永	功	金史卷85
完顏	永	成	金史卷85
完顏	永	德	金史卷85
完顏	永	蹈	金史卷85
完顏	6光英		金史卷82
完顏	安	國	金史卷94
完顏	仲	元	金史卷103
完顏	仲	德	金史卷119
完顏	合	住	金史卷66宗室
完顏	合	周	金史卷114附斜卯愛實傳
完顏	合	達	金史卷112
完顏	守	忠	金史卷93（目作莊獻太子）
完顏	守	貞	金史卷73（本名左靨）
完顏	守	能	金史卷73本名胡剌)
完顏	守	純	金史卷93
完顏	守	道	金史卷88（本名習尼列）
完顏	7希尹		金史卷73（本名谷神）
完顏	冶	訶	金史卷68
完顏	沃	測	金史卷72附完顏麻吉傳

完顏	伯	嘉	金史卷100
完顏	式	鄰	金史卷93
完顏	8定奴		金史卷98
完顏	劾	孫	金史卷65宗室
完顏	拔	達	金史卷65宗室附完顏謝庫德傳
完顏	秉	德	金史卷132逆臣（本名乙辛）
完顏	承	立	金史卷116（一名慶山奴）
完顏	承	裕	金史卷93
完顏	承	暉	金史卷101（本名福興）
完顏	阿	喜	金史卷66宗室
完顏	阿	瑣	金史卷69
完顏	阿	鄰	金史卷73 金史卷103
完顏	宗	尹	金史卷73（本名阿里罕）
完顏	宗	永	金史卷65宗室附完顏斡賽傳
完顏	宗	本	金史卷76（本名阿魯）
完顏	宗	亨	金史卷70（本名塔不也）
完顏	宗	固	金史卷76（本名胡魯）
完顏	宗	敍	金史卷71（本名德壽）
完顏	宗	浩	金史卷93
完顏	宗	敏	金史卷69（本名阿魯補）
完顏	宗	望	金史卷74（本名斡离不）
完顏	宗	強	金史卷69（本名阿魯）
完顏	宗	傑	金史卷69（本名木里也）
完顏	宗	雄	金史卷75（本名謀良虎）
完顏	宗	弼	金史卷77（本名兀朮）

完	顏	宗	雋金史卷69（本名訛魯觀）	完	顏	婁	室金史卷72 金史卷119
完	顏	宗	道金史卷73（本名八十）	完	顏	跋	黑金史卷65宗室
完	顏	宗	義金史卷76（本名李吉）	完	顏	麻	吉金史卷72
完	顏	宗	幹金史卷76（本名幹本）	完	顏	麻	頗金史卷65宗室
完	顏	宗	寧金史卷73（本名阿土古）	完	顏	崇	成金史卷65宗室（本名僕灰）
完	顏	宗	磐金史卷76（本名蒲盧虎）	完	顏	崇	秀金史卷66宗室附完顏勗傳
完	顏	宗	賢金史卷66宗室（本名阿魯） 金史卷70（本名襲里）	完	顏	斜	哥金史卷74附宗翰傳
				完	顏	斜	烈金史卷123忠義附完顏陳和尙傳
完	顏	宗	憲金史卷70（本名阿懶）				
完	顏	宗	翰金史卷74（本名粘罕）	完	顏	從	坦金史卷122忠義
完	顏	活	女金史卷72	完	顏	從	恪金史卷93
完	顏	盆	納金史卷65宗室附完顏謝夷保傳	完	顏	從	憲金史卷93
				完	顏	從	彝金史卷93
完	顏	思	烈金史卷111（目作內族）	完	顏	絳	山金史卷124忠義
完	顏	思	敬金史卷70（本名撒改）	完	顏	隈	可金史卷66宗室
完	顏	洪	衍金史卷93	完	顏	彀	英金史卷72（本名撻懶）
完	顏	洪	裕金史卷93	完	顏	酬	幹金史卷121忠義附完顏僕忽得傳
完	顏	洪	靖金史卷93				
完	顏	洪	熙金史卷93	完	顏	道	濟金史卷80
完	顏	洪	輝金史卷93	完	顏	摑	保金史卷66宗室
完	顏	海	里金史卷72	完	顏	蒲	查金史卷68
完	顏	烏	帶金史卷132逆臣	完	顏	福	壽金史卷86
完	顏	骨	赧金史卷68	完	顏	幹	者金史卷65宗室
完	顏	素	蘭金史卷109	完	顏	幹	帶金史卷65宗室
完	顏	訛	可金史卷111（目作內族）	完	顏	幹	魯金史卷65宗室金史卷71
完	顏	習	室金史卷70	完	顏	幹	賽金史卷65宗室

七畫

完

姓	名	出處
完顏	9 突合速海	金史卷80
完顏	按答	金史卷73
完顏	胡十門	金史卷66宗室
完顏	胡石改	金史卷66宗室
完顏	胡沙補	金史卷121忠義
完顏	10 神土懣	金史卷91
完顏	烏古出	金史卷65宗室
完顏	訛古乃	金史卷68
完顏	陳和尚	金史卷123忠義
完顏	婆盧火	金史卷71
完顏	習不失	金史卷70
完顏	習不主	金史卷82
完顏	14 銀朮可	金史卷72
完顏	僕忽得	金史卷121忠義
完顏	斡魯古	金史卷71（目作斡魯勃堇）
完顏	蒲家奴	金史卷65宗室附完顏勃孫傳
完顏	蒲剌都	金史卷103
完顏	15 撒合輦	金史卷111
完顏	17 謝夷保	金史卷65宗室
完顏	謝里忽	金史卷65宗室
完顏	謝庫德	金史卷65宗室
完顏	18 謨都本	金史卷65宗室附完顏膚傳
完顏	謾都訶	金史卷65宗室

姓	名	出處
完顏	15 闍山	金史卷100
完顏	撒改	金史卷91
完顏	鄭家	金史卷65宗室
完顏	廣陽	金史卷82
完顏	鄯陽	金史卷121忠義
完顏	婁魯	金史卷65宗室
完顏	16 撻懶	金史卷66宗室
完顏	謀衍	金史卷72
完顏	謀演	金史卷68附完顏歡都傳
完顏	17 齎不	金史卷113
完顏	閤母	金史卷71
完顏	檀奴	金史卷76附完顏充傳
完顏	濟安	金史卷80
完顏	21 鐵哥	金史卷103
完顏	鶴壽	金史卷121忠義附溫迪罕蒲睍傳
完顏	22 歡都	金史卷68
完顏	3 兀不喝	金史卷90
完顏	5 石土門	金史卷70
完顏	石古乃	金史卷121忠義附完顏鄯陽傳
完顏	7 吾札忽	金史卷71
完顏	8 拔里速	金史卷72
完顏	阿离補	金史卷80
完顏	阿魯補	金史卷68附完顏阿完冶訶傳

完 顏 8	阿 里 不 孫	金史卷103
完 顏	阿 离 合 懣	金史卷73
完 顏 9	斜 思 阿 補	金史卷82
李	一	舊唐書卷107（卽夏悼王）
李 2	几	魏書卷87節義 北史卷85節義
李	义	舊唐書卷101 新唐書卷119
李 3	己	明史卷215附陳吾德傳
李 4	尤	後漢書卷110上文苑
李	及	宋史卷298
李	仁	明史卷138附陳修傳
李	文	明史卷156附李英傳
李	介	明史卷185
李	中	明史卷203 明史卷282儒林附劉觀傳
李 5	平	魏書卷65 北史卷43附李崇傳
李	弘	舊唐書卷86（卽孝敬皇帝） 新唐書卷81
李	巨	舊唐書卷112
李	甘	舊唐書卷171 新唐書卷118附李中敏傳
李	永	舊唐書卷175（卽莊恪太子） 新唐書卷82
李	白	舊唐書卷190下文苑 新唐書卷202文藝

李	石	舊唐書卷172 新唐書卷131宗室宰相 金史卷86
李	丕	新唐書卷214藩鎮附劉悟傳
李	玉	明史卷299方技附凌雲傳
李 6	充	後漢書卷111獨行 晉書卷92文苑 隋書卷53附劉方傳
李	先	魏書卷33 北史卷27 宋史卷333附李兌傳
李	式	魏書卷36附李順傳
李	冲	魏書卷53 舊唐書卷76宗室附越王貞傳（卽琅邪王） 新唐書卷80宗室附越王貞傳
李	安	北史卷75 隋書卷50
李	回	舊唐書卷173 新唐書卷131宗室宰相
李	至	宋史卷266
李	光	宋史卷363
李	朴	宋史卷377 明史卷236
李	全	宋史卷476至477叛臣
李	亘	宋史卷452忠義
李	托	宋史卷481南漢世家劉鋹傳
李	任	明史卷154附陳洽傳
李 7	孛	三國魏志卷15附賈逵傳
李	合	晉書卷60
李	同	魏書卷36附李順傳
李	佐	魏書卷39附李寶傳

七畫

李

李　系　魏書卷49附李靈傳
李　志　魏書卷62附李虔傳
李　孝　舊唐書卷86宗室(即原王)
李　佋　舊唐書卷116(即恭懿太子) 新唐書卷82
李　迅　舊唐書卷116宗室(即隆王)
李　佖　舊唐書卷116宗室(即衛王)
李　艽　舊唐書卷132 新唐書卷147
李　忻　舊唐書卷157宗室(即洋王)
李　岐　舊唐書卷157宗室(即袞王)
李　沂　舊唐書卷157宗室(即慶王) 明史卷234
李　汭　舊唐書卷175宗室(即昭王)
李　汶　舊唐書卷175宗室(即康王)
李　沆　宋史卷282
李　防　宋史卷303
李　兑　宋史卷333
李　伸　宋史卷452忠義附彊覽傳
李　成　金史卷79
李　完　金史卷97
李　汾　金史卷126文藝
李　冶　元史卷160
李　佑　明史卷222附譚綸傳
李　材　明史卷227
李　8牧　史記卷81
李　沮　史記卷111附衞將軍驃游傳

李　忠　漢書卷55附霍去病傳 後漢書卷51 元史卷197孝友 舊唐書卷86宗室(即燕王) 新唐書卷81
李　法　後漢書卷78
李　固　後漢書卷93
李　育　後漢書卷109下儒林 魏書卷36附李順傳
李　典　三國魏志卷18
李　承　魏書卷39附李寶傳 舊唐書卷115 新唐書卷143
李　和　周書卷29 北史卷66
李　明　舊唐書卷76宗室(即曹王) 新唐書卷80
李　珉　舊唐書卷107宗室(即濮王) 宋史卷456李義
李　玢　舊唐書卷107宗室(即延王) 新唐書卷82
李　侗　舊唐書卷116宗室(即定王) 宋史卷423道學
李　泌　舊唐書卷130 新唐書卷139
李　佶　舊唐書卷175宗室(即昌王)
李　協　舊唐書卷175宗室(即濵王)
李　周　舊五代史卷91晉書 新五代史卷47雜傳 宋史卷344
李　防　宋史卷265
李　垂　宋史卷299

李	京	宋史卷302
李	迪	宋史卷310
李	定	宋史卷329
李	郉	宋史卷375
李	昊	宋史卷479西蜀世家附孟昶傳
李	孟	元史卷175
李	洞	元史卷183
李	杲	元史卷203方技
李	侃	明史卷159
李	秉	明史卷177
李	昆	明史卷185附李介傳
李	卑	明史卷269
李	芳	明史卷305宦官
李	恂	後漢書卷81 魏書卷99附私署涼王李暠傳（舊唐卷175作李郇）
李	郇	舊唐書卷175宗室（即河王新唐卷99作李恂）
李	南	後漢書卷112上方術
李	郃	後漢書卷112上方術
李	恢	三國蜀志卷13或43 魏書卷49附李靈傳 晉書卷44
李	胤	晉書卷44
李	重	晉書卷46
李	庠	晉書卷120後蜀載記附李特傳
李	弈	魏書卷36附李順傳
李	柬	魏書卷39附李寶傳
李	彥	魏書卷39附李寶傳 周書卷37

李		北史卷70
李	茂	魏書卷39附李寶傳 元史卷197孝友 明史卷296孝義附邱鐸傳
李	郁	魏書卷53附李孝伯傳 北史卷33附李孝伯傳 舊五代史卷96晉書
李	苗	魏書卷71 北史卷45
李	昶	周書卷38 北史卷40附李彪傳 元史卷160
李	衍	隋書卷54
李	軌	舊唐書卷55 新唐書卷86
李	恪	舊唐書卷76宗室（即吳王） 舊唐書卷175宗室（即建王） 新唐書卷80宗室（即鬱林王） 新唐書卷82宗室（即建王）
李	貞	舊唐書卷76宗室（即越王） 新唐書卷80宗室
李	颿	舊唐書卷112 新唐書卷80宗室附鬱林王恪傳（即趙國公）
李	係	舊唐書卷116宗室（即越王） 新唐書卷82
李	倧	舊唐書卷116宗室（即涇王）
李	述	舊唐書卷116宗室（即睦王） 新唐書卷82宗室
李	迥	舊唐書卷116宗室（即韓王）
李	湑	舊唐書卷124附李正己傳

七畫

李

七畫

李

		新唐書卷148
李	勉	舊唐書卷131 新唐書卷131宗室宰相
李	建	舊唐書卷155附李遜傳 新唐書卷162附李遜傳
李	柱	舊唐書卷157附李郱傳
李	約	舊唐書卷150宗室（即邠王）
李	珏	舊唐書卷173 新唐書卷182
李	忱	舊唐書卷175宗室（即澶王）
李	洽	舊唐書卷175宗室（即懷王）
李	汾	舊唐書卷175宗室（即魏王）
李	保	舊唐書卷175宗室（即吉王） 新唐書卷82宗室
李	拯	舊唐書卷190下文苑
李	珍	新唐書卷81宗室附惠文太子範傳（即嗣虢王）
李	昪	新唐書卷147附李叔明傳 舊五代史卷134僭偽 新五代史卷62南唐世家
李	宥	宋史卷301
李	迨	宋史卷374
李	度	宋史卷440文苑
李	蒂	宋史卷450忠義
李	政	宋史卷453忠義
李	革	金史卷99
李	英	金史卷101 明史卷156

李	恆	元史卷129
李	俊	明史卷180
李	10息	史記卷111附衛將軍驃騎傳 漢書卷55附霍去病傳
李	矩	晉書卷63
李	特	晉書卷120後蜀載記 魏書卷96附竇李雄傳
李	流	晉書卷120後蜀載記附李特傳 魏書卷96附竇李雄傳
李	班	晉書卷121後蜀載記附李雄傳 魏書卷96附竇李雄傳
李	栗	魏書卷28 北史卷20
李	祐	魏書卷36附李順傳 舊唐書卷161 舊唐書卷76（即庶人祐） 新唐書卷80 新唐書卷214藩鎮附吳少誠傳
李	虔	魏書卷39附李寶傳
李	神	魏書卷70 北史卷87酷吏附李洪之傳
李	峻	魏書卷83上外戚 舊唐書卷175宗室（即杞王）
李	修	魏書卷91藝術 北史卷90藝術
李	泰	舊唐書卷76宗室（即濮王） 新唐書卷80宗室
李	珪	舊唐書卷107宗室（即陳王）
李	琪	舊唐書卷107宗室（即豐王）

李	晉	新唐書卷78宗室附長平王叔良傳（即新興郡公）
李	祗	新唐書卷80宗室附鬱林王恪傳（即嗣吳王）
李	振	舊五代史卷18梁書 新五代史卷43雜傳
李	殷	舊五代史卷106漢書
李	浩	宋史卷350 宋史卷388
李	涓	宋史卷447忠義
李	珣	宋史卷464外戚附李用和傳
李	祚	宋史卷456孝義附王光濟傳
李	晏	金史卷96
李	庭	元史卷162
李	桓	元史卷190儒學附楊戴傳
李	時	明史卷193
李	俸	明史卷235附何士晉傳
李	11通	後漢書卷45 三國魏志卷18 舊唐書卷116宗室（即恭王） 金史卷127佞幸
李	陵	漢書卷54附李廣傳
李	章	後漢書卷107酷吏
李	密	晉書卷88孝友 北史卷60附李弼傳 隋書卷70 魏書卷53 新唐書卷84
李	產	晉書卷110前燕載記
李	訢	魏書卷46 北史卷27
李	祥	魏書卷53附李孝伯傳

李	峴	舊唐書卷161 新唐書卷82宗室（即豐王） 新唐書卷171附烏重胤傳
李	峴	舊唐書卷175宗室（即益王） 舊唐書卷112附李峘傳 新唐書卷131宗室宰相
李	俅	舊唐書卷116宗室（即承天皇帝） 新唐書卷82宗室
李	遒	舊唐書卷116宗室（即益王）
李	納	舊唐書卷124附李正己傳 新唐書卷213藩鎮附李正己傳
李	恕	舊唐書卷133附李晟傳
李	紓	舊唐書卷137 舊唐書卷150宗室（即苕王） 新唐書卷161
李	益	舊唐書卷137 新唐書卷203文藝
李	紘	宋史卷287附李昌齡傳
李	訓	舊唐書卷150宗室（即撫王） 舊唐書卷169 新唐書卷179
李	悟	舊唐書卷175宗室（即絳王） 新唐書卷82宗室
李	悦	舊唐書卷175宗室（即珙王）
李	涇	舊唐書卷175宗室（即雅王）
李	倚	舊唐書卷175宗室（即陞王）
李	陞	舊唐書卷175宗室（即益王）
李	秘	舊唐書卷175宗室（即景王）
李	邕	舊唐書卷190中文苑 新唐書卷202文藝

七畫

李

七畫	李		
			舊唐書卷175宗室（即璄王）
			宋史卷400
			宋史卷468宦者
李		彪崇	魏書卷62 北史卷40
李		崇	魏書卷66 北史卷43
李		基	北史卷59附李賢傳 隋書卷37附李穆傳 周書卷25附李賢傳
李		敏	北史卷59附李賢傳 隋書卷37附李穆傳
			舊唐書卷107宗室（即懷哀王） 明史卷185
李		晦	舊唐書卷60宗室附河間王孝恭傳 新唐書卷78宗室附河間王孝恭傳
李		逸	舊唐書卷116宗室（即雅王）
李		連	舊唐書卷116宗室（即恩王）
李		倕	舊唐書卷116宗室（即杞王）
李		偲	金史卷92 舊唐書卷116宗室（即召王）
李		造	舊唐書卷116宗室（即忻王）
李		涵	舊唐書126 新唐書卷78宗室附永安王孝基傳
李		晟	舊唐書133 新唐書卷154
李		紳	舊唐書173 舊唐書卷150宗室（即袞王） 新唐書181
李		悰	舊唐書卷175宗室（即深王）
李		健	舊唐書卷175宗室（即涼王）
李		偈	舊唐書卷175宗室（即威王）
李		翊	舊唐書卷175宗室（即棣王）

李	巢	新唐書卷105附李義琰傳
李	琢	新唐書卷154附李晟傳
李	訥	新唐書卷162附李遜傳
李	頃	舊五代史卷51晉書
李	崧	舊五代史卷108漢書 新五代史卷57雜傳 舊五代史卷24梁書 新五代史卷54雜傳附李琪傳
李	符	宋史卷270
李	淑	宋史卷291附李若谷傳
李	參	宋史卷330
李	常	宋史卷344
李	訪	宋史卷456孝義
李	彬	明史卷154
李	紹	明史卷163附邢瓏傳
李	逢	明史卷205附李遂傳
李	堂	明史卷222附王崇古傳
李	偉	明史卷300外戚
李	12斯	史記卷87
李	尋	漢書卷75
李	雲	後漢書卷87
李	善	後漢書卷111獨行 舊唐書卷189上儒學附曹憲傳
李	勝	三國魏志卷9附曹真傳
李	雄	晉書卷121後蜀載記 魏書卷96（本作賨李雄） 北史卷74 隋書卷46

李	期	晉書卷121後蜀載記 附李雄傳 魏書卷96附竇李雄 傳
李	順	魏書卷36 北史卷33
李	惲	魏書卷36附李順傳 宋史卷482北漢世家 附繼元傳 舊唐書卷76宗室（卽 蔣王） 舊唐書卷175宗室 （卽澧王） 新唐書卷80宗室（卽 蔣王） 新唐書卷82宗室（卽 澧王）
李	曾	魏書卷53附李孝伯 傳
李	象	魏書卷72附李叔虎 傳
李	惠	魏書卷83上外戚 北史卷80外戚 明史卷199附李鉞傳
李	堅	魏書卷94閹官 北史卷92恩倖
李	渾	北齊書卷29 北史卷33附李璵傳 北史卷59附李賢傳 隋書卷37附李穆傳
李	湛	北齊書卷29附李渾 傳 舊唐書卷82附李義 府傳 新唐書卷110諸夷蕃 將附李多祚傳
李	弼	周書卷15 北史卷60
李	棠	周書卷46孝義 北史卷85節義 明史卷159
李	景	宋史卷478南唐世家 北史卷76 隋書卷65 舊五代史卷134僭僞 附李昇傳 新五代史卷62南唐 世家附李昇傳
李	琛	舊唐書卷60宗室（卽 襄武王） 新唐書卷78宗室（卽 襄武王）
李	僧	舊唐書卷76宗室（卽 蜀王） 舊唐書卷175宗室 （卽茂王） 新唐書卷80宗室（卽 蜀王）
李	琮	舊唐書卷107宗室 （卽靖德太子） 新唐書卷82宗室（卽 奉天皇帝） 新唐書卷80宗室附 紀王愼傳　（卽義陽 王） 宋史卷333
李	琰	舊唐書卷107宗室 （卽棣王） 新唐書卷82
李	琚	舊唐書卷107（卽庶 人琚） 新唐書卷82宗室（卽 光王）
李	琦	舊唐書卷107宗室 （卽盛王） 新唐書卷82
李	復	舊唐書卷112附李晟 傳 新唐書卷78宗室附 淮安王神通傳
李	逵	舊唐書卷116宗室 （卽原王）
李	罷	舊唐書卷123 新唐書卷149
李	揆	舊唐書卷126 新唐書卷150
李	暈	舊唐書卷131 新唐書卷80宗室附 曹王明傳　（卽嗣曹 王）
李	慈	舊唐書卷133附李晟 傳
李	賀	舊唐書卷137 新唐書卷203文藝
李	結	舊唐書卷150宗室 （卽宋王）
李	絢	舊唐書卷150宗室 （卽衡王）

七畫

李

		宋史卷302
李	絲	舊唐書卷164 / 新唐書卷152
李	程	舊唐書卷167 / 新唐書卷131宗室宰相
李	渤	舊唐書卷171 / 新唐書卷118
李	湊	舊唐書卷175宗室(即懷懿太子) / 新唐書卷82宗室
李	普	舊唐書卷175宗室(即悼懷太子) / 新唐書卷82宗室
李	嵯	舊唐書卷176宗室(即昌王)
李	惴	舊唐書卷175宗室(即棣王)
李	惕	舊唐書卷175宗室(即彭王)
李	畬	舊唐書卷185上良吏附李素立傳 / 新唐書卷197循吏附李素立傳
李	彭	舊唐書卷187下忠義附李憕傳 / 新唐書卷191忠義附李憕傳
李	華	舊唐書卷190下文苑 / 新唐書卷203文藝
李	琨	新唐書卷80宗室附鬱林王恪傳 (即吳王)
李	欸	新唐書卷118附李中敏傳
李	琪	舊五代史卷58唐書 / 新五代史卷54雜傳 / 宋史卷280
李	超	宋史卷258附潘美傳
李	斌	宋史卷275附郭密傳
李	渭	宋史卷326
李	植	宋史卷379 / 明史卷236
李	異	宋史卷452忠義
李	琳	宋史卷456孝義附許祚傳
李	評	宋史卷464外戚附李遵勗傳
李	進	元史卷154 / 明史卷265附李遂傳
李	森	明史卷180
李	珰	明史卷230附湯顯祖傳
李	湘	明史卷281循吏
李	13業	後漢書卷111獨行 / 舊唐書卷95宗室(即惠宣太子) / 新唐書卷81宗室 / 舊五代史卷107漢書附李洪建傳 / 新五代史卷30漢臣
李	催	三國魏志卷6附董卓傳 / 晉書卷121後蜀載記附李雄傳 / 魏書卷96附賨李雄傳
李	鉉	北齊書卷44儒林 / 北史卷81儒林
李	熙	魏書卷36附李順傳
李	肅	魏書卷36附李順傳 / 宋史卷263附李穆傳
李	煥	魏書卷36附李順傳
李	奇	魏書卷36附李順傳 / 北史卷33
李	退	魏書卷39附李寶傳 / 舊唐書卷116宗室(即均王)
李	道	舊五代史卷93晉書 / 魏書卷49附李靈傳 / 宋史卷465外戚
李	瑒	魏書卷53附李孝伯傳
李	會	魏書卷71附李元護傳
李	歆	魏書卷99附私署涼王李暠傳
李	詢	北史卷59附李賢傳 / 隋書卷37附李穆傳

李	瑊	舊唐書卷60宗室附河間王孝恭傳
李	瑗	舊唐書卷60宗室（卽廬江王）新唐書卷78
李	勣	舊唐書卷67新唐書卷93
李	勣	舊唐書卷67新唐書卷93
李	寬	舊唐書卷76宗室（卽楚王）
李	愼	舊唐書卷76宗室（卽紀王）新唐書卷80宗室
李	傑	舊唐書卷100新唐書卷128
李	琬	舊唐書卷107宗室（卽靖恭太子）新唐書卷82宗室
李	英	舊唐書卷107宗室（卽庶人瑛）新唐書卷82宗室（卽太子瑛）
李	瑝	舊唐書卷107宗室（卽信王）
李	逾	舊唐書卷116宗室（卽丹王）
李	琿	舊唐書卷107宗室（卽壽王）新唐書卷82宗室
李	運	舊唐書卷116宗室（卽嘉王）
李	遇	舊唐書卷116宗室（卽端王）
李	僅	舊唐書卷116宗室（卽彭王）新唐書卷82宗室
李	迥	舊唐書卷116宗室（卽蜀王）
李	詳	舊唐書卷150宗室（卽蕭王）新唐書卷82宗室
李	經	舊唐書卷150宗室（卽鄖王）新唐書卷82宗室金史卷126文藝
李	絿	舊唐書卷150宗室（卽冀王）
李	儵	舊唐書卷162
李	溶	新唐書卷206外戚舊唐書卷175宗室（卽安王）新唐書卷
李	滋	舊唐書卷175宗室（卽襄王）新唐書卷82宗室（卽通王）
李	裕	舊唐書卷175宗室（卽磁王）新唐書卷82宗室明史160
李	祺	舊唐書卷175宗室（卽祈王）
李	源	舊唐書卷187下忠義附李澄傳新唐書卷191忠義附李澄傳
李	栽	新唐書卷78宗室附渤海王奉慈傳
李	瑀	新唐書卷81宗室附讓皇帝憲傳（卽漢中王）
李	愚	舊五代史卷67唐書新五代史卷54雜傳
李	暉	舊五代史卷129周書
李	篤	宋史卷484周三臣
李	溥	宋史卷299
李	裁	宋史卷333
李	椿	宋史卷389
李	璋	宋史卷464外戚附李用和傳
李	愈	金史卷96
李	楨	元史卷124
李	新	明史卷132明史卷294忠義附許文歧傳
李	達	明史卷174附史昭傳

七畫	李	�	明史卷199			
	李	煜	新五代史卷62南唐世家附李昪傳 宋史卷478南唐世家	李	瑃	新唐書卷131宗室宰相附李石傳 舊唐書卷107宗室（即庶人瑃） 新唐書卷82宗室（即鄂王）
李		李	楷	明史卷203附李中傳	李	瑛	舊唐書卷107宗室（即恆王）
	李	遂	明史卷205	李	僩	舊唐書卷116宗室（即袞王）
	李	14壽	晉書卷121後蜀載記附李雄傳 魏書卷96附竇李雄傳	李	榮	舊唐書卷116宗室（即鄆王）
	李	構	北齊書卷35	李	償	舊唐書卷116宗室（即夔王） 新唐書卷82宗室
	李	輔	魏書卷39附李寶傳	李	僐	舊唐書卷116宗室（即淮陽王）
	李	韶	魏書卷39附李寶傳 宋史卷423	李	遘	舊唐書卷116宗室（即簡王）
	李	奬	魏書卷65附李平傳 北史卷43附李崇傳	李	愿	舊唐書卷133附李晟傳 新唐書卷154附李晟傳
	李	暠	魏書卷99（目作私署涼王李暠） 舊唐書卷112 新唐書卷78宗室附淮安王神通傳	李	愬	舊唐書卷133附李晟傳 新唐書卷154附李晟傳
	李	遠	周書卷25附李賢傳 北史卷59附李賢傳 明史卷145附邱福傳	李	說	舊唐書卷146 新唐書卷78宗室附安王神通傳
	李	綱	舊唐書卷62 新唐書卷99 宋史卷358至359 明史卷159附李侃傳	李	誠	舊唐書卷150宗室（即昭王）
	李	鳳	舊唐書卷64宗室（即虢王） 新唐書卷79宗室	李	綑	舊唐書卷150宗室（即密王）
				李	綜	舊唐書卷150宗室（即鄫王）
	李	禕	舊唐書卷76宗室附吳王千里傳（即信安王） 舊唐書卷175宗室（即遂王） 新唐書卷80宗室附鬱林王恪傳（即信安王）	李	綺	舊唐書卷150宗室（即松王）
				李	縉	舊唐書卷150宗室（即福王）
				李	緄	舊唐書卷150宗室（即岳王）
				李	綸	舊唐書卷150宗室（即桂王）
	李	福	舊唐書卷76宗室（即趙王） 舊唐書卷172附李石傳	李	綽	舊唐書卷150宗室（即翼王）
				李	遜	舊唐書卷155 新唐書卷162
				李	鄘	舊唐書卷157 新唐書卷146

李	禋	舊唐書卷175宗室（即沂王）
李	禩	舊唐書卷175宗室（即虔王）
李	漢	舊唐書卷175宗室（即靖懷太子） 舊唐書卷171 新唐書卷78宗室附淮陽王道玄傳
李	憤	舊唐書卷175宗室（即榮王）
李	寧	舊唐書卷175宗室（即惠昭太子） 新唐書卷82宗室
李	熅	舊唐書卷175宗室（即嗣襄王） 新唐書卷82宗室附襄王僙傳（即嗣襄王） 新五代史卷62南唐世家 宋史卷478
李	鄘	新唐書卷131宗室宰相附李程傳
李	彙	新唐書卷136附李光弼傳
李	廌	宋史卷444文苑
李	維	宋史卷282附李沆傳
李	演	金史卷121忠義
李	齊	元史卷194忠義
李	禎	明史卷221
李	睿	明史卷289忠義附楊忠傳
李	15廣	史記卷109（即李將軍） 漢書卷54 北齊書卷45文苑 北史卷83文苑 明史卷304宦官
李	蔡	史記卷111附衞將軍驃騎傳
李	敷	魏書卷36附李㷆傳
李	瑾	北齊書卷29附李璵傳

七畫　李

		魏書卷39附李寶傳 魏書卷49附李靈傳
李	徹	北史卷66附李和傳 隋書卷54
李	賢	周書卷25 北史卷59 舊唐書卷86宗室（即章懷太子） 新唐書卷81 明史卷156附薛斌傳 明史卷176
李	嶠	舊唐書卷94 新唐書卷123
李	撝	舊唐書卷95宗室（即惠莊太子） 新唐書卷81
李	範	舊唐書卷95宗室（即惠文太子） 新唐書卷81
李	鱗	舊唐書卷112（新唐書14作李鱗）
李	澄	舊唐書卷132 新唐書卷141
李	實	舊唐書卷135 新唐書卷167 明史卷171附楊善傳
李	誼	舊唐書卷150宗室（即舒王） 新唐書卷82宗室
李	諒	舊唐書卷150宗室（即虔王） 新唐書卷82宗室
李	緯	舊唐書卷150宗室（即均王）
李	細	舊唐書卷150宗室（即集王）
李	賾	舊唐書卷156附韓弘傳 明史卷138附周楨傳
李	愭	舊唐書卷175宗室（即鄆王）
李	震	舊唐書卷175宗室（即建王） 宋史卷448忠義 明史卷166

七畫	李 禩	舊唐書卷175宗室（即雅王）	李 熹　宋史卷467宦者
	李 潤	舊唐書卷175宗室（即鄂王）	晉書卷41
李	李 蔚	舊唐書卷178　新唐書卷181	李 諧　魏書卷65附李平傳　北史卷43附李崇傳
	李 橙	舊唐書卷187下忠義　新唐書卷191忠義	李 暉　魏書卷36附李順傳
	李 適	舊唐書卷190中文苑附閭朝隱傳　新唐書卷2.2文藝	李 曉　北齊書卷29附李璵傳
			李 穆　周書卷30附于翼傳　北史卷59附李賢傳　隋書卷37　宋史卷263
	李 璆	新唐書卷81宗室附許王素節傳（即褒信王）　宋史卷377	李 諤　北史卷77　隋書卷66
	李 緝	舊唐書卷150宗室（即蘄王）	舊唐書卷150宗室（即欽王）
	李 緘	新唐書卷138附李抱玉傳	李 璲　舊唐書卷107宗室（即儀王）
	李 碏	新唐書卷146附李鄘傳	李 璘　舊唐書卷107宗室（即永王）　新唐書卷82　宋史卷456孝義
	李 璋	新唐書卷152附李絳傳　宋史卷464外戚附李用和傳	李 錡　舊唐書卷112附李國貞傳　新唐書卷224上叛臣
	李 崿	新唐書卷194卓行附元德秀傳	李 嶧　舊唐書卷112附李峘傳　舊唐書卷175宗室（即德王）
	李 穀	宋史卷262	
	李 稷	宋史卷334附徐禧傳　元史卷185	李 選　舊唐書卷116宗室（即荊王）
	李 靚	宋史卷453忠義附孫琿傳	李 遷　舊唐書卷116宗室（即韶王）
	李 慶	明史卷150	李 遹　舊唐書卷116宗室（即循王）
	李 儀	明史卷159	李 愻　舊唐書卷133附李晟傳
	李 鋐	明史卷175附張俊傳	李 諲　舊唐書卷150宗室（即通王）　新唐書卷82宗室
	李 標	明史卷251	
	李16憲	後漢書卷42　魏書卷36附李順傳　舊唐書卷133附李晟傳　舊唐書卷95宗室（即讓皇帝）　新唐書卷154附李晟傳　新唐書卷81宗室（即讓皇帝）	李 諲　舊唐書卷150宗室（即代王）
			李 誠　舊唐書卷150宗室（即珍王）
			李 翔　舊唐書卷160　新唐書177
			李 懌　舊唐書卷175宗室（即蔡王）

		傳			七畫
李	憒	舊五代史卷92晉書 新五代史卷55雜傳	李	積	晉書卷110前燕載記附李產傳
李	懌	舊唐書卷175宗室（即衡王）	李	璥	舊唐書卷150（即欽王）
李	澤	舊唐書卷175宗室（即濮王）	李	璨	魏書卷49附李靈傳 北史卷33附李靈傳
李	憻	舊唐書卷175宗室（即信王）	李	謐	魏書卷90逸士 北史卷33附李孝伯傳
李	濰	舊唐書卷175宗室（即廣王）	李	璵	北齊書卷29
李	翰	舊唐書卷190下文苑附蕭穎士傳 新唐書卷203文藝附李華傳	李	構	周書卷15附李弼傳
李	璡	新唐書卷81宗室讓皇帝憲傳（即汝陽王）	李	璬	舊唐書卷107宗室（即潁王） 新唐書卷82宗室
李	寰	新唐書卷148附牛元翼傳	李	環	舊唐書卷107宗室（即濟王）
李	燁	新唐書卷180附李德裕傳	李	璥	舊唐書卷107宗室（即汴哀王） 新唐書卷82宗室（即汴王）
李	鄩	舊五代史卷73唐書	李	繁	舊唐書卷130附李泌傳 新唐書卷139附李泌傳
李	澣	宋史卷262附李濤傳 遼史卷103文學附蕭韓家奴傳	李	聰	舊唐書卷133附李晟傳 新唐書卷154附李晟傳
李	諮	宋史卷292	李	諲	舊唐書卷150宗室（即文敬太子） 新唐書卷82宗室
李	衡	宋史卷390	李	謙	舊唐書卷150宗室（即賓王） 元史卷160
李	燔	宋史卷430道學朱氏門人	李	縱	舊唐書卷150宗室（即潷王）
李	默	明史卷202	李	濟	舊唐書卷185下良吏 明史卷146
李	錫	明史卷212	李	頻	新唐書卷203文藝
李	遷	明史卷222附殷正茂傳	李	濤	宋史卷262
李	頤	明史卷227	李	覯	宋史卷432儒林
李	標	明史卷249			
李	濂	明史卷286文苑			
李	豫	明史卷297孝義附孫清傳			
李	17 變	後漢書卷93附李固傳			
李	膺	後漢書卷97黨錮 南史卷55附鄧元起			

七畫

李

李		櫟	金史卷131方技			新五代史卷26唐臣
李		瓊	元史卷2?6叛臣	李		竂	魏書卷36附李順傳
李	18	離	史記卷119循吏	李		竇	魏書卷39 / 宋史卷370
李		曒	魏書卷36附李順傳	李		瓌	舊唐書卷60宗室附河間王孝恭傳 / 新唐書卷78宗室(卽漢陽王) / 新五代史卷14唐家人
李		豐	魏書卷94閹官附劇鵬傳(或作季豐)				
李		簡	舊唐書卷76宗室(卽代王)	李		繹	舊唐書卷150宗室(卽會王)
李		璔	舊唐書卷107宗室(卽涼王)	李		鏻	舊五代史卷108漢書 / 新五代史卷57雜傳
李		邈	舊唐書卷116宗室(卽昭靖太子) / 新唐書卷82宗室 / 宋史卷447忠義	李		覺	宋史卷431儒林
李		楮	宋史卷150宗室(卽珍王)	李		籌	宋史卷456孝義附毛恂傳
李		燾	宋史卷388	李	21	囂	舊唐書卷76宗室(卽江王)
李		璧	宋史卷398	李		瀍	舊唐書卷175宗室(卽衛王)
李		濱	宋史卷457隱逸	李		蘗	宋史卷393
李		瞻	金史卷123循吏	李	23	巘	新唐書卷80宗室附鬱林王恪傳(卽嗣吳王)
李		戴	明史卷225	李		麟	新唐書卷142(舊唐書112作李麟)
李	19	謨	三國魏志卷12或42	李		巖	新唐書卷197循吏附李素立傳
李		繪	北齊書卷29附李渾傳	李	24	靈	魏書卷49 / 北史卷33
李		潘	舊唐書卷148 / 新唐書卷169	李	25	觀	舊唐書卷144 / 新唐書卷156 / 新唐書卷203文藝附李華傳
李		瓊	舊五代史卷94晉書 / 新五代史卷47雜傳 / 宋史卷261 / 宋史卷456孝義附顏忻傳	李	27	讜	舊五代史卷19梁書
李		韜	宋史卷271	李		驤	明史卷281循吏
李		繹	宋史卷307附李若拙傳	李	32	纁	宋史卷428道學
李		譓	宋史卷355附李南公傳	李	3千	里	舊唐書卷76宗室附吳王恪傳(卽成王) / 新唐書卷80宗室附鬱林王恪傳(卽成王)
李		鼇	元史卷194忠義				
李	20	殿	三國魏志卷10或40 / 舊五代史卷70唐書				

李	上	金	舊唐書卷86宗室（即澤王） 新唐書卷81宗室
李	上	達	金史卷92
李	三	才	明史卷232
李	三	錫	金史卷75
李	士	業	晉書卷87附涼武昭王李玄盛傳
李	士	衡	宋史卷299
李	士	謙	北史卷33附李孝伯傳 隋書卷77隱逸
李	大	同	宋史卷423
李	大	性	宋史卷395
李	大	亮	舊唐書卷62 新唐書卷99
李	大	臨	宋史卷331
李	子	和	舊唐書卷56附梁師都傳 新唐書卷92
李	子	通	舊唐書卷56 新唐書卷87
李	子	雄	北史卷33附李裔傳 隋書卷70附楊玄盛傳
李	子	預	魏書卷33附李先傳
李	子	敬	元史卷197孝友附孫秀實傳
李	及	之	宋史卷310附李迪傳
李	心	傳	宋史卷438儒林
李	化	龍	明史卷228
李	天	寵	明史卷205附張經傳
李	方	子	宋史卷430道學朱氏門人
李	方	玄	新唐書卷162附李遜傳

李	少	良	舊唐書卷118附元載傳 新唐書卷145附元載傳
李	少	植	舊唐書卷62附李綱傳
李	允	正	宋史卷273附李謙溥傳
李	允	則	宋史卷324
李	允	簡	明史卷200附張岳傳
李	中	正	明史卷292忠義
李	中	師	宋史卷331
李	中	敏	舊唐書卷171 新唐書卷118
李	公	逸	舊唐書卷187上忠義 新唐書卷19忠義附李育德傳
李	公	緒	北齊書卷29附李渾傳 北史卷33附李璽傳
李	公	麟	宋史卷444文苑
李	仁	矩	舊五代史卷70唐書 新五代史卷26唐臣
李	仁	福	舊五代史卷132 新五代史卷40雜傳
李	仁	實	舊唐書卷73附令狐德棻傳 新唐書卷102附令狐德棻傳
李	日	知	舊唐書卷188孝友 新唐書卷116
李	日	宣	明史卷254
李	日	華	明史卷288文苑附王維儉傳
李	日	輔	明史卷258附魏呈潤傳
李	之	才	宋史卷431儒林
李	之	芳	新唐書卷80附蔣王惲傳
李	之	純	宋史卷344
李	之	紹	元史卷164

七畫

李

七畫

李

李	之	儀	宋史卷344附李之純傳
李	文	忠	明史卷126
李	文	郁	明史卷149附夏原吉傳
李	文	祥	明史卷189
李	文	詠	明史卷297孝義
李	文	博	北史卷83文苑 隋書卷58
李	文	暕	舊唐書卷60宗室附襄邑王神符傳
李	元	方	舊唐書卷64宗室(即周王) 新唐書卷79宗室(即周王)
李	元	平	舊唐書卷130附關播傳 新唐書卷151附關播傳
李	元	本	舊唐書卷142附李寶臣傳
李	元	吉	舊唐書卷64宗室(即巢王) 新唐書卷79宗室
李	元	名	舊唐書卷64宗室(即舒王) 新唐書卷79宗室
李	元	亨	舊唐書卷64宗室(即鄷王) 新唐書卷79宗室
李	元	忠	北齊書卷22 北史卷33附李靈傳
李	元	昌	舊唐書卷64宗室(即漢王) 新唐書卷79宗室
李	元	則	舊唐書卷64宗室(即彭王) 新唐書卷79宗室
李	元	軌	舊唐書卷64宗室(即霍王) 新唐書卷79宗室
李	元	紘	舊唐書卷98 新唐書卷126
李	元	素	舊唐書卷132附李澄傳 新唐書卷106附李敬玄傳 新唐書卷147
李	元	祥	舊唐書卷64宗室(即江王) 新唐書卷79宗室
李	元	景	舊唐書卷64宗室(即荊王) 新唐書卷79宗室
李	元	裕	舊唐書卷64宗室(即鄧王) 新唐書卷79宗室
李	元	愷	舊唐書卷192隱逸 新唐書卷196隱逸
李	元	嘉	舊唐書卷64宗室(即韓王) 新唐書卷79宗室
李	元	履	南史卷46附李安人傳
李	元	慶	舊唐書卷64宗室(即道王) 新唐書卷79宗室
李	元	諒	舊唐書卷144 新唐書卷156
李	元	操	北史卷33附李順傳(名孝貞)
李	元	曉	舊唐書卷64宗室(即密王) 新唐書卷79宗室
李	元	嬰	舊唐書卷64宗室(即滕王) 新唐書卷79宗室
李	元	禮	舊唐書卷64宗室(即徐王) 新唐書卷79宗室 元史卷176
李	元	護	魏書卷71 北史卷45
李	元	霸	舊唐書卷64宗室(即衞王) 新唐書卷79宗室

李	元	懿	舊唐書卷64宗室（卽鄖王） 新唐書卷79宗室
李	5正	己	舊唐書卷124 新唐書卷213藩鎭
李	巨	川	舊唐書卷190下文苑 新唐書卷224下叛臣
李	用	和	宋史卷464外戚
李	永	貞	明史卷305宦官附王體乾傳
李	令	問	舊唐書卷67附李靖傳 新唐書卷93附李靖傳
李	仕	魯	明史卷139
李	幼	良	舊唐書卷60宗室附長平王叔良傳 新唐書卷78宗室（卽長樂王）
李	幼	廉	北史卷33附李義琛傳（北齊書卷43作李稚廉）
李	可	登	明史卷192附張溙傳
李	可	擧	舊唐書卷180 新唐書卷212藩鎭附李茂勳傳
李	玄	通	舊唐書卷187上忠義 新唐書卷191忠義附王行敏傳
李	玄	植	舊唐書卷189上儒學附賈公彥傳
李	玄	道	舊唐書卷72附褚亮傳 新唐書卷102附褚亮傳
李	玄	霸	舊唐書卷64宗室（卽衞王）
李	世	哲	魏書卷66附李崇傳
李	世	勣	明史卷290忠義附龔萬祿傳
李	世	達	明史卷220
李	世	祺	明史卷258附黄紹杰傳

李	6向	中	明史卷276附張肯堂傳
李	吉	甫	舊唐書卷148 新唐書卷146附李栖筠傳
李	多	祚	舊唐書卷109 新唐書卷110諸夷蕃將
李	休	復	舊唐書卷175宗室（卽梁王）
李	充	嗣	明史卷201
李	老	僧	金史卷132逆臣
李	夷	簡	新唐書卷131宗室宰相
李	行	簡	宋史卷301
李	百	藥	舊唐書卷72 新唐書卷102
李	全	忠	舊唐書卷180 新唐書卷212藩鎭 新唐書卷213藩鎭
李	全	略	舊唐書卷143
李	同	軌	魏書卷36附李順傳 魏書卷84儒林
李	同	捷	舊唐書卷143附李全畧傳 新唐書卷213藩鎭附李全畧傳
李	汝	華	明史卷220
李	汝	璨	明史卷258附傳朝祐傳
李	匡	威	舊唐書卷180附李全忠傳 新唐書卷212藩鎭附李全忠傳
李	匡	籌	舊唐書卷180附李全忠傳 新唐書卷212藩鎭附李全忠傳
李	至	剛	明史卷151
李	至	遠	舊唐書卷185上良吏附李素立傳 新唐書卷197循吏附李素立傳
李	好	文	元史卷183

七畫	李好義	宋史卷402	李守賢	元史卷150
	李自成	明史卷309流賊	李守禮	舊唐書卷86宗室附章懷太子賢傳(即邠王)
	李自良	舊唐書卷146		新唐書卷81宗室附章懷太子賢傳(即邠王)
	李自倫	新五代史卷34一行	李安人	南史卷46(南齊書卷27作李安民)
李	李光弼	舊唐書卷110	李安仁	舊唐書卷62附李綱傳
		新唐書卷136		新唐書卷99附李綱傳
	李光進	舊唐書卷161	李安民	南齊書卷27(南史卷46作李安人)
		新唐書卷136附李光弼傳		
		新唐書卷171	李安世	魏書卷53附李孝伯傳
	李光翰	明史卷188附姚銑傳	李安期	舊唐書卷72附李百藥傳
	李光顏	舊唐書卷101附李光進傳		新唐書卷102附李百藥傳
		新唐書卷171附李光進傳	李安遠	舊唐書卷57附劉文靜傳
	李如松	明史卷238附李成梁傳		新唐書卷88附裴寂傳
	李如栢	明史卷238附李成梁傳	李安靜	新唐書卷99附李綱傳
	李如梅	明史卷238附李成梁傳	李存父	舊五代史卷51唐書宗室(即睦王)
	李如楨	明史卷238附李成梁傳		新五代史卷14唐家人
	李如樟	明史卷238附李成梁傳	李存孝	舊五代史卷53唐書
	李仲尚	魏書卷39附李寶傳		新五代史卷36義兒
	李仲容	宋史卷262附李濤傳	李存信	舊五代史卷53唐書
	李仲琁	魏書卷36附李順傳		新五代史卷36義兒
	李仲略	金史卷96	李存紀	舊五代史卷51唐書宗室附通王存確傳(即雅王)
	李仲寓	宋史卷478南唐世家		新五代史卷14唐家人
	李仲遵	魏書卷39附李寶傳	李存美	舊五代史卷51唐書宗室(即昌王)
	李守貞	舊五代史卷109漢書		新五代史卷14唐家人
		新五代史卷52雜傳	李存進	舊五代史卷53唐書
	李守恩	宋史卷273附李漢超傳		新五代史卷36義兒
	李守素	舊唐書卷72附褚亮傳	李存渥	舊五代史卷51唐書宗室(即申王)
		新唐書卷102附褚亮傳		新五代史卷14唐家人
	李守德	新唐書卷121附王毛仲傳		

李	存	璋	舊五代史卷53唐書 新五代史卷36義兒
李	存	確	舊五代史卷51唐書宗室（即通王） 新五代史卷14唐家人
李	存	賢	舊五代史卷53唐書 新五代史卷36義兒
李	存	禮	舊五代史卷51唐書宗室（即薛王） 新五代史卷14唐家人
李	存	霸	舊五代史卷51唐書宗室（即永王） 新五代史卷14唐家人
李	佐	之	新唐書卷214藩鎮附劉悟傳
李	秀	林	魏書卷36附李順傳
李	玖	省	明史卷307佞幸
李	忻	榮	魏書卷71附江悅之傳
李	罕	之	新唐書187 舊五代史卷15梁書 新五代史卷42雜傳
李	罕	澄	宋史456孝義
李	廷	珪	宋史卷479西蜀世家附孟昶傳
李	廷	機	明史卷217
李	君	球	舊唐書185上良吏
李	君	羨	舊唐書卷69附薛萬徹傳 新唐書卷94附薛萬均傳
李	君	賜	明史卷292忠義附史記晉傳
李	伯	玉	宋史卷424
李	伯	尚	魏書卷39附李寶傳
李	伯	宗	宋史354
李	伯	溫	元史卷193忠義
李	成	大	宋史452忠義

李	成	名	明史卷242附陳伯友傳
李	成	美	舊唐書卷175宗室（即陳王） 新唐書卷82宗室
李	成	梁	明史卷238
李	希	孔	明史卷246附王允成傳
李	希	宗	魏書卷36附李順傳
李	希	烈	舊唐書卷145 新唐書卷225中逆臣 明史卷137附桂彥良傳
李	邦	彥	宋史卷352
李	邦	華	明史卷265
李	邦	瑞	元史卷153
李	邦	寧	元史卷204宦者
李	克	修	舊五代史卷50唐書宗室 新五代史卷14唐家人
李	克	恭	舊五代史卷50唐書宗室 新五代史卷14唐家人
李	克	寧	新唐書卷141附李澄傳 舊五代史卷50唐書宗室 新五代史卷14唐家人
李	克	讓	舊五代史卷50唐書宗室 新五代史卷14唐家人
李	延	古	新唐書卷180附李德裕傳
李	延	年	史記卷125佞幸 漢書卷93佞幸
李	延	孫	周書卷43 北史卷66
李	延	寔	魏書卷83下外戚
李	延	渥	宋史卷273附李遵勖傳

七畫	李	延壽	舊唐書卷73附令狐德棻傳 新唐書卷102附令狐德棻傳
	李	孝友	舊唐書卷60宗室附淮安王神通傳
	李	孝本	舊唐書卷169 新唐書卷179附王璠傳
李	李	孝同	舊唐書卷60宗室附淮安王神通傳
	李	孝光	元史卷190儒學
	李	孝伯	魏書卷53 北史卷33
	李	孝怡	魏書卷36附李順傳
	李	孝協	舊唐書卷60宗室附長平王叔良傳 新唐書卷78宗室附長平王叔良傳(即郇國公)
	李	孝貞	隋書卷57
	李	孝恭	舊唐書卷60宗室(即河間王) 新唐書卷78宗室
	李	孝基	舊唐書卷60宗室(即永安王) 新唐書卷78宗室 宋史卷310附李迪傳
	李	孝逸	舊唐書卷60宗室附淮安王神通傳(即梁郡公) 新唐書卷78宗室
	李	孝斌	舊唐書卷60宗室附長平王叔良傳
	李	孝節	舊唐書卷60宗室附淮安王神通傳
	李	孝稱	宋史卷310附李迪傳
	李	孝羲	舊唐書卷60宗室附淮安王神通傳
	李	孝壽	宋史卷310附李迪傳
	李	孝察	舊唐書卷60宗室附淮安王神通傳
	李	孝慈	舊唐書卷60宗室附淮安王神通傳
李	金	全	舊五代史卷97晉書 新五代史卷48雜傳
李	固	言	舊唐書卷173 新唐書卷182
李	林	甫	舊唐書卷106 新唐書卷223上姦臣
李	忠	臣	舊唐書卷145 新唐書卷224下叛臣 明史卷290忠義附董盡倫傳
李	侃	晞	魏書卷83上外戚附李惠傳
李	性	傳	宋史卷419
李	奉	慈	新唐書卷78宗室(即渤海王)
李	明	德	元史卷198孝友
李	育	德	新唐書卷191忠義
李	尚	隱	舊唐書卷185下良吏 新唐書卷130
李	長	仁	魏書卷72附李叔彪傳
李	長	庚	明史卷256
李	東	之	宋史卷310附李迪傳
李	東	陽	明史卷181
李	抱	玉	舊唐書卷132 新唐書卷138
李	抱	貞	舊唐書卷132 新唐書卷138附李抱玉傳
李	孟	傳	宋史卷363附李光傳 宋史卷401
李	孟	嘗	舊唐書卷57附劉文靜傳 新唐書卷88裴寂
李	昌	祺	明史卷161
李	昌	齡	宋史卷287
李	季	卿	舊唐書卷99李適之傳
李	季	凱	魏書卷39附李寶傳
李	季	操	宋史卷478南唐世家

李 知 本	舊唐書卷188孝友 新唐書卷195孝友	李 承 勛	明史卷199
李 知 孝	宋史卷422	李 承 嗣	舊五代史卷55唐書
李 知 柔	新唐書卷81宗室附惠宣太子業傳(即嗣薛王)	李 承 福	舊五代史卷90晉書
李 知 損	舊五代史卷131周書	李 承 箕	明史卷283儒林附陳獻章傳
李 叔 仁	北史卷37	李 承 勳	舊五代史卷55唐書
李 叔 正	明史卷137	李 則 之	舊唐書卷112附李巨傳
李 叔 良	舊唐書卷60宗室(即長平王) 新唐書卷78	李 南 公	宋史卷355
李 叔 明	舊唐書卷122 新唐書卷147	李 俊 民	元史卷158附寶默傳
李 叔 虎	魏書卷72(北史卷45作李叔彪)	李 信 圭	明史卷281循吏
李 叔 彪	北史卷45(魏書卷72作李叔虎)	李 迴 秀	舊唐書卷62附李大亮傳 新唐書卷99附李大亮傳
李 宗 昉	明史卷154附柳升傳	李 春 芳	明史卷193
李 宗 勉	宋史卷405	李 待 問	明史卷277附沈猶龍傳
李 宗 訥	宋史卷265附李昉傳	李 宣 茂	魏書卷49附李靈傳
李 宗 閔	舊唐書卷176 新唐書卷174	李 客 師	舊唐書卷67附李靖傳 新唐書卷92附李靖傳
李 宗 儉	舊唐書卷175宗室(即蔣王)	李 保 殷	舊五代史卷68唐書
李 宗 諤	宋史卷265附李昉傳	李 貞 佐	明史卷293忠義
李 承 之	宋史卷310附李迪傳	李 貞 素	新唐書卷179附王璠傳
李 承 宏	新唐書卷81宗室附章懷太子賢傳(即廣武王)	李 茂 貞	舊五代史卷132世襲 新五代史卷40雜傳
李 承 約	舊五代史卷90晉書 新五代史卷47雜傳	李 茂 勳	新唐書卷212藩鎮 舊五代史卷132世襲附李茂貞傳
李 承 宷	新唐書卷81宗室附章懷太子賢傳(即燉煌王)	李 洪 之	魏書卷89酷吏 北史卷87酷吏
李 承 乾	舊唐書卷76宗室(即恆山王) 新唐書卷80宗室(即常山王)	李 洪 建	舊五代史卷107漢書
		李 洪 信	宋史卷252
		李 洪 義	宋史卷252附李洪信傳

七畫

李

七畫	李	建	中	宋史卷441文苑	李	彥	仙	宋史卷448忠義

李建中　宋史卷441文苑

李建及　舊五代史卷65唐書（新五代史25作王建及）

李建成　舊唐書卷64宗室（即隱太子）　新唐書卷79宗室

李建泰　明史卷253附魏藻德傳

李建崇　舊五代史卷129周書

李昭玘　宋史卷347

李昭述　宋史卷265附李昉傳

李昭亮　宋史卷464外戚

李昭德　舊唐書卷87　新唐書卷117

李若水　舊唐書卷112附李孟傳　宋史卷446忠義

李若初　舊唐書卷146　新唐書卷149附劉晏傳

李若谷　宋史卷291

李若拙　宋史卷307

李若星　明史卷248

李思文　新唐書卷93附李勣傳

李思行　舊唐書卷57附劉文靜傳　新唐書卷88附殷嶠傳

李思安　舊五代史卷19梁書

李思訓　舊唐書卷60宗室附長平王叔良傳（即彭國公）　新唐書卷78

李思誨　舊唐書卷60宗室附長平王叔良傳

李思穆　魏書卷39附李寶傳

李彥仙　宋史卷448忠義

李彥忠　元史卷197孝友附郭敬祖傳

李彥芳　舊唐書卷67附李靖傳　新唐書卷93附李靖傳

李彥威　新五代史卷43雜傳

李彥珣　舊五代史卷94晉書

李彥從　舊五代史卷106漢書

李彥顏　舊五代史卷129周書

李彥頴　宋史卷386

李彥韜　舊五代史卷88晉書

李重允　舊五代史卷19梁書

李重吉　舊五代史卷51唐書宗室　新五代史卷16唐家人

李重茂　舊唐書卷86（即殤帝）

李重俊　舊五代史卷88晉書附李從璋傳　舊唐書卷86宗室（即節愍太子）　新唐書卷81宗室

李重美　舊五代史卷51唐書宗室（即雍王）　新五代史卷16唐家人

李重貴　宋史卷279

李重進　宋史卷484周三臣

李重福　舊唐書卷86（即庶人重福）　新唐書卷81宗室（即譙王）

李重誨　宋史卷280

李重潤　舊唐書卷86宗室（即懿德太子）　新唐書卷81宗室

李10珪 之	南齊書卷53良政 南史卷70循吏附王 洪軌傳	李 神 通	舊唐書卷60宗室（卽 淮安王） 新唐書卷78宗室	七 畫
李 悅 祖	魏書卷49附李璽傳	李 神 符	舊唐書卷60宗室（卽 襄邑王） 新唐書卷78宗室	
李 家 奴	元史卷197孝友附寧 猪狐傳	李 神 福	宋史卷466宦者	
李 原 名	明史卷136	李 神 儁	魏書卷39附李寶傳	
李 純 甫	金史卷126文藝			李
李 祖 昇	北齊書卷48外戚	李 師 中	宋史卷332	
李 庭 芝	宋史卷421	李 師 古	舊唐書卷124附李正 己傳 新唐書卷213藩鎮附 李正己傳	
李 格 非	宋史卷444文苑			
李 流 芳	明史卷288文苑附唐 時升傳	李 師 晦	新唐書卷214藩鎮附 劉悟傳	
李 桐 客	舊唐書卷185上良吏 新唐書卷197循吏附 張允濟傳	李 師 雄	金史卷86	
		李 師 道	舊唐書卷124附李正 己傳 新唐書卷213藩鎮附 李正己傳	
李 乘 雲	明史卷293忠義			
李 栖 筠	新唐書卷146	李 師 聖	明史卷291忠義附關 生斗等	
李 唐 賓	舊五代史卷21梁書 新五代史卷21梁臣	李 師 巖	金史卷75	
李 喬 遷	舊唐書卷57附劉文 靜傳 新唐書卷88附裴寂 傳	李11執 中	舊唐書卷175宗室 （卽襄王）	
		李 紹 文	舊五代史卷59唐書	
李 虔 縱	舊唐書卷191方技附 張文仲傳	李 逢 吉	舊唐書卷167 新唐書卷174	
李 素 立	舊唐書卷185上良吏 新唐書卷197循吏	李 清 臣	宋史卷328	
李 素 節	舊唐書卷86宗室（卽 許王） 新唐書卷81宗室	李 淳 風	舊唐書卷79 新唐書卷204方技	
		李 專 美	舊五代史卷93晉書	
李 時 勉	明史卷163	李 商 隱	舊唐書卷190下文苑 新唐書卷203文藝	
李 時 珍	明史卷299方技	李 崇 祖	北史卷81儒林附李 業興傳	
李 時 敏	明史卷172附孔璘傳	李 崇 矩	宋史卷257	
李 神 軌	魏書卷66附李崇傳	李 崇 德	明史卷291忠義附喬 若雯傳	
李 神 祐	宋史卷466宦者附李 神福傳	李 處 恭	舊唐書卷188孝友附 梁文貞傳	

七畫

李

李	邈	耘	宋史卷257
李	處	溫	遼史卷102
李	國	臣	新唐書卷136附李光弼傳
李	國	貞	舊唐書卷112 新唐書卷78宗室附淮安王神通傳
李	國	楨	舊唐書卷130附王璵傳
李	國	檜	明史卷251附李標傳
李	惟	岳	舊唐書卷142附李寶臣傳 新唐書卷211藩鎮附李寶臣傳
李	惟	清	宋史卷267
李	惟	誠	舊唐書卷142附李寶臣傳
李	惟	簡	舊唐書卷142附李寶臣傳 新唐書卷211藩鎮附李寶臣傳
李	惟	鸞	明史卷271附黃龍傳
李	從	昶益	舊五代史卷132世襲附李茂貞傳
李	從	益	舊五代史卷51唐書宗室(即許王) 新五代史卷15唐家人
李	從	晦	新唐書卷78宗室附襄邑王神符傳
李	從	敏	舊五代史卷123周書 新五代史卷15唐家人
李	從	善	宋史卷478南唐世家
李	從	溫	舊五代史卷88晉書 新五代史卷15唐家人
李	從	榮	舊五代史卷51唐書宗室(即秦王) 新五代史卷15唐家人
李	從	誧	宋史卷478南唐世家
李	從	璋	舊五代史卷88晉書 新五代史卷15唐家人
李	從	璟	舊五代史卷51唐書宗室 新五代史卷15唐家人(目作繼璟又名從審)
李	從	璨	舊五代史卷51唐書宗室 新五代史卷15唐家人
李	從	曮	舊五代史卷132世襲附李茂貞傳
李12博乂			舊唐書卷60宗室(即隴西公) 新唐書卷78
李	盧	己	宋史卷300
李	琰	之	魏書卷82
李	登	之	舊唐書卷190中文苑附賀知章傳
李	象	古	舊唐書卷131附李皋傳 新唐書卷80宗室附曹王明傳
李	彭	年	舊唐書卷90附李懷遠傳 新唐書卷116附李懷遠傳
李	開	先	明史卷287文苑附陳束傳 明史卷294忠義附陳萬策傳
李	曾	伯	宋史卷420
李	善	長	明史卷127
李	隆	悌	舊唐書卷95宗室(即隋王)
李	進	卿	宋史卷273
李	智	雲	舊唐書卷64宗室(即楚王) 新唐書卷79宗室
李	惠	登	舊唐書卷185下良吏 新唐書卷197循吏

李	順	與	北史卷89藝術
李	朝	隱	舊唐書卷100 新唐書卷129
李	復	圭	宋史卷291附李若谷傳
李	復	亨	金史卷100
李	舜	臣	宋史卷404
李	舜	舉	宋史卷467宦者
李	景	伯	舊唐書卷90附李懷遠傳 新唐書卷116附李懷遠傳
李	景	略	舊唐書卷152 新唐書卷170
李	景	溫	新唐書卷177附李景讓傳
李	景	儉	舊唐書卷171 新唐書卷81附讓皇帝憲傳
李	景	讓	舊唐書卷187下忠義附李憕傳 新唐書卷177
李13肅	之		宋史卷310附李迪傳
李	虞	仲	舊唐書卷163 新唐書卷177
李	聖	伯	南史卷73孝義附封延伯傳
李	稚	廉	北齊書卷43(北史卷33作李幼廉)
李	圓	通	北史卷75 隋書卷64
李	載	義	舊唐書卷180 新唐書卷212藩鎮
李	熙	靖	宋史卷357 宋史卷453忠義附孫逢傳
李	業	與	魏書卷84儒林 北史卷81儒林
李	敬	玄	舊唐書卷81 新唐書卷106
李	敬	業	舊唐書卷67附李勣傳 新唐書卷93附李勣傳
李	敬	義	舊五代史卷60唐書
李	義	府	舊唐書卷82 新唐書卷223上姦臣
李	義	深	北齊書卷22 北史卷33
李	義	琰	舊唐書卷81 新唐書卷105
李	義	琛	新唐書卷105附李義琰傳
李	萬	全	宋史卷261
李	萬	超	宋史卷261
李	萬	榮	舊唐書卷145附劉玄佐傳
李	萬	慶	明史卷269附劉國能傳
李	嗣	本	舊五代史卷52唐書 新五代史卷36義兒
李	嗣	肱	舊五代史卷50唐書宗室附李克修傳 新五代史卷14唐家人
李	嗣	昭	舊五代史卷52唐書 新五代史卷36義兒
李	嗣	眞	舊唐書卷191方技 新唐書卷91
李	嗣	恩	舊五代史卷52唐書 新五代史卷36義兒
李	嗣	弼	新五代史卷14唐家人
李	嗣	業	舊唐書卷109 新唐書卷138
李	道	古	舊唐書卷131附李皐傳 新唐書卷80宗室附曹王明傳
李	道	玄	舊唐書卷60宗室(即淮陽王) 新唐書卷78
李	道	宗	舊唐書卷60宗室(即江夏王) 新唐書卷78
李	道	兒	宋史卷94恩倖
李	道	彦	舊唐書卷60宗室附淮安王神通傳(即膠東王) 新唐書卷78

七畫	李 道 傳	宋史卷436儒林	
	李 道 裕	新唐書卷99附李大亮傳	
李	李 道 興	新唐書卷78宗室附江夏王道宗傳(即廬寧縣公)	

相

李 廣 利	漢書卷61
李 慶 嗣	金史卷131方技
李 慶 緒	南史卷74孝義

李14誠 之 宋史卷449忠義
李 禎 宁 明史卷291忠義附孫士美傳
李 壽 朋 宋史卷291附李若谷傳
李 毓 英 明史卷294忠義附徐學顏傳
李 鳴 復 宋史卷419
李 維 禎 明史卷288文苑
李 維 翰 明史卷259附楊鎬傳
李 齊 物 舊唐書卷112附李暠傳／新唐書卷78宗室附淮安王神通傳
李 齊 運 舊唐書卷135／新唐書卷167
李 輔 明 明史卷272附曹變蛟傳
李 輔 國 舊唐書卷184宦官／新唐書卷208宦者
李 漢 超 宋史卷273
李 漢 韶 舊五代史卷53唐書附李存進傳
李 漢 瓊 宋史卷260
李 端 愿 宋史卷464外戚附李遵勗傳
李 端 懿 宋史卷464外戚附李遵勗傳
李 端 懿 宋史卷464外戚附李遵勗傳
李 夢 辰 明史卷264
李 夢 庚 明史卷135附郭景祥傳
李 夢 陽 明史卷286文苑
李15適 之 舊唐書卷99／新唐書卷131宗室宰

李 德 休 舊五代史卷60唐書
李 德 良 舊唐書卷60宗室附長平王叔良傳
李 德 成 明史卷296孝義
李 德 林 北史卷72／隋書卷42
李 德 修 新唐書卷146附李栖筠傳
李 德 珫 舊五代史卷90晉書
李 德 裕 舊唐書卷174／新唐書卷180
李 德 輝 元史卷163
李 德 懋 舊唐書卷60宗室附襄邑王神符傳
李 德 饒 北史卷33附李璽傳／隋書卷72孝義
李16遺 元 魏書卷36附李順傳
李 遷 哲 周書卷44／北史卷66
李 遵 勗 宋史卷464外戚
李17謙 溥 宋史卷273
李 懋 檜 明史卷234
李 彌 大 宋史卷382附李彌遜傳
李 彌 遜 宋史卷382
李 應 昇 明史卷245
李 應 祥 明史卷247
李 應 期 明史卷290忠義附管良相傳
李18謹 行 新唐書卷110諸夷蕃將
李 禮 成 隋書卷50

116

李　彝　超	舊五代史卷132世襲附李仁福傳	李　繼　貞	明史卷248
李　彝　興	舊五代史卷132世襲附李仁福傳	李　繼　隆	宋史卷257附李處耘傳
李19懷　仙	舊唐書卷143 新唐書卷212藩鎮	李　繼　嵩	舊五代史51唐書宗室附魏王繼岌傳 新五代史卷14唐家人
李　懷　光	舊唐書卷121 新唐書卷224上叛臣	李　繼　蕘	舊五代史卷51唐書宗室附魏王繼岌傳 新五代史卷14唐家人
李　懷　忠	舊五代史卷124周書 宋史卷260	李　繼　潼	舊五代史卷51唐書宗室附魏王繼岌傳 新五代史卷14唐家人
李　懷　信	明史卷439	李　繼　勳	宋史卷254
李　懷　遠	舊唐書卷90 新唐書卷116	李　繼　璟	舊五代史卷51唐書宗室(又名從希) 新五代史卷15家人(目作從璟)
李　懷　儼	舊唐書卷59附李襲志傳	李　繼　蟾	舊五代史卷51唐書宗室附魏王繼岌傳 新五代史卷14唐家人
李　鵬　飛	元史卷197孝友附羊仁傳	李　繼　韜	舊五代史卷52唐書附李嗣昭傳
李　攀　龍	明史卷287文苑	李22襲　吉	舊五代史卷60唐書 新五代史卷28唐臣
李20寶　臣	舊唐書卷142 新唐書卷211藩鎮	李　襲　志	舊唐書卷59 新唐書卷91
李　獻　可	金史卷86附李石傳 明史卷233	李　襲　譽	舊唐書卷59附李襲志傳 新唐書卷91附李襲志傳
李　獻　甫	金史卷110		
李　獻　明	明史卷291忠義	李23顯　忠	宋史卷367
李　獻　能	金史卷126文藝	李　顯　達	魏書卷86孝感 北史卷84孝行
李　騰　芳	明史卷216	李24讓　夷	舊唐書卷176 新唐書卷181
李　繼　先	明史卷192附郭楠傳	李　靈　夔	舊唐書卷64宗室(即魯王) 新唐書卷79宗室
李　繼　岌	舊五代史卷51唐書宗室(即魏王) 新五代史卷14唐家人		
李　繼　周	宋史卷253	李25觀　象	魏史卷483湖南世家附周行逢傳
李　繼　忠	舊五代史卷91晉書 宋史卷257附李崇矩傳	李　忽　蘭	吉元史162
李　繼　和	宋史卷257附李處耘傳 宋史卷468宦者		
李　繼　昌	宋史卷257附李崇矩傳		
李　繼　宣	宋史卷308		

七畫

李

八　畫

龍超　北史卷85節義
沓帖木兒不花　元史卷117
帖木兒不花　元史卷132
昂吉兒　金史卷65（本名吳都）
昂吉　元史卷132
邴吉　史記卷96附張蒼傳（漢書74作丙吉）
邴原　三國魏志卷11
枚乘　漢書卷51
枚皋　漢書卷51附枚乘傳
花茂　明史卷134
花雲　明史卷289忠義
怯烈　元史卷133
怯怯里　元史卷123
抱嶷　魏書卷94閹宦　北史卷92恩倖
抱老壽　魏書卷94閹宦附抱嶷傳
官秉忠　明史卷239
官維賢　明史271
松贊　隋書卷71誠節附堯君素傳
東方朔　史記卷126滑稽　漢書卷65
東郭先生　史記卷126滑稽
宛孔氏　史記卷129貨殖　漢書卷91貨殖
陀滿斜烈　金史卷122忠義
陀滿胡士門　金史卷123忠義　金史卷74附宗望傳
京房　漢書卷75　漢書卷88儒林
京鏜　宋史卷394

呆　金史卷76（本名斜也）　金史卷84（本名撒離合）　金史卷70（本名迪吉乃）　金史卷93
忠彤　後漢書卷51
典韋　三國魏志卷18
服虔　後漢書卷109下儒林
怡峯　周書卷17　北史卷65
泓師　舊唐書卷191方技附一行傳
劾孫　金史卷65
竺淵　明史卷172附張軏傳
兒寬　漢書卷58
秉德　金史卷132逆臣（本名乙辛）
念賢　周書卷14　北史卷49
況鍾　明史卷161
兩龔　漢書卷72
幸靈　晉書卷95藝術
牀兀兒　元史卷128附土土哈傳
青滕　明史卷140
宓不齊　史記卷67仲尼弟子
呼延贊　宋史卷279
侍其曙　宋史卷326
昌義之　梁書卷19　南史卷55
邯鄲淳　三國魏志卷21附王粲傳

法　正　三國蜀志卷7或37
法　眞　後漢書卷113逸民
法　雄　後漢書卷68
邸　珍　北齊書卷47酷吏／北史卷87酷吏
邸　順　元史卷151
邸　琮　元史卷151附邸順傳
承　宮　後漢書卷57
承　裕　金史卷93
承　暉　金史卷101（本名福興）
季　布　史記卷100／漢書卷37
季　陵　宋史卷377
季　豐　魏書卷94閹官附劇鵬傳（或作李豐）
杭　昱　明史卷300外戚
杭　雄　明史卷174
杭　忽思　元史卷132
虎　臣　明史卷164附高琦傳
虎　大威　明史卷269
虎　都鐵木祿　元史卷122附鐵祿赤傳
拔　達　金史卷65附謝德庫傳
拔　里速　金史卷72
拔　都兒　元史卷132
門　達　明史卷307佞幸
門　文愛　魏書卷87節義／北史卷85節義
門　克新　明史卷139附蕭岐傳
直　不疑　史記卷103／漢書卷46

直　脫兒　元史卷123
直　魯古　遼史卷108方技
抹　兀答兒　元史卷120附宵乃台傳
抹　然盡忠　金史卷101
抹　然史扢搭　金史卷93貨殖
卓　氏　史記卷129貨殖
卓　茂　後漢書55
卓　敬　明史卷141
卓　英璘　新唐書卷145附元載傳
昔　班　元史卷134
昔　都兒　元史卷133
昔　兒吉思　元史卷122
昔　里鈐部　元史卷122
叔　孫建　魏書卷29／北史卷20
叔　孫俊　魏書卷29附叔孫建傳
叔　孫通　史記卷99／漢書卷43
叔　孫隣　魏書卷29附叔孫建傳
忽　辛　元史卷125附賽典赤瞻思丁傳
忽　都　元史卷135
忽　覩　金史卷120世戚
忽　憐　元史卷118附李禿傳
忽　林失　元史卷135
忽　剌出　元史卷133
祁　宰　金史卷83
祁　瞻　宋史卷456孝義
祁　嘉　晉書卷94隱逸

八畫

法邸承季杭虎拔門直抹卓昔叔忽祁

八畫　　祁尚易到沮岳

祁廷訓	宋史卷261
祁秉忠	明史卷271附羅一貫傳
祁彪佳	明史卷275
尚文	元史卷170
尚野	元史卷164
尚褫	明史卷164附劉煒傳
尚倫	明史卷294忠義附丁泰運傳
尚可孤	舊唐書卷144 / 新唐書卷110諸夷蕃將
尚獻甫	舊唐書卷191方技 / 新唐書卷204方技
易青	宋史卷449忠義
易雄	晉書卷89忠義
易延慶	宋史卷456孝義
易紹宗	明史卷289忠義
易道暹	明史卷294忠義附馮雲路傳
易應昌	明史卷254附喬允升傳
到沆	梁書卷49文學 / 南史卷25附到彥之傳
到洽	梁書卷27 / 南史卷25附到彥之傳
到溉	梁書卷40 / 南史卷25附到彥之傳
到撝	南齊書卷37 / 南史卷25附到彥之傳
到仲舉	陳書卷20 / 南史卷25附到彥之傳
到彥之	宋書卷46 / 南史卷25
沮渠秉	魏書卷99附盧水胡沮渠蒙遜傳 / 北史卷93僭偽附北涼附沮渠蒙遜傳
沮渠安周	魏書卷99附盧水胡沮渠蒙遜傳 / 北史卷93僭偽附北涼附沮渠蒙遜傳
沮渠牧犍	魏書卷99附盧水胡沮渠蒙遜傳 / 北史卷93僭偽附北涼附沮渠蒙遜傳
沮渠無諱	魏書卷99附盧水胡沮渠蒙遜傳 / 北史卷93僭偽附北涼附沮渠蒙遜傳
沮渠萬年	魏書卷99附盧水胡沮渠蒙遜傳 / 北史卷93僭偽附北涼附沮渠蒙遜傳
沮渠蒙遜	晉書卷129北涼載記 / 魏書卷99（目作盧水胡沮渠蒙遜） / 北史卷93僭偽附庸
岳正	明史176
岳存	元史卷152
岳飛	宋史卷365
岳柱	元史卷130附阿魯渾薩里傳
岳雲	宋史卷365附岳飛傳
岳璧	明史卷294忠義附郭以重傳
岳具仰	明史卷249附王三善傳

岳	璘帖穆爾	元史卷124
明	安	元史卷135
明	亮	魏書卷88良吏　北史卷86循吏
明	睿	明史卷294忠義附馮雲路傳
明	鎬	宋史卷292
明	山賓	梁書卷27　南史卷50附明僧紹傳
明	玉珍	明史卷123
明	克讓	北史卷83文苑　隋書卷58
明	崇儼	舊唐書卷191方技　新唐書卷204方技
明	僧紹	南齊書卷54高逸　南史卷50
邱	弘	明史卷180
邱	禰	明史卷145
邱	緒	明史卷297孝義
邱	橓	明史卷226
邱	瑜	明史卷251附方岳貢傳
邱	濬	明史卷181
邱	鐸	明史卷296孝義
邱	之陶	明史卷251附方岳貢傳
邱	民仰	明史卷261
邱	禾嘉	明史卷261附邱民仰傳
邱	祖德	明史卷277
屈	伸	明史卷180
屈	拔	魏書卷33附屈遘傳
屈	恆	魏書卷33附屈遘傳
屈	原	史記卷84
屈	堅	宋史卷453忠義
屈	遘	魏書卷33　北史卷27
屈	道賜	魏書卷33附屈遘傳
屈	突通	舊唐書卷59　新唐書卷89
屈	突詮	舊唐書卷59附屈突通傳
屈	突壽	舊唐書卷59附屈突通傳
屈	突仲翔	舊唐書卷59附屈突通傳
來	和	北史卷89藝術　隋書卷78藝術
來	恆	新唐書卷105附來濟傳
來	敏	三國蜀志卷12或42
來	瑱	舊唐書卷114　新唐書卷144
來	歙	後漢書卷45
來	歷	後漢書卷45附來歙傳
來	嶷	南史卷72文學附祖沖之傳
來	濟	舊唐書卷80　新唐書卷105
來	干	魏書卷30　北史卷25
來	大子珣	舊唐書卷186上酷吏　新唐書卷209酷吏附來俊臣傳
來	之邵	宋史卷355
來	之知德	明史卷283儒林
來	俊臣	舊唐書卷186上酷吏　新唐書卷209酷吏
來	護兒	北史卷76　隋書卷64
來	阿八赤	元史卷129
和	尚	元史卷134　元史卷135
和	洽	三國魏志卷23
和	洪	北史卷73　隋書卷55

八畫	和	勇	明史卷156
	和	峴	宋史卷439文苑
	和	跋	魏書卷28 北史卷20
	和	斌	宋史卷350
和邵金	和	詵	宋史卷350附和斌傳
	和	嶠	晉書卷45
	和	凝	舊五代史127周書 新五代史卷56雜傳
	和	濛	宋史卷439文苑附和峴傳
	和	歸	魏書卷28附和跋傳
	和 士其	開奴	北齊書卷50恩倖 北史卷92恩倖
	和	奴	魏書卷44 北史卷25
	和 逢	堯	舊唐書卷185下良吏附强循傳 新唐書卷123附趙彥昭傳
	邵	亢	宋史卷317
	邵	必	宋史卷317附邵亢傳
	邵	玘	明史卷158附顧佐傳
	邵	眞	舊唐書卷187下忠義
	邵	雲	宋史卷448忠義附李彥仙傳
	邵	喜	明史卷300外戚
	邵	雍	宋史卷427道學
	邵	說	舊唐書卷137 新唐書卷203文藝
	邵	曄	宋史卷426循吏
	邵	寶	明史卷282儒林
	邵	續	晉書卷63
	邵 元	節	明史卷307佞幸
	邵 成	章	宋史卷469宦者
邵	伯	溫	宋史卷433儒林
邵	宗	元	明史卷295忠義附問復傳
邵	洪	哲	魏書卷87節義 北史卷85節義
邵	捷	春	明史卷260
邵	經	邦	明史卷206
邵	敬	祖	元史卷197孝友
邵	榮	興	南史卷73孝義附封延伯傳
邵	繼	祖	明史卷284儒林附孔希學傳
金		玉	明史卷155附薛祿傳
金		忠	明史卷150 明史卷156
金		英	明史卷304宦官
金		祚	北齊書卷27 北史卷53
金		淵	宋史卷419
金		順	明史卷156附吳成傳
金		純	明史卷157
金		鉉	明史卷266
金		實	明史卷137附桂彥良傳
金		濂	明史卷160
金		應	宋史卷454忠義附鄧鳳傳
金		聲	明史卷277
金 士		衡	明史卷236
金 日		磾	漢書卷68
金 日		觀	明史卷271
金 幼		孜	明史卷147
金 光		辰	明史卷254附張璡傳
金 安		上	漢書卷68附金日磾傳

金	安	節	宋史卷386
金	國	鳳	明史卷272
金	梁	鳳	舊唐書卷191方技 新唐書卷204方技附 袁天綱傳
金	朝	興	明史卷131
金	鉉	峒	明史卷295忠義
金	履	祥	元史卷189儒學
金	興	旺	明史卷134
金	獻	民	明史卷194
房		兆	北史卷73附劉方傳 隋書卷53附劉方傳
房		式	舊唐書卷111附房琯 傳 新舊書卷139附房琯 傳
房		亮	魏書卷72 北史卷45
房		苑	北史卷73附劉方傳
房		豹	北齊書卷46循吏 北史卷39附房法壽 傳
房		啓	新唐書卷139附房琯 傳
房		堅	魏書卷43附房法壽 傳
房		琯	舊唐書卷111 新唐書卷139
房		勝	明史卷146附孫嚴傳
房		寬	明史卷145附陳亨傳
房		鳳	漢書卷88儒林
房		暠	舊五代史卷96晉書
房		謨	北史卷55
房	士	達	魏書卷43附房法壽 傳
房	天	樂	魏書卷61附沈文秀 傳

房	玄	齡	舊唐書卷66 新唐書卷96
房	伯	玉	魏書卷43附房法壽
房	知	溫	舊五代史卷91晉書 新五代史卷46雜傳
房	法	壽	魏書卷43 北史卷39
房	彥	謙	北史卷39附房法壽傳 隋書卷66
房	恭	懿	北史卷55附房謨傳 隋書卷73循吏
房	崇	吉	魏書卷43附房法壽 傳
房	景	先	魏書卷43附房法壽 傳
房	景	伯	魏書卷43附房法壽 傳 北史卷39附房法壽 傳
房	景	遠	魏書卷43附房法壽 傳
房	暉	遠	北史卷82儒林 隋書卷75儒林
房	遺	直	舊唐書卷66附房玄 齡傳
房	遺	愛	舊唐書卷66附房玄 齡傳 新唐書卷96附房玄 齡傳
房	孺	復	舊唐書卷111附房琯 傳 新唐書卷139附房琯 傳
武		亢	金史卷131方技附武 楨傳
武	白		遼史卷82
武	仙		金史卷118
武	陔		晉書卷45
武	英		宋史卷325附任福傳
武	恪		元史卷199隱逸
武	都		金史卷128循吏
武	楨		金史卷131方技
武	德		明史卷134附廖大亨 傳

八畫

武長

武	衙思	明史卷180附胡獻傳
武	三思	舊唐書卷183外戚附武承嗣傳 新唐書卷206外戚附武士彠傳
武	大烈	明史卷293忠義
武	士逸	舊唐書卷58附武士彠傳 新唐書卷206外戚附武士彠傳
武	士稜	舊唐書卷58附武士彠傳 新唐書卷206外戚附武士彠傳
武	士彠	舊唐書卷58 新唐書卷206外戚
武	元衡	舊唐書卷158 新唐書卷152
武	平一	新唐書卷119
武	弘度	新唐書卷195孝友
武	安侯	史記卷107(卽田蚡)
武	行德	宋史卷252
武	延秀	舊唐書卷183外戚附武承嗣傳
武	攸暨	舊唐書卷183外戚附武承嗣傳 新唐書卷206外戚附武士彠傳
武	攸緒	舊唐書卷183外戚附武承嗣傳 新唐書卷196隱逸
武	承嗣	舊唐書卷183外戚 新唐書卷206外戚附武士彠傳
武	起潛	明史卷291忠義附李獻明傳
武	崇訓	舊唐書卷183外戚附武承嗣傳
武	漢球	舊五代史卷106漢書
武	儒衡	舊唐書卷158附武元衡傳 新唐書卷152附武元衡傳
武	懿宗	舊唐書卷183外戚附武承嗣傳 新唐書卷206外戚附武士彠傳
長	壽	元史卷197孝友
長孫	平	北史卷22附長孫覽傳 隋書卷46
長孫	幼	北史卷22附長孫道生傳(魏書卷25作長孫稚)
長孫	兕	周書卷26附長孫紹遠傳 北史卷22附長孫道生傳
長孫	肥	魏書卷26 北史卷22
長孫	眞	魏書卷26附長孫肥傳
長孫	陳	魏書卷26附長孫肥傳
長孫	晟	北史卷22附長孫道生傳 隋書卷51附長孫覽傳
長孫	敦	魏書卷25附長孫嵩傳
長孫	儌	舊唐書卷183外戚 新唐書卷105附長孫無忌傳
長孫	稚	魏書卷25附長孫道生傳(北史卷22作長孫幼)
長孫	嵩	魏書卷25 北史卷22
長孫	詮	新唐書卷105附長孫無忌傳
長孫	澄	周書卷26附長孫紹遠傳 北史卷22附長孫道生傳
長孫	慮	魏書卷86孝感 北史卷84孝行 周書卷26
長孫	儉	北史卷22附長孫嵩傳

八畫　長　阿

長孫翰	魏書卷26附長孫肥傳
長孫穎	魏書卷25附長孫萬傳
長孫熾	北史卷22附長孫道生傳／隋書卷51附長孫覽傳
長孫操	舊唐書卷183外戚附長孫敞傳／新唐書卷105附長孫無忌傳
長孫蘭	魏書卷26附長孫肥傳
長孫覽	北史卷22附長孫道生傳／隋書卷51
長孫觀	魏書卷25附長孫道生傳
長孫子彥	魏書卷25附長孫道生傳
長孫亦千	魏書卷26附長孫肥傳
長孫紹遠	周書卷26／北史卷22附長孫道生傳
長孫無忌	舊唐書卷65／新唐書卷105
長孫順德	舊唐書卷58／新唐書卷105附長孫無忌傳
長孫道生	魏書卷25／北史卷22
長孫冀歸	北史卷22附長孫萬傳
阿台尤	元史卷124附塔本傳
阿尤疎	金史卷67
阿寄	明史卷297孝義
阿喜	金史卷66
阿璡	金史卷69
阿榮	元史卷143
阿鄰	金史卷73
阿尼哥	元史卷203工藝（一作阿爾尼格）
阿尤魯	元史卷123
阿虎帶	金史卷124忠義附烏古孫奴申傳
阿剌罕	元史卷129
阿哈瑪	元史卷205姦臣（一作阿合馬）
阿徒罕	金史卷81
阿答赤	元史卷135
阿离補	金史卷80
阿塔海	元史卷129
阿魯圖	元史卷139
阿魯補	金史卷68附詔訂傳
阿史那忠	舊唐書卷109附阿史那杜尔傳／新唐書卷110諸夷蕃將附阿史那杜尔傳
阿老瓦丁	元史卷203工藝（一作阿喇卜丹）
阿沙不花	元史卷136
阿里海牙	元史卷128
阿兒思蘭	元史卷123
阿离合懣	金史卷73
阿禮海牙	元史卷137
阿史那社尔	舊唐書卷109／新唐書卷110諸夷蕃將
阿史那道貞	舊唐書卷109附

宗	賢	金史卷66（本名阿魯）	
		金史卷70（本名賽里）	
宗	憲	金史卷70（本名阿懶）	
宗	翰	金史卷74（本名粘罕）	
宗 18 禮		明史卷205附胡宗憲傳	
宗 4 少 文		南史卷75隱逸（宋書卷93作宗炳）	
宗 元 卿		南史卷73孝義附羿叔謙傳	
宗 元 饒		陳書卷29	
		南史卷68	
宗 6 如 周		周書卷48附蕭詧傳	
		北史卷93僭偽附廓附蕭詧傳	
宗 10 或 之		宋書卷93隱逸	
		南史卷75隱逸附宗少文傳	
宗 晉 卿		新唐書卷109附宗楚客傳	
宗 13 楚 客		舊唐書卷92附蕭至忠傳	
		新唐書卷109	
宗 14 端 修		金史卷100	
林 5 旦		宋史卷343附林希傳	
林 7 希		宋史卷343	
林 材		明史卷242	
林 9 郁		宋史卷449忠義附林冲之傳	
林 英		明史卷143附王叔英傳	
林 塋		明史卷277附林汝翥傳	
林 俊		明史卷194	
林 10 特		宋史卷253附王欽若傳	
林 栗		宋史卷394	
林 11 略		宋史卷419	

林	逋	宋史卷457隱逸	
林	烴	明史卷163附林瀚傳	
林	培	明史卷234附馬經綸傳	
林	釬	明史卷351附徐光啓傳	
林 12 尊		漢書卷88儒林	
林	琦	宋史卷454忠義附鄧鳳傳	
林	達	明史卷194附林俊傳	
林 13 槩		宋史卷432儒林	
林 14 碩		明史卷161	
林 15 廣		宋史334	
林	霆	宋史卷436儒林附鄭樵傳	
		宋史卷449忠義附林冲之傳	
林	震	宋史卷449忠義附林冲之傳	
林	潤	明史卷210	
林 16 勳		宋史卷422	
林	錦	明史卷165	
林 17 爔		明史卷163附林瀚傳	
林	聰	明史卷177	
林	鴻	明史卷286文苑	
林 18 攄		宋史卷351	
林	瀚	明史卷163	
林 19 蘊		新唐書卷200儒學	
林	鶚	明史卷157	
林 22 攢		新唐書卷195孝友	
林 3 大 中		宋史卷393	
林 士 弘		舊唐書卷56附李子通傳	

127

八畫				新唐書卷87附李子通傳	孟	郊	舊唐書卷160 新唐書卷176附韓愈傳
	林	4之	奇	宋史卷433儒林			
	林	日	瑞	明史263	孟	昶	新五代史卷64後蜀世家附孟知祥傳 舊五代史卷136僭偽附孟知祥傳 宋史卷479西蜀世家
	林	6光	朝	宋史卷433儒林			
	林	兆	鼎	明史卷249附朱燮元傳			
	林	汝	羲	明史卷277	孟	奎	金史卷104
林孟	林	7希	元	明史卷282儒林附蔡清傳	孟	秋	明史卷283儒林附孟化鯉傳
	林	冲	之	宋史卷449忠義	孟	10琪	宋史卷412
	林	8秉	漢	明史卷242附朱吾弼傳	孟	浩	金史卷89
	林	空	齋	宋史卷452忠義	孟	卿	漢書卷83儒林
	林	長	懋	明史卷162附戴綸傳	孟	12軻	史記卷74
	林	10庭	棉	明史卷163附林瀚傳	孟	喜	漢書卷88儒林
	林	庭	機	明史卷163附林瀚傳	孟	欽	晉書卷95藝術
	林	13熙	春	明史卷234附馬經綸傳	孟	華	新唐書卷193忠義
	林	14嘉	猷	明史卷141附方孝孺傳	孟	善	明史卷146
	林	16興	祖	元史卷192良吏	孟	13業	北齊書卷46循吏 北史卷86循吏 元史卷160
	林	17應	聰	明史卷207附朱淵傳	孟	祺	
	林	21蘭	友	明史卷276附何楷傳	孟	14嘉	晉書卷98叛臣
	林	24靈	素	宋史卷462方技	孟	詵	舊唐書卷191方技 新唐書卷196隱逸
	孟	4元		宋史卷323	孟	15嘗	漢書卷106循吏
	孟	6光		三國蜀志卷12或42	孟	德	元史卷166
	孟	7玑		明史卷162附鍾同傳	孟	16遘	新唐書卷187附孟方立傳
	孟	8表		魏書卷61 北史卷37	孟	興	金史卷127孝友
	孟	9陋		晉書卷94隱逸	孟	18簡	舊唐書卷163 新唐書卷160
	孟	威		魏書卷44 北史卷50	孟	鵠	舊五代史卷69唐書
	孟	信		北史卷70	孟	22鑄	金史卷100

孟	23樂	北史卷92恩倖（魏書卷94作孟鸞）
孟	25觀	晉書卷60
孟	30鸞	魏書卷94閹宦（北史卷92作ｆ鸞）
孟	一脈	明史卷235
孟	4方立	新唐書卷187 舊五代史卷62唐書 新五代史卷42雜傳
孟	元陽	舊唐書卷151 新唐書卷170
孟	化鯉	明史卷383儒林
孟	仁裕	宋史卷479西蜀世家附孟昶傳
孟	仁操	宋史卷479西蜀世家附孟昶傳
孟	仁鸞	宋史卷479西蜀世家附孟昶傳
孟	6兆祥	明史卷265
孟	7希文	明史卷234儒林附孔希學傳
孟	利貞	舊唐書卷190上文苑
孟	8宗政	宋史卷403
孟	忠厚	宋史卷465外戚
孟	知祥	舊五代史卷136僭偽 新五代史卷64後蜀世家
孟	承光	明史卷290忠義附姬文允傳
孟	承誨	舊五代史卷96晉書
孟	9彥卿	宋史卷453忠義
孟	10浩然	舊唐書卷190下文苑 新唐書卷203文藝
孟	11章明	明史卷265附孟兆祥傳
孟	速思	元史卷124
孟	14夢恂	元史卷190儒學附周仁榮傳
孟	漢瓊	舊五代史卷72唐書

孟	養浩	明史卷233
孟	16龍符	宋書卷47附孟懷玉傳 南史卷17附孟懷玉傳
孟	19懷玉	宋書卷47 南史卷17
孟	贄鱗	元史卷164
孟	21蘭強	魏書卷87節義附石文德傳
周	4文	史記卷103（漢書卷46作周仁）
周	仁	漢書卷46（史記卷103作周文）
周	中	宋史卷448忠義附韓浩傳
周	5札	晉書卷58附周處傳
周	玉	明史卷174附周賢傳
周	用	明史卷202
周	6光	晉書卷58附周訪傳
周	全	元史卷165
周	7防	後漢書卷109上儒林
周	珌	晉書卷58附周處傳
周	沆	宋史卷331
周	辛	宋史卷448忠義附韓浩傳
周	忱	明史卷153
周	延	明史卷202
周	8昌	史記卷96 漢書卷42
周	昊	陳書卷13 南史卷67
周	迪	陳書卷35 南史卷80賊臣
周	昂	金史卷126文藝
周	武	明史卷130附吳復傳
周	金	明史卷201

八畫

孟周

八畫	周	怡	明史卷209	周	淙 宋史卷390
	周	勃	漢書卷40（史記卷57作絳侯周勃世家）	周	冕 明史卷210 明史卷284儒林附孔希學傳
	周	9籽	後漢書卷107酷吏		
	周	宜	三國魏志卷29方技	周	12堪 漢書卷88儒林
周	周	美	宋史卷323	周	景 後漢書卷75附周榮傳
	周	南	宋史卷393附黃庶傳 明史卷187	周	閔 晉書卷69附周顗傳
	周	述	明史卷152	周	幾 魏書卷30 北史卷25
	周	奎	明史卷300外戚	周	曾 新唐書卷193忠義
	周	10泰	三國吳志卷10或55	周	湛 宋史卷300
	周	斌	晉書卷58附周訪傳	周	渭 宋史卷304
	周	浚	晉書卷61	周	滇 明史卷138附周禎傳
	周	起	宋史卷288	周	鉄 明史卷207附王與齡傳
	周	琉	明史卷205附張經傳	周	琬 明史卷296孝義
	周	敖	明史卷297孝義	周	13瑜 三國吳志卷9或54
	周	能	明史卷300外戚	周	羣 三國蜀志卷12或42
	周	紘	明史卷157附周王宣傳	周	楚 晉書卷58附周訪傳
	周	或	明史卷300外戚附周能傳	周	筵 晉書卷58附周處傳
	周	11章	後漢書卷63	周	嵩 晉書卷61附周浚傳
	周	處	晉書卷58	周	該 晉書卷89忠義
	周	訪	晉書卷58	周	搖 北史卷73 隋書卷55
	周	崎	晉書卷89忠義	周	葵 宋史卷385
	周	朗	宋書卷82 南史卷34	周	槙 明史卷138
	周	敘	明史卷152	周	瑄 明史卷157
	周	捨	梁書卷25 南史卷34附周朗傳	周	新 明史卷161
	周	密	舊五代史卷124周書	周	經 明史卷183
	周	常	宋史卷356	周	瑛 明史卷282儒林

姓	名	出處
周	幹	明史卷269忠義附周憲傳
周	14榮	後漢書卷75
周	嘉	後漢書卷111獨行
周	墀	舊唐書卷176／新唐書卷182
周	壽	明史卷300外戚附周能傳
周	15緤	史記卷98／漢書卷41
周	磐	後漢書卷69
周	礒	後漢書卷91附周舉傳／晉書卷58附周處傳
周	魴	三國吳志卷15
周	撫	晉書卷58附周訪傳
周	敷	陳書卷13／南史卷67
周	確	陳書卷24附周弘正傳／南史卷34附周朗傳
周	憬	舊唐書卷187上忠義附王同皎傳／新唐書卷191忠義附王同皎傳
周	塋	宋史卷268
周	廣	宋史卷271／明史卷188
周	樂	元史卷198孝友
周	16翬	後漢書卷91
周	澤	後漢書卷109下儒林
周	澹	魏書卷91藝術／北史卷90藝術
周	興	舊唐書卷186上酷吏／新唐書卷209酷吏附來俊臣傳
周	縉	明史卷143
周	賢	明史卷174
周	蕙	明史卷282儒林附薛瑄傳
周	憲	明史卷289忠義
周	燮	後漢書卷83
周	濟	明史卷231循吏
周	18謨	晉書卷61附周浚傳
周	馥	晉書卷61附周浚傳
崔	顒	南齊書卷41／南史卷34附周朗傳
周	璠	明史卷141附茅大芳傳
周	19瓊	晉書卷58附周訪傳
周	顗	晉書卷69
周	鎧	元史卷195忠義
周	璽	明史卷174附劉寧傳／明史卷188
周	顥	明史卷299方技
周	20鸞	後漢書卷113逸民
周	寶	新唐書卷186
周	瓌	舊五代史卷95晉書
周	23顯	明史卷133附曹良臣傳
周	鑣	明史卷274附姜曰廣傳
周	25觀	魏書卷30／北史卷25
周	鑰	明史卷188附許天錫傳
周	二南	明史卷294忠義附蔡道憲傳
周	卜歷	明史卷293忠義附李貞佐傳
周	3山圖	南齊書卷29／南史卷46
周	士模	明史卷264
周	4允元	舊唐書卷90附豆盧欽望傳／新唐書卷114附豆盧欽望傳

八畫

周

八畫	周	天	佐	明史卷209附楊爵傳	周	延	儒	明史卷308姦臣

八畫

周	天	佐	明史卷209附楊爵傳
周	文	育	陳書卷8 南史卷66
周	元	豹	舊五代史卷71唐書
周	仁	美	宋史卷279
周	仁	榮	元史卷190儒學
周	必	大	宋史卷391
周	仔	肩	元史卷190儒學附周仁榮傳
周	石	珍	南史卷77恩倖
周	生	烈	三國魏志卷13附王朗傳
周	永	春	明史卷259附楊鎬傳
周	永	清	宋史卷350
周	弘	正	陳書卷24 南史卷34附周朗傳
周	弘	直	陳書卷24附周弘正傳 南史卷34附周朗傳
周	弘	祖	明史卷215
周	弘	禴	明史卷234附李沂傳
周	弘	讓	南史卷34附周朗傳
周	仲	孫	晉書卷58附周訪傳
周	行	逢	宋史卷483湖南世家 新五代史卷66楚世家附馬殷傳
周	自	強	元史卷192良吏
周	光	輔	舊五代史卷91晉書
周	克	明	宋史卷461方技
周	邦	彥	宋史卷444文苑
周	利	貞	舊唐書卷186下酷吏 新唐書卷209酷吏
周	伯	琦	元史卷187

周	延	儒	明史卷308姦臣
周	亞	夫	漢書卷40附周勃傳
周	定	仍	明史卷278附詹兆恒傳
周	尙	文	明史卷211
周	法	尙	北史卷76 隋書卷65
周	奉	叔	南史卷46附周盤龍傳
周	宗	建	明史卷245
周	知	裕	舊五代史卷64唐書 新五代史卷45雜傳
周	孟	陽	宋史卷322
周	孟	簡	明史卷152附周述傳
周	是	修	明史卷143
周	述	學	明史卷299方技
周	洪	謨	明史卷184
周	炳	謨	明史卷251附文震孟傳
周	茂	蘭	明史卷245附周順昌傳
周	思	茂	舊唐書卷190中文苑附元萬頃傳 新唐書卷201文藝附元萬頃傳
周	思	兼	明史卷208
周	起	元	明史卷245
周	時	從	明史卷189附胡爐傳
周	啓	明	宋史卷458隱逸
周	執	羔	宋史卷388
周	惟	簡	宋史卷478南唐世家附李景傳
周	陽	由	史記卷122酷吏 漢書卷90酷吏附寗成傳
周	順	昌	明史卷245

132

周　善　敏　宋史卷456孝義附王
　　　　　光濟傳
周　堯　卿　宋史卷432儒林
周　惠　達　周書卷22
　　　　　北史卷63
周　喜　同　元史卷194忠義（目
　　　　　標喜同）
周　朝　瑞　明史卷244
周　期　雍　明史卷202
周　敦　吉　明史卷271附童仲揆
　　　　　傳
周　敦　頤　宋史卷427道學
周　智　光　舊唐書卷114
　　　　　新唐書卷224上叛臣
周　智　爽　舊唐書卷188孝友附
　　　　　王玙操傳
周　智　壽　舊唐書卷183孝友附
　　　　　王玙操傳
　　　　　（智爽,智壽,新唐書
　　　　　俱姓「同蹄」且無名,
　　　　　附孝友張琇傳。）

周13敬　心　明史卷139
周　過　吉　明史卷268
周　道　登　明史卷251附李標傳
周14漢　卿　明史卷299方技
周　嘉　謨　明史卷241
周　鳳　歧　明史卷294忠義附陳
　　　　　璘傳
周　鳳　翔　明史卷266
周15審　玉　宋史卷308
周　盤　龍　南齊書卷29
　　　　　南史卷46
周　德　威　舊五代史卷56唐書
　　　　　新五代史卷25唐臣
周　德　興　明史卷132
周16與　嗣　梁書卷49文學
　　　　　南史卷72文學
周17應　秋　明史卷306閹黨附王
　　　　　紹徽傳

周　鴻　圖　明史卷249附蔡復一
　　　　　傳
周19懷　政　宋史卷466宦者
周　羅　睺　北史卷76
　　　　　隋書卷65
周20寶　安　陳書卷8附周文育傳
　　　　　南史卷66附周文育
　　　　　傳
周21續　之　宋書卷93隱逸
　　　　　南史卷75隱逸
周　鐵　虎　陳書卷10
　　　　　南史卷67
周25觀　政　明史卷139附韓宜可
　　　　　傳

八畫

周

九畫

郅柯苟宣姬柏信按迷胥查拜茅泉垣

迷	里	威	失元史卷124附塔本傳
迷	里	彌	實元史卷196忠義
胥		偓	宋史卷294
胥		鼎	金史卷108
胥		謙	金史卷124忠義附馬慶祥傳
胥	持	國	金史卷129佞幸
查		陶	宋史卷296附查道傳
查		道	宋史卷296
查		鐸	明史卷227附蕭彥傳
查	秉	彝	明史卷210附屬汝迪傳
拜		延	元史卷133
拜		住	元史卷136
拜		降	元史卷131
拜	延 八	都 魯	元史卷123
茅		成	明史卷133
茅		坤	明史卷287文苑
茅		容	後漢書卷98附郭太傳
茅		維	明史卷287文苑附茅坤傳
茅	大	芳	明史卷141
泉		介	北史卷66(周書卷44作泉企)
泉		企	周書卷44(北史卷66作泉介)
泉	元	禮	周書卷44附泉企傳
泉	男	生	新唐書卷110諸夷蕃將
泉	仲	遵	周書卷44附泉企傳
泉	獻	誠	新唐書卷110諸夷蕃將附泉男生傳
垣		閎	南史卷25附垣護之傳

夷蕃將

郅		都	史記卷122酷吏 漢書卷90酷吏
郅		惲	後漢書卷59
郅		壽	後漢書卷59附郅惲傳
柯		潛	明史卷152
柯		暹	明史卷164附鄭辭傳
柯	維	騏	明史卷287文苑
苟		晞	晉書卷61
苟		頹	魏書卷44 北史卷25
苟	與	齡	宋史卷456孝義
宣		秉	後漢書卷57
宣		繒	宋史卷419
宣	曲 任	氏	漢書卷91貨殖
姬		澹	魏書卷23附衛操傳
姬	文	允	明史卷290忠義
姬	汝	作	金史卷123忠義
柏		耆	舊唐書卷154 新唐書卷175
柏	良	器	新唐書卷136附李光弼傳
柏	帖 穆	爾	元史卷196忠義
信	苴	日	元史卷166
信	都	芳	北齊書卷49方技 魏書卷91藝術附張淵傳 北史卷89藝術
按	扎	兒	元史卷122
按	竺	邇	元史卷121
按	答	海	金史卷73
迷	里	特	遼史卷112逆臣附糺底傳(姓耶律)

苗	道	潤	金史卷118
施		聚	明史卷174附巫凱傳
施		讐	漢書卷88儒林
施	文	慶	南史卷77恩倖
施	合	德	元史卷197孝友附王初應傳
施	邦	曜	明史卷265
施	宜	生	金史卷79
施	昌	言	宋史卷299
施	師	點	宋史卷385
施	敬	本	新唐書卷200儒學
哈		銘	明史卷167附袁彬傳
哈	都	赤	元史卷198孝友
哈	散	納	元史卷123
哈	剌	魭	元史卷132
哈	瑪	爾	元史卷205姦臣（總目標哈麻）
哈	八	兒	禿元史卷123
哈	剌	哈	孫元史卷136
哈	剌	亦	哈 赤 比 魯 元史卷124
苻		生	晉書卷112前秦載記　魏書卷95附臨渭氐苻健傳
苻		丕	晉書卷115前秦載記　魏書卷95附臨渭氐苻健傳
苻		洪	晉書卷112前秦載記　魏書卷95附臨渭氐苻健傳
苻		朗	晉書卷114前秦載記

九畫

垣南紀苗施哈苻

垣	崇	祖	南齊書卷25　南史卷25附垣護之傳
垣	榮	祖	南齊書卷28　南史卷25附垣護之傳
垣	曇	深	南史卷25附垣護之傳
垣	護	之	宋書卷50　南史卷25
南	企	仲	明史卷264附南居益傳
南	居	益	明史卷264
南	居	業	明史卷264附南居益傳
南	宮	括	史記卷67仲尼弟子
南		霽	雲 新唐書卷192忠義附許遠傳
紀		剛	明史卷307侫幸
紀		瞻	晉書卷68
紀	少	瑜	南史卷72文學
紀	天	錫	金史卷131方技
紀		納	舊唐書卷92附韋巨忠傳　新唐書卷109附宋楚客傳
紀	僧	眞	南齊書卷56倖臣　南史卷77恩倖　宋史卷461方技
苗		訓	宋史卷350
苗		授	宋史卷475叛臣
苗		履	宋史卷350附苗授傳
苗	守	信	宋史卷461方技附苗訓傳
苗	時	中	宋史卷331
苗	神	客	舊唐書卷190中文苑附元萬頃傳
苗		晉	卿 舊唐書卷113　新唐書卷140

九畫

苻种紇俞

苻		健	晉書卷112前秦載記 魏書卷95(目作臨渭氏苻健)
苻		崇	魏書卷95附臨渭氏苻健傳
苻		雄	晉書卷112前秦載記
苻		堅	晉書卷113至114前秦載記 魏書卷95附臨渭氏苻健傳
苻		登	晉書卷115前秦載記附苻丕傳 魏書卷95附臨渭氏苻健傳
苻		融	晉書卷114前秦載記
苻承祖			魏書卷94閹官 北史卷92恩倖
种古朴			宋史卷335附种世衡傳
种朴			宋史卷335附种世衡傳
种劭			後漢書卷86附种暠傳
种岱			後漢書卷86附种暠傳
种拂			後漢書卷86附种暠傳
种放			宋史卷457隱逸
种暠			後漢書卷86
种誼			宋史卷335附种世衡傳
种諤			宋史卷335附种世衡傳
种世衡			宋史卷335
种師中			宋史卷335附种世衡傳
种師道			宋史卷335附种世衡傳
紇突鄰	紇奚		魏書卷103附高車傳
紇石烈德			金史卷128循吏
紇石烈良弼			金史卷88

紇石烈志寧	金史卷87
紇石烈阿疎	金史卷67
紇石烈胡剌	金史卷82
紇石烈桓端	金史卷103
紇石烈麻產	金史卷67附紇石烈臚睹傳
紇石烈鈍恩	金史卷67
紇石烈執中	金史卷132逆臣(本名胡沙虎)
紇石烈臈醅	金史卷67
紇石烈鶴壽	金史卷122忠義
紇石烈牙吾塔	金史卷111
紇石烈胡失門	金史卷104

俞山	明史卷152附陳濟傳
俞充	宋史卷333
俞全金	元史卷197孝友附羊仁傳
俞玖	明史卷297孝義
俞淵	明史卷133附金通海傳
俞僉	南史卷73孝義附裴道之傳
俞褒	宋史卷354
俞敬	明史卷192附郭楠傳
俞綱	明史卷152附陳濟傳
俞諫	明史卷187
俞士吉	明史卷149附夏原吉傳

(天)

九畫

俞封洪

姓	名	出處
俞	子俊	明史卷178
俞	大猷	明史卷212
俞	允文	明史卷288文苑附王稺登傳
俞	文俊	舊唐書卷187上忠義
俞	汝尚	宋史卷458隱逸
俞	述祖	元史卷195忠義
俞	通海	明史卷133
俞	通源	明史卷133附俞通海傳
俞	獻卿	宋史卷300
封	回	魏書卷32附封懿傳 / 北史卷24附封懿傳 / 晉書卷128南燕載記
封	孚	
封	津	魏書卷94閹宦 / 北史卷92恩倖
封	軌	魏書卷32附封懿傳
封	述	北齊書卷43 / 北史卷24附封懿傳
封	敖	舊唐書卷168 / 新唐書卷177
封	倫	舊唐書卷63 / 新唐書卷100
封	琳	魏書卷32附封懿傳
封	愷	魏書卷32附封懿傳
封	肅	魏書卷85文苑 / 北史卷24附封懿傳
封	憑	魏書卷94閹宦附封津傳
封	瓊	魏書卷32附封懿傳
封	懿	魏書卷32 / 北史卷24
封	子繪	北齊書卷21附封隆之傳
封	玄之	魏書卷32附封懿傳
封	行高	舊唐書卷63附封倫傳
封	延伯	南齊書卷55孝義 / 南史卷73孝義
封	言道	舊唐書卷63附封倫傳
封	敕文	魏書卷51 / 北史卷37
封	偉伯	魏書卷32附封懿傳
封	常清	舊唐書卷104 / 新唐書卷135
封	隆之	北齊書卷21 / 北史卷24附封懿傳
封	舜卿	舊五代史卷68唐書
封	輔相	北史卷53附張保洛傳
封	磨奴	魏書卷32附封懿傳
封	顯之	魏書卷32附封懿傳
封	靈祐	魏書卷32附封懿傳
洪	芹	宋史卷425
洪	衍	金史卷93
洪	垣	明史卷208
洪	适	宋史卷373附洪皓傳
洪	皓	宋史卷373
洪	湛	宋史卷441文苑
洪	裕	金史卷93
洪	嫮	金史卷93
洪	熙	金史卷93
洪	經	金史卷93
洪	萬輝	元史卷154附洪福源傳
洪	輝	金史卷93
洪	遵	宋史卷373附洪皓傳
洪	擬	宋史卷381
洪	邁	宋史卷373附洪皓傳
洪	蘊	宋史卷461方技(總目標沙門洪蘊)

（天）

洪		鐘	明史卷187
洪	天	錫	宋史卷424
洪	文	撫	宋史卷456孝義
洪	文	衡	明史卷242
洪	君	祥	元史卷154附洪福源傳
洪	彥	昇	宋史卷348
洪	俊	奇	元史卷154附洪福源傳
洪	咨	夔	宋史卷406
洪	雲	蒸	明史卷260附熊文燦傳
洪	經	綸	舊唐書卷127
洪	福	源	元史卷154
洪	興	祖	宋史卷433儒林
皇		侃	南史卷71儒林（梁書卷48作皇偘）
皇		偘	梁書卷48儒林（南史卷71作皇侃）
皇	甫	奴	魏書卷86孝感附閭元明傳
皇	甫	玉	北齊書卷49方技／北史卷89藝術
皇	甫	冉	新唐書卷202文藝附蕭士顗傳
皇	甫	立	舊五代史卷106漢書
皇	甫	沖	明史卷287文苑附皇甫涍傳
皇	甫	汸	明史卷287文苑附皇甫涍傳
皇	甫	坦	宋史卷462方技
皇	甫	和	北齊書卷35／北史卷38附裴陀傳
皇	甫	重	晉書卷60
皇	甫	眞	晉書卷111前燕載記
皇	甫	涍	明史卷287文苑
皇	甫	規	後漢書卷95
皇	甫	湜	新唐書卷176附韓愈傳
皇	甫	斅	明史卷289忠義附皇甫斌傳
皇	甫	斌	明史卷289忠義
皇	甫	嵩	後漢書卷101
皇	甫	瑒	魏書卷71附裴叔業傳
皇	甫	遐	周書卷46孝義／北史卷84孝行
皇	甫	遇	舊五代史卷95晉書雜傳
皇	甫	暉	新五代史卷49雜傳
皇	甫	誕	北史卷70附皇甫璠傳／隋書卷71誠節
皇	甫	璠	周書卷39／北史卷70
皇	甫	謐	晉書卷51
皇	甫	徽	魏書卷71附姜悅之傳
皇	甫	績	北史卷74／隋書卷38
皇	甫	鎛	舊唐書卷135／新唐書卷167
皇	甫	濟	明史卷287文苑附皇甫涍傳
皇	甫	鏞	舊唐書卷135附皇甫鎛傳／新唐書卷167附皇甫鎛傳
皇	甫方	回	晉書卷51附皇甫謐傳
皇	甫仲	和	明史卷299方技
皇	甫無	逸	舊唐書卷62／新唐書卷91
皇	甫	繼	明宋史卷259
皇	甫	繼勳	宋史卷478南唐世家附李景傳
段	永	民	周書卷36／北史卷67
段		民	明史卷158
段		灼	晉書卷48

九畫

段姜

段佐	舊唐書卷152	
段豸	明史卷289忠義附霍恩傳	
段直	元史卷192良吏	
段珂	新唐書卷153附段秀實傳	
段展	明史卷291忠義附崔儒秀傳	
段深	舊五代史卷24梁書	
段進	魏書卷87節義 北史卷85節義	
段達	隋書卷85附王充傳 北史卷79	
段琛	北史卷53附張保洛傳	
段堅	明史卷281循吏	
段暉	魏書卷52附段承根傳	
段榮	北齊書卷16 北史卷54	
段韶	北齊書卷16附段榮傳 北史卷54附段榮傳	
段熲	後漢書卷95	
段凝	舊五代史卷73唐書 新五代史卷45雜傳	
段嶷	新唐書卷153附段秀實傳	
段翳	後漢書卷112上方術	
段霸	魏書卷94閹官 北史卷92恩倖附仇洛齊傳	
段少連	宋史卷297	
段匹磾	晉書卷63	
段文昌	舊唐書卷167 新唐書卷89附段志玄傳	
段文振	北史卷76 隋書卷60	
段文楚	新唐書卷153附段秀實傳	
段平仲	舊唐書卷153 新唐書卷162	
段志玄	舊唐書卷68 新唐書卷89	
段秀實	舊唐書卷128 新唐書卷153	
段成式	舊唐書卷167附段文昌傳 新唐書卷89附段志玄傳	
段孝言	北史卷54附段榮傳	
段希堯	舊五代史卷128周書 新五代史卷57雜傳	
段伯玢	明史卷249附蔡復一傳	
段伯倫	舊唐書卷128附段秀實傳 新唐書卷153附段秀實傳	
段承根	魏書卷52 北史卷34	
段思恭	宋史卷270	
段復興	明史卷294忠義	
段會宗	漢書卷70	
姜	3	才 宋史卷451忠義
姜	5	永 魏書卷71附江悅之傳
姜	8	肱 後漢書卷83
姜		昂 明史卷165
姜	9	洪 明史卷180
姜		垓 明史卷258附姜埰傳
姜	10	彧 元史卷167
姜		兼 元史卷198孝友
姜	11	皎 舊唐書卷59附姜謩傳 新唐書卷91附姜謩傳
姜		晞 舊唐書卷59附姜謩傳
姜		晦 舊唐書卷59附姜謩傳

		新唐書卷91附姜蓥傳	
姜		塨	明史卷258
姜	14	維	三國蜀志卷14或44
姜		漢	魏書卷71附姜悅之傳
姜		綬	宋史卷453忠義
姜		漢	明史卷174
姜		綰	明史卷180
姜	15	儉	魏書卷45附韋閬傳
姜		撫	新唐書卷204方技
姜		潛	宋史卷458隱逸
姜		夔	明史卷174附姜漢傳
姜	16	邊	宋史卷288
姜		寵	明史卷165附姜昂傳
姜	18	簡	舊唐書卷59附姜蓥傳
姜		蓥	舊唐書卷59 / 新唐書卷91
姜	3士	昌	明史卷230
姜	4日	廣	明史卷274
姜	公	輔	舊唐書卷138 / 新舊書卷152
姜	6行	本	舊唐書卷59附姜蓥傳 / 新唐書卷91附姜蓥傳
姜	名	武	明史卷269
姜	7志	禮	明史卷237
姜	9柔	遠	舊唐書卷59附姜蓥傳
姜	思	睿	明史卷233附姜應麟傳
姜	10特	立	宋史卷470佞幸
姜	師	度	舊唐書卷185下良吏 / 新唐書卷100

姜11	產	之	宋書卷94恩倖
姜15	慶	初	舊唐書卷59附姜蓥傳 / 新唐書卷91附姜蓥傳
姜	應	熊	明史卷174附姜漢傳
姜	應	麟	明史卷233
姜20	寶	誼	新唐書卷88附裴寂傳
姚		古	宋史卷349附姚兕傳
姚	6	合	新唐書卷124附姚崇傳
姚	8	況	新唐書卷147附馮河清傳
姚		泓	晉書卷119後秦載記 / 魏書卷95附羌姚萇傳 / 北史卷93僭偽附庸後秦附姚萇傳
姚		坦	宋史卷277
姚		兕	宋史卷349
姚		玭	明史卷296孝義
姚	9	弈	新唐書卷124附姚崇
姚		洪	舊五代史卷70唐書 / 新五代史卷33死事
姚	10	班	舊唐書卷89附姚璹傳 / 新唐書卷102附姚思廉傳
姚		祐	宋史卷354
姚	11	崇	舊唐書卷96 / 新唐書卷124
姚		勖	新唐書卷124附姚崇傳
姚		涣	明史卷200附姚鏌傳
姚	12	萇	晉書卷116後秦載記 / 魏書卷95(目作羌姚萇) / 北史卷93僭偽附庸後秦

九畫

姜
姚

九畫

姚侯

姚	最	周書卷47藝術附姚僧垣傳
姚	渙	宋史卷333
姚	雄	宋史卷349附姚兇傳
姚	善	明史142
姚	13鉉	宋史卷441文苑
姚	14察	陳書卷27 南史卷69
姚	15闔	舊唐書卷187下忠義附張巡傳 新唐書卷192忠義附許遠傳
姚	樞	元史卷158
姚	16興	晉書卷117至118後秦載記 魏書卷95附羌姚萇傳 北史卷93僭偽附屑後秦附姚萇傳 宋史卷453忠義
姚	燧	元史卷174
姚	17襄	晉書卷116後秦載記 魏書卷95附羌姚萇傳
姚	18璹	舊唐書卷89 新唐書卷10 附姚思廉傳
姚	19顗	舊五代史卷92晉書 新五代史卷55雜傳
姚	鏌	明史卷200
姚	23夔	明史177
姚	麟	宋史卷349附姚兇傳
姚	顯	明史卷164附單宇傳
姚 3弋	仲	晉書卷116後秦載記 魏書卷95附羌姚萇傳 北史卷93僭偽附屑後秦附姚萇傳

姚 4允	恭	明史卷292忠義附襲元祥傳
姚	內斌	宋史卷273
姚	天福	元史卷168
姚 5令	言	舊唐書卷127
姚 6仲	孫	宋史卷300
姚	邦基	宋史卷453忠義
姚	希孟	明史卷216
姚	希得	宋史卷421
姚 8奇	允	明史卷278附郭維經傳
姚	宗明	宋史卷456孝義
姚 9南	仲	舊唐書卷153 新唐書卷162
姚	若時	明史卷293忠義附張維世傳
姚	思廉	舊唐書卷73 新唐書卷102
姚11紹	之	舊唐書卷186下酷吏 新唐書卷209酷吏
姚12景	行	遼史卷96
姚	黃眉	魏書卷83上外戚 北史卷80外戚
姚14僧	垣	周書卷47藝術 北史卷90藝術
姚15廣	孝	明史卷145
侯 5白		隋書卷58附臨孝恭傳
侯	可	宋史卷456孝義
侯 7均		元史卷189儒學附蕭㪺傳
侯 9畐		宋史卷454忠義
侯	保	明史卷154附陳洽傳
侯10剛		魏書卷93恩倖 北史卷92恩倖
侯	益	宋史卷254
侯	泰	明史卷142附暴昭傳

侯	11	淵	魏書卷80(北史卷49作侯深)
侯		深	北史卷49(魏書卷80作侯淵)
侯		章	宋史卷252
侯		陟	宋史卷270
侯	12	景	梁書卷56 南史卷80賊臣 周書卷29 北史卷66
侯		植	
侯	13	義	宋史卷456孝義
侯	14	瑱	陳書卷9 南史卷66
侯		蒙	宋史卷351
侯	15	瑾	後漢書卷110下文苑
侯		摯	金史卷108
侯	16	璡	明史卷172
侯	18	寶	宋史卷274
侯	21	霸	後漢書卷56
侯	22	覽	後漢書卷108宦者
侯	23	顯	明史卷304宦官附鄭和傳
侯	3	小叔	金史卷122忠義
侯	4	文和	魏書卷91藝術附蔣少游傳
侯		天錫	明史卷269附侯良住傳
侯		仁矩	宋史卷254附侯益傳
侯		仁寶	宋史卷254附侯益傳
侯	5	史光	晉書卷45
侯		世祿	明史卷269
侯	6	行果	新唐書卷200儒學附康子元傳
侯		仲莊	新唐書卷136附李光弼傳
侯		安都	陳書卷8 南史卷66

侯	7	希逸	舊唐書卷124 新唐書卷144 明史卷269
侯		良柱	
侯		廷訓	明史卷191附薛蕙傳
侯		延廣	宋史卷254附侯益傳
侯		君集	舊唐書卷69 新唐書卷94
侯		君擢	明史卷293忠義附關永傑傳
侯	8	知道	新唐書卷195孝友
侯	9	思止	舊唐書卷186上酷吏 新唐書卷209酷吏
侯		拱極	明史卷269附侯世祿傳
侯		峒曾	明史卷277
侯	11	偉時	附明史卷279附吳炳傳
侯	15	震暘	明史卷246
侯莫陳		相	北齊書卷19 北史卷53
侯莫陳		悅	魏書卷80 北史卷49
侯莫陳		崇	周書卷16 北史卷60
侯莫陳		順	周書卷19 北史卷60附侯莫陳崇傳
侯莫陳		凱	周書卷16附侯莫陳崇傳
侯莫陳		穎	北史卷60附侯莫陳崇傳 隋書卷55
侯莫陳		瓊	周書卷16附侯莫陳崇傳
侯莫陳		利用	宋史卷470侯幸
柳	4	升	明史卷154
柳	5	弘	周書卷22附柳慶傳 北史卷64附柳虯傳
柳		旦	北史卷64附柳虯傳 隋書卷47附柳機傳
柳	6	沖	舊唐書卷189下儒學 新唐書卷199儒學

九畫

侯柳

143

九畫

柳

柳	7 忱	梁書卷12附柳琰傳 南史卷38附柳元景傳
柳	虯	周書卷38 北史卷64
柳	亨	舊唐書卷77
柳	8 昂	周書卷32附柳敏傳 北史卷67附柳敏傳 隋書卷47附柳機傳
柳	玭	舊唐書卷165附柳公綽傳 新唐書卷163附柳公綽傳
柳	芳	新唐書卷132
柳	幷	新唐書卷202文藝附蕭穎士傳
柳	9 洋	周書卷48附蕭詧傳
柳	津	南史卷38附柳元景傳
柳	盼	南史卷38附柳元景傳
柳	述	北史卷64附柳虯傳 隋書卷47附柳機傳
柳	約	宋史卷404
柳	10 彧	北史卷77 隋書卷62
柳	珪	新唐書卷163附柳公綽傳
柳	11 惔	梁書卷12 南史卷38附柳元景傳
柳	崇	魏書卷45 北史卷27
柳	莊	周書卷42附柳霞傳 北史卷70附柳遐傳 隋書卷66
柳	偃	南史卷38附柳元景傳
柳	敏	周書卷32 北史卷67
柳	冕	舊唐書卷149附柳登傳 新唐書卷132附柳芳傳
柳	晟	舊唐書卷183外戚 新唐書卷159
柳	12 輝	梁書卷21 南史卷38附柳元景傳
柳	昚	北史卷83文苑 隋書卷53
柳	斌	北史卷64附柳虯傳
柳	渙	舊唐書卷77附柳亨傳
柳	渾	舊唐書卷125 新唐書卷142
柳	登	舊唐書卷149 新唐書卷132附柳芳傳
柳	植	宋史卷294
柳	開	宋史卷440文苑
柳	貫	元史卷181附黃溍傳
柳	13 靖	周書卷42附柳霞傳 北史卷70附柳遐傳 北史卷70（周書卷42作柳霞）
柳	遐	北史卷64附柳虯傳 隋書卷47附柳機傳
柳	裘	北史卷74 隋書卷38
柳	14 遠	魏書卷71附裴叔業
柳	15 橙	南史卷38附柳元景傳
柳	慶	周書卷22 北史卷64附柳虯傳
柳	儉	北史卷86循吏 隋書卷73循吏
柳	調	隋書卷47附柳機傳
柳	奭	舊唐書卷77附柳亨傳 新唐書卷112附柳澤傳
柳	範	舊唐書卷77附柳亨傳 新唐書卷112附柳澤傳
柳	16 諧	魏書卷71附裴叔業

柳	機	周書卷22附柳慶傳 北史卷64附柳虯傳 隋書卷4	
柳	澤	舊唐書卷77附柳亨傳 新唐書卷112	
柳	璟	舊唐書卷149附柳登傳 新唐書卷132附柳芳傳	
柳	璧	舊唐書卷165附柳公綽傳 新唐書卷163附柳公綽傳	
柳	璞	新唐書卷163附柳公綽傳	
柳	17霞	周書卷42(北史卷70作柳遐)	
柳	檜	周書卷46孝義 北史卷64附柳虯傳	
柳	璨	舊唐書卷179 新唐書卷223下姦臣	
柳	19識	新唐書卷142附柳渾傳	
柳	21鷟	周書卷22附柳慶傳	
柳	3子華	舊唐書卷165附柳公綽傳 新唐書卷163附柳公綽傳	
柳	4元景	宋書卷77 南史卷38	
柳	公度	舊唐書卷165附柳公綽傳	
柳	公綽	舊唐書卷165 新唐書卷163	
柳	公權	舊唐書卷165附柳公綽傳 新唐書卷163附柳公綽傳	
柳	5玄達	魏書卷71附裴叔業傳	
柳	世隆	南齊書卷24 南史卷38附柳元景傳	
柳	6仲郢	舊唐書卷165附柳公綽傳 新唐書卷163附柳公綽傳	
柳	仲禮	南史卷38附柳元景傳	
柳	8宗元	舊唐書卷160 新唐書卷168	
柳	叔夜	南史卷73孝義附劉渢傳	
柳	11帶韋	周書卷22附柳慶傳	
柳	12雄亮	隋書卷47附柳機傳	
柳	13敬禮	梁書卷43 南史卷38附柳元景傳	
柳	14僧習	魏書卷71附裴叔業傳	
柳	15慶遠	梁書卷9 南史卷38附柳元景傳	
柳	17審之	北史卷64附柳虯傳 隋書卷47附柳機傳	
范	4升	後漢書卷66	
范	5冉	後漢書卷111獨行(一名丹)	
范	平	晉書卷91儒林	
范	弘	明史卷304宦官附金英傳	
范	6式	後漢書卷111獨行	
范	同	宋史卷380	
范	7汪	晉書卷75	
范	沖	宋史卷435儒林	
范	8峋	梁書卷26 南史卷60	
范	杲	宋史卷249附范質傳	
范	旻	宋史卷249附范質傳	
范	坦	宋史卷288附范雍傳	
范	育	宋史卷303附范祥傳	
范	旺	宋史卷449忠義	
范	9宜	晉書卷91儒林	

九畫

柳
范

九畫	范	迪	周書卷48附蕭詧傳	范	17鍾		宋史卷417
	范	恪	宋史卷323	范	濟		明史卷164
范	范	拱	金史卷105	范	鎮		宋史卷337
	范	10泰	宋史卷60 南史卷33	范	19總		明史卷199
	范	衷	明史卷281循吏	范	儦		明史卷234附盧洪春傳
	范	11紹	魏書卷79 北史卷46	范	22蠡		史記卷129貨殖 漢書卷91貨殖
	范	祥	宋史卷303	范	3子	奇	宋史卷288附范雍傳
	范	椁	元史卷181附虞集傳	范	4文	光	明史卷279附樊一衡傳
	范	常	明史卷135	范	天	順	宋史卷450忠義
	范	敏	明史卷138附楊思義傳	范	元	琰	梁書卷51處士 南史卷76隱逸
	范	12堅	晉書卷75附范汪傳	范	5弘	之	晉書卷91儒林
	范	晷	晉書卷90良吏	范	正	平	宋史卷314附范純仁傳
	范	隆	晉書卷91儒林	范	正	辭	宋史卷304
	范	喬	晉書卷94隱逸附范粲傳	范	6如	圭	宋史卷381
	范	雲	梁書卷13 南史卷57	范	安	祖	南史卷73孝義附封延伯傳
	范	13睢	史記卷79	范	仲	淹	宋史卷314
	范	滂	後漢書卷97黨錮	范	百	祿	宋史卷337附范鐘傳
	范	粲	晉書卷94隱逸	范	7成	大	宋史卷386
	范	雍	宋史卷288	范	廷	召	宋史卷289
	范	輅	明史卷188	范	延	光	舊五代史卷97晉書 新五代史卷51雜傳
	范	14寧	晉書卷75附范汪傳	范	志	完	明史卷259附趙光汴傳
	范	15質	宋史卷249	范	希	正	明史卷281循吏
	范	廣	明史卷173	范	希	朝	舊唐書卷151 新唐書卷170
	范	16曄	宋書卷69 南史卷33附范泰傳	范	8宗	尹	宋史卷362
	范	縝	梁書卷48儒林 南史卷57附范雲傳	范	承	吉	金史卷128循吏
	范	諷	宋史卷304附范正辭傳	范	叔	孫	宋史卷91孝義 南史卷73孝義

146

范	居	實	舊五代史卷19梁書	胡	松	明史卷202（明史胡松有二；一字汝茂滁人，一字茂卿績溪人，二人同一傳。）
范	舍	樂	北史卷53附張保洛傳			
范 9柏	年	南史卷47附胡諧之傳	胡	侍	明史卷191附薛蕙傳
范	述	曾	梁書卷53良吏 南史卷70循吏	胡 9建	漢書卷67
范10致	盧	宋史卷362	胡	昭	三國魏志卷11附管寧傳
范	師	道	宋史卷302	胡	威	三國魏志卷27附胡質傳 晉書卷90良吏
范	祖	禹	宋史卷337附范鎮傳			
范	祖	幹	明史卷282儒林	胡	叟	魏書卷52 北史卷34
范	純	仁	宋史卷314	胡	則	宋史卷299
范	純	祐	宋史卷314附范仲淹傳	胡	美	明史卷129
范	純	粹	宋史卷314附范仲淹傳	胡10虔	魏書卷83下外戚附胡國珍傳
范	純	禮	宋史卷314附范仲淹傳	胡	寘	舊五代史卷16梁書
范11淑	泰	明史卷267	胡	紘	宋史卷394
范12景	文	明史卷265	胡	海	明史卷130
范	傳	正	舊唐書卷185下良吏 新唐書卷172	胡	純	明史卷199附胡世寧傳
范	復	粹	明史卷253附程國祥傳	胡	濚	明史卷215附陳晉德傳
范13道	根	南史卷73孝義附封延伯傳	胡11規	舊五代史卷19梁書
范14寧	兒	魏書卷91藝術附蔣少游傳	胡	宿	宋史卷318
范15履	冰	舊唐書卷190中文苑附元萬頃傳 新唐書卷201文藝附元萬頃傳	胡	寅	宋史卷435儒林附胡安國傳
				胡	深	明史卷133
范	蕊	德	明史卷295忠義附湯文瓊傳	胡12証	舊唐書卷163 新唐書卷164
范17應	鈴	宋史卷410	胡	斌	宋史卷449忠義
胡	5旦	宋史卷432儒林	胡	閏	明史卷141
胡	7沂	宋史卷388	胡	富	明史卷186
胡	宏	宋史卷435儒林附胡安國傳	胡13裴	舊五代史卷69唐書
胡	8泥	魏書卷89酷吏 北史卷87酷吏			

九畫

范
胡

九畫	胡	瑗	宋史卷432儒林
	胡	14綜	三國吳志卷17或62
	胡	銓	宋史卷374
	胡	寧	宋史卷435儒林附胡安國傳
	胡	濙	明史卷300外戚
胡	胡	15廣	後漢書卷74
	胡	質	明史卷147 三國魏志卷27
	胡	璉	明史卷192附張漤傳
	胡	16奮	晉書卷57
	胡	穎	陳書卷12 南史卷67 宋史卷416
	胡	憲	宋史卷459隱逸
	胡	翰	明史卷285文苑
	胡	績	明史卷290忠義附童蕭綸傳
	胡	17濙	明史卷169
	胡	19瀋	宋書卷50 南史卷17
	胡	瓊	明史卷192附張日韜傳
	胡	20饒	舊五代史卷96晉書
	胡	礪	金史卷125文藝
	胡	獻	明史卷180
	胡	繼	明史卷199附胡世寧傳
	胡	21鐸	明史卷196附張璁傳
	胡	22儼	明史卷147
	胡	爐	明史卷189
	胡	23瓚	明史卷223附劉東星傳 明史卷200附蔡天祐傳

胡	一	桂	元史卷189儒學
胡	十	門	金史卷66
胡	九	韶	明史卷282儒林附契與弼傳
胡	大	海	明史卷133
胡	3小	虎	魏書卷87節義(北史卷85作胡小彪)
胡	小	彪	北史卷85節義(魏書卷87作胡小虎)
胡	小	士容	明史卷248附耿如杞傳
胡	上	琛	明史卷277附鄭為虹傳
胡	子	昭	明史卷141附方孝孺傳
胡	4方	回	魏書卷52 北史卷34
胡	天	作	金史卷118
胡	友	信	明史卷287文苑附歸有光傳
胡	5石	改	金史卷66
胡	平	表	明史卷249附朱燮元傳
胡	世	將	宋史卷370
胡	世	寧	明史卷199
胡	6交	修	宋史卷378
胡	安	國	宋史卷435儒林
胡	光	遠	元史卷197孝友
胡	汝	霖	明史卷210附桑喬傳
胡	仲	容	宋史卷456孝義附胡仲堯傳
胡	仲	倫	明史卷164附聊讓傳
胡	仲	堯	宋史卷456孝義
胡	7伴	侶	元史卷198孝友
胡	沙	補	金史卷121忠義
胡	良	機	明史卷258附魏呈潤傳

胡 8居 仁	明史卷282儒林
胡 松 年	宋史卷379
胡 長 仁	北齊書卷48外戚　北史卷80外戚
胡 長 粲	北史卷80外戚附胡國珍傳
胡 長 儒	元史卷190儒學
胡 宗 回	宋史卷318附胡宿傳
胡 宗 炎	宋史卷318附胡宿傳
胡 宗 愈	宋史卷318附胡宿傳
胡 宗 憲	明史卷205
胡 9炳 文	元史卷189儒學附胡一桂傳
胡 棋 辰	明史卷157
胡 10唐 老	宋史卷453忠義
胡 晉 臣	宋史卷391
胡 祗 遹	元史卷170
胡 11國 珍	魏書卷83下外戚　北史卷80外戚
胡 惟 庸	明史卷308姦臣
胡 從 儀	明史卷249附蔡復一傳
胡 12順 之	宋史卷303
胡 閎 休	宋史卷368
胡 舜 陟	宋史卷378
胡 13楚 賓	舊唐書卷190中文苑附元萬頃傳　新唐書卷201文藝附元萬頃傳
胡 14僧 祐	梁書卷46　南史卷64
胡 夢 泰	明史卷278附詹兆恆傳
胡 爾 純	明史卷292忠義附王國訓傳
胡 15德 新	金史卷131方技

胡 德 濟	明史卷133附胡大海傳
胡 16諧 之	南齊書卷37　南史卷47
胡 17應 嘉	明史卷215附歐陽一敬傳
胡 應 麟	明史卷287文苑附王世貞傳
胡 20變 鳳	明史卷133附胡大海傳
胡 25鑽 宗	明史卷202附劉翾傳
胡 母 生	史記卷121儒林　漢書卷83儒林
胡 母 輔 之	晉書卷49
胡 母 謙 之	晉書卷49附胡母輔之傳
胡 大 且 渠 蒙 遜	宋書卷98氐胡　魏書卷99(目標盧水胡沮渠蒙遜)

韋 4丹	新唐書卷197循吏
韋 5正	南史卷58附韋叡傳
韋 6冲	隋書卷47附韋世康傳
韋 聿	新唐書卷158附韋皋傳
韋 7抗	舊唐書卷92附韋安石傳　新唐書卷122附韋安石傳
韋 況	舊唐書卷92附韋安石傳
韋 彤	新唐書卷200儒學
韋 8忠	晉書卷89忠義
韋 放 岳	梁書卷28　南史卷58附韋叡傳　舊唐書卷185上良吏附韋機傳　(新唐書卷100作韋岳子)

韋 澳	舊唐書卷158附韋貫之傳	
	新唐書卷169附韋貫之傳	
韋 震	新五代史卷43雜傳	
韋 16叡	梁書卷12	
	南史卷58	
韋 譓	晉書卷91儒林	
韋 諤	舊唐書卷108附韋見素傳	
	新唐書卷118附韋湊傳	
韋 機	舊唐書卷185上良吏（新唐書卷100作韋弘機）	
韋 紹	新唐書卷122附韋安石傳	
韋 17濟	新唐書卷116附韋思謙傳	
韋 18曜	三國吳志卷20或65	
韋 蕃	隋書卷38附皇甫績傳	
韋 19翽	陳書卷18附韋載傳	
韋 藝	隋書卷47附韋世康傳	
	北史卷64附韋孝寬傳	
韋 顗	舊唐書卷108附韋見素傳	
	新唐書卷118附韋湊傳	
韋 �ᷤ	舊唐書卷158附韋貫之傳	
韋 辭	舊唐書卷160	
韋 綯	新唐書卷118附韋湊傳	
韋 20闌	南史卷58附韋叡傳	
韋 纂	南史卷58附韋叡傳	
韋 21黯	南史卷58附韋叡傳	
韋 22瓘	新唐書卷162附韋夏卿傳	
	北史卷64附韋孝寬傳	

韋	25攢	魏書卷45附韋閬傳	
韋	3子 粲	北齊書卷27	
		北史卷26附韋閬傳	
韋	4公 肅	新唐書卷200儒學	
韋	仁 壽	舊唐書卷185上良吏	
		新唐書卷197循吏	
韋	方 質	舊唐書卷75附韋雲起傳	
		新唐書卷103附韋雲起傳	
韋	元 旦	新唐書卷202文藝附李適傳	
韋	元 甫	舊唐書卷115	
韋	元 恢	魏書卷45附韋閬傳	
韋	5玄 成	史記卷96附張蒼傳	
		漢書卷73附韋賢傳	
韋	正 貫	新唐書卷158附韋皋傳	
韋	巨 源	舊唐書卷92附韋安石傳	
		新唐書卷123	
韋	永 壽	宋史卷453忠義附屈堅傳	
韋	弘 景	舊唐書卷157	
		新唐書卷116附韋思謙傳	
韋	弘 機	新唐書卷100（舊唐書卷185作韋機）	
韋	世 康	北史卷64附韋孝寬傳	
		隋書卷47	
韋	6安 石	舊唐書卷92	
		新唐書卷122	
韋	7伯 昕	魏書卷71附裴叔業	
韋	見 素	舊唐書卷108	
		新唐書卷118附韋湊傳	
韋	孝 寬	周書卷31	
		北史卷64	
韋	8知 人	新唐書卷118附韋湊傳	
韋	岳 子	新唐書卷100附韋弘機傳	

九畫

韋

151

			出處
			（舊唐書卷185上作韋岳）
九畫	韋	宗 孝	明史卷290忠義附蘇廖賜傳
	韋	叔 夏	舊唐書卷189下儒學 新唐書卷122附韋安石傳
韋耶	韋	表 微	舊唐書卷189下儒學 新唐書卷177
	韋	承 慶	舊唐書卷88附韋思謙傳 新唐書卷116附韋思謙傳
	韋	9昭 度	舊唐書卷179 新唐書卷185
	韋	待 價	舊唐書卷77附韋挺傳 新唐書卷98附韋挺傳
	韋	保 衡	舊唐書卷177 新唐書卷184附路巖傳
	韋	思 謙	舊唐書卷88 新唐書卷116
	韋	10夏 卿	舊唐書卷165 新唐書卷162
	韋	師 康	隋書卷47
	韋	11商 臣	明史卷208
	韋	處 厚	舊唐書卷159 新唐書卷142
	韋	執 誼	舊唐書卷135 新唐書卷168
	韋	12盧 心	舊唐書卷101附韋湊傳 新唐書卷118附韋湊傳
	韋	盧 舟	舊唐書卷101附韋湊傳
	韋	貫 之	舊唐書卷158 新唐書卷169
	韋	渠 牟	舊唐書卷135 新唐書卷167
	韋	雲 起	舊唐書卷75 新唐書卷103
	韋	貽 範	新唐書卷182附盧光啓傳
	韋	景 駿	舊唐書卷185上良吏附韋機傳
			新唐書卷197循吏
	韋	13萬 石	舊唐書卷77附韋挺傳 新唐書卷98附韋挺傳
	韋	嗣 立	舊唐書卷88附韋思謙傳 新唐書卷116附韋思謙傳
	韋	道 福	魏書卷45附韋閬傳
	韋	道 遜	北齊書卷45文苑附顏之推傳
	韋	14慈 藏	舊唐書卷191方技附張文仲傳
	耶 律	5古	遼史卷75附耶律鐸臻傳
	耶 律	7良	遼史卷96
	耶 律	沙	遼史卷84
	耶 律	吼	遼史卷77
	耶 律	8抉	遼史卷91
	耶 律	9注	遼史卷77
	耶 律	昭	遼史卷104文學
	耶 律	10倍	遼史卷72宗室（卽贊宗）
	耶 律	恕	金史卷82
	耶 律	11朗	遼史卷113逆臣
	耶 律	17滑	遼史卷72宗室（卽順宗）
	耶 律	22儼	遼史卷98
	耶 律	鑄	元史卷146附耶律楚材傳
	耶 律	乙辛	遼史卷110姦臣
	耶 律	八哥	遼史卷80
	耶 律	4引吉	遼史卷97
	耶 律	仁先	遼史卷96
	耶 律	化哥	遼史卷94

耶	律	5弘	古	遼史卷88 遼史卷95
耶	律	尤	者	遼史卷100
耶	律	世	良	遼史卷94
耶	律	石	柳	遼史卷99
耶	律	古	昱	遼史卷92
耶	律	仙	童	遼史卷95
耶	律	奴	瓜	遼史卷85
耶	律	6羽	之	遼史卷75附耶 律觀烈傳
耶	律	老	古	遼史卷73附耶 律斜捏赤傳
耶	律	有	尙	元史卷174
耶	律	休	哥	遼史卷83
耶	律	合	住	遼史卷86
耶	律	合	魯	遼史卷111姦臣
耶	律	安	博	遼史卷77
耶	律	安	禮	金史卷83
耶	律	7那	也	遼史卷94
耶	律	武	末	元史卷193忠義
耶	律	禿	花	元史卷149
耶	律	李	胡	遼史卷72宗室 (即章肅皇帝)
耶	律	希	亮	元史卷180
耶	律	谷	欲	遼史卷104文學
耶	律	伯	堅	元史卷192良吏
耶	律	余	睹	金史卷133叛臣
耶	律	余	覩	遼史卷102
耶	律	8虎	古	遼史卷82
耶	律	抹	只	遼史卷84
耶	律	官	奴	遼史卷106卓行
耶	律	和	尙	遼史卷89
耶	律	的	琭	遼史卷88
耶	律	孟	簡	遼史卷104文學
耶	律	阿	思	遼史卷96
耶	律	阿	海	元史卷150
耶	律	9重	元	遼史卷112逆臣
耶	律	制	心	遼史卷82附耶 律隆運傳
耶	律	胡	呂	遼史卷98
耶	律	信	先	遼史卷90附耶 律義先傳
耶	律	侯	晒	遼史卷92
耶	律	屋	質	遼史卷77
耶	律	昜	魯	遼史卷73
耶	律	室	魯	遼史卷81
耶	律	盆	奴	遼史卷88
耶	律	盆	都	遼史卷113逆臣 附耶律劉哥傳
耶	律	10朔	古	遼史卷76
耶	律	唐	古	遼史卷81 遼史卷91
耶	律	奚	低	遼史卷83
耶	律	留	奇	元史卷149
耶	律	特	歷	遼史卷95
耶	律	海	里	遼史卷73 遼史卷84
耶	律	海	思	遼史卷113逆臣
耶	律	馬	六	遼史卷95
耶	律	馬	哥	遼史卷83附耶 律休哥傳
耶	律	11章	奴	遼史卷100

九畫

耶

153

九畫 耶			
耶	律	斜	軫遼史卷83
耶	律	速	撒遼史卷94
耶	律	欲	穩遼史卷73
耶	律	庶	成遼史卷89
耶	律	庶	箴遼史卷89附耶律庶成傳
耶	律12	棠	古遼史卷100
耶	律	解	里遼史卷76
耶	律	滑	哥遼史卷112逆臣
耶	律	喜	孫遼史卷97
耶	律	喜	隱遼史卷72宗室附章肅皇帝李胡傳(即宋王)
耶	律	隆	先遼史卷72宗室附義宗倍傳(即平王)
耶	律	隆	運遼史卷82
耶	律13	塗	山金史卷82
耶	律	義	先遼史卷90
耶	律	資	忠遼史卷88
耶	律	楚	材元史卷146
耶	律	善	補遼史卷84
耶	律	滌	魯遼史卷82附耶律隆運傳
耶	律	道	隱遼史卷72宗室附義宗倍傳(即晉王)
耶	律14	察	割遼史卷112逆臣
耶	律	瑤	質遼史卷88
耶	律	斡	臘遼史卷94
耶	律	膿	蠁遼史卷113逆臣
耶	律	蒲	古遼史卷87
耶	律	蒲	魯遼史卷89附耶律庶成傳
耶	律	頗	的遼史卷86
耶	律	頗	德遼史卷73附耶律斜涅赤傳
耶	律15	德	威遼史卷82附耶律隆運傳
耶	律	劉	哥遼史卷113逆臣
耶	律	適	祿遼史卷95
耶	律	撒	合遼史卷85
耶	律	撒	剌遼史卷99
耶	律	敵	剌遼史卷74
耶	律	敵	烈遼史卷96
耶	律	敵	祿遼史卷90
耶	律	敵	魯遼史卷108方技
耶	律	敵	獵遼史卷113逆臣
耶	律16	學	古遼史卷83
耶	律	諧	里遼史卷85
耶	律	頻	昱遼史卷77
耶	律	撻	烈遼史卷77
耶	律	燕	哥遼史卷110叛臣
耶	律	賢	適遼史卷79
耶	律	襄	履遼史卷86
耶	律	獨	攧遼史卷92
耶	律17	轄	底遼史卷112逆臣
耶	律	韓	八遼史卷91
耶	律	韓	留遼史卷89
耶	律18	題	子遼史卷85

九畫

耶

耶律搭不也	遼史卷111叛臣
耶律漚里思	遼史卷76
耶律僕里篤	遼史卷91
耶律幹特剌	遼史卷97
耶律魯不古	遼史卷76
耶律歐里思	遼史卷81附耶律室魯傳
耶律撒剌竹	遼史卷114逆臣
耶律圖魯窘	遼史卷75
耶律撻不也	遼史卷96附耶律仁先傳
耶律撻不也	遼史卷99
耶律磨魯古	遼史卷82附耶律虎古傳
耶律鐸魯斡	遼史卷105能吏
耶律何魯掃古	遼史卷94
耶律19懷義	金史卷81
耶律21鐸軫	遼史卷93
耶律鐸臻	遼史卷75
耶律22覿烈	遼史卷75
耶律乙不哥	遼史卷108方技
耶律大悲奴	遼史卷95
耶律合理只	遼史卷86
耶律夷臈葛	遼史卷78
耶律何魯不	遼史卷77附耶律覿傳
耶律拔里得	遼史卷76
耶律阿沒里	遼史卷79
耶律阿息保	遼史卷101
耶律勃古哲	遼史卷82
耶律突呂不	遼史卷75附耶律鐸臻傳
耶律迭里特	遼史卷112逆臣附耶律糺底傳
耶律烏不呂	遼史卷83附耶律學古傳
耶律敖盧斡	遼史卷72宗室（即晉王）
耶律陳家奴	遼史卷95
耶律斜捏赤	遼史卷73
耶律湼魯古	遼史卷112逆臣附耶律重元傳

晏　嬰　史記卷62
晏敦復　宋史卷381
神秀　舊唐書卷191方技
神周　明史卷175附神英傳
神英　明史卷175
神士瀷　金史卷91
涂士傑　明史卷233附王學曾傳
涂棐　明史卷179附羅綸傳
涂禎　明史卷188附周璽傳
涂文輔　明史卷305宦官附王體乾傳
紐回　隋書卷72孝義
紐因　北史卷84孝行
紐璘　元史卷129
紐的該　元史卷139
荊可　周書卷46孝義／北史卷84孝行
荊軻　史記卷86刺客
荊嗣　宋史卷272附荊罕儒傳
荊罕儒　宋史卷272
班宏　舊唐書卷123／新唐書卷149
班固　後漢書卷70下附班彪傳
班勇　後漢書卷77附班超傳
班彪　後漢書卷70
班超　後漢書卷77
留正　宋史卷391
留可　金史卷67
留異　陳書卷35／南史卷80賊臣

留贊　三國吳志卷19或64附孫峻傳
留從效　宋史卷483漳泉世家
時青　金史卷117
時彥　宋史卷354
時溥　舊唐書卷182／新唐書卷188／舊五代史卷13梁書
時立愛　金史卷78
時茂先　金史卷122忠義
茹皓　魏書卷93恩倖／北史卷92恩倖／明史卷151
茹太素　明史卷139
茹法亮　南齊書卷56倖臣／南史卷77恩倖
茹法珍　南史卷77恩倖
晁迥　宋史卷305
晁崇　魏書卷91藝術／北史卷89藝術
晁清　魏書卷87節義／北史卷85節義
晁宗愨　宋史卷305附晁迥傳
晁詠之　宋史卷444文苑附晁補之傳
晁補之　宋史卷444文苑
翁大立　明史卷223附朱衡傳
翁正春　明史卷216
翁世資　明史卷157附楊鼎傳
翁伊歸　漢書卷76
翁萬達　明史卷198
翁憲祥　明史卷234
師丹　漢書卷86

十畫

晏神涂紐荊班留時茹晁翁師

十畫

師桑祝庫納郎郗

師		史	史記卷129貨殖 / 漢書卷91貨殖
師		遼	明史卷150
師		頏	宋史卷296
師	安	石	金史卷108
師	夜	光	新唐書卷204方技附張果傳
師	覺	授	南史卷73孝義
桑		悅	明史卷286文苑附徐禎卿傳
桑		喬	明史卷210
桑		虞	晉書卷88孝友
桑		懌	宋史卷325附任福傳
桑	世	傑	明史卷133
桑	道	茂	舊唐書卷191方技 / 新唐書卷204方技
桑	維	翰	舊五代史卷89晉書 / 新五代史卷29晉臣
祝		淵	明史卷255附劉宗周傳
祝		雄	明史卷211附梁震傳
祝	允	明	明史卷286文苑附徐禎卿傳
祝	公	明	宋史卷453忠義附王士言傳
祝	公	榮	元史卷198孝友
祝	欽	明	舊唐書卷189下儒學 / 新唐書卷109
祝	萬	齡	明史卷294忠義
庫	狄	干	北齊書卷15 / 北史卷54
庫	狄	昌	周書卷27 / 北史卷65
庫	狄	峙	周書卷33 / 北史卷69
庫	狄	盛	北齊書卷19 / 北史卷53
庫	狄	嶔	隋書卷46附張煚傳
庫	狄 士	文	北齊書卷15附庫狄干傳 北史卷54附庫狄干傳 / 隋書卷74酷吏
庫	狄	伏 連	北史卷53附慕容儼傳
庫	狄	迴 洛	北齊書卷19 / 北史卷53
納		鱗	元史卷142
納	速 剌	丁	元史卷125附賽典赤瞻思丁傳 / 元史卷194忠義
納	合 椿	年	金史卷83
納	坦 謀	嘉	金史卷104
納	蘭 綽	赤	金史卷121忠義
納	合 蒲 剌	都	金史卷122忠義
納	坦 胡 失	打	金史卷124忠義附溫教昌孫傳
納	蘭 胡 魯	剌	金史卷103
郎		發	舊唐書卷187上忠義附燕欽客傳
郎		茂	隋書卷66 / 北史卷55附郎基傳
郎		基	北齊書卷40酷吏 / 北史卷55
郎		敏	明史卷140附盧熙傳
郎		簡	宋史卷299
郎		顗	後漢書卷60下
郎	方	貴	隋書卷72孝義 / 北史卷85節義
郎	餘	令	舊唐書卷189下儒學 / 新唐書卷199儒學
郎	餘	慶	新唐書卷199儒學附郎餘令傳
郗		恢	晉書卷67附郗鑒傳
郗		紹	南史卷33附徐廣傳
郗		超	晉書卷67附郗鑒傳

郗		愔	晉書卷67附郗鑒傳	倪	思	宋史卷398
郗		隆	晉書卷67附郗鑒傳	倪	敬	明史卷162
郗		曇	晉書卷67附郗鑒傳	倪	濤	宋史卷444文苑
郗		鑒	晉書卷67	倪	瓚	明史卷298隱逸
郗	士	美	舊唐書卷157 新唐書卷143	倪 元	璐	明史卷265
郗	僧	施	晉書卷67附郗鑒傳	倪 孟	賢	明史卷140附盧熙傳
柴		車	明史卷157	倪 若	水	舊唐書卷185下良吏 新唐書卷128
柴		紹	舊唐書卷58 新唐書卷90	倪 思	輝	明史卷246附侯震暘 傳
柴	中	行	宋史卷401	倪 維	德	明史卷299方技
柴	守	禮	新五代史卷20周家 人	索	泮	晉書卷115前秦載記 附苻丕傳
柴	成	務	宋史卷306	索	紞	晉書卷95藝術
柴	宗	慶	宋史卷463外戚	索	敞	魏書卷52 北史卷34
柴	禹	錫	宋史卷268	索	湘	宋史卷277
柴	通	玄	宋史卷462方技	索	靖	晉書卷60
柴	國	柱	明史卷239	索	厲	宋書卷95
席		旦	宋史卷347	索	綝	晉書卷60附索靖傳
席		固	周書卷44 北史卷66	索	襲	晉書卷94隱逸
席		春	明史卷197附席書傳	索 元	禮	舊唐書卷186上酷吏 新唐書卷209酷吏
席		書	明史卷197	索 自	通	舊五代史卷65唐書
席		篆	明史卷197附席書傳	索 盧	放	後漢書卷111獨行
席		豫	舊唐書卷190中文苑 新唐書卷128	奚	斤	魏書卷29 北史卷20
席	上	珍	明史卷295忠義	奚	牧	魏書卷28 北史卷20
席	世	雅	周書卷44附席固傳	奚	拔	魏書卷34附萬安國 傳
席	法	友	魏書卷71 北史卷45	奚	陟	舊唐書卷149 新唐書卷164
席	闡	文	梁書卷12 南史卷55	奚	眷	魏書卷30 北史卷20
倪		岳	明史卷183	奚	兜	魏書卷29附奚斤傳

十畫

奚祖徒郝

奚難 魏書卷73附奚康生傳
奚他觀 魏書卷29附奚斤傳
奚康生 魏書卷73 北史卷37
奚買奴 魏書卷29附奚斤傳
奚回離保 遼史卷114逆臣
奚和朔奴 遼史卷85
奚王回离保 金史卷67
祖約 晉書卷100
祖納 晉書卷62附祖逖傳
祖逖 晉書卷62
祖珽 北齊書卷39 北史卷47附祖瑩傳
祖皓 南史卷72文學附祖冲之傳
祖寬 明史卷273
祖瑩 魏書卷82 北史卷47
祖士衡 宋史卷299
祖台之 晉書卷75
祖冲之 南齊書卷52文學 南史卷72文學
祖孝孫 舊唐書卷79
祖君彥 北史卷83文苑附潘徽傳 隋書卷76文學 新唐書卷84附李密傳
祖無擇 宋史卷331
祖暅之 南史卷72文學附祖冲之傳
祖鴻勳 北齊書卷45文苑 北史卷83文苑
徒單貞 金史卷132逆臣
徒單恭 金史卷120世戚
徒單航 金史卷123忠義
徒單鎰 金史卷99
徒單銘 金史卷120世戚
徒單繹 金史卷120世戚
徒單兀典 金史卷116
徒單公弼 金史卷120世戚
徒單四喜 金史卷120世戚
徒單合喜 金史卷87
徒單克寧 金史卷92(本名習顯)
徒單思忠 金史卷120世戚
徒單益都 金史卷117
徒單阿里出虎 金史卷132逆臣
郝玭 舊唐書卷152 新唐書卷170附高固傳
郝杰 明史卷221
郝祐 元史卷174附郝天挺傳
郝彬 元史卷170
郝經 元史卷157
郝敬 明史卷288文苑附李維楨傳
郝戭 宋史卷456孝義
郝質 宋史卷349
郝天挺 金史卷127隱逸 元史卷174
郝仲連 宋史卷452忠義
郝廷玉 舊唐書卷152 新唐書卷136附李光弼傳

郝	處	俊	舊唐書卷84 新唐書卷115
郝	景	春	明史卷292忠義
郝	象	賢	新唐書卷115附郝處俊傳
郝	道	福	南史卷73孝義附封延伯傳
郝	鳴	鑾	明史卷292忠義附郝景春傳
郝	和	尙	拔　都 元史卷150
耿		玄	魏書卷91藝術 北史卷89藝術
耿		秉	後漢書卷49附耿弇傳
耿		定	明史卷172附張駿傳
耿		弇	後漢書卷49
耿		恭	後漢書卷49附耿弇傳
耿		純	後漢書卷51
耿		國	後漢書卷49附耿弇傳
耿		通	明史卷162
耿		傅	宋史卷325附任福傳
耿		詢	北史卷89藝術 隋書卷78藝術附庾季才傳
耿		裕	明史卷183
耿		豪	周書卷29 北史卷66
耿		夔	後漢書卷49附耿弇傳
耿	九	疇	明史卷158
耿	世	安	宋史卷454忠義
耿	如	杞	明史卷248
耿	再	成	明史卷133
耿	全	斌	宋史卷279
耿	廷	籙	明史卷295忠義

耿	定	力	明史卷221附耿定向傳
耿	定	向	明史卷221
耿	定	理	明史卷221附耿定向傳
耿	炳	文	明史卷130
耿	南	仲	宋史卷352
耿	端	義	金史卷101
耿	蔭	樓	明史卷267附馬從聘傳
殷		冲	宋書卷59附殷淳傳
殷		孚	宋書卷59附殷淳傳
殷		芸	梁書卷41 南史卷60附殷鈞傳
殷		侑	舊唐書卷165 新唐書卷164
殷		浩	晉書卷77
殷		淡	宋書卷59附殷淳傳
殷		淳	宋書卷59 南史卷27附殷景仁傳
殷		紹	魏書卷91藝術 北史卷89藝術
殷		寅	新唐書卷199儒學附殷踐猷傳
殷		琰	宋書卷87 南史卷39附殷孝祖傳
殷		鈞	梁書卷27 南史卷60
殷		嶠	舊唐書卷58（新唐書卷90作殷開山）
殷		覬	晉書卷83
殷		鵬	舊五代史卷89晉書
殷	士	儋	明史卷193附趙貞吉傳
殷	不	佞	陳書卷32孝行附殷不害傳 南史卷74孝義附殷不害傳

十畫				荀	勗	晉書卷39
	殷	不	害	陳書卷32孝行		
				南史卷74孝義	荀	彘	史記卷111附衞將軍驃騎傳
	殷	正	茂	明史卷222			漢書卷55附霍去病傳
	殷	仲	文	晉書卷99	荀	匼	三國魏志卷10附荀彧傳
	殷	仲	堪	晉書84	荀	緯	三國魏志卷21附王粲傳
	殷	孝	祖	宋書86	荀	羨	晉書卷75附荀崧傳
殷荀秦				南史卷39			
	殷	承	敍	明史卷192附張�磐傳	荀	遂	晉書卷39附荀勗傳
	殷	盈	孫	舊唐書卷165附殷侑傳	荀	濟	北史卷83文苑
				新唐書卷164附殷侑傳	荀	闓	晉書卷39附荀勗傳
	殷	開	山 仁	新唐書卷90(舊唐書卷58作殷嶠)	荀	冀	三國魏志卷10附荀彧傳
	殷	景	仁	宋書卷63	荀	蕃	晉書卷39附荀勗傳
				南史卷27	荀	顗	晉書卷39
	殷	雲	霄	明史卷286文苑附鄭善夫傳	荀 士	遜	北齊書卷45文苑 北史卷83文苑
	殷	踐	獻	新唐書卷199儒學	荀 仲	舉	北齊書卷45文苑附顏之推傳
				舊唐書卷102附韋述傳	荀 伯	玉	南齊書卷31 南史卷47
	荀	匠		梁書卷47孝行	荀 伯	子	宋書卷60 南史卷33
				南史卷74孝義	荀 法	尚	陳書卷13附荀朗傳
	荀	攸		三國魏志卷10	荀	萬 秋	南史卷33附荀伯子傳
	荀	奕		晉書卷39附荀勗傳	秦	元	宋史卷452忠義附牛皓傳
	荀	悅		後漢書卷92附荀淑傳	秦	秀	晉書卷50
	荀	彧		後漢書卷100	秦	系	新唐書卷196隱逸
				三國魏志卷10	秦	吳	宋史卷449忠義附李誠之傳
	荀	爽		後漢書卷92附荀淑傳	秦	宓	三國蜀志卷8或38
	荀	崧		晉書卷75	秦	松	魏書卷94閹官 北史卷92恩倖
	荀	淑		後漢書卷92	秦	金	明史卷194
	荀	組		晉書卷39附荀勗傳	秦	柱	明史卷194附秦金傳
	荀	卿		史記卷74			
	荀	羨		晉書卷75附荀崧傳			
	荀	朗		陳書卷13 南史卷67			
	荀	惲		三國魏志卷10附荀彧傳			

秦		彥	舊唐書卷182附高騈傳
秦		紘	明史卷178
秦		族	周書卷46孝義 北史卷84孝行
秦		彭	後漢書卷106循吏
秦		逵	明史卷138附薛祥傳
秦		綿	南史卷73孝義附潘綜傳
秦		鉅	宋史卷449忠義附李誠之傳
秦		翰	宋史卷466宦者
秦		羲	宋史卷309
秦		檜	宋史卷473姦臣
秦		瓊	新唐書卷89(舊唐書68作秦叔寶)
秦		鼇	明史卷206附魏良弼傳
秦		觀	宋史卷444文苑
秦	子	徵	北史卷92恩倖齊諸宦者
秦	三	輔	明史卷290忠義附朱萬年傳
秦	民	湯	明史卷295忠義附王勵精傳
秦	行	師	新唐書卷88附裴寂傳
秦	良	玉	明史卷270
秦	長	卿	元史卷108
秦	叔	寶	舊唐書卷68(新唐書89作秦瓊)
秦	宗	權	舊唐書卷200下 新唐書卷255下逆臣
秦	起	宗	元史卷176
秦	從	龍	明史卷135附陳遇傳
秦	越	人	史記卷105(即扁鵲)
秦	傳	序	宋史卷446忠義
秦	景	通	舊唐書卷189上儒學 新唐書卷198儒學附

			敬播傳
秦	裕	伯	明史卷285文苑附張以寧傳
秦	榮	先	周書卷46孝義附秦族傳
桓		玄	晉書卷99 魏書卷97(目標島夷桓玄)
桓		沖	晉書卷74附桓彝傳
桓		伊	晉書卷81附桓宣傳
桓		典	後漢書卷67附桓榮傳
桓		郁	後漢書卷67附桓榮傳
桓		威	三國魏志卷21附王粲傳
桓		胤	晉書卷74附桓彝傳
桓		宣	晉書卷81
桓		振	晉書卷74附桓彝傳
桓		修	晉書卷74附桓彝傳
桓		祕	晉書卷74附桓彝傳
桓		階	三國魏志卷22
桓		康	南齊書卷30 南史卷46
桓		彬	後漢書卷67附桓榮傳
桓		焉	後漢書卷67附桓榮傳
桓		雲	晉書卷74附桓彝傳
桓		雄	晉書卷39忠義
桓		赧	金史卷67
桓		嗣	晉書卷74附桓彝傳
桓		溫	晉書卷98叛臣
桓		榮	後漢書卷67
桓		範	三國魏志卷9附曹眞傳

十畫

桓烏夏

姓名	出處
桓曄	後漢書卷67附桓榮傳
桓謙	晉書卷74附桓彝傳
桓豁	晉書卷74附桓彝傳
桓彝	晉書卷74
桓譚	後漢書卷58上
桓鸞	後漢書卷67附桓榮傳
桓石生	晉書卷74附桓彝傳
桓石民	晉書卷74附桓彝傳
桓石秀	晉書卷74附桓彝傳
桓石虔	晉書卷74附桓彝傳
桓石康	晉書卷74附桓彝傳
桓石綏	晉書卷74附桓彝傳
桓彦範	舊唐書卷91 新唐書卷120
烏春	金史卷67
烏帶	金史卷132逆臣
烏震	舊五代史卷59唐書 新五代史卷26唐臣
烏氏贏	漢書卷91貨殖
烏承玼	新唐書卷136附李光弼傳
烏洛侯	魏書卷100 北史卷94
烏重胤	舊唐書卷161 新唐書卷171
烏孫訛論	金史卷82
烏古出	金史卷65
烏古孫澤	元史卷163
烏古孫兀屯	金史卷12忠義
烏古孫奴申	金史卷124忠義
烏古孫仲端	金史卷124忠義
烏古孫良楨	元史卷187
烏古論誼	金史卷120世戚附烏古論元忠傳
烏古論鎬	金史卷119
烏古論禮	金史卷103
烏古論三合	金史卷82
烏古論元忠	金史卷120世戚
烏古論仲溫	金史卷121忠義
烏古論長壽	金史卷103
烏古論留可	金史卷67
烏古論黑漢	金史卷123忠義
烏古論榮祖	金史卷121忠義
烏古論德升	金史卷122忠義
烏古論慶壽	金史卷101
烏古論粘沒合	金史卷120世戚
烏古論蒲魯虎	金史卷120世戚
烏延查剌利	金史卷86
烏延吾里補	金史卷82
烏延胡里改	金史卷82
烏延蒲盧渾	金史卷80
烏延蒲轄奴	金史卷86
烏延蒲离黑	金史卷86
烏林答復	金史卷120世戚
烏林答琳	金史卷120世戚

烏	林	答	與金史卷104
烏	林	答	暉金史卷120世戚
烏	林	答乞	住金史卷122忠義
烏	林	答石	顯金史卷67
烏	林	答胡	士金史卷111
夏		方	晉書卷88孝友
夏		升	明史卷281循吏附謝子襄傳
夏		言	明史卷196
夏		㒳	明史卷286文苑附王紱傳
夏		恭	後漢書卷110上文苑
夏		時	明史卷161
夏		寅	明史卷161
夏		統	晉書卷94隱逸
夏		竦	宋史卷283
夏		煜	明史卷135附宋思顏傳
夏		隨	宋史卷290附夏守恩傳
夏		儒	明史卷300外戚
夏		壎	明史卷159
夏		鍭	明史卷159附夏勛傳
夏		馥	後漢書卷97黨錮
夏	子	孝	明史卷297孝義
夏	允	彝	明史卷277附陳子龍傳
夏	行	美	遼史卷87
夏	安	期	宋史卷283附夏竦傳
夏	守	恩	宋史卷290
夏	守	贇	宋史卷290附夏守恩傳

夏	良	勝	明史卷189
夏	尙	樸	明史卷283儒林附蔡諒傳
夏	時	正	明史卷157
夏	原	吉	明史卷149
夏	統	春	明史卷294忠義
夏	萬	亨	明史卷278附王養正傳
夏	嘉	遇	明史卷236
夏	魯	奇	舊五代史卷70唐書 新五代史卷33死事
夏	侯	央	魏書卷71附夏侯道遷傳
夏	侯	玄	三國魏志卷9附夏侯尙傳
夏	侯	孜	舊唐書卷177 新唐書卷182附劉琢傳
夏	侯	尙	三國魏志卷9
夏	侯	承	晉書卷55附夏侯湛傳
夏	侯	淵	三國魏志卷9
夏	侯	惇	三國魏志卷9
夏	侯	淳	晉書卷55附夏侯湛傳
夏	侯	勝	漢書卷75 漢書卷88儒林
夏	侯	惠	三國魏志卷21附劉劭傳
夏	侯	湛	晉書卷55
夏	侯	詳	梁書卷10 南史卷55
夏	侯	端	舊唐書卷187上忠義 新唐書卷191忠義
夏	侯	亶	梁書卷28 南史卷55附夏侯詳傳
夏	侯	嶠	宋史卷292
夏	侯	嬰	史記卷95 漢書卷41

十畫	夏 侯 夔	梁書卷28附夏侯亶傳 南史卷55附夏侯詳傳
	夏 侯 始 昌	漢書卷75
	夏 侯 道 遷	魏書卷71 北史卷45
夏	夏 侯 嘉 正	宋史卷440文苑
唐	唐 4介	宋史卷316
	唐 5永	北史卷67
	唐 6次	舊唐書卷190下文苑 新唐書卷89附唐儉傳
	唐 7扶	舊唐書卷190下文苑 附唐次傳 新唐書卷89附唐儉傳
	唐 8固	三國吳志卷8或53附 闞澤傳
	唐 林	漢書卷72附鮑宣傳
	唐 和	魏書卷43 北史卷27
	唐 庚	宋史卷443文苑
	唐 侃	明史卷281循吏
	唐 9咨	三國魏志卷28附諸 葛誕傳
	唐 持	舊唐書卷190下文苑 附唐次傳 新唐書卷89附唐儉傳
	唐 坰	宋史卷327附王安石傳
	唐 恪	宋史卷352
	唐 重	宋史卷447忠義
	唐 冑	明史卷203
	唐 10邕	北齊書卷40 北史卷55
	唐 恕	宋史卷316附唐介傳
	唐 11彬	晉書卷42

唐	唐 紹	舊唐書卷85附唐臨傳 新唐書卷113附唐臨傳
	唐 皎	新唐書卷113附唐臨傳
	唐 寅	明史卷286文苑附徐 禎卿傳
	唐 12琦	宋史卷448忠義
	唐 雲	明史卷146附張信傳
	唐 13詢	宋史卷203附唐肅傳
	唐 肅	宋史卷203 明史卷285文苑附王 行傳
	唐 鼎	明史卷290忠義附汪 一中傳
	唐 15瑾	周書卷32 北史卷67附唐永傳
	唐 儉	舊唐書卷58 新唐書卷89
	唐 震	宋史卷450忠義
	唐 慶	元史卷152
	唐 樞	明史卷206
	唐 16憲	新唐書卷89附唐伶傳
	唐 璘	宋史卷409
	唐 龍	明史卷202
	唐 17檀	後漢書卷112下方術
	唐 臨	舊唐書卷85 新唐書卷113
	唐 21鐸	明史卷138
	唐 22衢	舊唐書卷160
	唐 儼	明史卷297孝義
	唐 1一岑	明史卷290忠義附錢 尊傳
	唐 3子清	明史卷142附顏伯瑋傳
	唐 4仁祖	元史卷134

唐	文	若	宋史卷388	袁	6安	後漢書卷75	十畫
唐	文	獻	明史卷216	袁	式	魏書卷38 北史卷27	唐 袁
唐	5玄	達	魏書卷43附唐和傳	袁	充	北史卷74 隋書卷69	
唐	6汝	楫	明史卷202附唐龍傳	袁	7甫	晉書卷52 宋史卷405	
唐	休	璟	舊唐書卷93 新唐書卷111	袁	宏	晉書卷92文苑	
唐	7伯	元	明史卷282儒林	袁	抗	宋史卷301	
唐	伯	虎	宋史卷443文苑附唐庚傳		8尚	三國魏志卷6附袁紹傳	
唐	8其	勢	元史卷138附燕鐵木兒傳	昂		梁書卷31 南史卷26 附袁泌傳	
唐	9彥	謙	舊唐書卷190下文苑附唐儉傳 新唐書卷89附唐儉傳	袁	泌	陳書卷18 南史卷26 附袁泌傳	
唐	10時	升	明史卷288文苑	袁	9彥	宋史卷261	
唐	時	明	明史卷294忠義	袁	10盎	史記卷101（漢書卷49作爰盎）	
唐	11敏	求	宋史卷453忠義	袁	豹	晉書卷83附袁瓌傳 宋書卷53附袁湛傳 南史卷26附袁湛傳	
唐	淑	問	宋史卷316附唐介傳				
唐	12順	之	明史卷205	袁	耽	晉書卷83附袁瓌傳	
唐	勝	宗	明史卷131	袁	峻	梁書卷49文學 南史卷72文學	
唐	景	思	舊五代史卷124周書 新五代史卷49雜傳	袁	豪	南齊書卷48 南史卷26附袁滋傳	
唐	13義	問	宋史卷316附唐介傳	袁	高	舊唐書卷153 新唐書卷120附袁恕己傳	
唐	14夢	鯤	明史卷294忠義附唐時明傳				
唐	21鶴	徵	明史卷205附唐順之傳	袁	琪	明史卷299方技	
唐	括	貢	金史卷120世戚	袁	11紹	後漢書卷104 三國魏志卷6	
唐	括	辯	金史卷132逆臣		術	後漢書卷105 三國魏志卷6	
唐	括	安禮	金史卷88	袁	淑	宋書卷70 南史卷26附袁湛傳	
唐	括	德溫	金史卷120世戚	袁	朗	舊唐書卷190上文苑 新唐書卷201文藝	
唐	括	字果迭	金史卷121忠義 附完顏九住傳	袁	桷	元史卷172	

十畫	袁	彬	明史卷167	袁	奭	北齊書卷45文苑附顏之推傳
	袁	敏	明史卷167附袁彬傳	袁	誼	舊唐書卷190上文苑附袁朗傳
	袁	12閎	後漢書卷75附袁安傳			新唐書卷201文藝附袁朗傳
	袁	敞	後漢書卷75附袁安傳	袁	樞	陳書卷17附陳敬傳 南史卷26 附袁湛傳
袁			周書卷48附蕭詧傳 北史卷93僭僞附庸梁附蕭詧傳	袁	16憲	宋史卷389 陳書卷24 南史卷26 附袁湛傳
	袁	渙	三國魏志卷11			
	袁	喬	晉書卷83附袁瓌傳	袁	17燮	宋史卷400
	袁	湛	晉書卷83附袁瓌傳 宋書卷52 南史卷26	袁	18翻	北史卷47(魏書卷69作袁躍)
	袁	象	南齊書卷48	袁	19譚	後漢書卷104下附袁紹傳 三國魏志卷6附袁紹傳
	袁	善	明史卷249附蔡復一傳			
	袁	凱	明史卷285文苑	袁	20瓌	晉書卷83
	袁	13猷	晉書卷83附袁瓌傳	袁	顗	宋書卷84 南史卷26附袁湛傳
	袁	準	晉書卷83附袁瓌傳	袁	21躍	魏書卷69(北史卷47總作翻) 魏書卷85文苑
	袁	粲	宋書卷89 南史卷26附袁湛傳	袁		北史卷47附袁翻傳
	袁	敬	陳書卷17 南史卷26附袁湛傳	袁	1一	鵑 明史卷221附袁洪愈傳
	袁	滋	舊唐書卷185下良吏 新唐書卷151	袁	3山	松 晉書卷83附袁瓌傳
	袁	裕	元史卷170	袁	4化	中 明史卷244
	袁	羲	明史卷134附鄧正傳	袁	天	綱 舊唐書卷191方技 新唐書卷204方技
	袁	煒	明史卷193附嚴訥傳	袁	6仲	明 南史卷72文學附丘互源傳
	袁	愷	明史卷253附薛國觀傳	袁	光	庭 舊唐書卷187下忠義 新唐書卷193忠義附程千里傳
	袁	14瑴	南史卷72文學附卞彬傳	袁	聿	修 北齊書卷42 魏書卷85文苑附袁躍傳 北史卷47 附袁翻傳
	袁	郭	宋史卷276			
	袁	韶	宋史卷415			
	袁	15質	晉書卷83附袁瓌傳	袁	7君	正 梁書卷31附袁昂傳 南史卷26附袁湛傳

（天）

袁	利 貞	舊唐書卷190上文苑附袁朗傳 / 新唐書卷201文藝附袁朗傳	
袁	宏 道	明史卷288文苑	
袁	8承 序	舊唐書卷190上文苑附袁朗傳 / 新唐書卷201文藝附袁朗傳	
袁	宗 儒	明史卷208	
袁	忠 徹	明史卷299方技附袁珙傳	
袁	9洪 愈	明史卷221	
袁	建 豐	舊五代史卷61唐書 / 新五代史卷25唐臣	
袁	客 師	新唐書卷204附袁天綱傳	
袁	10恕 己	舊唐書卷91 / 新唐書卷120	
袁	悅 之	晉書卷75	
袁	11逢 吉	宋史卷277	
袁	崇 煥	明史卷259	
袁	12象 先	舊五代史卷59唐書 / 新五代史卷45雜傳	
袁	17應 泰	明史卷259	
袁	20繼 忠	宋史卷259	
袁	繼 咸	明史卷277	
馬	4公	明史卷300外戚	
馬	5永	明史卷211	
馬	6光	北史卷82儒林 / 隋書卷75儒林	
馬	全	明史卷300外戚	
馬	7成	後漢書卷52	
馬	防	後漢書卷54附馬援傳	
馬	良	三國蜀志卷9或39	
馬	伸	宋史卷455忠義	
馬	亨	元史卷163	
馬	8武	後漢書卷52	
馬	忠	三國蜀志卷13或43	
馬	周	舊唐書卷74 / 新唐書卷98	
馬	京	明史卷150附陳志傳	
馬	昊	明史卷187	
馬	芳	明史卷211	
馬	林	明史卷211附馬芳傳	
馬	怡	明史卷219附馬自強傳	
馬	9炫	舊唐書卷134附馬燧傳 / 新唐書卷155附馬燧傳	
馬	郁	舊五代史卷71唐書	
馬	亮	宋史卷298 / 明史卷155附陳懷傳	
馬	俊	宋史卷449忠義	
馬	宣	明史卷142	
馬	10宮	漢書卷81	
馬	殷	新唐書卷190附劉建鋒傳 / 舊五代史卷133世襲 / 新五代史卷66楚世家	
馬	峯	宋史卷482北漢世家附劉繼元傳	
馬	11紹	元史卷173	
馬	炯	明史卷211附馬芳傳	
馬	理	明史卷282儒林	
馬	乾	明史卷295忠義附耿廷籙傳	
馬	12援	後漢書卷54	
馬	梭	後漢書卷54附馬援傳	

十畫

袁馬

十畫

馬

馬	超	三國蜀志卷6或36
馬	植	舊唐書卷176
		新唐書卷184
馬	尋	宋史卷300附陳太素傳
馬	琪	金史卷95
馬	欽	金史卷129佞幸
馬	雲	明史卷134附葉旺傳
馬	愉	明史卷148附楊溥傳
馬	森	明史卷214
馬	13隆	晉書卷57
馬	萬	舊五代史卷106漢書
馬	載	新唐書卷98附馬周傳
馬	逵	宋史卷446忠義
馬	墍	宋史卷451忠義
馬	14廖	後漢書卷54附馬嫒傳
馬	暢	舊唐書卷134附馬燧傳
		新唐書卷155附馬燧傳
馬	韶	宋史卷461方技
馬	愷	明史卷219附馬自強傳
馬	15樞	陳書卷19
		南史卷76隱逸
馬	寶	新唐書卷190附劉建鋒傳
馬	16融	後漢書卷90上
馬	燧	舊唐書卷134
		新唐書卷155
馬	璘	舊唐書卷152
		新唐書卷138
馬	縞	舊五代史卷71唐書
		新五代史卷55雜傳
馬	遵	宋史卷302附呂景初傳
馬	默	宋史卷344

馬	諷	金史卷90
馬	錄	明史卷206
馬	17謖	三國蜀志卷9或39附馬良傳
馬	總	舊唐書卷157
		新唐書卷163
馬	應	宋史卷439文苑附鄭起傳
馬	18謹	明史卷172
馬	19爌	明史卷211附馬芳傳
馬	20嚴	後漢書卷54附馬援傳
馬	飈	明史卷211附馬芳傳
馬	23驎	明史卷308姦臣附陳瑛傳
馬	27驤	金史卷122忠義
馬 2	人望	遼史卷105能吏
馬	八龍	魏書卷87節義
		北史卷85節義
馬 3	士英	明史卷308姦臣
馬	子結	北史卷81儒林附孫惠蔚傳
馬	三寶	舊唐書卷58附柴紹傳
		新唐書卷38附裴寂傳
馬 4	文升	明史卷182
馬	孔英	明史卷247
馬	仁瑀	宋史卷273
馬	中錫	明史卷187
馬	天驥	宋史卷420
馬	元方	宋史卷301
馬	元規	新唐書卷191忠義附呂子臧傳
馬	元熙	北齊書卷44儒林附馬敬德傳
		北史卷81儒林附馬敬德傳

馬 5仙 琕	梁書卷17 南史卷26附袁湛之傳	馬 9胤 孫	新五代史卷55雜傳
馬 令 琮	宋史卷271	馬 思 聰	明史卷289忠義附黃宏傳
馬 世 奇	明史卷266	馬 重 績	舊五代史卷96晉書 新五代史卷57雜傳
馬 世 龍	明史卷270	馬10祖 常	元史卷143
馬 6仲 甫	宋史卷331	馬11紹 宏	舊五代史卷72唐書
馬 存 亮	新唐書卷207宦者	馬 從 先	宋史卷331
馬 光 祖	宋史卷416	馬 從 聘	明史卷267
馬 自 強	明史卷219	馬 從 謙	明史卷209附楊允繩傳
馬 如 蛟	明史卷292忠義附象弘業傳	馬12貴 中	金史卷131方技
馬 全 節	舊五代史卷90晉書 新五代史卷47雜傳	馬 惠 迪	金史卷95
馬 全 義	宋史卷278	馬13裔 孫	舊五代史卷127周書
馬 7足 輕	明史卷292忠義附李中正傳	馬 經 綸	明史卷234
馬 百 祿	金史卷97	馬 敬 德	北齊書卷44儒林 北史卷81儒林
馬 汝 驥	明史卷179附舒芳傳	馬 嗣 明	北齊書卷49方技 北史卷90藝術
馬 廷 鸞	宋史卷414	馬 嗣 勳	舊五代史卷20梁書 新五代史卷23梁臣
馬 希 範	舊五代史卷133世襲附馬殷傳 新五代史卷66楚世家附馬殷傳	馬14嘉 運	舊唐書卷73附孔穎達傳 新唐書卷198儒學附孔穎達傳
馬 希 聲	新五代史卷66楚世家附馬殷傳	馬15德 臣	遼史卷80
馬 8季 良	宋史卷463外戚附劉美傳	馬 慶 祥	金史卷124忠義
馬 押 忽	元史卷197孝友附郭全傳	馬17應 魁	明史卷272附劉肇基傳
馬 定 國	金史卷125文藝	馬19懷 素	舊唐書卷102 新唐書卷199儒學
馬 孟 禎	明史卷230	馬 懷 德	宋史卷323
馬 知 節	宋史卷278附馬全義傳	馬 札 台	兒元史卷133
馬 肩 龍	金史卷123忠義附愛申傳	徐 4文	金史卷79
馬 明 衡	明史卷207附朱淛傳	徐 5申	新唐書卷143 明史卷207附劉世龍傳

十畫	徐	6份	陳書卷26附徐陵傳 南史卷62附徐摛傳	徐	俯	宋史卷372	
	徐	7防	後漢書卷74	徐	舫	明史卷298隱逸	
	徐	均	明史卷140附劉仕廵傳	徐	珪	明史卷189附孫磐傳	
	徐	8招	周書卷37附趙肅傳 北史卷70	徐	陟	明史卷213附徐諧傳	
徐	徐	岳	周書卷48附蕭督傳	徐	枓	明史卷220附劉應節傳	
	徐	岱	舊唐書189下儒學 新唐書卷161	徐	11祥	明史卷146	
	徐	的	宋史卷300	徐	陵	陳書卷26 南史卷62附徐摛傳	
	徐	忠	明史卷146	徐	晦	舊唐書卷165	
	徐	9弈	三國魏志卷12	徐	商	新唐書卷113附徐有功傳	
	徐	宣	三國魏志卷22	徐	理	明史卷145附陳亨傳	
	徐	苗	晉書卷91儒林	徐	問	明史卷201	
	徐	爰	宋書卷94恩倖 南史卷77恩倖	徐	12登	後漢書卷112下方術	
	徐	勉	梁書卷25 南史卷60	徐	琨	三國吳志卷5妃嬪附吳主權徐夫人傳	
	徐	度	陳書卷12 南史卷67	徐	盛	三國吳志卷10或55	
	徐	紇	魏書卷93恩倖 北史卷92恩倖	徐	堅	舊唐書卷102 新唐書卷199儒學附徐齊聃傳	
	徐	則	北史卷88隱逸 隋書卷77隱逸	徐	揆	宋史卷447忠義	
	徐	約	新唐書卷190附張雄傳	徐	復	宋史卷457隱逸	
	徐	琰	元史卷197孝友	徐	琦	明史卷158附章敞傳	
	徐	政	明史卷154附張輔傳	徐	階	明史卷213	
	徐	恪	明史卷185	徐	貢	明史卷285文苑附高啓傳	
	徐	洴	明史卷267	徐	渭	明史卷288文苑	
	徐	晃	三國魏志卷17	徐	13幹	三國魏志卷21附王粲傳	
	徐	10真	三國吳志卷5妃嬪附吳主權徐夫人傳	徐	詳	三國吳志卷17或62附胡綜傳	
	徐	耕	宋書卷91孝義 南史卷73孝義	徐	嵩	晉書卷115前秦載記附苻丕傳	
	徐	浩	舊唐書卷137 新唐書卷160	徐	嗣	南齊書卷23附褚淵傳(南史卷32作徐銅)	
	徐	起	宋史卷301				

		(伯)	徐		澤	明史卷291忠義附李獻明傳
徐		路	魏書卷91藝術附張淵傳	徐	17谿	宋書卷92良吏 南史卷33附徐廣傳
徐		勣	宋史卷348	徐		謇	魏書卷91藝術 北史卷90藝術
徐		鉉	宋史卷441文苑	徐		禋	宋史卷334
徐		達	明史卷125	徐	18邈	三國魏志卷27 晉書卷91儒林
徐		溥	明史卷181	徐	21鐸	宋史卷319
徐		愛	明史卷283儒林附錢德洪傳	徐	22驎	南史卷77恩倖附陸驗傳
徐	14寧	晉書卷74附桓彝傳	徐	23鑑	明史卷281循吏附李驤傳
徐		摛	梁書卷30 南史卷62	徐	1一	夔	明史卷285文苑
徐		遠	北齊書卷25 北史卷55附張亮傳	徐	2九	思	明史卷281循吏
徐		僑	宋史卷422	徐	3大	化	明史卷306閹黨附霍漢華傳
徐	15樂	漢書卷64上	徐	大	相	明史卷234
徐		璆	後漢書卷78	徐	4之	才	北齊書卷33 北史卷90藝術附徐謇傳
徐		廣	晉書卷82 宋書卷55 南史卷33	徐	中	行	宋史卷459隱逸
徐		儉	陳書卷56附徐陵傳 南史卷62附徐摛傳	徐	元	杰	宋史卷421
徐		儀	陳書卷26附徐陵傳 南史卷62附徐摛傳	徐	仁	紀	舊唐書卷192隱逸
徐		嶠	新唐書卷199儒學附徐齊聃傳	徐	日	泰	明史卷293忠義附武大烈傳
徐		誼	宋史卷397	徐	天	麟	宋史卷438儒林附徐夢莘傳
徐		範	宋史卷423	徐	允	讓	明史卷296孝義
徐	16穉	後漢書卷83	徐	文	伯	南史卷32附張邵傳
徐		興	宋史卷280	徐	文	盛	梁書卷46 南史卷64
徐		霖	宋史卷425	徐	文	華	明史卷191
徐		臻	宋史卷454忠義附鄒溉傳	徐	文	溥	明史卷188
徐		積	宋史卷459卓行	徐	文	遠	舊唐書卷189上儒學 新唐書卷198儒學
徐		瑤	明史卷213附徐階傳	徐	5生	之	南史卷73孝義附封延伯傳

十畫							
徐	徐	司	馬	明史卷134附何文煇傳	徐9	貞	明	明史卷223
	徐	石	麒	明史卷275	徐	彦	伯	舊唐書卷94 新唐書卷114
	徐	世	淳	明史卷292忠義	徐	彦	若	舊唐書卷179 新唐書卷113附徐有功傳
	徐	世	隆	元史卷160				
	徐	世	譜	陳書卷13 南史卷67	徐11	國	全	明史卷291忠義附何延魁傳
	徐6	安	貞	舊唐書卷190中文苑附席豫傳 新唐書卷200儒學附褚无量傳	徐	從	治	明史卷248
					徐	得	之	宋史卷438儒林徐夢莘傳
	徐	如	珂	明史卷249附朱燮元傳	徐	處	仁	宋史卷371
	徐	光	啓	明史卷251	徐	清	叟	宋史卷420
	徐	休	復	宋史卷276	徐	鹿	卿	宋史卷424
	徐	有	功	舊唐書卷85 新唐書卷113	徐12	湛	之	宋書卷71 南史卷15附徐淡之傳
	徐	有	貞	明史卷171				
	徐7	甫	宰	明史卷222附譚綸傳	徐	羡	之	宋書卷43 南史卷15
	徐	君	蒨	南史卷15附徐淡之傳（一名鏑）	徐	善	述	明史卷152附鄒濟傳
	徐	孚	遠	明史卷277附陳子龍傳	徐	朝	綱	明史卷290忠義
	徐	邦	憲	宋史卷404	徐	普	濟	梁書卷47孝行附滕曇恭傳 南史卷74孝義附滕曇恭傳
	徐	伯	珍	南齊書卷54高逸 南史卷76隱逸				
	徐	伯	陽	陳書卷34文學 南史卷72文學	徐13	敬	成	陳書卷12附徐度傳 南史卷67附徐度傳
	徐	孝	克	陳書卷26附徐陵傳 南史卷62附徐摛傳	徐	嗣	伯	南史卷32附張邵傳（南齊書卷23作徐嗣）
	徐	孝	嗣	南齊書卷44 南史卷15附徐淡之傳	徐	經	孫	宋史卷410
	徐	孝	肅	北史卷84孝行 隋書卷72孝義	徐	義	恭	魏書卷93恩倖附茹皓傳
	徐8	承	珪	宋史卷456孝義	徐	圓	朗	舊唐書卷55 新唐書卷86附劉黑闥傳
	徐	尙	卿	明史卷292忠義	徐	道	明	宋史卷455忠義
	徐	宗	仁	宋史卷425	徐	道	隆	宋史卷451忠義附趙良淳傳
	徐	宗	實	明史卷137附桂彦良傳	徐	道	興	明史卷295忠義

徐14禎	卿	明史卷286文苑
徐	榮叟	宋史卷419
徐	夢莘	宋史卷438儒林
徐	齊聃	舊唐書卷190上文苑 新唐書卷199儒學
徐	肇梁	明史卷292忠義附徐世淳傳
徐16遵	明	魏書卷84儒林 北史卷81儒林
徐	縉芳	明史卷248附劉策傳
徐	學詩	明史卷210
徐	學顏	明史卷294忠義
徐17徵	言	宋史卷447忠義
徐	應龍	宋史卷395
徐	應慶	宋史卷451忠義
徐19懷	玉	舊五代史卷21梁書 新五代史卷22梁臣
徐	懷英	新五代史卷22梁臣
孫3小		魏書卷94閹官 北史卷92恩倖
孫4卞		宋史卷292
孫	升	宋史卷347
孫	元	明史卷194附孫交傳
孫	文	明史卷237孝義附俞孜傳
孫5永		宋史卷342
孫6休		三國吳志卷3或48
孫	匡	三國吳志卷6或51宗室
孫	冲	宋史卷299
孫	交	明史卷191
孫7成		舊唐書卷190中文苑附孫逖傳 新唐書卷202文藝附孫逖傳

孫	甫	宋史卷295
孫	何	宋史卷306
孫	抑	元史卷198孝友
孫	作	明史卷285文苑附陶宗儀傳
孫8武		史記卷65
孫	和	三國吳志卷14或59
孫	放	晉書卷82附孫盛傳
孫	抱	南史卷72文學附卞彬傳
孫	伒	新唐書卷106附孫處約傳
孫	岳	舊五代史卷69唐書
孫	沔	宋史卷288
孫	固	宋史卷341
孫	伴	宋史卷458隱逸
孫	炎	明史卷289忠義
孫	忠	明史卷300外戚
孫9亮		三國吳志卷3或48
孫	奐	三國吳志卷6或51宗室附孫靜傳
孫	拯	晉書卷54附陸機傳
孫	洵	晉書卷56附孫楚傳
孫	洙	宋史卷321
孫	威	元史卷203工藝
孫10桓		三國吳志卷6或51宗室
孫	峻	三國吳志卷19或64
孫	旂	晉書卷60
孫	恩	晉書卷100
孫	益	宋史卷446忠義 宋史卷452忠義

十畫

徐
孫

十畫

孫

孫	浦	宋史卷456孝義附裴承詢傳
孫	浩	明史卷231循吏附李信圭傳
孫	11翊	三國吳志卷6或51宗室
孫	乾	三國蜀志卷8或38
孫	皎	三國吳志卷6或51宗室附孫靜傳
孫	統	晉書卷56附孫楚傳
孫	處	宋書卷49 南史卷17
孫	淡	南齊書卷55孝義 南史卷73孝義
孫	紹	魏書卷78 北史卷46
孫	逢	宋史卷453忠義
孫	逖	舊唐書卷190中文苑 新唐書卷202文藝
孫	偓	新唐書卷183附朱朴傳
孫	晟	舊五代史卷131周書 新五代史卷33死事
孫	祥	明史卷167
孫	清	明史卷297孝義
孫	12程	後漢書卷108宦者
孫	期	後漢書卷109上儒林
孫	堅	三國吳志卷1或46
孫	皓	三國吳志卷3或48
孫	賁	三國吳志卷6或51宗室
孫	登	三國吳志卷14或59 晉書卷94隱逸
孫	衆	晉書卷56附孫楚傳
孫	惠	晉書卷71
孫	盛	晉書卷82
孫	晷	晉書卷88孝友
孫	揆	新唐書卷193忠義附黃碣傳

孫	傅	宋史卷353
孫	復	宋史卷432儒林
孫	桌	宋史卷454忠義附鄒滌傳
孫	策	三國吳志卷1或46
孫	13瑜	三國吳志卷6或51宗室附孫靜傳 宋史卷330
孫	該	三國魏志卷21附劉劭傳
孫	楚	晉書卷56
孫	瑒	陳書卷25 南史卷67
孫	廉	南史卷70循吏附孫謙傳
孫	詵	南史卷72文學附丘巨源傳
孫	僅	宋史卷306附孫何傳
孫	路	宋史卷332
孫	暉	宋史卷453忠義
孫	祿	明史卷187附周南傳
孫	瑋	明史卷241
孫	鈐	明史卷250附孫承宗傳
孫	鼎	明史卷161附彭勖傳 明史卷282儒林附劉觀傳
孫	14輔	三國吳志卷6或51宗室
孫	韶	三國吳志卷6或51宗室
孫	綝	三國吳志卷19或64
孫	綽	晉書卷56附孫楚傳
孫	棘	宋書卷91孝義 南史卷73孝義 北齊書卷24 北史卷55
孫	節	宋史卷290附狄青傳

孫		構	宋史卷331
孫		需	明史卷172附孫歷貞傳
孫	15鄰		三國吳志卷6或51宗室附孫賁傳
孫		盧	三國吳志卷14或59
孫		潜	晉書卷82附孫盛傳
孫		璋	舊五代史卷61唐書
孫		奭	宋史卷431儒林
孫		撝	元史卷194忠義
孫		瑾	元史卷197孝友
孫		磐	明史卷189
孫	16靜		三國吳志卷6或51宗室
孫		奮	三國吳志卷14或59
孫		儒	新唐書卷188
孫		諤	宋史卷346
孫		蕡	明史卷285文苑
孫	17謙		梁書卷53良吏 南史卷70循吏
孫		檥	明史卷203
孫		臨	明史卷277附楊文驄傳
孫		燧	明史卷289忠義
孫	18禮		三國魏志卷24
孫		簡	新唐書卷202文藝附孫逖傳
孫	19瑴		明史卷289忠義附吳景傳
孫		轍	元史卷199隱逸
孫		鏜	明史卷173
孫	20寶		明史卷290忠義 漢書卷77
孫		纂	晉書卷56附孫楚傳
孫		騰	北齊書卷18 北史卷54
孫		覺	宋史卷344
孫	21霸		三國吳志卷14或59
孫		黥	舊五代史卷24梁書
孫		繫	宋史卷347
孫	22權		三國吳志卷2或47（即吳主權）
孫		鐸	金史卷99
孫		覽	宋史卷344附孫覺傳
孫	23鑠		晉書卷33
孫		巖	明史卷146
孫	24鑣		明史卷224
孫	25觀		三國魏志卷18附臧霸傳
孫	1一	元	明史卷298隱逸
孫	3子	秀	宋史卷424
孫		士美	明史卷291忠義
孫	4允	中	明史卷209附楊允繩傳
孫		方謙	舊五代史卷125周書 新五代史卷49雜傳
孫	5不	揚	明史卷224
孫		必顯	明史卷236附孫振基傳
孫	6自	一	明史卷233附樊玉衡傳
孫		行友	宋史卷253
孫		伏伽	舊唐書卷75 新唐書卷103
孫		安道	宋史卷452忠義附李亘傳
孫		守榮	宋史卷462方技
孫		光憲	宋史卷483荊南世家附高保融傳
孫		如法	明史卷224附孫鑨傳

十畫	孫 如 游	明史卷240	孫 1逢 吉 宋史卷404
	孫 全 照	宋史卷253附孫行友傳	孫 處 玄 舊唐書卷192隱逸
	孫 7孝 哲	舊唐書卷200上 新唐書卷225上逆臣附安祿山傳	孫 處 約 舊唐書卷81 新唐書卷106
	孫 克 恕	明史卷290忠義附徐朝綱傳	孫 12傳 庭 明史卷262
孫	孫 秀 實	元史卷197孝友	孫 惠 素 南史卷16附毛脩之傳
	孫 希 賢	元史卷197孝友附尹莘傳	孫 惠 蔚 魏書卷84儒林 北史卷81儒林
	孫 8季 良	舊唐書卷189下儒學附尹知章傳	孫 13慎 行 明史卷343
	孫 法 宗	宋書卷91孝義 南史卷73孝義	孫 鼎 相 明史卷254附孫居相傳
	孫 居 相	明史卷254	孫 萬 壽 北史卷81儒林附孫蕙蔚傳 隋書卷76文學
	孫 長 卿	宋史卷331	孫 道 夫 宋史卷332
	孫 叔 敖	史記卷119循吏	孫 道 登 魏書卷87節義 北史卷85節義
	孫 承 宗	明史卷250	孫 14漢 英 舊五代史卷129周書
	孫 承 祐	宋史卷480吳越世家附錢俶傳	孫 維 城 明史卷227
	孫 9昭 遠	宋史卷453忠義	孫 嘉 績 明史卷240附孫如游傳
	孫 卽 康	金史卷99	孫 夢 觀 宋史卷424
	孫 思 恭	宋史卷322	孫 15儁 化 魏書卷91藝術附張淵傳
	孫 彥 韜	舊五代史卷94晉書	孫 德 昭 舊五代史卷15梁書 新五代史卷43雜傳
	孫 思 誠	明史卷193附李春芳傳	孫 德 淵 金史卷128循吏
	孫 思 邈	舊唐書卷191方技 新唐書卷196隱逸	孫 16興 祖 明史卷133
	孫 10原 貞	明史卷172	孫 17應 元 明史卷269
	孫 唐 卿	宋史卷443文苑	孫 應 奎 明史卷202 (孫應奎明史卷202有二人。一字文宿洛陽人。一字文卿餘姚人。二人合為一傳。)
	孫 振 基	明史卷236	
	孫 益 德	魏書卷86孝感 北史卷84孝行	
	孫 祖 壽	明史卷271附滿桂傳	孫 20繼 有 明史卷231附安希范傳
	孫 祖 德	宋史卷299	孫 繼 先 明史卷229附劉臺傳

孫	繼	忠	明史卷300外戚附孫忠傳	高	明	明史卷159
孫	繼	魯	明史卷204	高	金	明史卷209附楊最傳
孫	繼	鄴	宋史卷290附曹利用傳	高	9相	漢書卷88儒林
孫24	靈	暉	北齊書卷44儒林 北史卷81儒林附孫惠蔚傳	高	柔	三國魏志卷24
高	4允		魏書卷43 北史卷31	高	洽	北齊書卷10（卽漢陽敬懷王） 北史卷51齊宗室諸王
高	化		宋史卷323	高	貞	北齊書卷12（卽北平王） 北史卷52齊宗室諸王
高	元		明史卷290忠義附蕫盡倫傳	高	重	新唐書卷95附高儉傳
高	5卞		宋史卷432儒林	高	衎	金史卷90
高	正		遼史卷83	高	竑	金史卷100
高	6光		晉書卷41 明史卷290忠義附蕫盡倫傳	高	宣	元史卷153
高	7沐		舊唐書卷187下忠義 新唐書卷193忠義	高	拱	明史卷213
高	劭		舊五代史卷20梁書	高	10眞	魏書卷32附高湖傳
高	防		宋史卷270	高	祐	魏書卷57 北史卷31附高允傳
高	8昚		魏書卷32附高湖傳	高	柴	史記卷67仲尼弟子
高	昻		北齊書卷21附高乾傳 北史卷31附高允傳	高	浚	北齊書卷10（卽永安簡平王） 北史卷51齊宗室諸王
高	岳		北齊書卷13（卽河清王） 北史卷51齊宗室諸王	高	潋	北齊書卷10（卽彭城景思王） 北史卷51齊宗室諸王
高	定		舊唐書卷147附高郢傳 新唐書卷165附高郢傳	高	郢	舊唐書卷147 新唐書卷165
高	固		舊唐書卷152 新唐書卷170	高	倬	明史卷275
高	尙		舊唐書卷200上 新唐書卷225上逆臣附安祿山傳	高	11彪	後漢書卷110下文苑 金史卷81
高	松		金史卷82	高	崧	晉書卷71
				高	陵	魏書卷24附崔玄伯傳
				高	推	魏書卷48附高允傳

十畫							
	高	崇	魏書卷77	高	盛	北齊書卷14(卽廣平王)
	高	爽	南史卷72文學附卞彬傳			北史卷51齊宗室諸王
	高	乾	北齊書卷21 北史卷31附高允傳	高	琳	周書卷29 北史卷66
	高	淹	北齊書卷10(卽平陽靖翼王) 北史卷51齊宗室諸王	高	湘	新唐書卷177附高鍇傳
高	高	清	北齊書卷10(卽襄城景王) 北史卷51齊宗室諸王	高	登	宋史卷399
	高	鉄	舊唐書卷168 新唐書卷177	高	閌	宋史卷433儒林
	高	冕	宋史卷269附高錫傳	高	翔	明史卷141附胡閎傳
	高	敏	宋史卷452忠義	高	傑	明史卷273
	高	猛	魏書卷83下外戚附高聳傳	高	13詡	後漢卷109下儒林
	高	第	明史卷257附王治傳	高	幹	魏書卷32附高湖傳
	高	啓	明史卷285文苑	高	普	北齊書卷14(卽武興王) 北史卷51齊宗室諸王
	高	淮	明史卷305宦官附陳矩傳	高	瑀	舊唐書卷162 新唐書卷171
	高	12湖	魏書卷32	高	萬	宋史卷452忠義附牛皓傳
	高	植	魏書卷83下外戚附高聳傳	高	楨	金史卷34
	高	雲	魏書卷95附徒河慕容廆傳	高	源	元史卷170
	高	渙	北齊書卷10(卽上黨剛肅王) 北史卷51齊宗室諸王	高	勣	明史卷279附吳貞毓傳
	高	潛	北齊書卷10(卽任城王) 北史卷51齊宗室諸王	高	14鳳	後漢書卷113逸民
	高	湜	北齊書卷10(卽高陽康穆王) 北史卷51齊宗室諸王 新唐書卷177附高鍇傳	高	綽	魏書卷48附高允傳 北齊書卷12(卽南陽王) 北史卷52齊宗室諸王
	高	琛	北齊書卷13(卽趙郡王) 北史卷51齊宗室諸王	高	肇	魏書卷83下外戚 北史卷80外戚
				高	廓	北齊書卷12(卽齊安王) 北史卷52齊宗室諸王
				高	賓	周書卷37附裴文舉傳
				高	構	北史卷77 隋書卷66

高	銖	舊唐書卷168附高鉄傳 新唐書卷177附高鉄傳	高	凝	北齊書卷10(卽華山王) 北史卷51齊宗室諸王
高	頔	宋史卷440文苑	高	錫	宋史卷269 金史卷121忠義
高	睿	元史卷125附高智耀傳	高	懌	宋史卷457隱逸
高	鳴	元史卷160	高	勳	遼史卷85
高	瑤	明史164	高	霖	金史卷104
高	15閭	魏書卷54 北史34	高	興	元史卷162
高	諒	魏書卷57附高祐傳	高	17護	後漢書卷112上方術
高	緒	魏書卷77附高崇傳	高	徽	魏書卷32附高湖傳
高	勱	北齊書卷13附清河王岳傳 隋書卷55 北史卷51齊宗室諸王附清河王岳傳	高	謐	魏書卷32附高湖傳
			高	聰	魏書卷68 北史卷40
高	潤	北齊書卷10(卽馮翊王) 北史卷51齊宗室諸王	高	濟	北齊書卷10(卽博陵文簡王) 北史卷51齊宗室諸王 新唐書卷177附高元裕傳
高	熲	北史卷72 隋書卷41	高	鏻	舊唐書卷168附高鉄傳 新唐書卷177附高鉄傳
高	適	舊唐書卷111 新唐書卷143			
高	儉	新唐書卷95(舊唐書65作高士廉)	高	18瞻	晉書卷108前燕載記
高	賦	宋史卷426循吏	高	駢	舊唐書卷182 新唐書卷224下叛臣
高	稼	宋史卷449忠義	高	19瓊	宋史卷289
高	談	宋史卷453忠義	高	儼	北齊書卷12(卽琅邪王) 北史卷52齊宗室諸王下
高	儀	明史卷193	高	騰	元史卷169
高	穀	明史卷169	高	顥	魏書卷57附高祐傳
高	16遵	魏書卷89酷吏	高	21巍	明史卷143
高	叡	北齊書卷13附趙郡王琛傳 北史卷51齊宗室附趙郡王琛傳 舊唐書卷187上忠義 新唐書卷191忠義	高	22覯	宋史卷301
			高	2力士	舊唐書卷184宦官 新唐書卷307宦者

十畫

高

十畫	高	3士	文	明史卷154附張輔傳
	高	士	林	宋史卷464外戚附高遵裕傳
	高	士	廉	舊唐書卷65(新唐書95作高儉)
	高	子	武	北史卷5,齊宗室附平秦王歸彥傳
高	高	子	貢	舊唐書卷189下儒學新唐書卷1C6附邢文偉傳
	高	子	儒	魏書卷77附高崇傳宋史卷452忠義附劉惟輔傳
	高	4文	虎	宋史卷394
	高	少	逸	舊唐書卷171附高元裕傳 新唐書卷177附高元裕傳
	高	日	臨	明史卷292忠義附何承光傳
	高	公	紀	宋史卷464外戚附高遵裕傳
	高	公	韶	明史卷208附鮑鳴鳳傳
	高	元	海	北齊書卷14附上洛王思忠傳 北史卷51齊宗室附上洛王思忠傳
	高	元	裕	舊唐書卷171 新唐書卷177
	高	允	韜	舊五代史卷132世襲附高萬興傳
	高	允	權	舊五代史卷125周書
	高	斗	南	明史卷281循吏
	高	斗	垣	明史卷293忠義附許永禧傳
	高	斗	樞	明史卷260
	高	仁	光	北齊書卷12(即淮南王) 北史卷52齊宗室諸王
	高	仁	直	北齊書卷12(即丹陽王) 北史卷52齊宗室諸王

高	仁	英	北齊書卷12(即高平王) 北史卷52齊宗室諸王
高	仁	邕	北齊書卷12(即樂平王) 北史卷52齊宗室諸王
高	仁	厚	新唐書卷189
高	仁	幾	北齊書卷12(即西河王) 北史卷52齊宗室諸王
高	仁	雅	北齊書卷12(即安陽王) 北史卷52齊宗室諸王
高	仁	儉	北齊書卷12(即潁川王) 北史卷52齊宗室諸王
高	仁	謙	北齊書卷12(即東海王) 北史卷52諸王齊宗室
高	5仙	芝	舊唐書卷104 新唐書卷135
高	世	則	宋史卷4C4外戚附高遵裕傳
高	市	貴	北齊書卷19
高	必	達	元史卷193孝友
高	弘	圖	明史卷274
高	永	年	宋史卷453忠義
高	永	能	宋史卷334
高	永	樂	北齊書卷14(即陽州公) 北史卷51諸王齊宗室
高	6守	約	金史卷121忠義
高	名	衡	明史卷267
高	伏	護	北齊書卷14附長樂太守靈山傳
高	汝	礪	金史卷107

高	行	周	舊五代史卷123周書 新五代史卷48雜傳
高	行	珪	舊五代史卷65唐書 新五代史卷48雜傳 附高行周傳
高	仲	振	金史卷127隱逸
高	仲	舒	舊唐書卷187上忠義 附高巖傳 新唐書卷191忠義附 高巖傳
高	百	年	北齊書卷12(卽樂陵 王) 北史卷52齊宗室諸 王
高	百	忠	北齊書卷12 北史卷52齊宗室諸王
高	百	康	北齊書卷12 北史卷52齊宗室諸王
高	百	理	北齊書卷12 北史卷52齊宗室諸王
高	百	基	北齊書卷12 北史卷52齊宗室諸王
高	百	德	北齊書卷12 北史卷52宗齊宗室王
高	7邦	佐	明史卷291忠義
高	延	宗	北齊書卷11(卽安德 王) 北史卷52齊宗室諸王
高	孝	珩	北齊書卷11(卽廣寧 王) 北史卷52齊宗室諸王
高	孝	琬	北齊書卷11(卽河間 王) 北史卷52齊宗室諸王
高	孝	瑜	北齊書卷11(河南康 舒王)

高			北史卷52齊宗室諸 王
高	孝	誌	明史卷293忠義附盛 以恆傳
高	孝	瓘	北齊書卷11(卽蘭陵 武王) 北史卷52齊宗室諸 王
高	8定	子	宋史卷409
高	叔	嗣	明史卷287文苑
高	昌	福	金史卷128循吏
高	其	勳	明史卷295忠義
高	承	簡	舊唐書卷151附高崇 文傳 新唐書卷170附高崇 文傳
高	居	簡	宋史卷468宦者
高	長	卿	北齊書卷14附陽州 公永樂傳
高	長	弼	北齊書卷14附陽州 公永樂傳
高	季	式	北齊書卷21附高乾 傳 北史卷31附高允傳
高	季	輔	舊唐書卷78 新唐書卷104
高	季	與	舊五代史卷133世家 新五代史卷69南平 世家
高	9若	訥	宋史卷238
高	思	好	北史卷51齊宗室附 上洛王思宗傳
高	思	宗	北齊書卷14(卽上洛 王) 北史卷51齊宗室諸 王
高	彥	忠	北齊書卷12(卽汝陽 王)
高	彥	基	北齊書卷12(卽城陽 王)
高	彥	康	北齊書卷12(卽定陽 王)
高	彥	理	北齊書卷12(卽汝南 王)

十畫

高

十畫

高

高彥暉	宋史卷255附廉延澤傳	高紹德	北齊書卷12(即太原王)　北史卷52齊宗室諸王
高彥德	北齊書卷12(即始平王)	高12隆之	北齊書卷18　北史卷54
高彥儔	宋史卷479西蜀世家附孟昶傳	高斯得	宋史卷409
高保寅	宋史卷483荆南世家附高保融傳	高開道	舊唐書卷55　新唐書卷86
高保勖	舊五代史卷133世襲附高季興傳　新五代史卷69南平世家附高季興傳　宋史卷483荆南世家	高智周	舊唐書卷185上良吏　新唐書卷106
		高智耀	元史卷125
高保寧	北齊書卷41	高13闆兒	元史卷151
高保融	宋史卷483荆南世家　新五代史卷69南平世家附高季興傳	高騰兒	魏書卷32附高湖傳(魏書月作拔弟騰兒但無拔傳不知拔爲何人)
高10賓行	舊唐書卷65附高士廉傳　新唐書卷95附高儉傳	高萬興	舊五代史卷132世襲　新五代史卷40雜傳
		高道悅	魏書卷62　北史卷40
高起潛	明史卷305宦官	高道穆	魏書卷77附高崇傳(名恭之)　北史卷50
高11堂隆	三國魏志卷25		
高從誨	舊五代史卷133世襲附高季興傳　新五代史卷69南平世家附高季興傳	高14遜志	明史卷143附王艮傳
		高漢筠	舊五代史卷94晉書
高崇文	舊唐書卷151　新唐書卷170	高15周山	金史卷129酷吏
高崇祖	魏書卷91藝術附張淵傳	高履行	舊唐書卷65附高士廉傳　新唐書卷95附高儉傳
高紹仁	北齊書卷12(即西河王)　北史卷52齊宗室諸王	高模翰	遼史卷76
高紹信	北齊書卷11(即漁陽王)　北史卷52齊宗室諸王	高德正	北史卷31附高允傳(北齊書卷30作高德政)
高紹義	北齊書卷12(即范陽王)　北史卷52齊宗室諸王	高德政	北齊書卷30(北史卷31作高德正)
		高德基	金史卷90
高紹廉	北齊書卷12(即隴西王)　北史卷52齊宗室諸王	高16樹生	魏書卷32附高湖傳
		高賢寧	明史卷143

184

高遵惠 宋史卷464外戚附高遵裕傳
高遵裕 宋史卷404外戚
高17謙之 魏書卷77附高崇傳／北史卷50附高道穆傳
高霞寓 舊唐書卷162／新唐書卷141
高應松 宋史卷454忠義
高歸彥 北齊書卷14（即平秦王）／北史卷51齊宗室諸王
高歸義 魏書卷32附高湖傳
高18攀龍 明史卷243
高19懷貞 金史卷129佞幸
高懷德 宋史卷250
高20繼冲 新五代史卷69南平世家附高季興傳／宋史卷483荊南世家附高保融傳
高繼宣 宋史卷289附高瓊傳
高繼勳 宋史卷289附高瓊傳
高23顯國 北齊書卷14（即襄樂公）／北史卷51
高24靈山 北齊書卷14（即長樂太守）／北史卷51（即長樂王）
高阿那肱 北齊書卷50恩倖／北史卷92恩倖

十一畫

勗 金史卷66（本名烏也）
爽 金史卷69（本名阿憐）
衰 金史卷76（本名蒲甲）
宿石 魏書卷30／北史卷25
巢谷 宋史卷459卓行
啖助 新唐書卷200儒學
終軍 漢書卷64下
涼茂 三國魏志卷11
密祐 宋史卷451忠義
逢萌 後漢書卷113逸民
猗頓 史記卷129貨殖／漢書卷91貨殖
專諸 史記卷86刺客
堅鐔 後漢書卷52
聊讓 明史卷164
雪不台 元史卷122
唵木海 元史卷122
紹古兒 元史卷123
猛如虎 明史卷269
探馬赤 元史卷132
執失思力 新唐書卷110諸夷蕃將
眭弘 漢書卷75
眭夸 魏書卷90逸士／北史卷88隱逸
牽招 三國魏志卷26
牽秀 晉書卷60

十一畫
高勗爽衰宿巢啖終涼密逢猗專堅聊雪唵紹猛探執眭牽

十一畫

朗祭崇國婆訛鹿連速麥野從習第扈魚

朗		茂基	北史卷55附朗基傳
朗		基	北史卷55
祭		彤	後漢書卷50附祭遵傳
祭		遵	後漢書卷50
崇		成	金史卷C5　（本名僕灰）
崇		剛	明史卷142附陳性善傳
國		淵	三國魏志卷11
國	用	安	金史卷117
婆		利	北史卷95
婆	盧	火	金史卷71
訛	古	乃	金史卷68
訛	里	也	金史卷121忠義
鹿		生	魏書卷88良吏
鹿		念	魏書卷79　北史卷46
鹿	善	繼	明史卷267
連		庶	宋史卷458隱逸
連		楷	明史卷141附景清傳
連	萬	夫	宋史卷453忠義
速		哥	元史卷131　元史卷124　元史卷121
速	不渾	察	元史卷119附木華黎傳
速		里	元史卷132
麥	而	炫	明史卷278附陳子壯傳
麥	鐵	杖	北史卷78　隋書卷64
野	峻	詩	元史卷195忠義
野		台良	舊唐書卷152附史敬奉傳
			新唐書卷170附高固傳
從		坦	金史卷122忠義
從		恪	金史卷93
從		憲	金史卷93
從		舜	金史卷93
習		室	金史卷70
習	不古	失	金史卷70
習	古	酒	金史卷72
習	鑒	齒	晉書卷82
第五		倫	後漢書卷71
第五		訪	後漢書卷106循吏
第五		琦	舊唐書卷123　新唐書卷149
第五		種	後漢書卷71附第五倫傳
扈		載	舊五代史卷131周書　新五代史卷31周臣
扈		蒙	宋史卷269
扈		鐸	元史卷197孝友
扈	再	興	宋史卷403
扈	彥	珂	宋史卷254
魚		弘	梁書卷28附夏侯亶傳　南史卷55附夏侯詳傳
魚	周	詢	宋史卷302
魚	俱	羅	北史卷78　隋書卷64
魚	崇	諒	宋史卷269
魚	朝	恩	舊唐書卷184宦官　新唐書卷207宦者
脫		脫	元史卷119附木華黎傳　元史卷138

脫		歡	元史卷133	粘	割	韓	奴	金史卷121忠義
脫	因	納	元史卷135	粘	割	斡	特	剌 金史卷95
脫	力	世	官 元史卷133	莊			周	史記卷63
脫	烈	海	牙 元史卷137	莊			杲	明史卷179
斜		哥	金史卷74附宗翰傳	莊			夏	宋史卷395
斜		烈	金史卷123附完顏陳和尚傳	莊			得	明史卷142附羅能傳
斜	卯	阿	里 金史卷80	莊			鑑	明史卷174附劉寧傳
斜	卯	愛	實 金史卷114	莊	子	固	明史卷272附劉肇基傳
斜	卯	鵑	謀 琶 金史卷81	莊	祖	誥	明史卷295忠義附尹仲傳
商		挺	元史卷159	莊	鼇	獻	明史卷258附傅朝佑傳
商		輅	明史卷176	淳	于	長	漢書卷93佞幸
商		衡	金史卷124忠義	淳	于	恭	後漢書卷69
商		瞿	史記卷67仲尼弟子	淳	于	晏	舊五代史卷71唐書
商	大	節	明史卷204	淳	于	髡	史記卷74 史記卷126滑稽
商	君	鞅	史記卷68	淳	于	智	晉書卷95藝術
商	飛	卿	宋史卷404	淳	于	量	陳書卷11 南史卷66
戚		袞	陳書卷33儒林 南史卷71儒林	淳	于	意	宋史卷105（卽倉公）
戚		綸	宋史卷306	淳	于	誕	魏書卷71 北史卷45
戚		賢	明史卷208	麻		吉	金史卷72
戚	同	文	宋史卷457隱逸	麻		產	金史卷67附朦醯傳
戚	繼	光	明史卷212	麻		貴	明史卷238
戚	繼	美	明史卷212附戚繼光傳	麻		顏	金史卷65
粘	合	重	山 元史卷146	麻		錦	明史卷238附麻貴傳
粘	哥	荊	山 金史卷117	麻		禧	明史卷264
粘	葛	奴	申 金史卷119	麻	九	疇	金史卷126文藝
粘	割	貞	金史卷122忠義	麻	識	里	元史卷145

十一畫

梅凌斛莫陰

梅　　福　漢書卷67
梅　　詢　宋史卷301
梅　　摯　宋史卷298
梅　之　煥　明史卷248
梅　思　祖　明史卷131
梅　國　楨　明史卷228附魏學曾傳
梅　執　禮　宋史卷357
梅　堯　臣　宋史卷443文苑
梅　蟲　兒　南史卷77恩倖附茹法珍傳
凌　　統　三國吳志卷10或55
凌　　策　宋史卷307
凌　　雲　明史卷299方技
凌　　準　新唐書卷168附王叔文傳
凌　　漢　明史卷138附楊靖傳
凌　　儒　明史卷207附楊思忠傳
凌　唐　佐　宋史卷452忠義
凌　雲　翼　明史卷222
凌　義　渠　明史卷265
斛　律　光　北齊書卷17附斛律金傳；北史卷54附斛律金傳
斛　律　金　北齊書卷17；北史卷54
斛　律　羨　北齊書卷17附斛律金傳；北史卷54附斛律金傳
斛　律　孝　卿　北史卷53附斛律羨傳
斛　律　羌　舉　北齊書卷20；北史卷53
斛　斯　政　北史卷49附斛斯椿傳

　　　　　隋書卷70附楊玄感傳
斛　斯　椿　魏書卷80；北史卷49
斛　斯　徵　周書卷26；北史卷49附斛斯椿傳
斛　斯　萬　善　隋書卷64附王辯傳
莫　含　　魏書卷23；北史卷20
莫　雲　　魏書卷23附莫含傳
莫　愚　　明史卷161附陳本深傳
莫　濛　　宋史卷380
莫　題　　魏書卷23附莫含傳；魏書卷28；北史卷20
莫　如　忠　明史卷288文苑附詹其昌傳
莫　謙　之　宋史卷455忠義
莫　多　婁　貸　文　北齊書卷19；北史卷53
莫　多　婁　敬　顯　北史卷53附莫多婁貸文傳
陰　　壽　北史卷73；隋書卷39
陰　　興　後漢書卷62附陰識傳
陰　　識　後漢書卷62
陰　　鏗　南史卷64附陰子春傳
陰　子　春　梁書卷46；南史卷64
陰　世　師　北史卷73附陰壽傳；隋書卷39附陰壽傳
陰　世　隆　魏書卷52附索敞傳
陰　仲　達　魏書卷52
陰　仲　達　方　魏書卷52附陰仲達傳

陰	遵	和	魏書卷52附陰仲達傳	
寇		治	魏書卷42附寇讚傳	
寇		恂	後漢書卷46	
寇		洛	周書卷15 北史卷59	
寇		猛	魏書卷93恩倖 北史卷92恩倖附王仲興傳	
寇		準	宋史卷281	
寇		珹	宋史卷301	
寇		榮	後漢書卷46附寇恂傳	
寇		儁	周書卷37 北史卷27附寇讚傳	
寇		臻	魏書卷42附寇讚傳	
寇		讚	魏書卷42 北史卷27	
寇	天	敍	明史卷203	
寇	彥	卿	舊五代史卷20梁書 新五代史卷21梁臣	
符		習	舊五代史卷59唐書 新五代史卷26唐臣	
符		融	後漢書卷98	
符		璘	舊唐書卷187下忠義 新唐書卷193忠義附符令奇傳	
符	令	奇	新唐書卷193忠義	
符	存	審	舊五代史卷56唐書 新五代史卷25唐臣	
符	昭	愿	宋史卷251附符彥卿傳	
符	昭	壽	宋史卷251附符彥卿傳	
符	彥	卿	宋史卷251	
符	彥	超	舊五代史卷56唐書附符存審傳	
符	彥	饒	舊五代史卷91晉書	
符	惟	忠	宋史卷463外戚	

符	道	昭	舊五代史卷21梁書 新五代史卷21梁臣	
夔		圭	三國魏志卷12附崔琰傳	
夔		昭	北齊書卷15 北史卷54	
夔		室	金史卷72	
夔		國	遼史卷112逆臣	
夔		堅	明史卷288文苑附唐時升傳	
夔		提	魏書卷87節義 北史卷85節義	
夔		敬	漢書卷43(史記卷99作劉敬)	
夔		諒	明史卷283儒林	
夔		敍	北齊書卷15附夔昭傳 北齊書卷48外戚 北史卷54附夔昭傳	
夔		機	宋史卷410	
夔		寶	北史卷20附夔伏連傳	
夔	幼	瑜	南史卷76隱逸附徐伯珍傳	
夔	伏	連	北史卷20(魏書卷30作夔伏連)	
夔	師	德	舊唐書卷93 新唐書卷108	
夔	寅	亮	宋史卷399	
夔	繼	英	新五代史卷51雜傳	
移	剌	成	金史卷91	
移	剌	益	金史卷97	
移	剌	溫	金史卷82	
移	剌	道	金史卷88（本名趙三） 金史卷90（本名按）	
移	剌	愷	金史卷89	
移	剌	履	金史卷95	
移	剌	子 敬	金史卷89	

十一畫

移尉畢

移剌光祖	金史卷88附移剌道傳
移剌按答	金史卷91
移剌担兒	元史卷149
移剌蒲阿	金史卷112
移剌𥳑僧	金史卷104
移剌窩幹	金史卷133叛臣
移剌古與涅	金史卷12忠義
移剌阿里合	金史卷122忠義
移剌衆家奴	金史卷118
移剌塔不也	金史卷106
移剌幹里朵	金史卷90
尉元	魏書卷50 北史卷25
尉羽	魏書卷50附尉元傳
尉睿	魏書卷26附尉古眞傳
尉景	北齊書卷15 北史卷54
尉標	北史卷53附張保洛
尉瑾	魏書卷26附尉古眞傳 北齊書卷40 北史卷20附尉古眞傳
尉撥	魏書卷30 北史卷25
尉諾	魏書卷26附尉古眞傳
尉古眞	魏書卷26 北史卷20
尉地干侯	魏書卷26附尉古眞傳
尉多侯	魏書卷26附尉古眞傳
尉長命	北齊書卷19 北史卷53
尉相貴	北史卷53附張保洛
尉慶賓	魏書卷26附尉古眞傳
尉遲迥	周書卷21 北史卷62
尉遲勝	舊唐書卷144 新唐書卷110諸夷蕃將
尉遲運	周書卷40 北史卷62附尉遲迥傳
尉遲綱	周書卷20 北史卷62附尉遲迥傳
尉遲敬德	舊唐書卷68 新唐書卷89
尉遲德誠	元史卷76
畢卓	晉書卷49
畢軌	三國魏志卷9附曹眞傳
畢栩	新唐書卷128附畢構傳
畢構	舊唐書卷100 新唐書卷128
畢誠	舊唐書卷177 新唐書卷183
畢贊	宋史卷456孝義附郭琮傳
畢鏘	明史卷220
畢耀	舊唐書卷186下酷吏附敬羽傳
畢士安	宋史卷281
畢元賓	魏書卷61附畢衆敬傳
畢再遇	宋史卷402
畢自嚴	明史卷256
畢仲衍	宋史卷281附畢士安傳
畢仲遊	宋史卷281附畢士安傳
畢師鐸	舊唐書卷182附高駢傳
畢祖朽	魏書卷61附畢衆敬傳

畢	祖	暉	魏書卷61附畢衆敬傳
畢	衆	敬	魏書卷61 北史卷39
畢	資	倫	金史卷124忠義
畢	義	雲	北齊書卷47酷吏 北史卷59附畢衆敬傳
畢	閏	慰	魏書卷61附畢衆敬傳
畢	懋	良	明史卷242附畢懋康傳
畢	懋	康	明史卷242
畢	也	速答立	元史卷197孝友
康		海	明史卷286文苑附李夢陽傳
康		絢	梁書卷18 南史卷55
康		傑	宋史卷452忠義附強瓚傳
康		福	舊五代史卷91晉書 新五代史卷46雜傳 北史卷53附源保洛傳
康		德	
康		履	宋史卷469宦者附藍珪傳
康	子	元	新唐書卷200儒學
康	日	知	新唐書卷148
康	公	弼	金史卷75附虞仲文傳
康	元	弼	金史卷97
康	永	韶	明史卷180附魏元傳
康	君	立	舊五代史卷55唐書
康	志	睦	新唐書卷148附康日知傳
康	延	孝	舊五代史卷74唐書 新五代史卷44雜傳
康	延	壽	遼史卷74附康默記傳
康	延	澤	宋史卷255
康	承	訓	新唐書卷148附康日知傳

康	茂	才	明史卷130
康	思	立	舊五代史卷70唐書 新五代史卷27唐臣
康	保	裔	宋史卷446忠義
康	義	誠	舊五代史卷66唐書 新五代史卷27唐臣
康	德	興	宋史卷326
康	默	記	遼史卷74
康	懷	英	舊五代史卷23梁書 新五代史卷22梁臣
康	脫	里	元史卷138
常		同	宋史卷376
常		林	三國魏志卷23
常		昱	宋史卷456孝義附常貞傳
常		英	魏書卷83上外戚附閭毗傳
常		思	舊五代史卷129周書 新五代史卷49雜傳
常		秩	宋史卷329
常		袞	舊唐書卷119 新唐書卷150
常		挺	宋史卷421
常		眞	宋史卷456孝義
常		爽	魏書卷84儒林 北史卷42
常		惠	漢書卷70
常		景	魏書卷82 北史卷42附常爽傳
常		善	周書卷27 北史卷65
常		達	舊唐書卷187上忠義 新唐書卷191忠義
常		楙	宋史卷421
常		榮	明史卷133附曹良臣傳
常		播	三國蜀志卷15或45附楊戲傳
常	安	民	宋史卷346

十一畫	常	存	揖	明史卷292忠義附方國儒傳
常	延	信	宋史卷309
常	季	賢	魏書卷93恩倖附苟皓傳
常	珍	奇	魏書卷61附畢衆敬傳
常	思	得	宋史卷275
常	得	志	隋書卷76文學 北史卷83文苑附潘徽傳
常	遇	春	明史卷125
常	德	志	北史卷83文苑附潘徽傳
章		拯	明史卷179附章懋傳
章		惇	宋史卷471姦臣
章		華	陳書卷30附傅縡傳 南史卷69附傅縡傳
章		敞	明史卷158
章		鎣	宋史卷328
章		甫	宋史卷458隱逸
章		溢	明史卷128
章		綸	明史卷162
章		僑	明史卷208
章		潢	明史卷283儒林附鄧元錫傳
章		誼	宋史卷379
章		衡	宋史卷347
章		穎	宋史卷404
章		頻	宋史卷301
章		懋	明史卷179
章		簡	明史卷277附沈猶龍傳
章		曠	明史卷280附何騰蛟傳
章		鑑	宋史卷418
章	文	炳	明史卷290忠義附張振德傳
章	元	應	明史卷162附章綸傳
章	世	純	明史卷288文苑附艾南英傳
章	正	宸	明史卷258
章	全	益	新唐書卷195孝友
章	存	道	明史卷128附章溢傳
章	昭	達	陳書卷11 南史卷66
章	卿	孫	元史卷197孝友附羊仁傳
章	望	之	宋史卷443文苑
章	得	象	宋史卷311
陶		6回	晉書卷78
陶		安	明史卷136
陶		7成	明史卷165
陶		8侃	晉書卷66
陶		岱	晉書卷66附陶侃傳
陶		9洪	晉書卷66附陶侃傳
陶		10夏	晉書卷66附陶侃傳
陶		11淡	晉書卷94隱逸
陶		12琦	晉書卷66附陶侃傳
陶		斌	晉書卷66附陶侃傳
陶		弼	宋史卷334
陶		凱	明史卷136
陶		琰	明史卷201
陶		13滋	明史卷201附陶琰傳
陶		旗	晉書卷66附陶侃傳

常章陶

陶		稱	晉書卷66附陶□傳	梁	7材 明史卷194
陶	15	縠	宋史卷269	梁	8松 後漢書卷63附梁統傳
陶		潛	晉書卷94隱逸／宋書卷93隱逸／南史卷75隱逸	梁	昕 周書39／北史卷70
陶		模	隋書卷71誠節附皇甫誕傳	梁	固 宋史卷296附梁顥傳
陶		魯	明史卷165附陶成傳	梁	芳 明史卷304宦官
陶	16	璜	晉書卷57	梁	9毗 北史卷77／隋書卷62
陶		臻	晉書卷66附陶侃傳	梁	迥 宋史卷274
陶		範	晉書卷66附陶侃傳	梁	10祐 魏書卷71附裴叔業傳
陶		諧	明史卷203	梁	祚 魏書卷84儒林／北史卷81儒林
陶	17	謙	後漢書卷103／三國魏志卷8	梁	剛 隋書卷40附梁士彥傳
陶	18	瞻	晉書卷66附陶侃傳	梁	琓 金史卷131宦者
陶		輿	晉書卷66附陶侃傳	梁	益 元史卷190儒學附陸文圭傳
陶	3大	順	明史卷203附陶諧傳	梁	11商 後漢書卷64附梁統傳
陶	大	臨	明史卷203附陶諧傳	梁	習 三國魏志卷15
陶	子	鏘	南史卷74孝義	梁	寅 明史卷282儒林
陶	5弘	景	梁書卷51處士／南史卷76隱逸	梁	12統 後漢書卷64
陶	6仲	文	明史卷307佞幸	梁	竦 後漢書卷64附梁統傳
陶	8居	仁	宋史452忠義	梁	越 魏書卷84儒林／北史卷81儒林
陶	宗	儀	明史卷285文苑	梁	曾 元史卷178
陶	季	直	梁書卷52止足／南史卷74孝義	梁	13椿 周書卷27／北史卷65
陶	季	容	明史卷154附王通傳	梁	肅 新唐書卷202文藝附蘇源明傳／金史卷89
陶	9屋	仲	明史卷140	梁	鼎 宋史卷304
陶	11望	齡	明史卷216附唐文獻傳	梁	14瓘 後漢書卷77
陶	15節	夫	宋史卷348	梁	臺 周書卷27／北史卷65
梁	5	永	明史卷305宦官	梁	榮 周書卷39附梁昕傳

十一畫

陶
梁

十一畫

梁
許

梁	睿	北史卷59附梁禦傳（隋書卷37作梁叡）
梁	銘	明史卷154
梁	15適	宋史卷285
梁	潛	明史卷152附鄒濟傳
梁	震	明史卷211
梁	16冀	後漢書卷64附梁統傳
梁	穎	魏書卷45附章闐傳
梁	鄴	周書卷17 北史卷59
梁	叡	隋書卷37(北史卷59作梁容)
梁	默	隋書卷40附梁士彥傳
梁	璟	明史卷185
梁	17鴻	後漢書卷113逸民
梁	儲	明史卷190
梁	襄	金史卷96
梁	18燾	宋史卷342
梁	22覽	北史卷49
梁	24灝	宋史卷296
梁	3子美	宋史卷285附梁適傳
梁	士彥	周書卷31 北史卷73 隋書卷40
梁	于涘	明史卷278附萬元吉傳
梁	4文貞	舊唐書卷188孝友 新唐書卷195孝友
梁	文矩	舊五代史卷92晉書
梁	5丘賀	漢書卷88儒林
梁	外僧	元史卷197孝友附長壽傳
梁	6仲善	明史卷271附童仲揆傳

梁	汝嘉	宋史卷394
梁	有譽	明史卷287文苑附李攀龍傳
梁	7成大仁	宋史卷422
梁	志仁	明史卷292忠義
梁	克家	宋史卷384
梁	延嗣	宋史卷483荊南世家附高保融傳
梁	廷棟	明史卷257
梁	8周翰	宋史卷439文苑
梁	9彥光	北史卷86循吏 隋書卷73循吏
梁	持勝	金史卷122忠義
梁	10師成	宋史卷468宦者
梁	師都	舊唐書卷56 新唐書卷87
梁	11從吉	宋史卷467宦者
梁	崇義	舊唐書卷121 新唐書卷224上叛臣
梁	13載言	舊唐書卷190中文苑附劉憲傳
梁	嵩遵	魏書卷45附章闐傳
梁	14夢龍	明史卷225
梁	夢環	明史卷306閹黨附劉志選傳
梁	漢璋	舊五代史卷95晉書
梁	漢顒	舊五代史卷88晉書
梁	15德珪	元史卷170
許	4元	宋史卷299
許	5古	金史卷109
許	7劭	後漢書卷98
許	攸	三國魏志卷12附崔琰傳
許	孜	晉書卷88孝友

許	亨	陳書卷34文學 南史卷60附許懋傳	許	貴	明史卷174
許	均	宋史卷279	許	進	明史卷186
許	忻	宋史卷422	許	逵	明史卷289忠義
許	希	宋史卷462方技	許	琰	明史卷295忠義
許	8坦	舊唐書卷188孝友附 王君操傳	許	13瑗	明史卷289忠義附花 雲傳
許	直	明史卷266	許	慎	後漢書卷109下儒林
許	9彥	魏書卷46 北史卷26	許	楊	後漢書卷112上方術
許	弈	宋史卷406	許	靖	三國蜀志卷8或38
許	洞	宋史卷441文苑附黃 夷簡傳	許	14慈	三國蜀志卷12或42
許	宜	明史卷293忠義附陳 豫抱傳	許	遠	舊唐書卷187下忠義 新唐書卷192忠義
許	10荊	後漢書卷106循吏	許	寧	明史卷174附許貴傳
許	祚	宋史卷456孝義	許	誥	明史卷186附許進傳
許	屐	元史卷168附許國禎 傳	許	15褚	三國魏志卷18
許	泰	明史卷307佞幸附江 彬傳	許	論	明史卷186附許進傳
許	11曼	後漢書卷112下方術	許	16遵	北齊書卷49方技 北史卷89藝術 宋史卷330
許	惇	北齊書卷43 北史卷26附許彥傳	許	遷	舊五代史卷129周書
許	淹	舊唐書卷189上儒學 附曹憲傳	許	翰	宋史卷363
許	寂	舊五代史卷71唐書	許	衡	元史卷158
許	將	宋史卷343	許	17邁	晉書卷80
許	彬	明史卷168	許	懋	梁書卷40 南史卷60 魏書卷24 北史卷21 元史卷189儒學
許	國	明史卷219			
許	紳	明史卷299方技附吳 傑傳	許	26讚	明史卷186附許進傳
許	絢	魏書卷46附許彥傳	許	27讓	宋史卷277
許	12詔	舊唐書卷59 新唐書卷90	許	2力士	舊唐書卷59附許詔 傳
許	幾	宋史卷353			
許	揖	元史卷191良吏			

十一畫　許

許 3 及之	宋史卷394
許 士柔	明史卷216
許 子儒	舊唐書卷189上儒學附許叔牙傳 新唐書卷193儒學附蕭德言傳
許 4 文歧	明史卷294忠義
許 天錫	明史卷188
許 5 仕達	明史卷164附曹凱傳
許 世緒	舊唐書卷57附劉文靜傳 新唐書卷88附裴寂傳
許 永禧	明史卷293忠義
許 6 有壬	元史卷182
許 存仁	明史卷137附宋訥傳
許 仲宣	宋史卷270
許 安仁	金史卷96
許 安都	魏書卷24附許謙傳
許 7 赤虎	魏書卷46附許彥傳
許 孝敬	周書卷48附蕭詧傳
許 伯會	新唐書卷195孝友
許 孚遠	明史卷283儒林
許 8 宗之	魏書卷46附許彥傳
許 叔牙	舊唐書卷189上儒學 新唐書卷198儒學附蕭德言傳
許 季同	新唐書卷162附許孟容傳
許 孟容	舊唐書卷154 新唐書卷162
許 法慎	新唐書卷195孝友
許 9 昭先	宋書卷91孝義 南史卷73孝義

許 胤宗	舊唐書卷191方技 新唐書卷204方技附甄權傳
許 相卿	明史卷208
許 洛陽	魏書卷24附許謙傳
許 思溫	明史卷150附陳壽傳
許 11 康佐	舊唐書卷189下儒學 新唐書卷200儒學
許 圉師	舊唐書卷59附許紹傳 新唐書卷90附許紹傳
許 彪孫	宋史卷449忠義
許 國楨	元史卷168
許 12 善心	北史卷83文苑 隋書卷58
許 敦仁	宋史卷356
許 智仁	舊唐書卷59附許紹傳
許 智藏	北史卷90藝術 隋書卷78藝術
許 景先	舊唐書卷190中文苑 新唐書卷128
許 景衡	宋史卷363
許 欽明	舊唐書卷59附許紹傳 新唐書卷90附許紹傳
許 欽寂	舊唐書卷59附許紹傳 新唐書卷90附許紹傳
許 13 義夫	元史卷192良吏
許 敬宗	舊唐書卷82 新唐書卷223上姦臣
許 14 維楨	元史卷191良吏
許 15 德興	宋史卷326
許 17 應龍	宋史卷419
許 19 懷德	宋史卷324

許20聲	卿	明史卷258
許23顯	純	明史卷306閹黨附田爾耕傳
陸 5卬		北齊書卷35 北史卷28附陸俟傳
陸 6亘		舊唐書卷162 新唐書卷159
陸	羽	新唐書卷196隱逸
陸 7抗		三國吳志卷13或58附陸遜傳
陸	延	魏書卷30附陸眞傳
陸	佃	宋史卷343
陸	完	明史卷187
陸 8玩		晉書卷77附陸曄傳
陸	杲	梁書卷26 南史卷48
陸	玠	陳書卷34文學附陸瑔傳 南史卷48附陸慧曉傳
陸	昕	北史卷28附陸俟傳
陸 9胤		三國吳志卷16或61附陸凱傳
陸	俟	魏書卷40 北史卷28
陸	昶	魏書卷40附陸俟傳
陸	炳	明史卷307佞幸
陸	昺	元史卷177附減夢解傳
陸 10耽		晉書卷54附陸懷傳
陸	納	晉書卷77附陸曄傳
陸	倕	梁書卷27 南史卷48附陸慧曉傳
陸	眞	魏書卷30 北史卷25
陸	辰	舊唐書卷179 新唐書卷183
陸	容	明史卷286文苑附瞡泰傳
陸 11康		後漢書卷61
陸	琕	魏書卷40附陸俟傳
陸	逞	周書卷32附陸通傳 北史卷69附陸通傳
陸	通	周書卷32 北史卷69
陸	爽	隋書卷58
陸	崑	明史卷188
陸	堅	新唐書卷200儒學附趙冬曦傳
陸	培	明史卷277附陳濟夫傳
陸	深	明史卷286文苑
陸	鈇	明史卷286文苑附嫴泰傳
陸 12凱		三國吳志卷16或61 魏書卷40附陸俟傳
陸	雲	晉書卷54附陸機傳
陸	喜	晉書卷54附陸機傳
陸	厥	南齊書卷52文學 南史卷48附陸慧曉傳
陸	絳	南齊書卷55孝義 南史卷48附陸慧曉傳
陸	琰	陳書卷34文學 南史卷48附陸慧曉傳
陸	琛	陳書卷34文學附陸琰傳 南史卷48附陸慧曉傳
陸	閑	南史卷48附陸慧曉傳
陸	罩	南史卷48附陸杲傳
陸	游	宋史卷395
陸 13賈		史記卷97 漢書卷43

十一畫	陸 珝	三國吳志卷12或57	
	陸 詡	陳書卷33儒林附鄭灼傳 南史卷71儒林附鄭灼傳	
陸	陸 瑜	陳書卷34文學附陸瑓傳 南史卷48附陸慧曉傳	
	陸 暐	魏書卷40附陸俟傳	
	陸 詵	宋史卷332	
	陸 粲	明史卷206	
	陸14遜	三國吳志卷13或58	
	陸 馛	魏書卷40附陸俟傳	
	陸 棻	明史卷131	
	陸15澄	南齊書卷39 南史卷48 明史卷197附黃綰傳	
	陸 慶	南史卷71儒林附王元規傳	
	陸 儁	魏書卷40附陸俟傳	
	陸 質	舊唐書卷189下儒學 新唐書卷168	
	陸 震	明史卷189	
	陸16機	晉書卷54	
	陸 曄	晉書卷77	
	陸 叡	魏書卷40附陸俟傳 北史卷28附陸俟傳	
	陸 據	舊唐書卷190下文苑 新唐書卷202文藝附蕭穎士傳	
	陸17績	三國吳志卷12或57	
	陸 徽	宋書卷92良吏	
	陸 襄	梁書卷27 南史卷48附陸慧曉傳	
陸 璪		新唐書卷116附陸元方傳	
陸18繕		陳書卷23 南史卷48附陸慧曉傳	
陸 贄		舊唐書卷139 新唐書卷157	
陸19瓊		陳書卷30 南史卷48附陸慧曉傳	
陸20騫		北史卷28附陸俟傳	
陸 蘊		宋史卷354	
陸21續		後漢書卷111獨行	
陸 麗		魏書卷40附陸俟傳	
陸 騰		周書卷28 北史卷28附陸俟傳	
陸23驗		南史卷77恩倖	
陸2九淵		宋史卷434儒林	
陸九韶		宋史卷434儒林附陸九齡傳	
陸九齡		宋史卷434儒林	
陸3山才		陳書卷18 南史卷8	
陸大受		明史卷235附何士晉傳	
陸子隆		陳書卷22 南史卷67	
陸子彰		魏書卷40附陸俟傳	
陸4元方		舊唐書卷88 新唐書卷116	
陸文圭		元史卷190儒學	
陸6仲亨		明史卷131	
陸光祖		明史卷224	
陸7秀夫		宋史卷451忠義	
陸希道		魏書卷40附陸俟傳	
陸希質		魏書卷40附陸俟傳	

陸 希 聲	新唐書卷116附陸元方傳	陸14夢 龍	明史卷241附張問達傳
陸 8昕 之	魏書卷40附陸俟傳	陸 趙 璧	舊唐書卷188孝友附陸南金傳
陸 居 仁	明史卷285文苑附楊維楨傳	陸15德 明	舊唐書卷189上儒學 新唐書卷198儒學
陸 知 命	北史卷77 隋書卷66	陸 餘 慶	新唐書卷116附陸元方傳
陸 法 和	北齊書卷32 北史卷89藝術	陸 慧 曉	南齊書卷46 南史卷48
陸 定 國	魏書卷40附陸俟傳	陸16龍 成	魏書卷40附陸俟傳
陸 長 源	舊唐書卷145 新唐書卷151附董晉傳	陸 龜 蒙	新唐書卷196隱逸
		陸 樹 德	明史卷227
陸 尚 質	明史卷296孝義附趙紳傳	陸 樹 聲	明史卷216
陸 9持 之	宋史卷424	曹 3上	三國魏志卷20
陸 南 金	舊唐書卷188孝友 新唐書卷195孝友	曹 4仁	三國魏志卷9
陸 彥 師	隋書卷72孝義	曹 元	明史卷306閹黨附焦芳傳
陸 彥 章	明史卷216附陸樹聲傳	曹 5丕	三國魏志卷2（卽文帝丕）
陸 思 孝	元史卷198孝友	曹 6休	三國魏志卷9
陸 思 閔	宋史卷332附陸詵傳	曹 冲	三國魏志卷20（卽鄧哀王）
陸 思 鐸	舊五代史卷90晉書 新五代史卷45雜傳	曹 宇	三國魏志卷20（卽燕王）
陸10恭 之	魏書卷40附陸俟傳	曹 7均	三國魏志卷20（卽樊安公）
陸11從 典	陳書卷30附陸瓊傳 南史卷48附陸慧曉傳	曹 志	晉書卷50
		曹 8沫	史記卷86刺客
陸12雲 公	梁書卷50文學 南史卷48附陸慧曉傳	芳	三國魏志卷4（卽齊王芳）
		曹 昂	三國魏志卷20（卽豐愍王） 魏書卷79附馮元興傳
陸 象 先	舊唐書卷88附陸元方傳 新唐書卷116附陸元方傳	曹 林	三國魏志卷20（卽沛穆王）
陸 景 倩	新唐書卷116附陸元方傳	曹 京	三國魏志卷20
陸 景 融	新唐書卷116附陸元方傳	曹 協	三國魏志卷20（贊哀王）
陸13萬 友	宋史卷271	曹 虎	南齊書卷30

十一畫

陸曹

十一畫 曹	曹	昇	魏書卷79附馮元興傳	曹	華	舊唐書卷162 新唐書卷171

十一畫 曹

曹	昇	魏書卷79附馮元興傳	曹	華	舊唐書卷162 / 新唐書卷171
曹	武	南史卷46	曹	琮	宋史卷258附曹彬傳
曹	佾	宋史卷464外戚	曹	勛	宋史卷379
曹	9奐	三國魏志卷4（即陳留王）	曹	琦	宋史卷452忠義附王仙傳
曹	洪	三國魏志卷9	曹	詡	宋史卷464外戚附曹佾傳
曹	球	三國魏志卷20（即濟陽懷王）	曹	凱	明史卷164
曹	茂	三國魏志卷20（即樂陵王）	曹	雄	明史卷175
曹	毗	晉書卷92文苑	曹	琥	明史卷188附周廣傳
曹	英	舊五代史卷129周書	曹	13節	後漢書卷108宦者
曹	10冀	三國魏志卷9	曹	幹	三國魏志卷20（即趙王）
曹	純	三國魏志卷9附曹仁傳	曹	勤	三國魏志卷20
曹	訓	三國魏志卷9附曹真傳	曹	道	魏書卷79附馮元興傳
曹	峻	三國魏志卷20（即陳留恭王）	曹	瑋	宋史卷258附曹彬傳
曹	矩	三國魏志卷20（即范陽閔王）	曹	義	明史卷174附巫凱傳
曹	乘	三國魏志卷20	曹	蕭	明史卷295忠義附許璉傳
曹	邕	三國魏志卷20（即邯鄲哀王）	曹	14髦	三國魏志卷4（即高貴鄉公）
曹	貢	三國魏志卷20（即濟河悼王）	曹	肇	三國魏志卷9附曹休傳
曹	珪	金史卷121忠義	曹	彰	三國魏志卷19（即任城威王）
曹	玘	明史卷254	曹	熊	三國魏志卷19（即蕭懷王）
曹	11參	漢書卷39（史記卷54作曹相國世家）	曹	棘	三國魏志卷20
曹	爽	三國魏志卷9附曹真傳	曹	輔	宋史卷352
曹	袞	三國魏志卷20（即中山恭王）	曹	誘	宋史卷464外戚附曹佾傳
曹	彪	三國魏志卷20（即楚王）	曹	端	明史卷282儒林
曹	彬	宋史卷258	曹	15褒	後漢書卷65
曹	偯	宋史卷464外戚附曹佾傳	曹	確	舊唐書卷177 / 新唐書卷181
曹	12植	三國魏志卷19（即陳思王）	曹	鼐	明史卷167

曹		震	明史卷132附藍玉傳
曹	16	操	三國魏志卷1（即魏武帝）
曹		叡	三國魏志卷3（即魏明帝）
曹		據	三國魏志卷20（即彭城王）
曹		整	三國魏志卷20
曹		霖	三國魏志卷20（即東海定王）
曹		憲	舊唐書卷189上儒林 新唐書卷198儒學
曹		翰	宋史卷260
曹		興	明史卷132附藍玉傳
曹		璘	明史卷180
曹	17	襄	史記卷111附衛將軍驃騎傳
曹		羲	三國魏志卷9附曹眞傳
曹		徽	三國魏志卷20（即東平靈王）
曹		蕤	三國魏志卷20（即北海悼王）
曹		璨	宋史卷258附曹彬傳
曹		固	宋史卷416附曹叔遠傳
曹		謙	明史卷175附曹雄傳
曹	18	禮	三國魏志卷20（即元城哀王）
曹		攄	晉書卷90良吏
曹		觀	宋史卷446忠義
曹	20	騰	後漢書卷108宦者
曹	22	鑒	三國魏志卷20（即東武陽懷王）
曹		儼	三國魏志卷20（即廣平哀王）
曹		鑑	元史卷186
曹	23	鑠	三國魏志卷20（即相殤王）
曹	3	于汴	明史卷254
曹	大	埜	明史卷215附劉鉉庸傳
曹	4	元用	元史卷172
曹	友	聞	宋史卷449忠義
曹	文	詔	明史卷268
曹	文	耀	明史卷268附曹文詔傳
曹	5	正儒	明史卷234附曹學程傳
曹	世	表	魏書卷72 北史卷45
曹	世	宗	南史卷46附曹武傳
曹	6	吉祥	明史卷304宦者
曹	光	實	宋史卷272
曹	7	利用	宋史卷290
曹	良	臣	明史卷133
曹	克	明	宋史卷272附曹光實傳
曹	志	明	明史卷278附陳泰來傳
曹	伯	啓	元史卷176
曹	邦	輔	明史卷205
曹	廷	隱	舊五代史卷71唐書
曹	8	叔遠	宋史卷416
曹	9	修古	宋史卷297
曹	彥	約	宋史卷410
曹	勇	義	金史卷75附虞仲文傳
曹	11	望之	金史卷92
曹	國	珍	舊五代史卷93晉書
曹	12	景宗	梁書卷9 南史卷55
曹	欽	程	明史卷306閹黨
曹	16	穎叔	宋史卷304

十一畫	曹 學 佺	明史卷288文苑	新五代史卷19周家人
	曹 學 程	明史卷234	郭 侃 元史卷149附郭寶玉傳
	曹22變 蛟	明史卷272	郭 昂 元史卷165
	郭 4丹	後漢書卷57	郭 9弈 晉書卷45
曹	郭 太	後漢書98	郭 彥 周書卷37 北史卷70
郭	郭 文	晉書卷94隱逸	郭 衍 北史卷74 隋書卷61
	郭 5伋	後漢書卷61	郭 映 舊唐書卷120附郭子儀傳 新唐書卷137附郭子儀傳
	郭 玉	後漢書卷112下方術	
	郭 永	宋史卷448忠義	郭 信 舊五代史卷122周書宗室(卽杞王) 新五代史卷19周家人
	郭 用	金史卷122忠義附從坦傳	
	郭 6汜	三國魏志卷6附董卓傳	郭 俁 金史卷104
	郭 全	元史卷197孝友	郭 英 明史卷130
	郭 回	元史卷197孝友	郭 亮 明史卷146
	郭 任	明史卷141附卓敬傳	郭 奎 明史卷285文苑附王晃傳
	郭 朴	明史卷213附高拱傳	郭 10躬 後漢書卷76
	郭 7秀	北齊書卷50恩倖 北史卷92恩倖	郭 祚 魏書卷64 北史卷43
	郭 均	隋書卷46附張煚傳	郭 釗 舊唐書卷120附郭子儀傳 新唐書卷137附郭子儀傳
	郭 言	舊五代史卷21梁書	
	郭 成	宋史卷350 元史卷197孝友附邵敬祖傳 明史卷212附劉顯傳 明史卷164附聊讓傳	郭 恩 宋史卷326
			郭 浩 宋史卷367
郭 佑			郭 11淮 三國魏志卷26
	郭 8昌	史記卷111附衛將軍驃騎傳 漢書卷55附霍去病傳	郭 荷 晉書卷94隱逸
	郭 昕	舊唐書卷120附郭子儀傳 新唐書卷137附郭子儀傳	郭 晤 舊唐書卷120附郭子儀傳
			郭 晞 舊唐書卷120附郭子儀傳 新唐書卷137附郭子儀傳
	郭 侗	舊五代史卷122周書宗室(卽剡王)	郭 崇 宋史卷255

郭	密	宋史卷275	郭	楠	明史卷192
郭	庸	元史卷196忠義附丁好禮傳	郭	裕	明史卷294忠義附陳美傳
郭	12賀	後漢書卷56附蔡茂傳	郭	14嘉	三國魏志卷14 元史卷194忠義
郭	絢	北史卷86循吏 隋書卷73循吏附柳儉傳	郭	彰	晉書卷40
			郭	榮	北史卷75 隋書卷50
郭	舒	晉書卷43	郭	銛	新唐書卷137附郭子儀傳
郭	象	晉書卷50	郭	遜	新五代史卷19周家人
郭	琦	晉書卷94隱逸	郭	誠	新五代史卷20周家人
郭	琰	北史卷85節義	郭	僎	宋史卷452忠義
郭	進	宋史卷273	郭	濟	宋史卷452忠義
郭	逵	宋史卷290	郭	15賢	周書卷28附權景宣傳
郭	琮	宋史卷456孝義	范	僑	隋書卷72孝義（北史卷85作郭世僑）
郭	雲	明史卷134	郭	震	新唐書卷122（舊唐書卷97作郭元振）
郭	敦	明史卷157	郭	誼	舊五代史卷122（即越王守誼） 新五代史卷20周家人
郭	循	明史卷162附陳祚傳			
郭	登	明史卷173	郭	�	宋史卷301
郭	貫	元史卷174	郭	緒	明史卷165
郭	傳	明史卷285文苑附王蒙傳	郭	鋐	明史卷166附王信傳
郭	13解	史記卷124游俠 漢書卷92游俠	郭	實	明史卷234附曹學程傳
郭	瑀	晉書卷94隱逸	郭	16憲	後漢書卷112上方術
郭	載	宋史卷276附樊知古傳	郭	默	晉書卷63
郭	裕	宋史卷439文苑附鄭起傳	郭	璞	晉書卷72
郭	端	宋史卷449忠義附楊震仲傳	郭	遵	北史卷81儒林 宋史卷325附劉平傳
郭	義	宋史卷456孝義 明史卷155附薛祿傳	郭	鋼	舊唐書卷120附郭子儀傳
郭	雍	宋史卷459隱逸	郭	翰	新唐書卷117附劉禕之傳
郭	資	明史卷151	郭	璨	舊五代史卷95晉書

郭		試	新五代史卷20周家人	郭	子　與	明史卷122
十一畫	郭	輿	明史卷131	郭 4允　明	舊五代史卷107漢書 新五代史卷30漢臣
	郭	璡	明史卷157	郭	天　吉	明史卷263附林日瑞傳
	郭 17曙		舊唐書卷120附郭子儀傳 新唐書卷137附郭子儀傳	郭	天　信	宋史卷462方技
郭	郭	曖	舊唐書卷120附郭子儀傳 新唐書卷137附郭子儀傳	郭	文　恭	魏書卷86孝感 北史卷84孝行
				郭	文　振	金史卷118
	郭	諲	舊五代史卷106漢臣	郭	元　振	舊唐書卷97(新唐書122作郭震)
	郭	諗	宋史卷326	郭	元　邁	宋史卷449忠義附魏行可傳
	郭 18鎮		後漢書卷76附郭躬傳	郭 5幼　明	舊唐書卷120附郭子儀傳 新唐書卷137附郭子儀傳
	郭	翻	晉書卷94隱逸			
	郭	曜	舊唐書卷120附郭子儀傳 新唐書卷137附郭子儀傳	郭	以　重	明史卷294忠義
				郭	申　錫	宋史卷330
	郭	贄	宋史卷266	郭	正　一	舊唐書卷190中文苑 新唐書卷106
	郭 19鏦		舊唐書卷120附郭子儀傳 新唐書卷137附郭子儀傳	郭	正　域	明史卷226
				郭	弘　化	明史卷207
	郭	瓊	宋史卷261	郭	弘　霸	新唐書卷209酷吏(舊唐書186作郭霸)
	郭	贊	宋史卷452忠義附郭懷傳	郭	世　通	南史卷73孝義(宋書卷91作郭世道)
	郭 20磨		晉書卷95藝術	郭	世　道	宋書卷91孝義(南史卷73作郭世通)
	郭	勸	宋史卷297	郭	世　儁	北史卷85節義(隋書卷72作郭儁)
	郭 21霸		舊唐書卷186上酷吏(新唐書209作郭弘霸)	郭 6企　忠	金史卷82
				郭	安　國	金史卷82附郭藥師傳
	郭 22襲		遼史卷79	郭	行　餘	舊唐書卷169 新唐書卷179附王璠傳
	郭 3山　惲		舊唐書卷189下儒學 新唐書卷109附祝欽明傳	郭	守　文	宋史卷259
				郭	守　敬	元史卷164
	郭	子　儀	舊唐書卷120 新唐書卷137	郭	守　愿	新五代史卷19周家人

郭	7希	林	宋史卷93隱逸 南史卷75隱逸
郭	孝	恪	舊唐書卷83 新唐書卷111
郭	廷	煒	元史卷197孝友附郭道卿傳
郭	廷	謂	宋史卷271
郭	延	魯	舊五代史卷94晉書 新五代史卷46雜傳
郭	延	澤	宋史卷271附郭延謂傳
郭	延	濬	宋史卷271附郭延謂傳
郭	8狗	狗	元史卷197孝義
郭	長	倩	金史卷125文藝
郭	奉	超	新五代史卷19周家人
郭	宗	皋	明史卷200
郭	尙	賓	明史卷242附翟鳳翀傳
郭	忠	孝	宋史卷447忠義附唐重傳
郭	忠	恕	宋史卷442文苑
郭	金	海	舊五代史卷94晉書
郭	金	城	明史卷294忠義附郭以重傳
郭	承	祐	宋史卷255附郭從義傳
郭	承	嘏	舊唐書卷165 新唐書卷137附郭子儀傳
郭	知	章	宋史卷355
郭	知	運	舊唐書卷103 新唐書卷133
郭	9英	乂	舊唐書卷117 新唐書卷133附郭知運傳
郭	英	傑	舊唐書卷103附郭知運傳 新唐書卷133附郭知運傳
郭	10原	平	南史卷73孝義附郭世通傳
郭	祖	深	南史卷70循吏
郭	虛	瓘	舊唐書卷103 新唐書卷133
郭	11祥	正	宋史卷444文苑
郭	惟	賢	明史卷227
郭	崇	仁	宋史卷463外戚
郭	崇	韜	舊五代史卷57唐書 新五代史卷24唐臣
郭	從	義	宋史卷252
郭	從	謙	新五代史卷37伶官
郭	12無	爲	宋史卷482北漢世家附劉繼元傳
郭	景	祥	明史卷135
郭	景	嵩	明史卷292忠義附張允登傳
郭	13道	卿	元史卷197孝友
郭	熙	誨	新五代史卷20周家人 舊五代史卷122周宗室(即蘄王)
郭	熙	諲	新五代史卷20 舊五代史卷122周宗室(即紀王)
郭	熙	讓	新五代史卷20 舊五代史卷122周宗室(即曹王宗讓)
郭	14維	經	明史卷278
郭	15澄	之	晉書卷92文苑
郭	德	海	元史卷149附郭寶玉傳
郭	蝦	蟆	金史卷124忠義
郭	17應	聘	明史卷221
郭	應	響	明史卷292忠義附張允登傳
郭	19藥	師	宋史卷427叛臣附趙良嗣傳 金史卷82

十一畫

郭

十一畫

郭

崔

郭	20寶	玉	元史卷149			明史卷136
崔	4文		明史卷175附楊銳傳	崔	胤	舊唐書卷177附崔愼由傳
崔	5立		宋史卷426循吏 金史卷115			新唐書卷223下姦臣
崔	6光		魏書卷67 北史卷44	崔	衍	舊唐書卷188孝友 新唐書卷164
崔		休	魏書卷69 北史卷24附崔逞傳	崔	咸	舊唐書卷190下文苑 新唐書卷177
崔		戎	舊唐書卷162 新唐書卷159	崔	10剖	魏書卷24附崔玄伯傳
崔	7宏		北史卷21	崔	恕	魏書卷24附崔玄伯傳
崔		閭	北史卷24附崔逞傳	崔	挺	魏書卷57 北史卷32
崔		邠	舊唐書卷155 新唐書163	崔	振	魏書卷57附崔挺傳 北史卷32附崔挺傳
崔		沔	舊唐書卷188孝友 新唐書卷129	崔	彧	魏書卷91藝術 北史卷24附崔逞傳 元史卷173
崔		沆	新唐書卷163附崔元略傳 新唐書卷160附崔元略傳	崔	浩	魏書卷35 北史卷21附崔宏傳
崔		沂	舊五代史卷68唐書	崔	琪	舊唐書卷177 新唐書卷182
崔	8林		三國魏志卷24	崔	能	舊唐書卷177附崔愼由傳 新唐書卷114附崔融傳
崔		和	魏書卷24附崔玄伯傳			
崔		秉	魏書卷49附崔鑒傳	崔		涓 新唐書卷182附崔珙傳
崔		昂	北齊書卷30 北史卷32附崔挺傳	崔	俊	舊唐書卷119附崔祐甫傳
崔		劼	北齊書卷42 北史卷44附崔光傳			新唐書卷142附崔祐甫傳
崔		協	舊五代史卷58唐書	崔	恭	明史卷159
崔	9洪		晉書卷45	崔	桐	明史卷179附舒芬傳
崔		恬	魏書卷24附崔玄伯傳	崔	陞	明史卷180附汪奎傳
崔		朏	魏書卷24附崔玄伯傳	崔	11逸	魏書卷53附崔辯傳
崔		軌	魏書卷24附崔玄伯傳	崔	接	魏書卷57附崔挺傳
崔		勉	魏書卷57附崔挺傳	崔	訦	周書卷35附崔謙傳
崔		庠	魏書卷67附崔光傳	崔	逞	魏書卷32 北史卷24
崔		亮	魏書卷66 北史卷44	崔	㥄	北齊書卷23 北史卷24附崔逞傳

崔	液	舊唐書卷74附崔仁師傳
		新唐書卷99附崔仁師傳
崔	密	舊唐書卷117附崔寧傳
崔	造	舊唐書卷130
		新唐書卷150
崔	球	舊唐書卷177附崔珙傳
崔	梲	舊五代史卷93晉書
		新五代史卷55雜傳
崔	從	新唐書卷114附崔融傳
崔	敏	明史卷296孝義
崔	12寔	後漢書卷82附崔駰傳
崔	琦	後漢書卷110上文苑
崔	琰	三國魏志卷12
崔	做	魏書卷24附崔玄伯傳
崔	彭	北史卷32附崔辯傳
		隋書卷54
崔	混	舊唐書卷74附崔仁師傳
		新唐書卷99附崔仁師傳
崔	渙	舊唐書卷108
		新唐書卷120附崔玄暐傳
崔	植	舊唐書卷119附崔祐甫傳
		新唐書卷142附崔祐甫傳
崔	鄲	新唐書卷155附崔郾傳
		新唐書卷163附崔郾傳
崔	琯	舊唐書卷177附崔珙傳
		新唐書卷182附崔珙傳
崔	琳	舊唐書卷187上忠義附高叡傳
		新唐書卷109附崔義玄傳
崔	斌	元史卷173

崔	3瑗	後漢書卷82附崔駰傳
崔	遊	晉書卷91儒林
崔	寬	魏書卷57附崔挺傳
		舊唐書卷117附崔寧傳
崔	楷	魏書卷56附崔辯傳
崔	歆	周書卷35
崔	滌	舊唐書卷74附崔仁師傳
		（新唐書卷99作崔澄）
崔	圓	舊唐書卷108
		新唐書卷140
崔	損	舊唐書卷136
		新唐書卷167
崔	羣	舊唐書卷159
		新唐書卷165
崔	鉉	舊唐書卷163附崔元略傳
		新唐書卷160附崔元略傳
崔	雍	新唐書卷159附崔戎傳
崔	頤	宋史卷431儒7
崔	敬	元史卷184
崔	14說	北史卷32附崔辯傳
崔	廓	北史卷88隱逸
		隋書卷77隱逸
崔	瑨	舊唐書卷177附崔珙傳
崔	寧	舊唐書卷117
		新唐書卷144
崔	遠	舊唐書卷177附崔珙傳
		新唐書卷182附崔珙傳
崔	碣	新唐書卷120附崔玄暐傳
崔	蝦	新唐書卷180附李德裕傳
崔	銑	新唐書卷201文藝附崔行功傳
		明史卷282儒林

十一畫

崔

崔	福	宋史卷419附陳韡傳
崔	15聚	明史卷154附柳升傳
崔	適	魏書卷32附崔逞傳（北史卷24作崔遹）
崔	潛	魏書卷24附崔玄伯傳
崔	模	魏書卷24附崔玄伯傳
		魏書卷56附崔辯傳
崔	論	舊唐書卷74附崔仁師傳
崔	郜	舊唐書卷155附崔邠傳
		新唐書卷163附崔邠傳
		舊唐書卷115
		新唐書卷209酷吏
崔	鄲	舊唐書卷155附崔邠傳
		新唐書卷163附崔邠傳
崔	澄	新唐書卷99附崔仁師傳
		（舊唐書卷74作崔滌）
崔	16駰	後漢書卷82
崔	衡	魏書卷24附崔玄伯傳
崔	頤	魏書卷32附崔逞傳
		北史卷24附崔逞傳
崔	辨	魏書卷56
崔	暹	魏書卷89酷吏
		北齊書卷30
		北史卷32附崔挺傳
		北史卷87酷吏
		北史卷24附崔逞傳
		（魏書卷32作崔遹）
崔	融	舊唐書卷94
		新唐書卷114
崔	薱	舊唐書卷117附崔寧傳
		新唐書卷144附崔寧傳
崔	澹	舊唐書卷177附崔珙傳
		新唐書卷182附崔珙傳
崔	翰	宋史卷260
崔	17徵	魏書卷24附崔玄伯傳
崔	鍾	魏書卷24附崔玄伯傳
崔	勵	魏書卷67附崔光傳
崔	鴻	魏書卷67附崔光傳
		北史卷44附崔光傳
		周書卷35
崔	儦	北史卷24附崔逞傳
		隋書卷76文學
崔	縱	舊唐書卷108附崔渙傳
		新唐書卷120附崔玄暐傳
		宋史卷449忠義
崔	璪	舊唐書卷177附崔珙傳
崔	璵	舊唐書卷177附崔珙傳
崔	嶧	宋史卷299
崔	18簡	魏書卷24附崔玄伯傳
崔	瞻	北齊書卷23附崔㥄傳
		（北史卷24作崔瞻）
崔	覲	舊唐書卷192隱逸
		新唐書卷196隱逸
崔	賾	北史卷88隱逸附崔廓傳（賾或作頤）
		隋書卷77隱逸附崔廓傳
崔	20膺	周書卷38附呂思禮傳
崔	瞻	北史卷24附崔逞傳（北齊書卷32作崔瞻）
崔	鷗	宋史卷356
崔	21纂	魏書卷57附崔挺傳
	辯	北史卷32
崔	囂	舊唐書卷117附崔寧傳

崔	蠡	舊唐書卷117附崔寧傳
崔	顥	舊唐書卷190下文苑 新唐書卷203文藝附 孟浩然傳
崔	22瓛	舊唐書卷115 新唐書卷141附鄧景山傳
崔	23鑒	魏書卷49 北史卷32
崔	鑑	明史卷297孝義
崔	3士謙	北史卷32附崔辯傳
崔	子元	魏書卷67附崔光傳
崔	子朗	魏書卷57附崔挺傳
崔	4公度	宋史卷353
崔	仁師	舊唐書卷74 新唐書卷99
崔	日用	舊唐書卷99 新唐書卷121
崔	日知	舊唐書卷99附崔日用傳 新唐書卷121附崔日用傳
崔	文仲	南史卷47附崔祖思傳
崔	文昇	明史卷305宦官
崔	文榮	明史卷294忠義
崔	元式	舊唐書卷163附崔元略傳 新唐書卷160附崔元略傳
崔	元受	舊唐書卷163附崔元略傳 新唐書卷160附崔元略傳
崔	元珍	魏書卷57附崔挺傳
崔	元祖	南史卷47崔祖思傳
崔	元略	舊唐書卷163 新唐書卷160
崔	元綜	舊唐書卷90附豆盧欽望傳

		新唐書卷114附豆盧欽望傳
崔	元翰	舊唐書卷137 新唐書卷203文藝
崔	元儒	舊唐書卷163附崔元略傳
崔	5巨倫	魏書卷56附崔辯傳
崔	台符	宋史卷355
崔	弘昇	隋書卷74酷吏附崔弘度傳
崔	弘度	北史卷32附崔辯傳 隋書卷74酷吏
崔	弘禮	舊唐書卷163 新唐書卷164
崔	玄伯	魏書卷24
崔	玄亮	舊唐書卷165 新唐書卷164
崔	玄暐	舊唐書卷91 （玄作元） 新唐書卷120
崔	6行功	舊唐書卷190上文苑 新唐書卷201文藝
崔	安潛	舊唐書卷177附崔慎由傳 新唐書卷114附崔戭傳
崔	仲方	北史卷32附崔挺傳 隋書卷60
崔	仲哲	魏書卷49附崔鑒傳
崔	光伯	魏書卷66附崔亮傳
崔	光韶	魏書卷66附崔亮傳 北史卷44附崔亮傳
崔	光遠	舊唐書卷111 新唐書卷141
崔	7呈秀	明史卷306閹黨
崔	延伯	魏書卷73 北史卷37
崔	廷勳	舊五代史卷98晉書
崔	伯鳳	魏書卷24附崔玄伯傳
崔	伯謙	北齊書卷46循吏 北史卷32附崔鑒傳
崔	孝直	魏書卷57附崔挺傳

十一畫	崔 孝 芬	魏書卷57附崔挺傳	崔 祖 嶬	魏書卷24附崔玄伯傳
	崔 孝 政	魏書卷57附崔挺傳	崔 12隆 宗	魏書卷32附崔遏傳
	崔 孝 暐	魏書卷57附崔挺傳	崔 達 挐	北齊書卷30附崔遏傳
	崔 孝 演	魏書卷57附崔挺傳	崔 貽 孫	舊五代史卷69唐書
	崔 8長 文	魏書卷67附崔光傳	崔 善 為	舊唐書卷191方技 新唐書卷91
崔	崔 宗 之	新唐書卷121附崔日用傳	崔 無 詖	舊唐書卷187下忠義 新唐書卷191忠義附張介然傳
	崔 承 宗	魏書卷86孝感附吳悉達傳	崔 敦 禮	舊唐書卷81 新唐書卷106
	崔 周 度	舊五代史卷130周書附閻宏魯傳	崔 景 眞	南史卷47附崔祖思傳
	崔 季 舒	北齊書卷39 北史卷32附崔挺傳	崔 景 榮	明史卷256
	崔 居 儉	新五代史卷55雜傳	崔 13與 之	宋史卷406
	崔 知 悌	新唐書卷106附崔知溫傳	崔 義 玄	舊唐書卷77 （玄作元） 新唐書卷109
	崔 知 溫	舊唐書卷185上良吏 新唐書卷106	崔 愼 由	舊唐書卷177 新唐書卷114附崔融傳
	崔 9信 明	舊唐書卷190上文苑 新唐書卷201文藝	崔 道 固	宋書卷88 魏書卷24附崔玄伯傳 北史卷44附崔亮傳
	崔 宣 猷	北史卷32附崔挺傳	崔 敬 友	魏書卷57附崔光傳
	崔 昭 緯	舊唐書卷179 新唐書卷223下姦臣	崔 敬 邕	魏書卷57附崔挺傳
	崔 彥 昭	舊唐書卷178 新唐書卷183	崔 14漢 衡	舊唐書卷122 新唐書卷143
	崔 彥 曾	舊唐書卷177附崔慎由傳 新唐書卷114附崔融傳	崔 僧 祐	魏書卷24附崔玄伯傳
	崔 彥 進	宋史卷259	崔 僧 淵	魏書卷24附崔玄伯傳
	崔 彥 穆	周書卷36 北史卷67	崔 15慰 祖	南齊書卷52文學 南史卷72文學
	崔 10祐 甫	舊唐書卷119 新唐書卷142	崔 慧 景	南齊書卷51 南史卷45
	崔 神 基	新唐書卷109附崔義玄傳	崔 16顒 正	宋史卷431儒林
	崔 神 慶	舊唐書卷77附崔義玄傳 新唐書卷109附崔義玄傳	崔 儒 秀	明史卷291忠義
	崔 祖 虬	魏書卷24附崔玄伯傳		
	崔 祖 思	南齊書卷28 南史卷47		

崔	遵	度	宋史卷441文苑
崔	龜	從	舊唐書卷176 / 新唐書卷160附崔元略傳
崔17隱		甫	舊唐書卷185下良吏 / 新唐書卷130
崔19懷		順	南史卷73孝義（南齊書卷55作崔懷慎）
崔	懷	慎	南齊書卷55孝義（南史卷73作崔懷順）
崔24靈		恩	梁書卷48儒林 / 南史卷71儒林
陳		2父	舊五代史卷68唐書
陳		4元	後漢書卷66 / 舊五代史卷96晉書 / 明史卷134附蔡逯傳 / 明史168
陳	文	友	明史卷166附方瑛傳
陳		仁	明史卷186附嬋文傳
陳		公	明史卷300外戚
陳		5平	漢書卷40(史記卷56作陳丞相世家)
陳		禾	宋史363
陳		汀	明史卷154附王通傳
陳		6充	宋史卷441文苑
陳		旭	明史146
陳		7忻	周書卷43(北史卷66作陳欣)
陳		孚	元史卷190儒學
陳		亨	明史145
陳		志	明史146
陳		壯	明史161
陳		沂	明史卷286文苑附顧璘傳

陳	東	明史287文苑
陳	見	明史卷290忠義附黃鉞傳
陳	8忠	後漢書卷76附陳寵傳 / 明史卷154附陳洽傳
陳	武	三國吳志卷10或55
陳	表	三國吳志卷10或55附陳武傳
陳	邵	晉書卷91儒林
陳	奇	魏書卷84儒林 / 北史卷81儒林
陳	昕	南史卷61附陳慶之傳
陳	昌	陳書卷14(即衡陽獻王) / 南史卷65陳宗室諸王
陳	欣	北史卷66(周書卷43作陳忻)
陳	京	新唐書卷200儒學
陳	卓	宋史卷406附陳居仁傳
陳	東	宋史卷455忠義
陳	宓	宋史408
陳	宗	宋史456孝義
陳	金	明史187
陳	奉	明史卷305宦官附陳增傳
陳	9俊	後漢書卷48 / 明史157
陳	咸	漢書卷66附陳萬年傳 / 宋史412
陳	紀	後漢書卷92附陳寔傳
陳	重	後漢書卷111獨行
陳	建	魏書卷34 / 北史25
陳	胤	南史卷65陳宗室諸王

十一畫			陳	虔	南史卷65陳宗室諸王
	陳	彥	陳書卷28（卽吳興王）		陳書卷28（卽南海王）
			南史卷65陳宗室諸王	陳	恕	宋史卷267
			陳書卷28（卽永嘉王）			
陳	陳	悻	南史卷65陳宗室諸王	陳	祐	宋史卷346
			陳書卷28（卽東陽王）	陳	軒	宋史卷346
	陳	恬	南史卷65陳宗室諸王	陳	烈	宋史卷458隱逸
			陳書卷28（卽錢唐王）	陳	祜	元史卷168
	陳	茂	北史卷75附李圓通傳	陳	旅	元史卷190儒學
			隋書卷64	陳	桓	明史卷132附藍玉傳
	陳	亮	宋史卷436儒林	陳	修	明史卷138
	陳	炤	宋史卷450忠義	陳	珪	明史卷146
	陳	牽	宋史卷454忠義	陳	祚	明史卷162
	陳	衍	宋史卷468宦者	陳	逅	明史卷207附朱淛傳
	陳	迪	明史卷141	陳	矩	明史卷305宦官
	陳	洽	明史卷154	陳	11球	後漢書卷86
	陳	勉	明史卷158附顧佐傳	陳	敏	晉書卷100
	陳	音	明史卷184附張元禎傳			宋史卷402
	陳	美	明史卷294忠義			明史卷165
	陳	洞	明史卷298隱逸附楊恆傳	陳	深	南史卷65陳宗室諸王
	陳	10容	三國魏志卷7附臧洪傳			陳書卷28（卽皇太子深）
	陳	祇	三國蜀志卷9或39附董允傳	陳	莊	陳書卷28（卽會稽王）
			南史卷65陳宗室諸王			南史卷65陳宗室諸王
			陳書卷28（卽信義王）	陳	澗	宋史卷376
	陳	泰	三國魏志卷22附陳羣傳	陳	桷	宋史卷377
			明史卷159	陳	規	宋史卷377
						金史卷109
	陳	訓	晉書卷95藝術	陳	淳	宋史卷430道學朱氏門人
				陳	寅	宋史卷449忠義

陳	淬	宋史卷452忠義
陳	紹	明史卷210附徐學詩傳
陳	12軫	史記卷70
陳	湯	漢書卷70
陳	勝	漢書卷31 (史記卷48作陳涉世家)
陳	寔	後漢書卷92
陳	翔	後漢書卷7黨錮
陳	登	三國魏志卷7附張邈傳
陳	琳	三國魏志卷21附王粲傳
陳	琰	宋史卷301
陳	貫	宋史卷303
陳	越	宋史卷441文苑
陳	植	明史卷142附陳性善傳
陳	復	明史卷158附軒輗傳
陳	循	明史卷168
陳	策	明史卷271附童仲揆傳
陳	琛	明史卷282儒林附蔡清傳
陳	13羣	三國魏志卷22
陳	詳	陳書卷15宗室 南史卷65陳宗室諸王 (即逡興侯)
陳	暄	南史卷61附陳慶之傳
陳	稜	北史卷78 隋書卷64
陳	楚	舊唐書卷141附張孝忠傳 新唐書卷148附張孝忠傳
陳	塤	宋史卷423
陳	塏	宋史卷425
陳	靖	宋史卷426循吏
陳	暘	宋史卷432儒林
陳	源	宋史卷469宦者
陳	遇	明史卷135
陳	瑄	明史卷153
陳	鼎	明史卷188附張文明傳
陳	瑛	明史卷308姦臣
陳	14壽	晉書卷82 明史卷150 明史卷186
陳	兢	南史卷65陳宗室諸王 陳書卷28(即邵陵王) 宋史卷456孝義
陳	蒙	宋史卷423附陳塤傳
陳	遘	宋史卷447忠義
陳	搏	宋史卷457隱逸
陳	漸	宋史卷284附陳堯佐傳
陳	寧	明史卷308姦臣附胡惟庸傳
陳	演	明史卷253
陳	15震	三國蜀志卷9或39
陳	德	明史卷131
陳	質	明史卷142附張倫傳
陳	賢	明史卷146
陳	察	明史卷203
陳	增	明史卷305宦官
陳	16餘	史記卷89 漢書卷32

十
一
畫

陳

陳	遵	漢書卷92游俠
陳	龜	後漢書卷81
陳	蕃	後漢書卷93
陳	頵	晉書卷71
陳	遺	南史卷73孝義附緒綜傳
陳	儒	新唐書卷186
陳	諫	新唐書卷168附王叔文傳
陳	與	宋史卷279
陳	槱	宋史卷388
陳	選	明史卷161
陳	諤	明史卷162附耿通傳
陳	璚	明史卷247
陳	鋼	明史卷281循吏
陳	17禪	後漢書卷81
陳	矯	三國魏志卷22
陳	輿	晉書卷35附陳騫傳
陳	擬	陳書卷15宗室 南史卷65陳宗室諸王(卽永修侯)
陳	嶷	南史卷65陳宗室諸王 陳書卷28(卽南平王)
陳	襄	宋史卷321
陳	薦	宋史卷322
陳	謙	宋史卷396
陳	懋	明史卷145附陳亨傳
陳	濟	明史卷152
陳	18顒	金史卷127孝友

陳	鑑	明史卷159
陳	鎬	明史卷187附洪鐘傳
陳	謨	明史卷282儒林
陳	璲	明史卷294忠義
陳	19寵	後漢書卷76
陳	藩	陳書卷28(卽吳郡王) 南史卷65陳宗室諸王
陳	繹	宋史卷329
陳	巖	宋史卷393
陳	櫟	元史卷189儒學
陳	鏞	明史卷154附柳升傳
陳	懷	明史卷155
陳	20騫	晉書卷35
陳	繼	明史卷152附陳濟傳
陳	繼	明史卷263附陳士奇傳
陳	21韡	宋史卷419
陳	顥	元史卷177
陳	灌	明史卷281循吏
陳	22瓘	宋史卷345
陳	鑑	明史卷162
陳	23瓚	宋史卷451忠義附陳文龍傳 明史卷221附魏時亮傳
陳 1一	元	明史卷248附劉策傳
陳 2九	疇	明史卷204
陳 3乞	兒	元史卷197孝友附孔全傳
陳 士	奇	明史卷263

陳	士	啓	明史卷161
陳	于	王	明史卷269
陳	于	廷	明史卷254
陳	子	陞	明史卷217
陳	子	壯	明史卷278
陳	子	昂	舊唐書卷190中文苑 新唐書卷107
陳	子	敬	宋史卷454忠義附何 時傳
陳	子	龍	明史卷277
陳	4升	之	宋史卷312
陳	太	素	宋史卷300
陳	天	祥	元史卷168附陳祐傳
陳	少	遊	舊唐書卷126 新唐書卷224上叛臣
陳	公	輔	宋史卷379
陳	仁	錫	明史卷288文苑附焦 竑傳
陳	方	泰	陳書卷14附南康愍 王曇朗傳 南史卷65陳宗室附 南康愍王曇朗傳
陳	方	慶	陳書卷14附南康愍 王曇朗傳 南史卷65陳宗室附 南康愍王曇朗傳
陳	友	定	明史卷124
陳	友	諒	明史卷123
陳	元	桂	宋史卷450忠義
陳	元	康	北齊書卷24 北史卷55
陳	元	達	晉書卷102前趙載記
陳	文	龍	宋史卷451忠義
陳	文	頊	宋史卷483漳泉世家 附陳洪進傳
陳	文	顗	宋史卷483漳泉世家 附陳洪進傳
陳	文	顯	宋史卷483漳泉世家 附陳洪進傳
陳	文	顯	宋史卷483漳泉世家 附陳洪進傳
陳	5世	卿	宋史卷307
陳	本	深	明史卷161
陳	永	貴	北史卷73附劉方傳 隋書卷53附劉方傳
陳	以	勤	明史卷193
陳	弘	緒	明史卷241附陳道亨 傳
陳	幼	學	明史卷281循吏
陳	玄	子	南史卷73孝義附封 延伯傳
陳	玄	禮	舊唐書卷106附王毛 仲傳 新唐書卷121附王毛 仲傳
陳	6次	升	宋史卷346
陳	安	石	宋史卷303附陳貫傳
陳	汝	石	明史卷289忠義附琴 彭傳
陳	夷	行	舊唐書卷173 新唐書卷181
陳	有	年	明史卷224
陳	仲	微	宋史卷422
陳	自	仁	宋史卷452忠義附趙 士隆傳
陳	自	彊	宋史卷394
陳	7利	貞	新唐書卷136附李光 弼傳
陳	亨	祖	宋史卷453忠義
陳	孝	意	北史卷85節義附堯 君素傳 隋書卷71誠節附堯 君素傳
陳	求	道	宋史卷448忠義
陳	汝	輝	明史卷139附李仕魯 傳
陳	吾	德	明史卷215

十一畫

陳

十一畫	陳 希 亮	宋史卷298	
	陳 希 烈	舊唐書卷97附張垍傳 新唐書223上姦臣	
	陳 邦 彥	明史卷278	
	陳 邦 瞻	明史卷242	
陳	陳 君 用	元史卷195忠義	
	陳 君 賓	舊唐書卷185上良吏 新唐書卷197循吏	
	陳 良 祐	宋史卷388	
	陳 良 謨	明史卷266	
	陳 良 翰	宋史卷387	
	陳 伯 山	陳書卷28諸王(卽鄱陽王) 南史卷65陳宗室諸王	
	陳 伯 之	梁書卷20 魏書卷61附田益宗傳 南史卷61	
	陳 伯 仁	陳書卷28諸王(卽盧陵王) 南史卷65陳宗室諸王	
	陳 伯 友	明史卷242	
	陳 伯 信	陳書卷28諸王(卽衡陽王) 南史卷65陳宗室附衡陽王昌獻傳	
	陳 伯 固	陳書卷36諸王(卽新安王) 南史卷65陳宗室諸王	
	陳 伯 茂	陳書卷28諸王(卽始興王) 南史卷65陳宗室諸王	
	陳 伯 恭	陳書卷28諸王(卽晉安王) 南史卷65陳宗室諸王	
	陳 伯 智	陳書卷28諸王(卽永陽王)	

		南史卷65陳宗室諸王
陳 伯 義	陳書卷28諸王(卽江夏王) 南史卷65陳宗室諸王	
陳 伯 謀	陳書卷28諸王(卽桂陽王) 南史卷65陳宗室諸王	
陳 伯 禮	陳書卷28諸王(卽武陵王) 南史卷65陳宗室諸王	
陳 居 仁	宋史卷406	
陳 宜 中	宋史卷418	
陳 其 赤	明史卷295忠義附覘繼孟傳	
陳 承 昭	宋史卷261	
陳 性 善	明史卷142	
陳 尙 象	明史卷231附李獻可傳	
陳 奇 瑜	明史卷260	
陳 知 微	宋史卷307	
陳 函 輝	明史卷276附余煌傳	
陳 宗 禮	宋史卷421	
陳 叔 文	陳書卷28諸王(卽晉熙王) 南史卷65陳宗室諸王	
陳 叔 平	陳書卷28諸王(卽湘東王) 南史卷65陳宗室諸王	
陳 叔 匡	陳書卷28諸王(卽太原王) 南史卷65陳宗室諸王	
陳 叔 明	陳書卷28諸王(卽宜都王) 南史卷65陳宗室諸王	
陳 叔 坦	陳書卷28諸王(卽新會王)	

陳 叔 英	南史卷65陳宗室諸王 陳書卷28諸王（即豫章王）	
陳 叔 重	南史卷65陳宗室諸王 陳書卷28諸王（即始興王）	
陳 叔 宣	南史卷65陳宗室諸王 陳書卷28諸王（即陽山王）	
陳 叔 卿	南史卷65陳宗室諸王 陳書卷28諸王（即建安王）	
陳 叔 敖	南史卷65陳宗室諸王 陳書卷28諸王（即臨賀王）	
陳 叔 純	南史卷65陳宗室諸王 陳書卷28諸王（即新興王）	
陳 叔 陵	南史卷65陳宗室諸王 陳書卷36諸王（即始興王）	
陳 叔 堅	南史卷65陳宗室諸王 陳書卷28諸王（即長沙王）	
陳 叔 彪	南史卷65陳宗室諸王 陳書卷28諸王（即淮南王）	
陳 叔 雄	南史卷65陳宗室諸王 陳書卷28諸王（即巴山王）	
陳 叔 慎	南史卷65陳宗室諸王 陳書卷28諸王（即岳陽王）	
陳 叔 達	南史卷65陳宗室諸王 陳書卷28諸王（即義陽王） 舊唐書卷61 新唐書卷100	
陳 叔 虞	陳書卷28諸王（即武昌王） 南史卷65陳宗室諸王	
陳 叔 隆	陳書卷28諸王（即新寧王） 南史卷65陳宗室諸王	
陳 叔 齊	陳書卷28諸王（新蔡王） 南史卷65陳宗室諸王	
陳 叔 韶	陳書卷28諸王（即岳山王） 南史卷65陳宗室諸王	
陳 叔 榮	陳書卷28諸王（即新昌王） 南史卷65陳宗室諸王	
陳 叔 穆	陳書卷28諸王（即西陽王） 南史卷65陳宗室諸王	
陳 叔 儉	陳書卷28諸王（即南安王） 南史卷65陳宗室諸王	
陳 叔 澄	陳書卷23諸王（即南郡王） 南史卷65陳宗室諸王	
陳 叔 興	陳書卷28諸王（即沅陵王） 南史卷65陳宗室諸王	
陳 叔 謨	陳書卷28諸王（即巴東王） 南史卷65陳宗室諸王	
陳 叔 獻	陳書卷28諸王（即河東王） 南史卷65陳宗室諸王	
陳 叔 儼	陳書卷23諸王（即尋陽王） 南史卷65陳宗室諸王	
陳 叔 顯	陳書卷28諸王（即臨海王） 南史卷65陳宗室諸王	

十一畫　陳

十一畫	陳	9	彥	回	明史卷142	陳	12	隆	之	宋史卷449忠義
		陳	若	拙	宋史卷261附陳思讓傳	陳		彭	年	宋史卷287
		陳	茂	烈	明史卷283儒林	陳		景	行	明史卷300外戚
		陳	俊	卿	宋史卷383	陳		傅	良	宋史卷434儒林
		陳	洪	進	宋史卷483漳泉世家	陳		象	明	明史卷278附張家玉傳
		陳	保	極	舊五代史卷96晉書	陳		舜	俞	宋史卷331附滕問傳
		陳	貞	節	新唐書卷200儒學	陳		過	庭	宋史卷353
		陳	南	賓	明史卷137附桂彥良傳	陳		集	原	舊唐書卷188孝友 新唐書卷195孝友
		陳	昭	衰	遼史81	陳		登	雲	明史卷243
		陳	思	道	宋史卷456孝義	陳		貴	誼	宋史卷419
		陳	思	賢	明史卷143	陳		堯	佐	宋史卷284
		陳	思	濟	元史卷168	陳		堯	叟	宋史卷284附陳堯佐傳
		陳	思	謙	元史卷184	陳		堯	咨	宋史卷284附陳堯佐傳
		陳	思	讓	宋史卷261	陳	13	新	甲	明史卷257
		陳	10	祖	仁	元史卷186	陳		道	亨	明史卷241
		陳	泰	來	明史卷278 明史卷231附于孔兼傳	陳		與	義	宋史卷445文苑
		陳	翼	晟	明史卷282儒林	陳		敬	宗	明史卷163
		陳	純	德	明史卷266	陳		敬	瑄	新唐書卷224下叛臣
		陳	師	道	宋史卷444文苑	陳		萬	年	漢書卷66
		陳	師	錫	宋史卷346	陳		萬	言	明史卷300外戚
		陳	11	執	中	宋史卷285	陳		萬	策	明史卷294忠義
		陳	康	伯	宋史卷384	陳	14	韶	孫	元史卷197孝友
		陳	掃	靜	魏書卷93恩倖附茹皓傳	陳		際	泰	明史卷288文苑附艾南英傳
		陳	從	易	宋史卷300	陳		輔	堯	明史卷291忠義附崔儒秀傳
		陳	從	信	宋史卷276	陳		聞	詩	明史卷290忠義
						陳	15	慶	之	梁書卷32 南史卷61

陳	潛	夫	明史卷277		張竑傳
陳	慧	紀	陳書卷15宗室 南史卷65陳宗室諸 王(即宜黃侯)	張	永	宋書卷53附張茂度傳 南史卷31附張裕傳 明史卷304宦官
陳16豫		抱	明史卷293忠義	張	平	宋史卷276
陳	曇	朗	陳書卷14(即南康愍 王) 南史卷65陳宗室諸 王	張	玉	宋史卷290附狄青傳 元史卷166附張榮實 傳 明史145
陳	龍	正	明史卷258	張	旦	宋史卷308
陳	龍	復	宋史卷454忠義附鄒 㵣傳	張	田	宋史卷333
陳19繹		曾	元史卷190儒學附陳 旅傳	張	立	元史卷165
陳20饒		奴	新唐書卷195孝友	張	本	元史卷197孝友附楊 一傳 明史卷157
陳	獻	章	明史卷233儒林			
陳	寶	應	陳書卷35 南史卷80賊臣	張	令	明史卷269
陳	繼	之	明史卷141附王度傳	張6耳		史記卷89 漢書卷32
陳	繼	周	宋史卷454忠義附鄒 㵣傳	張	休	三國吳志卷7或52附 張昭傳
陳	繼	儒	明史卷298隱逸	張	光	晉書卷57
陳23顯		元	明史卷293忠義附劉 鐸傳	張	冲	南齊書卷49 南史卷32附張邵傳 北史卷82儒林 隋書卷75儒林
陳	顯	際	明史卷267附宋玫傳			
陳	顯	達	南齊書卷26 南史卷45	張	充	梁書卷21 南史卷31附張裕傳
張4升			後漢書卷110下文苑	張	旭	新唐書卷202文藝附 李白傳
張	亢		晉書卷55附張載傳 宋史卷324	張	存	宋史卷320
張	方		晉書卷60	張	守	宋史卷375
張	元		周書卷46孝義 北史卷84孝行	張	耒	宋史卷444文苑
張	允	中	舊五代史卷108漢書 新五代史卷57雜傳	張	吉	宋史卷452忠義附高 敏傳
張	中		明史卷299方技	張	羽	明史卷285文苑附高 啓傳
張5玄			後漢書卷66附張酺 傳 後漢書卷109下儒林 三國吳志卷8或53附	張7良		漢書卷40 (史記卷55作留侯世 家)

十一畫	張	步	後漢書卷42	張	協	晉書卷55附張載傳
	張	完	南史卷31附張裕傳	張	忠	晉書卷94隱逸
	張	均	舊唐書卷97附張說傳			宋史卷323
			新唐書卷125附張說傳			宋史卷326
			元史卷166	張	昌	晉書卷100
張	張	巡	舊唐書卷187下忠義	張	邵	宋書卷46
			新唐書卷192忠義			南史卷32
	張	伾	舊唐書卷187下忠義			宋史卷373
			新唐書卷193忠義	張	岱	南齊書卷32
	張	沇	舊五代史卷131周書			南史卷31附張裕傳
	張	宏	宋史卷257	張	昇	魏書卷86孝感
	張	旨	宋史卷301			北史卷84孝行
	張	玖	宋史卷324			宋史卷318
	張	囧	宋史卷326			元史卷177
	張	亨	宋史卷452忠義附牛皓傳			明史卷184
			金史卷97			明史卷300外戚附張麒傳
	張	汴	宋史卷454忠義附鄒㲩傳	張	佶	舊五代史卷17梁書
	張	玘	宋史卷453忠義			宋史卷308
	張	甫	金史卷118	張	果	舊唐書卷191方技
	張	位	明史卷219			新唐書卷204方技
	張	臣	明史卷239	張	秉	宋史卷301
	張	8权	史記卷103	張	近	宋史卷353
	張	放	漢書卷93佞幸	張	枃	宋史卷361附張浚傳
	張	宗	後漢書卷68	張	所	宋史卷363
	張	武	後漢書卷111獨行	張	昉	元史卷170
			明史卷146	張	固	明史卷160附羅綺傳
	張	俌	三國吳志卷8或53附張紘傳	張	岳	明史卷200
						明史卷227
	張	承	三國魏志卷11附張範傳	張	芹	明史卷208
			三國吳志卷7或52附張昭傳	張	采	明史卷288文苑附張溥傳
				張	9禹	漢書卷81
						後漢書卷74
				張	奐	後漢書卷95
				張	飛	三國蜀志卷6或36
				張	昭	三國吳志卷7或52
						陳書卷32孝行

十一畫

張

張　珏　宋史卷451忠義
張　弈　金史卷128循吏
張　柔　元史卷147
張　焰　元史卷170
張　昺　明史卷142 / 明史卷161
張　建　金史卷126文藝附呂中孚傳
張　信　明史卷145附張玉傳 / 明史卷146 / 明史卷293忠義附魯世任傳
張　津　明史卷186附雍泰傳
張　春　明史卷291忠義
張　景　明史卷300外戚附張騏傳
10 敖　漢書卷32附張耳傳
張　倉　漢書卷42
張　純　後漢書卷65
張　紘　三國吳志卷8或53
張　恭　三國魏志卷18附閻溫傳 / 元史卷197孝友
張　祚　晉書卷86 / 魏書卷99附張寔傳
張　崖　陳書卷33儒林附鄭灼傳 / 南史卷71儒林附鄭灼傳
張　倫　魏書卷24附張袞傳 / 明史卷142
張　烈　魏書卷76 / 北史卷45
張　祐　魏書卷94閹宦 / 北史卷92恩倖 / 明史卷166
張　悌　南史卷74孝義附滕曇恭傳
張　格　舊五代史卷71唐書

魏書卷33附張蒲傳
南史卷74孝義
宋史263
明史卷164
張　郃　三國魏志卷17
張　茂　晉書卷78 / 晉書卷86附張軌傳 / 魏書卷99附張寔傳
張　軌　晉書卷86 / 魏書卷99附張寔傳 / 周書卷37 / 北史卷70
張　亮　北齊書卷25 / 北史卷55 / 舊唐書卷69 / 新唐書卷94 / 明史卷277附袁繼咸傳
張　度　魏書卷24附張袞傳
張　恂　魏書卷88良吏 / 北史卷21附張袞傳
張　盾　南史卷31附張裕傳
張　威　北史卷73 / 隋書卷55 / 宋史卷403
張　垍　舊唐書卷97附張說傳 / 新唐書卷125附張說傳
張　拯　新唐書卷126附張九齡傳
張　衍　舊五代史卷24梁書
張　美　宋史卷259
張　洎　宋史卷267
張　洞　宋史卷299
張　述　宋史卷303
張　奎　宋史卷324附張亢傳
張　洽　宋史卷430道學朱氏門人
張　俊　宋史卷369 / 明史卷175

十一畫

張

張	耆	宋史卷290
張	根	宋史卷356
張	浚	宋史卷361
張	栻	宋史卷429道學
張	浩	金史卷83
張	珪	元史卷175
張	桓	元史卷194忠義
張	軏	明史卷145附張玉傳
張	紞	明史卷151
張	益	明史卷167附曹鼐傳
張	悅	明史卷185
張	原	明史卷192
張	翀	明史卷192 明史卷210
張	庭	明史卷235附何士晉傳
張	泰	明史卷186 明史卷286文苑
張	11陵	後漢書卷66附張霸傳
張	敏	後漢書卷74
張	旣	三國魏志卷15
張	掖	宋書卷98氐胡
張	率	梁書卷33 南史卷31附張裕傳
張	偉	魏書卷84儒林 北史卷81儒林
張	淵	魏書卷91藝術（北史卷89作張深）
張	袞	魏書卷24 北史卷21
張	彪	南史卷64
張	乾	南史卷74孝義附張昭傳
張	深	北史卷89藝術（魏書卷91作張淵）
張	涉	舊唐書卷127
張	宿	舊唐書卷154 新唐書卷175
張	琇	舊唐書卷188孝友 新唐書卷195孝友
張	朗	舊五代史卷90晉書
張	問	宋史卷331
張	掞	宋史卷333
張	莊	宋史卷348
張	庶	宋史卷407
張	逸	宋史卷426
張	庸	元史卷196忠義附朴賽田不花傳
張	康	元史卷203方技
張	寅	明史卷206附魏良弼傳
張	淳	明史卷231循吏
張	12湯	史記卷122酷吏 漢書卷59
張	敞	漢書卷76
張	湛	後漢書卷57 魏書卷52 北史卷34
張	堪	後漢書卷61
張	皓	後漢書卷86
張	超	後漢書卷110下文苑
張	琇	三國魏志卷11附管寧傳
張	就	三國魏志卷18附閻溫傳
張	華	晉書卷36
張	寔	晉書卷86附張軌傳 魏書卷99（目標私署涼州牧張寔）
張	登	南史卷55附張惠紹傳

姓	名	出處	姓	名	出處
張	皐	舊唐書卷171附裴潾傳 新唐書卷118附裴潾傳	張	楊	三國魏志卷8
張	愔	新唐書卷158附張建封傳	張	裔	三國蜀志卷11或41
張	雄	新唐書卷190	張	裕	三國蜀志卷12或42附周羣傳 南史卷31(宋書卷53作張茂庚)
張	策	舊五代史卷18梁書 新五代史卷35唐六臣	張	溫	三國吳志卷12或57 舊五代史卷59唐書 明史卷132附藍玉傳
張	進	宋史卷279	張	戴	晉書卷55 宋史卷427道學
張	詠	宋史卷293	張	崍	梁書卷43 南史卷31附張裕傳
張	揆	宋史卷294	張	楚	南史卷73孝義附張逸之傳
張	傅	宋史卷300	張	奐	北史卷75 隋書卷46
張	詔	宋史卷402	張	嵩	舊唐書卷103附郭虔瓘傳
張	貴	宋史卷450忠義附張順傳	張	暐	舊唐書卷106 新唐書卷121附王琚傳 金史卷106
張	順	宋史卷450忠義 金史卷122忠義	張	煦	舊唐書卷122附邪獻誠傳 新唐書卷133附張守珪傳 宋史卷308
張	雲	宋史卷454忠義附鄒㵗傳			
張	琳	遼史卷102			
張	開	金史卷118			
張	惠	元史卷167	張	瑝	舊唐書卷188孝友附張琇傳
張	閭	元史卷197孝友	張	篤	舊五代史卷90晉書 新五代史卷47雜傳
張	琬	明史卷138附揚思義傳	張	暉	宋史卷272
張	欽	明史卷188	張	雍	宋史卷307
張	遂	明史卷206	張	詵	宋史卷331
張	棟	明史卷233附李獻可傳	張	運	宋史卷404
張	弼	明史卷286文苑	張	嵲	宋史卷445文苑
張	鈞	明史卷297孝義	張	愈	宋史卷458隱逸
張	13楷	後漢書卷66附張霸傳	張	煒	金史卷100
張	馴	後漢書卷109儒林上	張	斂	金史卷128循吏

十一畫

張

十一畫

張

張	楨	元史卷186
張	瑄	明史卷160
張	經	明史卷205
張	瑋	明史卷254
張	翀	明史卷283儒林附陳獻章傳
張	溥	明史卷288文苑
張	瑛	明史卷289忠義
張	14蒼	史記卷96(目作張丞相) 漢書卷42
張	酺	後漢書卷75
張	綱	後漢書卷86附張皓傳 宋史卷390
張	輔	晉書卷60 明史卷154
張	賓	晉書卷105後趙載記附石勒傳
張	暢	宋書卷46附張邵傳 宋書卷59 南史卷32附張邵傳
張	齊	梁書卷17 南史卷46附王廣之傳
張	綰	梁書卷34附張緬傳 南史卷56附張弘策傳
張	種	陳書卷21 南史卷31附張裕傳
張	誕	魏書卷24附張袞傳
張	蒲	魏書卷33 北史卷27
張	彝	北史卷78 隋書卷64
張	說	舊唐書卷97 新唐書卷125 宋史卷470佞幸
張	禕	舊唐書卷162附張正甫傳 晉書卷89忠義
張	褟	舊唐書卷178
張	遜	宋史卷268
張	閣	宋史卷353
張	綸	宋史卷426循吏
張	戩	宋史卷427道學附張載傳
張	榮	元史卷150 元史卷151
張	銓	明史卷130 明史卷291忠義
張	赫	明史卷130
張	鳳	明史卷157
張	寧	明史卷180
張	嶺	明史卷200
張	漢	明史卷204附羅鸛傳
張	瑤	明史卷290忠義
張	綵	明史卷306閹黨
張	15儀	史記卷70
張	歐	漢書卷46
張	儉	後漢書卷97黨錮 舊唐書卷83 新唐書卷111 遼史卷80
張	魯	三國魏志卷8
張	範	三國魏志卷11
張	暐	晉書卷36附張華傳
張	敷	宋書卷62 南史卷32附張邵傳
張	緒	南齊書卷33 南史卷31附張裕傳
張	稷	梁書卷16 南史卷31附張裕傳

十一畫

張

張	燕	三國魏志卷8
張	遼	三國魏志卷17
張	邈	晉書卷75
張	融	南齊書卷41 / 南史卷32附張邵傳
張	雕	北齊書卷44儒林
張	薦	舊唐書卷149 / 新唐書卷161
張	錫	新唐書卷113附張文瓘傳 / 宋史卷262 / 宋史卷294
張	憲	舊五代史卷69唐書 / 新五代史卷28唐臣 / 宋史卷368 / 明史卷172附孫原貞傳 / 明史卷285文苑附陶宗儀傳
張	穎	舊五代史卷129周書
張	澹	宋史卷269
張	勳	宋史卷271
張	凝	宋史卷279
張	整	宋史卷350
張	樸	宋史卷356
張	翰	晉書卷92文苑 / 金史卷105 / 明史卷130
張	龍	明史卷192
張	濚	明史卷192
張	錄	明史卷206附解一貫傳
張	選	明史卷207
17張	嶷	三國蜀志卷13或43
張	駿	晉書卷86附張軌傳 / 魏書卷99附張宴傳
張	㴂	魏書卷33 / 北史卷27

		明史卷180附王瑞傳
張	緬	梁書卷34 / 南史卷56附張弘策傳
張	黎	魏書卷28 / 北史卷25
張	熠	魏書卷79
張	慶	魏書卷94閹官附張祐傳 / 元史卷197孝友附楊一傳
張	儁	舊五代史卷24梁書
張	適	宋史卷277附牛昆傳
張	質	宋史卷309
張	頡	宋史卷331
張	懋	宋史卷363
張	確	宋史卷446忠義
張	潛	金史卷127隱逸
張	羲	元史卷186
張	緝	元史卷198孝友
張	軏	明史卷145附張玉傳
張	猷	明史卷186
張	瑰	明史卷196
張	震	明史卷297孝義附俞孜傳
張	16奮	後漢書卷65附張純傳 / 三國吳志卷7或52附張昭傳
張	衡	後漢書卷89 / 北史卷74 / 隋書卷56
張	興	後漢書卷109上儒林 / 新唐書卷193忠義 / 明史卷146

十一畫	張	應	魏書卷88良吏（北史卷86作張膺）	張	瓊	北齊書卷20 北史卷53 宋史卷259
	張	膺	北史卷86循吏（魏書卷88作張應）	張	鵬	舊五代史卷100漢書 明史卷160
	張	濬	舊唐書卷179 新唐書卷185	張	繹	宋史卷428道學
	張	璪	宋史卷328	張	鏜	宋史卷454忠義附鄱颺傳
張	張	礒	宋史卷420	張	瀚	明史卷225
	張	舉	宋史卷458隱逸	張	鯨	明史卷305宦官
	張	懋	元史卷152附張子良傳	張	20騫	史記卷111附衞將軍驃騎傳 漢書卷61
	張	禧	元史卷165			
	張	頵	元史卷189儒學	張	瓛	南齊書卷24 南史卷31附張裕傳 宋史卷330
	張	斂	明史卷194附林俊傳	張	耀	北齊書卷25 明史卷133附曹良臣傳
	張	檟	明史卷210附鄒應龍傳			
	張	18邈	三國魏志卷7	張	籍	明史卷295忠義 舊唐書卷160 新唐書卷176附韓愈傳
	張	翼	三國蜀志卷15或45 明史卷132附藍玉傳			
	張	躄	晉書卷36附張華傳	張	礪	舊五代史卷98晉書 遼史卷76
	張	闓	晉書卷76	張	斝	宋史卷379
	張	蕤	魏書卷64 北史卷43	張	闡	宋史卷381
	張	燿	北史卷46	張	覺	宋史卷472姦臣附趙良嗣傳 金史卷133叛臣
	張	曜	北史卷55			
	張	鎬	舊唐書卷111 新唐書卷139	張	籌	明史卷136附汪廣洋傳
	張	鎰	舊唐書卷125 新唐書卷152	張	21霸	後漢書卷66
	張	燾	宋史卷333 宋史卷382	張	纂	魏書卷68附甄琛傳 北齊書卷25 北史卷55
	張	礎	元史卷167			
	張	鑾	明史卷185附張悅傳	張	鐸	宋史卷251
	張	騏	明史卷300外戚	張	蘊	宋史卷350
	張	19繡	三國魏志卷8			
	張	譏	陳書卷33儒林 南史卷71儒林			

十一畫　張

張　22讀　舊唐書卷149附張薦傳／新唐書卷161附張薦傳

張　篠　舊五代史卷90晉書附張筠傳／新五代史卷47雜傳附張筠傳

張　瑾　舊五代史卷106漢書

張　鑄　宋史卷262

張　鑑　宋史卷277

張　黼　明史卷300外戚

張　23巘　宋史卷396

張　瓚　明史卷172

張　24讜　後漢書卷108宦者

張　25觀　宋史卷276／宋史卷282

張　纘　梁書卷34附張緬傳／南史卷56附張弘策傳

張　27讝　魏書卷61／北史卷45

張　驪　明史卷172

張　2又新　舊唐書卷149附張薦傳／新唐書卷175

張　九成　宋史卷374

張　九思　金史卷90／元史卷169

張　九齡　舊唐書卷99／新唐書卷126

張　3三丰　明史卷299方技

張　乞驢　金史卷121忠義附齊膺揚傳

張　山拊　漢書卷88儒林

張　山翁　宋史卷454忠義附高應松傳

張　大安　舊唐書卷63附張公謹傳／新唐書卷89附張公謹傳

張　大素　舊唐書卷68附張公謹傳

張　大經　宋史卷390

張　大節　金史卷97

張　子良　元史卷152

張　子信　北齊書卷49方技／北史卷89藝術

張　子蓋　宋史卷369附張俊傳

張　子蘗　元史卷197孝友附孔全傳

張　士貴　舊唐書卷83／新唐書卷92

張　士隆　明史卷188

張　士遜　宋史卷311

張　士誠　明史卷123

張　士衡　舊唐書卷189上儒學／新唐書卷198儒學

張　4方平　宋史卷318

張　孔孫　元史卷174

張　仁愿　舊唐書卷93／新唐書卷111／舊五代史卷93晉書

張　日韜　明史卷192

張　中孚　金史卷79

張　中彥　金史卷79

張　介然　舊唐書卷187下忠義／新唐書卷191忠義

張　介福　明史卷298隱逸

張　天綱　金史卷119

張　天錫　晉書卷86附張祚傳／魏書卷99附張寔傳／舊唐書卷160

張　允伸　新唐書卷212藩鎮

張　允登　明史卷292忠義

十一畫			
張			
張	允	濟	舊唐書卷185上良吏 新唐書卷197循吏
張	公	素	舊唐書卷180 新唐書卷212蕭鐩附 張允伸傳
張	公	謹	舊唐書卷68 新唐書卷89
張	公	藝	舊唐書卷188孝友附 劉君良傳
張	元	忭	明史卷283儒林附鄧 以讚傳
張	元	亮	魏書卷71附江悅之 傳
張	元	素	金史卷131方技
張	元	禎	明史184
張	元	勳	明史卷212
張	文	仲	舊唐書卷191方技 新唐書卷204方技附 甄權傳
張	文	收	舊唐書卷85附張文 瓘傳 新唐書卷113附張文 瓘傳
張	文	表	宋史卷483湖南世家 附周行逢傳
張	文	明	明史卷188
張	文	規	舊唐書卷129附張延 賞傳 新唐書卷127附張嘉 貞傳
張	文	琮	舊唐書卷84附張文 瓘傳 新唐書卷113附張文 瓘傳
張	文	詡	北史卷88隱逸 隋書卷77隱逸
張	文	運	明史卷284儒林附孔 希學傳
張	文	蔚	舊唐書卷178附張褐 傳 舊五代史卷18梁書 新五代史卷35唐六 臣
張	文	錦	明史卷200附蔡天祐 傳
張	文	謙	元史卷157
張	文	禮	舊五代史卷62唐書
張	文	寶	舊五代史卷68唐書
張	文	瓘	舊唐書卷85 新唐書卷113
張	5用	直	金史卷105
張	平	高	舊唐書卷57附劉文 靜傳 新唐書卷88附裴寂 傳
張	世	傑	宋史卷451忠義
張	立	道	元史卷167
張	以	寧	明史卷285文苑
張	甲	徵	明史卷219附張匹維 傳
張	白	澤	魏書卷24附張袞傳
張	令	鐸	宋史卷250
張	四	知	明史卷253附程國祥 傳
張	四	維	明史卷219
張	去	華	宋史卷306
張	去	為	宋史卷469宦者
張	永	明	明史卷202
張	永	德	宋史卷255
張	正	見	陳書卷34文學 南史卷72文學
張	正	甫	舊唐書卷162
張	正	常	明史卷299方技
張	可	大	明史卷270
張	可	仕	明史卷270附張可大 傳
張	可	復	舊五代史卷131周書
張	玄	素	舊唐書卷75 新唐書卷103

			金史卷83
張	玄	靖	魏書卷99附張寔傳
張	玄	靚	晉書卷86附張祚傳
張	弘	之	南史卷73孝義附卜天與傳
張	弘	至	明史卷180
張	弘	略	元史卷147附張柔傳
張	弘	策	梁書卷11 南史卷56
張	弘	靖	舊唐書卷129附張延賞傳 新唐書卷127附張嘉貞傳
張	弘	綱	元史卷165附張禧傳
張	弘	範	元史卷156
張	好	古	元史卷152附張晉亨傳
張	有	俊	明史卷292忠義附盧謙傳
張	名	振	舊唐書卷187下忠義附石演芬傳 新唐書卷193忠義
張	同	敞	明史卷213附張居正傳
張	至	發	明史卷253
張	存	敬	舊五代史卷20梁書 新五代史卷21梁臣
張	任	學	明史卷260
張	全	昌	明史卷239附張臣傳
張	全	義	舊五代史卷63唐書 新五代史卷45雜傳
張	安	世	漢書卷59附張湯傳
張	安	祖	魏書卷87節義 北史卷85節義
張	次	公	史記卷111附衞將軍驃騎傳 漢書卷55附霍去病傳
張	次	宗	舊唐書卷129附張延賞傳

			新唐書卷127附張嘉貞傳
張	守	約	宋史卷350
張	守	珪	舊唐書卷103 新唐書卷133
張	仲	方	舊唐書卷99附張九齡傳 舊唐書卷171 新唐書卷126附張九齡傳
張	仲	武	舊唐書卷180 新唐書卷212藩鎮
張	仲	軻	金史卷129佞幸
張	行	成	舊唐書卷78 新唐書卷104
張	行	信	金史卷107
張	行	簡	金史卷106
張	光	前	明史卷242
張	光	奎	明史卷292忠義
張	光	晟	舊唐書卷127
張	光	輔	舊唐書卷90附豆盧欽望傳 明史卷289忠義附霍恩傳
張	汝	舟	宋史卷348
張	汝	明	金史卷83
張	汝	弼	金史卷83
張	汝	霖	宋史卷290附張耆傳
張	利	一	宋史卷326
張	君	平	魏書卷84儒林 北史卷81儒林
張	吾	貴	新唐書卷196隱逸
張	志	和	舊唐書卷188孝友 新唐書卷195孝友
張	志	寬	宋史卷290附張耆傳
張	希	一	舊五代史卷88晉書 新五代史卷47雜傳
張	希	崇	

十一畫

張

十一畫

張

張	希	復	舊唐書卷149附張薦傳
張	克	公	宋史卷348附石公弼傳
張	克	儉	明史卷292忠義
張	克	勤	舊唐書卷141附張孝忠傳
張	克	戩	宋史卷446忠義
張	伯	威	宋史卷456孝義
張	伯	淳	元史卷173
張	伯	儀	新唐書卷136附李光弼傳
張	伯	鯨	明史卷267
張	邦	昌	宋史卷475叛臣 金史卷77
張	邦	奇	明史卷201
張	邦	憲	金史卷123忠義附禹顯傳
張	孝	秀	梁書卷51處士 南史卷76隱逸
張	孝	忠	舊唐書卷141 新唐書卷143
張	孝	起	明史卷279附朱天麟傳
張	孝	祥	宋史卷389
張	孝	傑	遼史卷110姦臣
張	廷	珪	舊唐書卷101 新唐書卷118
張	廷	裕	舊五代史卷65唐書
張	廷	範	新唐書卷223下姦臣附柳璨傳
張	廷	翰	宋史卷259 宋史卷271
張	廷	蘊	舊五代史卷94晉書 新五代史卷47雜傳
張	延	師	新唐書卷111附張儉傳
張	延	通	宋史卷274
張	延	朗	舊五代史卷69唐書 新五代史卷26唐臣
張	延	壽	漢書卷59附張湯傳
張	延	賞	舊唐書卷129
張	延	播	舊五代史卷97晉書
張	延	賞	舊唐書卷129 新唐書卷127附張嘉貞傳
張	易	之	舊唐書卷78附張行成傳 新唐書卷104附張行成傳
張	奇	化	明史卷271
張	秉	文	明史卷291忠義
張	佳	允	明史卷222
張	直	方	舊唐書卷180附張仲武傳 新唐書卷212藩鎮附張仲武傳
張	孟	男	明史卷221
張	定	和	北史卷78 隋書卷64
張	叔	夜	宋史卷353
張	季	珣	北史卷85節義附堯君素傳 隋書卷71誠節附堯君素傳
張	欣	泰	南齊書卷51 南史卷25附張興世傳
張	肯	堂	明史卷276
張	拔	都	元史卷151
張	旺	舅	元史卷197孝友
張	始	篤	魏書卷64附張彝傳
張	長	遜	舊唐書卷57附劉文靜傳（新唐書卷88作張長懸）
張	長	懸	新唐書卷88附裴寂傳（舊唐書卷57作張長遜）

張	昌	宗	舊唐書卷78附張行成傳 新唐書卷104附張行成傳
張	昌	齡	舊唐書卷190上文苑 新唐書卷201文藝
張	居	正	明史卷213
張	居	翰	舊五代史卷72唐書 新五代史卷38宦者
張	忠	恕	宋史卷409
張	忠	輔	宋史卷448忠義
張	承	相	明史卷297孝義附張鈞傳
張	承	業	舊五代史卷72唐書 新五代史卷38宦者
張	承	蔭	明史卷239附張臣傳
張	宗	之	魏書卷94閹官 北史卷92恩倖
張	宗	誨	宋史卷265附張齊賢傳
張	宗	演	元史卷202釋老
張	宗	璉	明史卷281循吏
張	宗	顏	宋史卷369
張	知	白	宋史卷310
張	知	玄	舊唐書卷185下良吏附張知謇傳
張	知	泰	舊唐書卷185下良吏附張知謇傳
張	知	晦	舊唐書卷185下良吏附張知謇傳
張	知	默	舊唐書卷185下良吏附張知謇傳
張	知	謇	舊唐書卷185下良吏 新唐書卷100
張	柬	之	舊唐書卷91 新唐書卷120
張	即	之	宋史卷445文苑
張	冑	玄	北史卷89藝術 隋書卷78藝術
張	美	和	明史卷137附宋訥傳

張	建	封	舊唐書卷140 新唐書卷158
張	宣	軌	魏書卷68附甄琛傳
張	重	華	晉書卷86附張寔傳 魏書卷99附張軌傳
張	貞	觀	明史卷233
張	保	洛	北齊書卷19 北史卷53
張	保	續	宋史卷274
張	後	胤	舊唐書卷189上儒學 新唐書卷198儒學
張	後	覺	明史卷283儒林附尤時熙傳
直	若	谷	宋史卷299
張	若	虛	舊唐書卷190中文苑附賀知章傳
張	昭	允	宋史卷279附傅潛傳
張	昭	遠	宋史卷326
張	思	孝	元史卷197孝友
張	思	伯	北齊書卷44儒林 北史卷81儒林
張	思	明	元史卷177
張	思	鈞	宋史卷280
張	彥	方	明史卷142附陳彥回傳
張	彥	弘	新唐書卷208宦者附輝全晦傳
張	彥	成	舊五代史卷123周書
張	彥	超	舊五代史卷129周書
張	彥	澤	舊五代史卷98晉書 新五代史卷52雜傳
張	茂	宗	舊唐書卷141附張孝忠傳 新唐書卷148附張孝忠傳
張	茂	和	舊唐書卷141附張孝忠傳
張	茂	直	宋史卷296
張	茂	度	宋史卷53（南史卷31作張裕）

十一畫

張

張	茂	昭	舊唐書卷141附張孝忠傳 新唐書卷148附張孝忠傳
張	茂	則	宋史卷467宦者
張	10宴	之	北齊書卷35(北史卷43作張晏之)
張	晏	之	北齊書卷43附張彝傳(北齊書卷35作張宴之)
張	盈	之	宋史卷303
張	特	立	金史卷128循吏 元史卷199隱逸
張	家	玉	明史卷278
張	晉	亨	元史卷152
張	神	武	明史卷271附童仲揆傳
張	唐	英	宋史卷351附張商英傳
張	留	孫	元史卷202釋老附張宗演傳
張	納	陛	明史卷231附顧允成傳
張	致	遠	宋史卷376
張	時	徹	明史卷201附張邦奇傳
張	師	德	宋史卷306附張去華傳
張	起	巖	元史卷182
張	虔	威	隋書卷66(北史卷43作張乾威)
張	虔	釗	舊五代史卷74唐書
張	虔	誠	隋書卷66
張	振	秀	明史卷291忠義
張	振	德	明史卷290忠義
張	泰	亨	元史卷166
張	泰	徵	明史卷219附張四維傳
張	庭	珍	元史卷167

張	庭	堅	宋史卷346
張	庭	瑞	元史卷167附張庭珍傳
張	11通	古	金史卷83
張	雕	武	北史卷81儒林
張	乾	威	北史卷43附張彝傳(隋書卷66作張虔威)
張	商	英	宋史卷351
張	康	國	宋史卷351
張	赦	提	魏書卷89酷吏 北史卷87酷吏
張	崇	貴	宋史卷466宦者
張	淸	雅	明史卷297孝義
張	問	達	明史卷241
張	惟	吉	宋史卷467宦者
張	惟	孝	宋史卷412
張	紹	祖	元史卷198孝友
張	紹	登	明史卷292忠義
張	從	正	金史卷131方技
張	從	吉	宋史卷276附張平傳
張	從	恩	宋史卷254
張	從	訓	舊五代史卷91晉書
張	從	賓	舊五代史卷97晉書
張	國	紀	明史卷300外戚
張	國	欽	明史卷262附汪喬年傳
張	國	勛	明史卷292忠義附張紹登傳
張	國	維	明史卷276
張	國	勸	明史卷294忠義附滋吉臣傳

張12進之	宋書卷91孝義 南史卷73孝義	張義貞	舊唐書卷188孝友附梁文貞傳
張買奴	北齊書卷44儒林 北史卷81儒林	張慎言	明史卷275
張堯佐	宋史卷463外戚	張慎思	舊五代史卷15梁書
張須陁	北史卷85節義 隋書卷71誠節	張萬公	金史卷95
張焜芳	明史卷291忠義	張萬進	舊五代史卷13梁書 舊五代史卷88晉書
張雄飛	元史卷163	張萬福	舊唐書卷152 新唐書卷170
張華原	北齊書卷46循吏 北史卷86循吏	張敬兒	南齊書卷25 南史卷45
張惠紹	梁書卷18 南史卷55	張敬忠	新唐書卷111附張仁愿傳
張普惠	魏書卷78 北史卷46	張敬則	舊唐書卷144
張貽憲	舊唐書卷178附張禕傳	張敬詢	舊五代史卷61唐書
張敦禮	宋史卷464外戚	張敬達	舊五代史卷70唐書 新五代史卷33死事
張善安	舊唐書卷56附李子通傳 新唐書卷87附李子通傳	張14維世	明史卷293忠義
張善相	舊唐書卷187上忠義 新唐書卷191忠義附李育德傳	張漢卿	明史卷192
張景仁	北齊書卷44儒林 南史卷74孝義 北史卷81儒林 金史卷84	張僧皓	魏書卷76附張烈傳
張景嵩	魏書卷94閹官附劉思逸傳 北史卷92恩倖附劉思逸傳	張遠遊	北史卷89藝術附由吾道榮傳
張景憲	宋史卷330	張榮實	元史卷166
張13舜民	宋史卷347	張齊賢	新唐書卷199儒學 宋史卷265
張僅言	金史卷133叛臣附張聲傳	張嘉貞	舊唐書卷99 新唐書卷127
張楚金	舊唐書卷187上忠義附張道源傳 新唐書卷191忠義附張道源傳	張嘉祐	舊唐書卷99附張嘉貞傳 新唐書卷127附張嘉貞傳
		張鳳奇	明史卷291忠義附鄭國昌傳
張道源	舊唐書卷187上忠義 新唐書卷191忠義	張鳳翮	明史卷294忠義附司五敎傳
		張鳳翼	明史卷257
		張15毅夫	舊唐書卷162附張正甫傳
張源德	新五代史卷33死事	張履旋	明史卷275附張慎言傳
		張敏華	明史卷186

十一畫

張

十一畫

張

張	憬	藏	舊唐書卷191方技 新唐書卷204方技附 袁天綱傳
張	養	浩	元史卷175
張	養	蒙	明史卷235
張	德	昌	明史卷239附張臣傳
張	德	勝	明史卷133
張	德	輝	元史卷163
張16與	世		宋書卷50 南史卷25
張	擇	行	宋史卷301
張	遵	誨	舊五代史卷61唐書
張	學	顏	明史卷222
張17濟	美		舊唐書卷178附張禕 傳
張	應	治	明史卷215附路問禮 傳
張	應	昌	明史卷239附張臣傳
張	薦	明	新五代史卷34一行
張	藏	英	宋史卷271
張18彝	憲		明史卷305宦官
張	歸	弁	舊五代史卷16梁書 新五代史卷22梁臣 附張歸霸傳
張	歸	厚	舊五代史卷16梁書 新五代史卷22梁臣 附張歸霸傳
張	歸	硼	舊五代史卷16梁書 新五代史卷22梁臣
張19懷	義		魏書卷52附張湛傳
張	鵬	翼	明史卷294忠義
張	耀	靈	晉書卷86附張軌傳 魏書卷99附張寔傳
張	羅	彥	明史卷295忠義附張 羅俊傳

張	羅	俊	明史卷295忠義
張20釋	之		史記卷102 漢書卷50
張	蘊	古	舊唐書卷190上文苑
張	寶	積	南史卷32附張邵傳
張	繼	孟	明史卷295忠義
張	繼	祚	舊五代史卷96晉書
張	繼	能	宋史卷466宦者
張	獻	甫	舊唐書卷122附張獻 誠傳 新唐書卷133附張守 珪傳
張	獻	忠	明史卷309流賊
張	獻	恭	舊唐書卷122附張獻 誠傳 新唐書卷133附張守 珪傳
張	獻	誠	舊唐書卷122 新唐書卷133附張守 珪傳
張21鶴	鳴		明史卷257
張	鶴	騰	明史卷257附張鶴鳴 傳
張23巖	叟		金史卷97附張大節 傳
張24靈	符		魏書卷33附張蒲傳
張	萬	家	奴元史卷165

十二畫

十二畫

堯屠甯逯答稽項富博強童單

堯	君	素	北史卷85節義 隋書卷71誠節
屠		隆	明史卷288文苑附徐 瀾傳
屠		僑	明史卷202附周用傳
屠	應	埈	明史卷287文苑附王 愼中傳
甯		正	明史卷134
甯		成	史記卷122酷吏 漢書卷90酷吏
甯	猪	狗	元史卷197孝友
逯		呆	明史卷307倖幸附門 達傳
逯	中	立	明史卷230。
逯	魯	曾	元史卷187
答	里	麻	元史卷144
答	祿	與	權明史卷136附崔 亮傳
答	失	八	都魯元史卷 142
稽		含	晉書卷89忠義附嵇 超傳
稽		康	三國魏志卷21附王 粲傳 晉書卷49
稽		紹	晉書卷89忠義
稽		穎	宋史卷298
項		羽	漢書卷31(即項籍)
項		忠	明史卷173
項		德	宋史卷453忠義附嗣 復傳
項	安	世	宋史卷397
富		弼	宋史卷313
富	直	柔	宋史卷375
富	超	庭	宋史卷313附富弼傳
富	嘉	謨	舊唐書卷190中文苑 新唐書卷202文藝附

			尹元愷傳
博	爾	尤	元史卷119
博	爾	忽	元史卷119
博	羅	歡	元史卷121
博	羅	特	穆	爾	元史卷 207漢臣 (總目作 孛羅帖 木兒)
強		伸	金史卷111
強		珍	明史卷180
強		循	舊唐書卷185良吏 新唐書卷100附姜師 度傳)
強		練	周書卷47藝術附褚 該傳 北史卷89藝術
強	淵	明	宋史卷356
童		恢	後漢書卷106循吏
童		貫	宋史卷468宦者
童	元	鎮	明史卷47附李應群 傳
童	仲	揆	明史卷271
童	漢	臣	明史卷210附謝瑜傳
單		宇	明史卷164
單		超	後漢書卷108宦者
單		煦	宋史卷333
單		颺	後漢書卷112下方術
單	安	仁	明史卷138
單	思	仁	明史卷292忠義附梁 志仁傳
單	雄	信	新唐書卷84附李密 傳

單	道	開	晉書卷95藝術
游		元	北史卷85節義 隋書卷71誠節
游		似	宋史卷417
游		雅	魏書卷54 北史卷34
游		酢	宋史卷428道學
游		肇	魏書卷55附游明根傳
游	仲	鴻	宋史卷400
游	明	根	魏書卷55 北史卷34附游雅傳
游	師	雄	宋史卷332
舒		元	宋史卷478南唐世家附李景傳
舒		化	明史卷220
舒		芬	明史卷179
舒		雅	宋史卷441文苑附與 陶傳
舒		亶	宋史卷329
舒		璘	宋史卷410附沈渙傳
舒	元	輿	舊唐書卷169 新唐書卷179
舒	弘	緒	明史卷233附李獻可傳
景		丹	後漢書卷52
景		泰	宋史卷326
景		清	明史卷141
景		進	新五代史卷37伶官
景		範	舊五代史卷127周書
景		鸞	後漢書卷109下儒林
景	延	廣	舊五代史卷88晉書 新五代史卷29晉臣
景	思	立	宋史卷452忠義附景 思忠傳
景	思	忠	宋史卷452忠義

盛		彥	晉書卷88孝友
盛		度	宋史卷292
盛		景	明史卷162附倪敬傳
盛		昭	元史卷194忠義
盛		陶	宋史卷347
盛		庸	明史卷144
盛		寅	明史卷299方技
盛		顒	明史卷162附楊瑄傳
盛	以	弘	明史卷243附孫慎行傳
盛	以	恆	明史卷293忠義
盛	彥	師	舊唐書卷69附薛萬徹傳 新唐書卷94附薛萬均傳
盛	端	明	明史卷307佞幸附顧可學傳
盛	應	期	明史卷223
焦		先	三國魏志卷11附管寧傳
焦		旭	金史卷97
焦		芳	明史卷306閹黨
焦		度	南齊書卷30 南史卷46
焦		竑	明史卷288文苑
焦		嵩	晉書卷89忠義附麴 允傳
焦		禮	明史卷156
焦	守	節	宋史卷261附焦繼勳傳
焦	源	清	明史卷264附焦源溥傳
焦	源	溥	明史卷264
焦	養	直	元史卷164
焦	德	裕	元史卷153

焦	戀	勳	宋史卷261
	喬	宇	明史卷194
	喬	侃	舊唐書卷190中文苑附喬知之傳
	喬	備	舊唐書卷190中文苑附喬知之傳
	喬	琳	舊唐書卷127新唐書卷224下叛臣
	喬	彝	元史卷194忠義
	喬 一	琦	明史卷247附劉廷傳
	喬 允	升	明史卷254
	喬 行	簡	宋史卷417
	喬 知	之	舊唐書卷190中文苑
	喬 若	雯	明史卷291忠義
	喬 執	中	宋史卷347
	喬 智	明	晉書卷90良吏
	喬 維	岳	宋史卷307
	喬 璧	星	明史卷229附艾穆傳
	費	于	魏書卷44
	費	宏	明史卷193
	費	直	漢書卷88儒林
	費	寀	明史卷193附費宏傳
	費	詩	三國蜀志卷11或41
	費	瑄	明史卷193附費宏傳
	費	聚	明史卷131
	費	禕	三國蜀志卷14或44
	費	震	明史卷138附楊思義傳
	費	穆	魏書卷44附費于傳北史卷50
	費	瓛	明史卷155

費	子	賢	明史卷134附金興旺傳
費	長	房	後漢書卷112下方術
費	曾	謀	明史卷293忠義附劉振之傳
費	懋	中	明史卷193附費宏傳
費	懋	賢	明史卷193附費宏傳
湯		沐	明史卷206附馬祿傳
湯		宗	明史卷150
湯		和	明史卷126
湯		芬	明史卷276附朱繼祚傳
湯		漢	宋史卷438儒林
湯		霖	元史卷198孝友
湯		鼐	明史卷190
湯		璹	宋史卷411
湯 九	州	明史卷269
湯 文	瓊	明史卷295忠義
湯 兆	京	明史卷236
湯 克	寬	明史卷212附俞大猷傳
湯 思	退	宋史卷371
湯 紹	恩	明史卷281循吏
湯 開	遠	明史卷258
湯 禮	敬	明史卷188
湯 顯	祖	明史卷230
陽	尼	魏書卷72北史卷47
陽	固	魏書卷72附陽尼傳北史卷47附陽尼傳
陽	旻	新唐書卷156附陽惠元傳
陽	城	舊唐書卷192隱逸新唐書卷194卓行

十
二
畫

喬
費
湯
陽

陽	球	後漢書卷107酷吏
陽	尼	魏書卷72附陽尼傳
陽	雄	周書卷44 ／ 北史卷66
陽	斐	北齊書卷42 ／ 北史卷47附陽尼傳
陽	裕	晉書卷109前燕載記
陽	嶠	舊唐書卷185下良吏 ／ 新唐書卷130
陽	鶩	晉書卷111前燕載記
陽	藻	魏書卷72附陽尼傳 ／ 北史卷7附陽尼傳
陽	元景	北史卷47附陽尼傳
陽	休之	北齊書卷42 ／ 北史卷47附陽尼傳
陽	孝本	宋史卷458隱逸
陽	惠元	舊唐書卷144 ／ 新唐書卷156
陽	黑頭	南史卷73孝義附时延伯傳
華	陀	後漢書卷112下方術 ／ 三國魏志卷29方技
華	表	晉書卷44
華	岳	宋史卷455忠義
華	恆	晉書卷44附華表傳
華	秋	北史卷84孝行 ／ 隋書卷72孝義 ／ 明史卷130
華	混	晉書卷44附華表傳
華	皎	陳書卷20 ／ 南史卷68
華	敏	明史卷164附聊讓傳
華	軼	晉書卷61
華	歆	三國魏志卷13
華	鈺	明史卷237
華	廙	晉書卷44附華表傳
華	嶠	晉書卷44附華表傳
華	薈	晉書卷44附華表傳
華	覈	三國吳志卷20或65
華	譚	晉書卷52
華	寶	南齊書卷55孝義 ／ 南史卷73孝義 ／ 明史卷258
允	誠	明史卷130
雲	龍	明史卷130
溫	琪	舊五代史卷90晉書 ／ 新五代卷47雜傳
彭	二	明史卷42附張儀傳
彭	宣	漢書卷71
彭	修	後漢書卷111獨行
彭	乘	宋史卷293
彭	倫	明史卷166
彭	時	明史卷176
彭	羕	三國蜀志卷10或40
彭	偃	舊唐書卷127
彭	清	明史卷174
彭	越	史記卷90 ／ 漢書卷34
彭	勖	明史卷161
彭	華	明史卷168附萬安傳
彭	程	明史卷180
彭	瑜	宋史卷456孝義
彭	韶	明史卷183
彭	樂	北史卷53
彭	誼	明史卷159
彭	澤	明史卷198

十二畫	彭	寵	後漢書卷42
	彭 汝 方		宋史卷346附彭汝礪傳
	彭 汝 霖		宋史卷346附彭汝礪傳
	彭 汝 實		明史卷208
	彭 汝 礪		宋史卷346
	彭 思 永		宋史卷320
	彭 庭 堅		元史卷195忠義
彭曾	彭 期 生		明史卷278附楊廷麟傳
	彭 景 直		新唐書卷199儒學
	彭 震 龍		宋史卷454忠義附鄒㶅傳
	彭 遵 古		明史卷231附顧允成傳
	彭 龜 年		宋史卷393
	曾 布		宋史卷471姦臣
	曾 忞		宋史卷448忠義
	曾 泉		明史卷231循吏
	曾 悟		宋史卷448忠義附曾忞傳
	曾 獅		明史卷209附馮恩傳
	曾 開		宋史卷382附曾幾傳
	曾 參		史記卷67仲尼弟子傳
	曾 幾		宋史卷382
	曾 鈞		明史卷203
	曾 篤		明史卷278附曾亨應傳
	曾 鼎		明史卷296孝義附錢璵傳
	曾 誕		宋史卷345附鄒浩傳
	曾 蒧		史記卷67仲尼弟子
	曾 肇		宋史卷319附曾鞏傳
	曾 銑		明史卷204
	曾 鞏		宋史卷319
	曾 德		元史卷193孝友
	曾 魯		明史卷136
	曾 翬		明史卷159附李棠傳
	曾 潛		明史卷142附馬宣傳
	曾 櫻		明史卷276
	曾 覿		宋史卷470佞幸
	曾 鑑		明史卷185
	曾 三 復		宋史卷415
	曾 三 聘		宋史卷422
	曾 公 亮		宋史卷312
	曾 同 亨		明史卷220
	曾 亨 應		明史卷278
	曾 孝 序		宋史卷453忠義
	曾 孝 寬		宋史卷312附曾公亮傳
	曾 孝 廣		宋史卷312附曾公亮傳
	曾 孝 蘊		宋史卷312附曾公亮傳
	曾 秉 正		明史卷139附茹太素傳
	曾 叔 卿		宋史卷459卓行
	曾 和 應		明史卷278附曾亨應傳
	曾 致 堯		宋史卷441文苑
	曾 乾 亨		明史卷220附曾同亨傳
	曾 從 龍		宋史卷419
	曾 異 撰		明史卷288文苑附曹學佺傳 明史卷295忠義附張耀傳

姓	名	出處
賀	令圖	宋史卷463外戚
賀	世賢	明史卷271
賀	狄干	魏書卷28 北史卷20
賀	虎臣	明史卷270
賀	知章	舊唐書卷190中文苑 新唐書卷196隱逸
賀	拔允	北齊書卷19 周書卷14附賀拔勝傳 北史卷49
賀	拔仁	北史卷53附張保洛傳
賀	拔岳	魏書卷80附賀拔勝傳 周書卷14附賀拔勝傳 北史卷49附賀拔允傳
賀	拔勝	魏書卷80 周書卷14 北史卷49附賀拔允傳
賀	若敦	周書卷28 北史卷68
賀	若弼	北史卷68附賀若敦傳 隋書卷52
賀	若誼	北史卷68附賀若敦傳 隋書卷39
賀	惟忠	宋史卷273
賀	逢聖	明史卷264
賀	揚庭	金史卷97
賀	朝萬	舊唐書卷190中文苑附賀知章傳
賀	德仁	舊唐書卷190上文藝
賀	德倫	舊五代史卷21梁書 新五代史卷44雜傳
賀	德基	陳書卷33儒林附鄭灼傳 南史卷71儒林附鄭灼傳
曾	鳳韶	明史卷143附黃鉞傳
曾	質粹	明史卷284儒林附孔希學傳
賀	邵	三國吳志卷20或65
賀	泥	魏書卷83上外戚附賀訥傳
賀	革	梁書卷48儒林附賀瑒傳 南史卷62附賀瑒傳
賀	祉	元史卷166
賀	迷	魏書卷83上外戚 北史卷80外戚
賀	悅	魏書卷83上外戚附賀訥傳
賀	訥	魏書卷83上外戚 北史卷80外戚
賀	循	晉書卷68
賀	琛	梁書卷38 南史卷62附賀瑒傳
賀	弼	北史卷68附賀若敦傳
賀	勝	元史卷179
賀	欽	明史卷283儒林
賀	瑒	梁書卷48儒林 南史卷62
賀	煬	明史卷164附張昭傳
賀	齊	三國吳志卷15或60
賀	誠	明史卷270附賀虎臣傳
賀	誼	北史卷68附賀若敦傳
賀	盧	魏書卷83上外戚附賀訥傳
賀	瑋	舊五代史卷23梁書 新五代史卷22梁臣
賀	鑄	宋史卷443文苑
賀	讚	明史卷270附賀虎臣傳
賀	龍	明史卷273附左良玉傳
賀	人傑	元史卷169

				庾	楷		晉書卷84
十二畫	賀	詮	北史卷73附賀婁子幹傳	庾	詵		梁書卷51處士 南史卷76隱逸
	賀婁	子幹	北史卷73 隋書53	庾	敳		晉書卷50附庾峻傳
	賀蘭	祥	周書卷20 北史卷61	庾	蓽		梁書卷53良吏 南史卷49附庾杲之傳
賀	賀蘭	楼眞	宋史卷462方技	庾	震		南史卷73孝義附解叔謙傳
庾	庾	希	晉書卷73附庾亮傳	庾	質		北史卷89藝術附庾季才傳 隋書卷78藝術附庾季才傳
	庾	冰	晉書卷73附庾亮傳	庾	懌		晉書卷73附庾亮傳
	庾	易	南齊書卷54高逸 南史卷50	庾	羲		晉書卷73附庾亮傳
	庾	抱	舊唐書卷190上文苑 新唐書卷201文藝附 賀磵仁傳	庾	導		魏書卷71附江悅之傳
	庾	珉	晉書卷50附庾峻傳	庾	翼		晉書卷73附庾亮傳
	庾	亮	晉書卷73	庾	龢		晉書卷73附庾亮傳
	庾	持	陳書卷34文學 南史卷73孝義附庾 道愍傳	庾	闡		晉書卷92文苑
	庾	信	周書卷41 北史卷83文苑	庾	子輿		南史卷56附庾域傳
	庾	乘	後漢書卷98附郭太傳	庾	弘遠		南史卷35附庾悅傳
	庾	峻	晉書卷50	庾	自直		北史卷83文苑 隋書卷76文學
	庾	純	晉書卷50	庾	仲文		南史卷35附庾悅傳 （宋書卷53作庾炳之）
	庾	儵	晉書卷73附庾亮傳				
	庾	悅	宋書卷52 南史卷35	庾	仲容		梁書卷50文學 南史卷35附庾悅傳
	庾	勇	晉書卷50附庾純傳	庾	於陵		梁書卷49文學 南史卷50附庾易傳
	庾	彬	晉書卷73附庾亮傳	庾	沙彌		梁書卷47孝行 南史卷73孝義附庾 道愍傳
	庾	袞	晉書卷88孝友				
	庾	域	梁書卷11 南史卷56	庾	杲之		南齊書卷34 南史卷49
	庾	琛	晉書卷93外戚	庾	季才		北史卷89藝術 隋書卷73藝術
	庾	準	舊唐書卷118 新唐書卷145附楊炎 傳	庾	承先		梁書卷51處士 南史卷76隱逸

庾	肩	吾	梁書卷49文學附庾於陵傳 南史卷50附庾易傳
庾	炳	之	宋書卷53附庾登之傳(南史卷35作庾仲文)
庾	登	之	宋書卷53 南史卷35附庾悅傳
庾	業	延	魏書卷28 北史卷20
庾	敬	休	舊唐書卷187下忠義 新唐書卷161
庾	道	愍	南史卷73孝義
庾	黔	婁	梁書卷47孝行 南史卷50附庾易傳
傅	5玄		晉書卷47
傅	永		魏書卷70 北史卷45
傅	6伏		北齊書卷41 北史卷53
傅	7求		宋史卷330
傅	8歧		梁書卷12 南史卷70循吏附傅琰傳
傅	9俊		後漢書卷52
傅	咸		晉書卷47附傅玄傳
傅	宣		晉書卷47附傅玄傳
傅	亮		宋書卷43 南史卷15
傅	昭		梁書卷26 南史卷60
傅	映		梁書卷26附傅昭傳 南史卷60附傅昭傳
傅	弈		舊唐書卷79 新唐書卷107
傅	冠		明史卷264附賀逢聖傳
傅	10祗		晉書卷47附傅玄傳
傅	准		周書卷48附蕭詧傳
傅	珪		明史卷184
傅	11梅		明史卷241附張問達傳
傅	12喜		漢書卷82
傅	隆		宋書卷55 南史卷15附傅亮傳
傅	琰		南齊書卷53良政 南史卷70循吏
傅	13寬		史記卷98 漢書卷41
傅	楫		宋史卷348
傅	14暢		晉書卷47附傅玄傳
傅	15毅		三國魏志卷21
傅	毅		後漢書卷110上文苑
傅	敷		晉書卷47附傅玄傳
傅	潛		宋史卷279
傅	察		宋史卷446忠義
傅	16緯		陳書卷30 南史卷69
傅	融		魏書卷70附傅豎眼傳
傅	17變		後漢書卷88
傅	楷		明史卷297孝義
傅	19瀚		明史卷184
傅	4介	子	漢書卷70
傅	仁	均	舊唐書卷79
傅	友	德	明史卷129
傅	文	驥	魏書卷70附傅豎眼傳
傅	5弘	之	宋書卷48 南史卷16
傅	可	知	明史卷294忠義附漏雲路傳
傅	6作	霖	明史卷280附何騰蛟傳
傅	汝	爲	明史卷262附楊文岳傳
傅	好	禮	明史卷237

十二畫

庾傅

十二畫

傅程

傅	7伯	成	宋史卷415	
傅	良	弼	新唐書卷148附牛元翼傳	
傅	希	摯	明史卷223附吳桂芳傳	
傅	8宗	龍	明史卷262	
傅	9思	讓	宋史卷275附郭密傳	
傅	12朝	佑	明史卷258	
傅	堯	俞	宋史卷341	
傅	13敬	和	魏書卷70附傅豎眼傳	
傅	愼	徽	金史卷128循吏	
傅	鼎	詮	明史卷278附揚重熙傳	
傅	遊	藝	舊唐書卷186上酷吏 新唐書卷223上姦臣	
傅	15豎	眼	魏書卷70 北史卷45	
傅	17應	禎	明史卷229	
傅	24靈	越	魏書卷70附傅豎眼傳	
傅	靈	慶	魏書卷70附傅豎眼傳	
程	4文		元史卷190儒學附陳旅傳	
程	6羽		宋史卷232	
程	异		舊唐書卷135 新唐書卷168	
程	8秉		三國吳志卷8或53	
程	松		宋史卷396	
程	迪		宋史卷447忠義附唐重傳	
程	昉		宋史卷468宦者	
程	9昱		三國魏志卷14	
程	珌		宋史卷422	
程	信		明史卷172	
程	迥		宋史卷437儒林	

程	10振		宋史卷357	
程	俱		宋史卷415文苑	
程	徐		明史卷139附錢唐傳	
程	11寀		金史卷105	
程	通		明史卷143	
程	紹		明史卷242	
程	12普		三國吳志卷10或55	
程	曾		後漢書卷109下儒林	
程	琳		宋史卷388	
程	13戡		宋史卷292	
程	珌		宋史卷381	
程	14遜		舊五代史卷93晉書	
程	15鄭		史記卷129貨殖 漢書卷91貨殖	
程	頤		宋史卷427道學	
程	輝		金史卷95	
程	震		金史卷110	
程	16曉		三國魏志卷14附程昱傳	
程	衛		晉書卷45	
程	龍		明史卷269附陳于王傳	
程	17駿		魏書卷60 北史卷40	
程	濟		明史卷143附牛景先傳	
程	21顥		宋史卷427道學	
程	22權		舊唐書卷143附程日華傳 新唐書卷213滄鎮附程日華傳	
程	3千	里	舊唐書卷187下忠義 新唐書卷193忠義	
程	大	昌	宋史卷433儒林	

十二畫　程　馮

程　4之　邵　宋史卷353
程　公　許　宋史卷415
程　日　華　舊唐書卷143／新唐書卷213藩鎮
程　元　振　舊唐書卷184宦官／新唐書卷207宦者
程　元　鳳　宋史卷418
程　文　季　陳書卷10附程靈洗傳／南史卷67附程靈洗傳
程　文　德　明史卷283儒林附羅洪先傳
程　5本　立　明史卷143
程　7克　仁　明史卷284儒林附孔希學傳
程　良　籌　明史卷294忠義
程　8知　節　舊唐書卷68／新唐書卷90
程　9思　廉　元史卷163
程　10師　孟　宋史卷331／宋史卷426循吏
程　務　挺　舊唐書卷83／新唐書卷111
程　袁　師　新唐書卷195孝友
程　俱　羅　新唐書卷195孝友附侯知道傳
程　11啓　充　明史卷206
程　敏　政　明史卷286文苑
程　國　祥　明史卷253
程　接　道　明史卷284儒林附孔希學傳
程　13鉅　夫　元史卷172
程　道　壽　明史卷294忠義附程良籌傳
程　14嘉　燧　明史卷288文苑附唐時升傳
程　福　贇　舊五代史卷95晉書／新五代史卷34一行
程　端　學　元史卷190儒學附韓性傳

程　端　禮　元史卷190儒學附韓性傳
程　15德　玄　宋史卷309
程　19懷　直　舊唐書卷143附程日華傳／新唐書卷213藩鎮附程日華傳
程　懷　信　新唐書卷213藩鎮附程日華傳
程　24靈　虯　魏書卷60附程駿傳
程　靈　洗　陳書卷10／南史卷67
馮　3三　元史卷195忠義附丑閭傳
馮　4元　宋史卷294
馮　5立　漢書卷79附馮奉世傳／舊唐書卷187上忠義／新唐書卷191忠義附敬君弘傳
馮　玉　舊五代史卷89晉書／新五代史卷56雜傳
馮　6伉　舊唐書卷189下儒學／新唐書卷161
馮　吉　宋史卷439文苑
馮　8定　舊唐書卷168附馮宿傳／新唐書卷177附馮宿傳
馮　京　宋史卷317
馮　9衍　後漢書卷58
馮　昱　北史卷73附劉方傳／隋書卷53附劉方傳
馮　亮　魏書卷90逸士／北史卷88隱逸
馮　拯　宋史卷285
馮　保　明史卷305宦官
馮　10唐　史記卷102／漢書卷50
馮　豹　後漢書卷58下附馮衍傳
馮　統　晉書卷39

十二畫	馮	修	魏書卷83上外戚附馮熙傳
	馮	益	舊唐書卷109 新唐書卷110諸夷蕃將
馮	馮	恩	明史卷209
	馮	11逡	漢書卷79附馮奉世傳
	馮	參	漢書卷79附馮奉世傳
	馮	偉	北齊書卷44儒林 北史卷81儒林
	馮	宿	舊唐書卷168 新唐書卷177
	馮	堅	明史卷139
	馮	12異	後漢書卷47
	馮	跋	晉書卷125北燕載記 魏書卷97(目錄海夷馮跋) 北史卷93僭偽附庸北燕
	馮	景	周書卷22 北史卷63
	馮	勝	明史卷129
	馮	貴	明史卷154附陳洽傳
	馮	智	明史卷154附陳洽傳
	馮	琦	明史卷216
	馮	傑	明史卷289忠義附吳景傳
	馮	13勤	後漢書卷56
	馮	熙	魏書卷83上外戚 北史卷80
	馮	暉	舊五代史卷125周書 新五代史卷49雜傳
	馮	道	舊五代史卷126周書 新五代史卷54雜傳
	馮	14緄	後漢書卷68
	馮	誕	魏書卷83上外戚附馮熙傳
	馮	禎	明史卷175

馮	15魴		後漢書卷68
馮	審		舊唐書卷168附馮宿傳 新唐書卷177附馮宿傳
馮	澥		宋史卷371
馮	16穆		魏書卷83外戚附馮熙傳
馮	遷		周書卷11附晉蕩公護傳 北史卷57附邵惠公顥傳
馮	17諡		宋史卷478南唐世家附李景傳
馮	18璧		金史卷110
馮	19贇		新五代史卷27唐臣附朱弘昭傳
馮	23瓚		宋史卷270
馮	3子	咸	明史卷216附馮琦傳
馮	子	振	元史卷190儒學附陳孚傳
馮	子	琮	北齊書卷40 北史卷55
馮	子	猷	新唐書卷110諸夷蕃將附馮盎傳
馮	4文	通	魏書卷97附海夷馮跋傳 北史卷93僭偽附庸北燕附馮跋傳
馮	文	智	宋史卷461方技
馮	元	淑	舊唐書卷185上良吏附馮元常傳 新唐書卷112附馮元常傳
馮	元	常	舊唐書卷185上良吏 新唐書卷112
馮	元	興	魏書卷79 北史卷46
馮	元	飀	明史卷257附馮元飀傳
馮	元	飀	明史卷257
馮	5去	非	宋史卷425
馮	生	虞	明史卷233附何選傳

馮	弘	鐸	新唐書卷193附浪雄傳
馮	世	基	隋書卷46附張威傳
馮	世	寧	宋史卷468宦者
馮 6	守	禮	明史卷-91忠義附邢麗傳
馮	行	己	宋史卷285附溫拯傳
馮	行	可	明史卷209附馮恩傳
馮	行	襲	新唐書卷186附巨容傳 舊五代史卷15梁書 新五代史卷42雜傳
馮 7	仲	己	宋史卷285附溫拯傳
馮	成	益	宋史卷469宦者
馮	延	登	金史卷124忠義
馮 8	奉	世	漢書卷79
馮	河	清	舊唐書卷125附張鎰傳 新唐書卷147
馮 10	師	孔	明史卷263
馮	素	弗	晉書卷125北燕載記附馮跋傳
馮	時	可	明史卷209附馮恩傳
馮 11	野	王	漢書卷79附馮奉世傳
馮	國	用	明史卷129附馮勝傳
馮	從	吾	明史卷243
馮	惟	訥	明史卷216附馮琦傳
馮	康	國	宋史卷375
馮 12	景	隆	明史卷259附劉璈傳
馮	雲	路	明史卷294忠義
馮	智	戴	新唐書卷110諸夷蕃將附溫益傳
馮 13	道	根	梁書卷18 南史卷55

馮14	慈	明	北史卷55附馮子琮傳 隋書卷71誠節
馮17	應	京	明史卷237
馮20	繼	業	宋史卷253
黃	4	允	後漢書卷89附郭太傳
黃		中	宋史卷382
黃		亢	宋史卷442文苑
黃		介	宋史卷452忠義
黃		友	宋史卷452忠義
黃	5	申	宋史卷454忠義
黃	6	回	宋書卷83 南史卷40
黃		亘	隋書卷68附何稠傳
黃	7	佐	明史卷287文苑
黃		宏	明史卷289忠義
黃	8	昌	後漢書卷167酷吏
黃		忠	三國蜀志卷6或36
黃		泓	晉書卷95藝術
黃		直	明史卷207附楊名傳
黃	9	香	後漢書卷110上文苑
黃		庫	宋史卷443文苑附孫唐卿傳
黃		洽	宋史卷387
黃		度	宋史卷393
黃		珂	明史卷185
黃	10	㝼	元史卷196忠義
黃	11	裒	隋書卷68附何稠傳
黃		巢	舊唐書卷200下 新唐書卷225下逆臣

十二畫

馮黃

十二畫

黃

黃	晞	宋史卷458隱逸
黃	彬	明史卷131
黃	淮	明史卷147
黃	紱	明史卷185
黃	綱	明史卷263附馮師孔傳
黃	釧	明史卷290忠義
黃	12皓	三國蜀志卷9或39附董允傳
黃	寔	宋史卷354
黃	13歇	史記卷78（即春申君）
黃	琬	後漢書卷91附黃瓊傳
黃	廉	宋史卷347
黃	溍	元史卷181
黃	鉞	明史卷143
黃	14蓋	三國吳志卷10或55
黃	碣	新唐書卷193忠義
黃	裳	宋史卷393
黃	榦	宋史卷430道學朱氏門人
黃	魁	明史卷141附陳迪傳
黃	福	明史卷154
黃	綰	明史卷197 明史卷206附葉應驄傳
黃	15履	宋史卷323
黃	震	宋史卷303 宋史卷438儒林 宋史卷423
黃	鞏	明史卷189
黃	輝	明史卷288文苑附焦竑傳

黃	16憲	後漢書卷83
黃	澤	元史卷189儒學 明史卷164
黃	龍	明史卷271
黃	17謙	明史卷142附顏伯燾傳
黃	18鎬	明史卷157
黃	19瓊	後漢書卷94
黃	矘	宋史卷393
黃	壨	明史卷297孝義
黃	贇	元史卷198孝友（總目贇作贇）
黃	21霸	史記卷96附張蒼傳 漢書卷89循吏
黃	22權	三國蜀志卷13或43
黃	鑑	宋史卷442文苑
黃	24灝	宋史卷430道學朱氏門人
黃	25觀	明史卷143
黃	27驥	明史卷164附弋謙傳
黃	3久 約	金史卷96
黃	士 俊	明史卷353附張至發傳
黃	子 澄	明史卷141
黃	大 鵬	明史卷277附鄭爲虹傳
黃	4孔 昭	明史卷158
黃	公 譔	新唐書卷79附薛王元嘉傳
黃	文 政	宋史卷454忠義附劉于鳳傳
黃	文 靖	舊五代史卷19梁書
黃	世 清	明史卷294忠義
黃	正 色	明史卷207附張涇傳
黃	正 賓	明史卷233附羅大紘傳

黃 6 仲	昭	明史卷179
黃 夷	簡	宋史卷441文苑
黃 7 希	范	明史卷143附程通傳
黃 伯	思	宋史卷443文苑
黃 克	纘	明史卷256
黃 8 法	氍	陳書卷11 南史卷66
黃 宗	昌	明史卷258附毛羽健傳
黃 宗	明	明史卷197
黃 宗	載	明史卷158
黃 9 信	中	明史卷281循吏附謝子襄傳
黃 彥	清	明史卷143附程通傳
黃 10 庭	堅	宋史卷444文苑
黃 祖	舜	宋史卷386
黃 師	雍	宋史卷424
黃 11 得	功	明史史268
黃 紹	杰	明史258
黃 淳	曜	明史卷282儒林
黃 淵	曜	明史卷282儒林附黃淳曜傳
黃 12 景	昉	明史卷251附蔣德璟傳
黃 尊	素	明史卷245
黃 13 葆	光	宋史卷348
黃 道	周	明史卷255
黃 道	賢	元史卷198孝友
黃 14 端	伯	明史卷275附高倬傳
黃 鳳	翔	明史卷216
黃 15 潤	玉	明史卷161

黃 潛	善	宋史卷473姦臣
黃 德	輿	宋史卷456孝義附羅居通傳
黃 16 龜	年	宋史卷381
黃 17 應	甲	明史卷212附李錫傳
黃 19 疇	若	宋史卷415
黃 20 覺	經	元史卷197孝友附羊仁傳
黃 摑	九	住 金史卷122忠義
黃 摑	敵	古 本 金史卷81

十 三 畫

十三畫

暗	伯	元史卷133
彀	英	金史卷72（本名撻懶）
雍	泰	明史卷186
酬	幹	金史卷121忠義附漢怨得傳
萬	章	漢書卷92游俠
雋　不	疑	漢書卷71
靖　安	民	金史卷118
訾　汝	道	元史卷197孝友
蜀　卓	氏	漢書卷91貨殖
裘　承	詢	宋史卷456孝義
瑕　丘	江公	漢書卷88儒林
鳩　摩	羅什	晉書卷95藝術
滑	哥	遼史卷112逆臣（姓耶律）
滑	壽	明史卷299方技
睦	俚	梁書卷27
睦	豫	北齊書卷45文苑附顏之推傳
義	福	舊唐書卷191方技附神秀傳
義	縱	史記卷122酷吏 漢書卷90酷吏
愛	申	金史卷123忠義
愛	魯	元史卷122附昔里鈐部傳
愛	薛	元史卷134
隗	炤	晉書卷95藝術
隗	禧	三國魏志卷13附王朗傳
隗	囂	後漢書卷43

道	同	明史卷140
道	童	元史卷144
道	濟	金史卷80
慎	到	史記卷74
慎　知	禮	宋史卷277
慎　從	吉	宋史卷277附慎知禮傳
廉	范	後漢書卷61
廉	頗	史記卷81
廉　希	賢	元史卷126附廉希憲傳
廉　希	憲	元史卷126
奧　魯	赤	元史卷131
奧　屯	襄	金史卷103
奧　屯	世英	元史卷151
奧　屯	忠孝	金史卷104
奧　敦	醜和尙	金史卷122忠義
達	雲	明史卷239
達　奚	武	周書卷19 北史卷65
達　奚	寔	周書卷29 北史卷66
達　奚	震	周書卷19附達奚武傳
達　奚	長儒	北史卷73 隋書卷53
達　識	帖睦爾	元史卷140
靳	昺	元史卷198孝友
靳	歙	史記卷93 漢書卷41
靳	居	明史卷294忠義附段復興傳
靳	德進	元史卷203方技
靳	學曾	明史卷214附靳學顏傳

靳	學	顔	明史卷214
靳	懷	德	宋史卷309
楚		衍	宋史卷462方技
楚		智	明史卷142附羅能傳
楚		鼎	元史卷166
楚	田	仲	漢書卷92附朱家傳
楚	芝	蘭	宋史卷461方技傳
楚	建	中	宋史卷331
楚	昭	輔	宋史卷257
楚	繼	功	明史卷271附金日觀傳
詹		同	明史卷136
詹		榮	明史卷200
詹		濟	明史卷289附霍恩傳
詹	天	顏	明史卷279附樊一蘅傳
詹	仰	庇	明史卷215
詹	兆	恆	明史卷278
詹	良	臣	宋史卷446忠義
詹	爾	選	明史卷253
詹	體	仁	宋史卷393
塔		本	元史卷124
塔		出	元史卷133 元史卷135
塔		思	元史卷119附木華黎傳
塔		海	元史卷122附鐵邁赤傳
塔	里	赤	元史卷135
塔	不	也	金史卷106
塔	不	己 兒	元史卷123

塔	塔	兒	台	元史卷119附木華黎傳
塔	塔	統	阿	元史卷124
塔	海	帖	本 兒	元史卷135
塔	察	兒	脫 脫	元史卷119附博爾忽傳
源		休		舊唐書卷127
源		淸		舊唐書卷98附源乾曜傳 新唐書卷127附源乾曜傳
源		師		北史卷28附源質傳 隋書卷66
源		彪		北齊書卷43 北史卷28附源賀傳
源		賀		魏書卷41 北史卷28
源		雄		北史卷28附源賀傳 隋書卷39
源		懷		魏書卷41附源賀傳
源	子	恭		魏書卷41附源賀傳
源	子	雍		魏書卷41附源賀傳
源	光	裕		舊唐書卷98附源乾曜傳 新唐書卷127附源乾曜傳
源	延	伯		魏書卷41附源賀傳
源	乾	曜		舊唐書卷98 新唐書卷127
敬		羽		舊唐書卷186下酷吏 新唐書卷209酷吏
敬		括		舊唐書卷115
敬		釗		隋書卷71誠節附皇甫誕傳
敬		晦		新唐書卷177
敬		翔		舊五代史卷18梁書 新五代史卷21梁臣
敬		肅		北史卷86循吏附柳儉傳 隋書卷73循吏附柳儉傳

敬		暉	舊唐書卷91 新唐書卷120
敬		播	舊唐書卷189上儒學 新唐書卷198儒學
敬		儼	元史卷175
敬	君	弘	舊唐書卷187上忠義 新唐書卷191忠義
敬	嗣	暉	金史卷91
敬	新	磨	新五代史卷37伶官
敬	顯	儁	北齊書卷26 北史卷55
解		元	宋史卷369
解		系	晉書卷60
解		育	晉書卷60附解系傳
解		結	晉書卷60附解系傳
解		琬	舊唐書卷100 新唐書卷130
解		暉	宋史卷271
解		誠	元史卷165
解		縉	明史卷147
解	一	貫	明史卷206
解	奴	辜	後漢書卷112下方術
解	法	選	北齊書卷49方技 北史卷89藝術
解	叔	謙	南史卷73孝義
解	學	龍	明史卷275
葛		郊	宋史卷385
葛		洪	晉書卷72 宋史卷415
葛		宮	宋史卷333
葛		嵩	明史卷188附劉蒞傳
葛		誠	明史卷142附張昺傳
葛		霸	宋史卷289

葛		龔	後漢書卷110上文苑
葛	守	禮	明史卷214
葛	書	思	宋史卷333附葛宮傳
葛	從	周	舊五代史卷16梁書 新五代史卷21梁臣
葛	乾	孫	明史卷299方技
葛	勝	仲	宋史卷445文苑
葛	懷	敏	宋史卷289附葛霸傳
雷		紹	北史卷49
雷		淵	金史卷110
雷		復	明史卷159附李侃傳
雷		義	後漢書卷111獨行
雷		滿	新唐書卷186附鄧處訥傳
雷		膺	舊五代史卷17梁書 新五代史卷41雜傳 元史卷170
雷	允	恭	宋史卷468宦者
雷	次	宗	宋書卷93隱逸 南史卷75隱逸
雷	有	終	宋史卷278附雷德驤傳
雷	孝	先	宋史卷278附雷德驤傳
雷	萬	春	新唐書卷192忠義附許遠傳
雷	德	驤	宋史卷278
雷	嶺	祚	明史卷274附姜日廣傳
雷	簡	夫	宋史卷278附雷德驤傳
鄒		谷	金史卷104
鄒		浩	宋史卷345
鄒		陽	史記卷83
鄒		陽	漢書卷51
鄒		湛	晉書卷92文苑

十三畫　敬解葛雷鄒

鄒		智	明史卷179
鄒		善	明史卷283儒林附鄒守益傳
鄒		瑾	明史卷143附廖昇傳
鄒		緝	明史卷164
鄒		澠	宋史卷454忠義
鄒		濟	明史卷152
鄒	文	盛	明史卷194
鄒	元	標	明史卷243
鄒	守	益	明史卷283儒林
鄒	伯	顏	元史卷192良吏
鄒	師	顏	明史卷149附夏原吉傳
鄒	維	璉	明史卷235
鄒	應	龍	宋史卷419 明史卷210
萬		木	明史卷289忠義附宋以力傳
萬		安	明史卷168
萬		恭	明史卷223
萬		脩	後漢書卷51
萬		琛	明史卷289忠義
萬		貴	明史卷300外戚
萬		適	宋史卷457隱逸
萬		潮	明史卷189附夏良勝傳
萬		燝	明史卷245
萬		鏜	明史卷202附李默傳
萬		觀	明史卷281循吏
萬	士	和	明史卷220
萬	元	吉	明史卷278
萬	安	國	魏書卷34 北史卷25
萬	國	俊	舊唐書卷186上酷吏
萬	國	欽	明史卷230
萬	象	春	明史卷227
萬	敬	儒	新唐書卷195孝友
萬	寶	常	北史卷90藝術 隋書卷78藝術
路		恕	舊唐書卷122附路嗣恭傳 新唐書卷138附路嗣恭傳
路		邕	魏書卷88良吏 北史卷86循吏
路		振	宋史卷441文苑
路		雄	魏書卷72附路恃慶傳
路		隋	新唐書卷142（舊唐書159作路隨）
路		粹	三國魏志卷21附王粲傳
路		隨	舊唐書卷159（新唐書卷142作路隋）
路		應	新唐書卷138附路嗣恭傳
路		鐸	金史卷100
路		巖	舊唐書卷177 新唐書卷184
路	去	病	北齊書卷46循吏 北史卷86循吏 金史卷96
路	伯	達	
路	法	常	魏書卷72附路恃慶傳
路	昌	衡	宋史卷354
路	恩	令	魏書卷72附路恃慶傳
路	特	慶	魏書卷72 北史卷45
路	振	飛	明史卷276
路	博	德	史記卷111附衞將軍驃騎傳 漢書卷55附霍去病傳

十三畫	路	恭	嗣	舊唐書卷122 新唐書卷138

十三畫

路溫虞

路	嗣	溫	舒	漢書卷51
路	敬	淳		舊唐書卷189下儒學 新唐書卷199儒學
路	敬	潛		新唐書卷199儒學附 路敬淳傳
溫		序		後漢書卷111獨行
溫		佶		新唐書卷91附溫大 雅傳
溫		恢		三國魏志卷15
溫		挺		舊唐書卷61附溫大 雅傳
溫		振		舊唐書卷61附溫大 雅傳
溫		益		宋史卷343
溫		純		明史卷220
溫		造		舊唐書卷165 新唐書卷91附溫大 雅傳
溫		羡		晉書卷44
溫		銕		明史卷297孝義附容 師偃傳
溫		嶠		晉書卷67
溫		璋		舊唐書卷165附溫造 傳 新唐書卷91附溫大 雅傳
溫		璜		明史卷277附邱祖德 傳
溫		韜		舊五代史卷73唐書 新五代史卷40雜傳
溫	子	昇		魏書卷85文苑 北史卷83文苑
溫	大	有		舊唐書卷61附溫大 雅傳 新唐書卷91附溫大 雅傳
溫	大	雅		舊唐書卷61 新唐書卷91
溫	仲	舒		宋史卷266
溫	廷	皓		新唐書卷91附溫大 雅傳
溫	彥	博		舊唐書卷61附溫大 雅傳 新唐書卷91附溫大 雅傳
溫	庭	筠		舊唐書卷190下文苑 新唐書卷91附溫大 雅傳
溫	無	隱		舊唐書卷61附溫大 雅傳
溫	體	仁		明史卷308姦臣
溫	敦	兀	帶	金史卷84
溫	敦	昌	孫	金史卷124忠義
溫	敦	蒲	刺	金史卷67附烏 春傳
溫	迪	罕	達	金史卷104
溫	迪	罕	老	兒	金史卷 122忠義
溫	迪	罕	締	達	金史卷 105
溫	迪	罕	蒲	覩	金史卷 121忠義
溫	迪	罕	迪	古	迭	金史卷 81
溫	迪	罕	阿	徒	罕	金史卷 81
溫	迪	罕	移	室	懣	金史卷 91
溫	迪	罕	蒲	里	特	金史卷 81
溫	迪	罕	幹	魯	補	金史卷 127孝友
虞	汜			三國吳志卷12或57 附虞翻傳
虞	延			後漢書卷63
虞	忠			三國吳志卷12或57 附虞翻傳

虞	昺	三國吳志卷12或57附虞翻傳	
虞	胤	晉書卷93外戚附虞預傳	
虞	奕	宋史卷355附虞策傳	
虞	悝	晉書卷89忠義	
虞	荔	陳書卷19 南史卷69	
虞	卿	史記卷76	
虞	寄	陳書卷19附虞荔傳 南史卷69附虞荔傳	
虞	悰	南齊書卷37 南史卷47	
虞	喜	晉書卷91儒林	
虞	策	宋史卷355	
虞	集	元史卷181	
虞	詡	後漢書卷88	
虞	預	晉書卷82	
虞	溥	晉書卷82	
虞	愿	南齊書卷53良吏 南史卷70循吏	
虞	綽	北史卷83文苑 隋書卷76文學	
虞	槃	元史卷181附虞集傳	
虞	潭	晉書卷76	
虞	豫	晉書卷93外戚	
虞	聳	三國吳志卷12或57附虞翻傳	
虞	謙	明史卷150	
虞	翻	三國吳志卷12或57	
虞	騑	晉書卷76附虞潭傳	
虞	龢	南史卷72文學附丘巨源傳	
虞 允	文	宋史卷383	
虞 丘	進	宋書卷49 南史卷17	

虞 世	南	舊唐書卷72 新唐書卷102	
虞 世	基	北史卷83文苑 隋書卷67	
虞 仲	文	金史卷75	
虞 玩	之	南齊書卷34 南史卷47	
虞 宗	濟	明史卷296孝義附周琬傳	
虞 通	之	南史卷72文學附丘巨源傳	
虞 慶	則	北史卷73 隋書卷40	
虞 嘯	父	晉書卷76附虞潭傳	
葉	7李	元史卷173	
葉	兌	明史卷135	
葉	8昇	明史卷131	
葉	旺	明史卷134	
葉	9春	明史卷159附熊概傳	
葉	洪	明史卷206附魏良弼傳	
葉	10釗	明史卷189	
葉	11紳	明史卷180	
葉	淇	明史卷185附李敏傳	
葉	12琛	明史卷128	
葉	盛	明史卷177	
葉	13經	明史卷210附徐學詩傳	
葉	14福	明史卷141附王度傳	
葉	禎	明史卷165	
葉	15適	宋史卷434儒林	
葉	儀	明史卷282儒林附范祖幹傳	
葉	16衡	宋史卷384	
葉	錫	明史卷161附楊瓚傳	

十三畫

葉 董

葉 17濤	宋史卷355	
葉 18顒	宋史卷384	
葉 4文 榮	明史卷297孝義附鄒察傳	
葉 天 麟	宋史卷438儒林附葉味道傳	
葉 5仙 蓂	元史卷133	
葉 6向 高	明史卷240	
葉 7伯 巨	明史卷139	
葉 廷 秀	明史卷255附黃道周傳	
葉 初 春	明史卷233附李獻可傳	
葉 希 賢	明史卷141附練子寧傳	
葉 8宗 人	明史卷281循吏	
葉 法 善	舊唐書卷191方技 新唐書卷204方技附薛頤傳	
葉 味 道	宋史卷438儒林	
葉 9茂 才	明史卷231	
葉 春 汲	明史卷229附艾穆傳	
葉 10祖 洽	宋史卷354	
葉 11得 之	宋史卷438儒林附葉味道傳	
葉 清 臣	宋史卷295	
葉 康 直	宋史卷426循吏	
葉 12惠 仲	明史卷143附程通傳	
葉 13義 問	宋史卷384	
葉 14夢 得	宋史卷445文苑	
葉 夢 鼎	宋史卷414	
葉 夢 熊	明史卷228附魏學曾傳	
葉 17廬 龜	明史卷206	

董 4允	三國蜀志卷9或39	
董 5必	宋史卷355	
董 6朴	元史卷190儒學	
董 7扶	後漢書卷112下方術	
董 8卓	後漢書卷102 三國魏志卷6	
董 和	三國蜀志卷9或39	
董 京	晉書卷94隱逸 魏書卷24附張袞伯傳	
董 昌	新唐書卷225下逆臣	
董 9宜	後漢書卷107延吏	
董 昭	三國魏志卷14	
董 俊	元史卷148	
董 10純	北史卷78 隋書卷65	
董 晉	舊唐書卷145 新唐書卷151	
董 倫	明史卷152 明史卷290忠義附陳時傳	
董 11紹	魏書卷79 周書卷38附呂思禮傳 北史卷46	
董 基	明史卷234附盧漢泰傳	
董 12鈞	後漢書卷109下儒林	
董 脈	三國蜀志卷5或35附諸葛亮傳	
董 陽	南史卷73孝義附劉瑜傳	
董 傑	明史卷180附湯鼐傳	
董 13迴	三國魏志卷13附王朗傳	
董 溪	新唐書卷151附⋯晉傳	
董 14養	晉書卷94隱逸 魏書卷86孝感附閻⋯	

元明傳

董	槐	宋史卷414
董	15賢	漢書卷93佞幸
董	徵	魏書卷84儒林　北史卷81儒林
董	璋	舊五代史卷62唐書　新五代史卷51雜傳
董	樞	宋史卷270
董	16興	明史卷175
董	17謐	魏書卷24附崔玄伯傳
董	19鸞	明史卷141附王度傳
董	22襲	三國吳志卷10或55
董	紹	魏書卷61附田益宗傳
董	儼	宋史卷307
董 1一	元	明史卷239
董 3子	莊	明史卷137附桂彥良傳
董 三	謨	明史卷292忠義附龐瑜傳
董 士	元	元史卷156附董文炳傳
董 士	選	元史卷156附董文炳傳
董 4元	亨	宋史卷446忠義
董 文	用	元史卷148附董俊傳
董 文	忠	元史卷148附董俊傳
董 文	直	元史卷148附董俊傳
董 文	炳	元史卷156
董 文	蔚	元史卷148附董俊傳
董 6仲	舒	史記卷121儒林　漢書卷56
董	吐渾	魏書卷86孝感附閭元明傳
董 7宋	臣	宋史卷469宦者
董 8其	昌	明史卷288文苑
董	昂霄	元史卷188附董搏霄傳
董 9洛	生	魏書卷86孝感　北史卷84孝行
董	思恭	新唐書卷190上文苑
董	重質	舊唐書卷161
董 10師	中	金史卷95
董 12敦	逸	宋史卷355
董	傳策	明史卷210
董	景道	晉書卷91儒林
董 13道	明	宋史卷456孝義
董	搏霄	元史卷188
董 14漢	儒	明史卷257
董 15盡	倫	明史卷290忠義
董 16遵	誨	宋史卷273
董 17應	翠	明史卷242
賈	3山	漢書卷51
賈	5生	史記卷84
賈	疋	晉書卷60
賈	6充	三國魏志卷15附賈逵傳　晉書卷40
賈	至	舊唐書卷190中文苑附賈曾傳　新唐書卷119附賈曾傳
賈	同	宋史卷432儒林
賈	7秀	魏書卷33附賈彝傳
賈	8易	宋史卷355
賈	炎	宋史卷285附賈昌朝傳

十三畫

董 賈

十三畫　賈

姓	名	出處
賈	9 俊	明史卷185
賈	10 恩	宋書卷91孝義；南史卷73孝義
賈	島	新唐書卷176附韓愈傳
賈	涉	宋書卷403
賈	益	金史卷90附賈少冲傳
賈	11 彪	後漢書卷97黨錮
賈	淑	後漢書卷98附郭太傳
賈	混	晉書卷40附賈充傳
賈	淵	南齊書卷52文學(南史卷72作賈希鏡)
賈	耽	舊唐書卷138；新唐書卷166
賈	12 復	後漢書卷47
賈	琮	後漢書卷61
賈	逵	後漢書卷66；三國魏志卷15；宋史卷349
賈	渾	晉書卷89忠義
賈	智	魏書卷80附賈顯度傳；北史卷49附賈顯度傳
賈	曾	舊唐書卷190中文苑；新唐書卷119
賈	循	新唐書卷192忠義
賈	琰	宋史卷285附賈昌朝傳
賈	嵩	宋史卷350
賈	進	元史卷197孝友附孫秀實傳
賈	斌	明史卷164附聊讓傳
賈	13 誼	三國魏志卷10
賈	粲	魏書卷94閹宦；北史卷92恩倖
賈	鉉	金史卷99
賈	14 禎	魏書卷33附賈彝傳
賈	銓	明史卷159
賈	15 誼	史記卷84；漢書卷48
賈	模	晉書卷40附賈充傳
賈	偉	魏書卷33附賈彝傳
賈	餗	舊唐書卷169；新唐書卷179
賈	緯	舊五代史卷131周書；新五代史卷57雜傳
賈	諒	明史卷158附顧佐傳
賈	魯	元史卷187
賈	17 謐	晉書卷40附賈充傳
賈	18 彝	魏書卷33；北史卷27
賈	馥	舊五代史卷71唐書
賈	21 黯	宋史卷302
賈	23 巖	明史卷231附顧允成傳
賈	3 三近	明史卷227
賈	子坤	宋史卷449忠義附陳寅傳
賈	大隱	新唐書卷198儒學附張士衡傳
賈	4 少冲	金史卷90
賈	公彥	舊唐書卷189上儒學
賈	文備	元史卷165
賈	6 名儒	明史卷233附李獻可傳
賈	7 似道	宋史卷474姦臣
賈	邦憲	金史卷122忠義
賈	希鏡	南史卷72文學(南齊書卷52作賈淵)
賈	8 直言	舊唐書卷187下忠義；新唐書卷193忠義
賈	昔刺	元史卷169

賈	居	貞	元史卷153
賈	明	觀	舊唐書卷184宦官附魚朝恩傳
賈	昌	朝	宋史卷285
賈	昌	衡	宋史卷285附賈昌朝傳
賈 9	思	同	魏書卷72附賈思伯傳
賈	思	伯	魏書卷72 北史卷47
賈 10	捐	之	漢書卷64下
賈	師	順	舊唐書卷103附王君㚟傳
賈	益	謙	金史卷106
賈 11	偉	節	宋史卷356
賈 12	黃	中	宋史卷265
賈	敦	實	舊唐書卷185上良吏附賈敦頤傳 新唐書卷197循吏附賈敦頤傳
賈	敦	頤	舊唐書卷185上良吏 新唐書卷197循吏
賈	景	儁	魏書卷33附賈彝傳
賈	景	興	魏書卷33附賈彝傳
賈 17	隱	林	舊唐書卷144 新唐書卷192忠義附賈循傳
賈	應	春	明史卷202
賈 20	繼	春	明史卷306閹黨
賈 23	顯	度	魏書卷80 北史卷49
賈	顯	慶	魏書卷80
賈	塔	剌渾	元史卷151
楊 1	一		元史卷197孝友
楊 4	仁		後漢書卷109下儒林
楊	方		晉書卷68

楊	引		魏書卷86孝感 北史卷84孝行 明史卷298隱逸
楊 5	立		舊五代史卷74唐書
楊	由		後漢書卷112上方術
楊	弘		北史卷71隋宗室 隋書卷43　（即河間王）
楊	旦		明史卷148附楊榮傳
楊	本		明史卷142附瞿能傳
楊 6	異		北史卷41附楊敷傳 隋書卷46
楊	名		明史卷207
楊 7	汪		北史卷74 隋書卷56
楊	秀		北史卷71隋宗室諸王 隋書卷45　（即庶人秀）
楊	技		舊唐書卷176附楊嗣復傳
楊	收		舊唐書卷177 新唐書卷184
楊	邪		舊五代史卷107漢書 新五代史卷30漢臣
楊	告		宋史卷304
楊	佐		宋史卷333
楊	汲		宋史卷355
楊	言		明史卷207
楊 8	秉		後漢書卷84附楊震傳
楊	沛		三國魏志卷15附賈逵傳
楊	阜		三國魏志卷25
楊	侃		魏書卷58附楊播傳 北史卷41附楊播傳
楊	忠		周書卷19 明史卷289忠義
楊	侗		北史卷71隋宗室諸王

		隋書卷59（即越王）
楊	杲	北史卷71隋宗室諸王
		隋書卷59（即道王）
楊	炎	舊唐書卷118 / 新唐書卷145
楊	注	舊唐書卷177附楊收傳
楊	旻	新唐書卷156附楊惠元傳
楊	佶	遼史卷89
楊	果	元史卷164
楊	卓	明史卷140附王觀傳
楊	宜	明史卷205附張經傳
楊	松	明史卷215附駱問禮傳
楊	9厚	後漢書卷60上
楊	洪	三國蜀志卷11或41 / 明史卷173
楊	俊	三國魏志卷23 / 北史卷71隋宗室諸王 / 隋書卷45（即秦孝王）/ 明史卷173附楊洪傳
楊	政	後漢書卷109上儒林 / 宋史卷367
楊	昱	魏書卷58附楊播傳 / 北史卷41附楊播傳
楊	津	魏書卷58附楊播傳 / 北史卷41附楊播傳
楊	紀	北史卷41附楊敷傳
楊	昀	北史卷41附楊敷傳 / 隋書卷48附楊素傳
楊	勇	北史卷71隋宗室諸王 / 隋書卷45（即房陵王）
楊	昭	北史卷71隋宗室諸王 / 隋書卷59（即元德太子）
楊	拭	舊唐書卷174附楊嗣復傳
楊	信	宋史卷260
楊	美	宋史卷273
楊	敗	宋史卷300
楊	畏	宋史卷355
楊	恂	宋史卷390附家傳 / 明史卷230
楊	葤	宋史卷456孝義
楊	奐	元史卷153
楊	恆	明史卷298隱逸
楊	10倫	後漢書卷109上儒林
楊	修	後漢書卷84附楊震傳 / 三國魏志卷21附王粲傳
楊	珧	晉書卷40附楊駿傳
楊	荐	周書卷33 / 北史卷69
楊	素	北史卷41附楊敷傳 / 隋書卷48
楊	浩	隋書卷45文四子附秦孝王俊傳 / 明史卷164附單字傳
楊	倓	隋書卷59楊三子附元德太子昭傳（即燕王）
楊	涉	舊唐書卷177附楊收傳 / 新唐書卷184附楊收傳 / 新五代史卷35
楊	紘	宋史卷305附楊億傳
楊	時	宋史卷428道學
楊	桓	元史卷164
楊	乘	元史卷194忠義
楊	砥	明史卷150

十三畫 楊

楊	振	明史卷272附金鹽鳳傳			新唐書卷184附楊收傳	十三畫
楊	11終	後漢書卷78	楊	渭	舊五代史卷134僭偽附楊行密傳（新五代史卷61作楊隆演）	楊
楊	彪	後漢書卷84附楊震傳	楊	渥	舊五代史卷134僭偽附楊行密傳	
楊	逸	魏書卷58附楊播傳 北史卷41附楊播傳			新五代史卷61吳世家附楊行密傳	
楊	紹	周書卷29 北史卷68	楊	覃	宋史卷307	
楊	爽	北史卷71隋宗室諸王 隋書卷44（即衛昭王）	楊	棟	宋史卷421	
楊	授	舊唐書卷176附楊嗣復傳 新唐書卷174附楊嗣復傳	楊	傑	宋史卷443文苑	
			楊	晳	遼史卷89	
楊	烱	舊唐書卷190上文苑 新唐書卷201文藝附王勃傳	楊	湜	元史卷170	
			楊	善	明史卷171	
楊	晟	新唐書卷186	楊	最	明史卷209	
楊	偕	宋史卷300	楊	博	明史卷214	
楊	掞	宋史卷412	13遁		魏書卷58附楊播傳 北史卷41附楊播傳	
楊	淮	明史卷192	楊	椿	魏書卷58附楊播傳 北史卷41附楊播傳	
楊	基	明史卷285文苑附高啓傳	楊	嵩	北史卷71隋宗室諸王（即道宣王）	
楊	12敞	漢書卷66	楊	達	北史卷68附楊紹傳 隋書卷43附觀德王雄傳	
楊	惲	漢書卷66附楊敞傳				
楊	雄	北史卷68附楊紹傳 隋書卷43（即觀德王）	楊	暕	北史卷71隋宗室諸王 隋書卷59（即齊王）	
楊	軻	晉書卷94隱逸	楊	沼	舊唐書卷62附楊恭仁傳	
楊	華	梁書卷39附王神念傳	楊	損	舊唐書卷176附楊嗣復傳 新唐書卷174附楊嗣復傳	
楊	愔	北齊書卷34				
楊	集	北史卷41附楊播傳 隋書卷44附衛昭王爽傳 明史卷162附鈕同傳	楊	鉅	舊唐書卷177附楊收傳	
			楊	瑒	舊唐舊卷185下良吏 新唐書卷130	
楊	發	舊唐書卷177附楊收傳	楊	嬰	新唐舊卷174附楊嗣復傳	

十三畫

楊

楊 溥 舊五代史卷134僭僞附楊行密傳
新五代史卷61吳世家附楊行密傳
明史卷148

楊 嗣 宋史卷260附楊信傳

楊 業 宋史卷272

楊 寘 宋史卷443文苑附孫唐卿傳

楊 照 宋史卷453忠義附孫暉傳

楊 載 元史卷190儒學

楊 靖 明史卷138

楊 鼎 明史卷157

楊 瑄 明史卷162

楊 源 明史卷162附楊瑄傳

楊 廉 明史卷282儒林

楊 愼 明史卷192

楊 暄 明史卷294忠義

楊 敬 明史卷297孝義附王俊傳

楊 14綸 北史卷71附滕穆王瓚傳(即滕穆王)
隋書卷44附滕穆王瓚傳

楊 綰 舊唐書卷119
新唐書卷142

楊 愿 宋史卷380

楊 輔 宋史卷397

楊 戩 宋史卷468宦者

楊 榮 明史卷148
明史卷305宦官附梁永傳

楊 寧 明史卷172

楊 漣 明史卷244

楊 僕 史記卷122酷吏
漢書卷90酷吏

楊 15璇 後漢書卷68(目作楊琁)

楊 震 後漢書卷84
宋史卷446忠義

楊 賜 後漢書卷84附楊震傳

楊 儀 三國蜀志卷10或40

楊 播 魏書卷58
北史卷41

楊 範 魏書卷94閹宦
北史卷92恩倖

楊 寬 周書卷22
北史卷41附楊敷傳

楊 敷 周書卷34
北史卷41

楊 慶 北史卷84孝行
隋書卷43附河間王弘傳
隋書卷72孝義
宋史卷456孝義

楊 諒 北史卷71隋宗室諸王
隋書卷45(即庶人諒)

楊 撝 舊唐書卷176附楊嗣復傳

楊 察 宋史卷295

楊 澈 宋史卷296附楊徽之傳

楊 億 宋史卷305

楊 緯 宋史卷305附楊億傳

楊 霆 宋史卷450忠義附尹穀傳

楊 翥 明史卷152附陳濟傳

楊 銳 明史卷175

楊 16機 魏書卷77
北史卷50

楊 整 北史卷71隋宗室諸王(即蔡景王)

楊 穆 北史卷41附楊敷傳

楊 檦 周書卷34
北史卷69

楊	靜	隋書卷44　（即道悼王）	
楊	憑	舊唐書卷146　新唐書卷160	
楊	凝	新唐書卷160附楊憑傳	
楊	樸	元史卷194忠義	
楊	璟	明史卷129	
楊	選	明史卷204	
楊	17戲	三國蜀志卷15或45	
楊	駿	晉書卷40	
楊	濟	晉書卷40附楊駿傳	
楊	諡	北史卷41附楊播傳	
楊	燧	宋史卷349	
楊	績	遼史卷97	
楊	㻛	元史卷197孝友	
楊	爵	明史卷209	
楊	18簡	宋史卷407	
楊	蟠	宋史卷442文苑	
楊	鎬	明史卷259	
楊	贊	宋史卷260附楊信傳	
楊	19瓊	宋史卷280	
楊	繪	宋史卷322	
楊	黼	明史卷137附桂彥良傳　明史卷298隱逸	
楊	20勝	北史卷80外戚	
楊	嚴	舊唐書卷177附楊收傳　新唐書卷184附楊收傳	
楊	鏻	舊唐書卷177附楊收傳	

楊	礪	宋史卷287	
楊	�	明史卷260附楊鶴傳	
楊	21纂	周書卷36　北史卷67　舊唐書卷77　新唐書卷106附楊弘禮傳	
楊	續	舊唐書卷62附楊恭仁傳	
楊	巍	明史卷225	
楊	鶴	明史卷260	
楊	22儼	隋書卷45附房陵王勇傳	
楊	23瓚	北史卷71隋宗室諸王　隋書卷44　（即滕穆王）明史卷161	
楊 一一	清	明史卷198	
楊 一	鵬	明史卷260附鄭崇儉傳	
楊 3士	奇	明史卷148	
楊 子	崇	北史卷71隋宗室（即離石太守）隋書卷43	
楊 于	陛	明史卷290忠義附何天衢傳	
楊 于	楷	明史卷292忠義附張光奎傳	
楊 大	全	宋史卷400	
楊 大	眼	魏書卷73　北史卷37	
楊 大	淵	元史卷16	
楊 大	異	宋史卷423	
楊 大	雅	宋史卷300	
楊 4天	民	明史卷233	
楊 不	花	元史卷179附楊朵兒只傳	

十三畫	楊 公 則	梁書卷10 南史卷55	楊 令 寶	魏書卷71附斐叔業傳
	楊 王 孫	漢書卷67	楊 玄 感	北史卷41附楊敷傳 隋書卷70
楊	楊 日 嚴	宋史卷301	楊 弘 武	舊唐書卷77附楊纂傳
	楊 允 恭	宋史卷309		新唐書卷106附楊弘禮傳
	楊 允 繩	明史卷209	楊 弘 禮	舊唐書卷77附楊纂傳
	楊 元 亨	舊唐書卷77附楊纂傳		新唐書卷106
	楊 元 杲	明史卷135	楊 6次 山	宋史卷465外戚
	楊 元 卿	舊唐書卷161 新唐書卷171	楊 汝 士	舊唐書卷176附楊虞卿傳
	楊 元 琰	舊唐書卷185下良吏 新唐書卷120附亘彥範傳		新唐書卷175附楊虞卿傳
			楊 存 中	宋史卷367
	楊 元 禧	舊唐書卷77附楊纂傳	楊 安 國	宋史卷294
		新唐書卷106附楊弘禮傳	楊 行 密	新唐書卷188 舊五代史卷134僭僞 新五代史卷61吳世家
	楊 文 仲	宋史卷425		
	楊 文 安	元史卷161附楊大淵傳	楊 光 遠	舊五代史卷97晉書 新五代史卷51雜傳
	楊 文 宗	晉書卷93外戚	楊 再 思	舊唐書卷90 新唐書卷109
	楊 文 岳	明史卷262	楊 再 興	宋史卷368
	楊 文 思	隋書卷48附楊素傳	楊 仲 元	宋史卷333
	楊 文 紀	隋書卷48附楊素傳	楊 仲 昌	新唐書卷120附桓彥範傳
	楊 文 恩	北史卷41附楊敷傳	楊 仲 武	金史卷91
	楊 文 廣	宋史卷272附楊業傳	楊 守 一	宋史卷268
	楊 文 聰	明史卷277	楊 守 阯	明史卷184附楊守陳傳
	楊 文 薦	明史卷278附萬元吉傳	楊 守 亮	新唐書卷186
	楊 5以 成	明史卷290忠義附徐朝綱傳	楊 守 珍	宋史卷467宦者
	楊 正 芳	明史卷269附湯九州傳	楊 守 陳	明史卷184
	楊 世 恩	明史卷269附湯九州傳	楊 守 隅	明史卷186附楊守隨傳
	楊 巨 源	宋史卷402	楊 守 隨	明史卷186

楊守謙	明史卷204	楊佾希	北史卷75 隋書卷46
楊守禮	明史卷200	楊東明	明史卷241附王紀傳
楊⁷宏中	宋史卷455忠義	楊季昭	新唐書卷109附羅再思傳
楊沃衍	金史卷123忠義	楊武通	北史卷73附到彥之傳 隋書卷53附到彥之傳
楊孝邑	魏書卷58附墨盤傳	楊於陵	舊唐書卷164 新唐書卷163
楊戚章	明史卷297孝義	楊佺期	晉書卷84
楊志誠	舊唐書卷180 新唐書卷212藩鎮附 李載義傳	楊宗閔	宋史卷446忠義附楊震傳
楊克讓	宋史卷270	楊承信	宋史卷252
楊邦乂	宋史卷447忠義	楊承勳	舊五代史卷97晉書附楊光遠傳
楊邦基	金史卷90	楊⁹俊民	明史卷214附楊博傳
楊廷宗	舊唐書卷161附楊元卿傳 新唐書卷171附楊元卿傳	楊信民	明史卷172
		楊畏知	明史卷279
楊廷昭	宋史卷272附潘美傳	楊重進	宋史卷463外戚附竇合閣傳
楊廷和	明史卷190	楊昭儉	宋史卷269
楊廷璋	宋史卷255	楊彥溫	舊五代史卷74唐書
楊廷樞	明史卷267附徐汧傳	楊彥詢	舊五代史卷90晉書 新五代史卷47雜傳
楊廷麟	明史卷278	楊茂元	明史卷184附楊守陳傳
楊伯元	金史卷97	楊茂仁	明史卷184附楊守陳傳
楊伯仁	金史卷125文義	楊茂謙	舊唐書卷185下良吏
楊伯通	金史卷95	楊思忠	明史卷207
楊伯淵	金史卷105附楊伯雄傳	楊思訓	舊唐書卷62附楊恭仁傳 新唐書卷100附楊恭仁傳
楊伯雄	金史卷105	楊思勗	舊唐書卷184宦官 新唐書卷207宦者
楊伯醜	北史卷89藝術 隋書卷78藝術附蕭吉傳	楊思義	明史卷138
		楊思權	舊五代史卷88晉書 新五代史卷48雜傳
楊⁸其休	明史卷233附李獻可傳	楊¹⁰泰之	宋史卷434儒林

十三畫

楊

楊	剛	中	元史卷190儒學附楊載傳
楊	時	喬	明史卷224
楊	恭	仁	舊唐書卷62 新唐書卷100
楊	恭	懿	元史卷164
楊	師	玄	舊唐書卷62附楊恭仁傳
楊	師	厚	舊五代史卷22梁書 新五代史卷23梁臣
楊	師	道	舊唐書卷62附楊恭仁傳 新唐書卷100附楊恭仁傳
楊11敏		中	金史卷121忠義附齊臂揚傳
楊	惟	中	元史卷146
楊	乾	運	周書卷44 北史卷66
楊	處	綱	北史卷71隋宗室(即義城公) 隋書卷43
楊	通	杰	明史卷297孝義附楊通照傳
楊	通	照	明史卷297孝義
楊	崇	本	舊五代史卷13梁書 新五代史卷40雜傳
楊	崇	勳	宋史卷290
楊	執	一	舊唐書卷62附楊恭仁傳
楊	執	柔	舊唐書卷62附楊恭仁傳 新唐書卷100附楊恭仁傳
楊	國	忠	舊唐書卷106 新唐書卷206外戚
楊	國	柱	明史卷272附金國鳳傳
楊	國	興	明史卷133附茅成傳
楊12循		吉	明史卷286文苑附徐禎卿傳
楊	朝	晟	舊唐書卷122 舊唐書卷144
			新唐書卷156
楊	善	會	北史卷85節義 隋書卷71誠節
楊	隆	演	新唐書卷61吳世家附楊行密傳(舊五代史卷134作楊渭)
楊	智	積	隋書卷44(即蔡王)
楊	雲	翼	金史卷110
楊	復	光	舊唐書卷184宦官 新唐書卷207宦者
楊	復	恭	舊唐書卷184宦官 新唐書卷208宦者附田令孜傳
楊	景	行	元史卷192良吏
楊	景	宗	宋史卷463外戚
楊13敬		之	新唐書卷160附楊憑傳
楊	達	夫	金史卷124
楊	義	臣	北史卷73 隋書卷63
楊	萬	里	宋史卷433儒林
楊	運	長	宋書卷94恩倖
楊	虞	卿	舊唐書卷176 新唐書卷175
楊	愼	矜	舊唐書卷105 新唐書卷134
楊	道	賓	明史卷216附唐文獻傳
楊	嗣	昌	明史卷252
楊	嗣	復	舊唐書卷176 新唐書卷174
楊14漢		公	舊唐書卷176附楊虞卿傳 新唐書卷175附楊虞卿傳
楊	粹	中	宋史卷452忠義
楊	睿	交	舊唐書卷62附楊恭仁傳
楊	壽	孫	宋史卷454忠義附米立傳

十四畫

摑		保	金史卷66
僧		格	元史卷205姦臣（目作桑哥）
閒		淵	明史卷202
銚		期	後漢書卷50
窩		幹	金史卷133叛臣
福		壽	元史卷144
雒	于	仁	明史卷234
銀	尤	可	金史卷72
牒	舍	樂	北史卷53附派保洛傳
壽	寂	之	宋書卷94恩倖
端	木	賜	史記卷67仲尼弟子（史記卷129貨殖傳作子貢）
端	復	初	明史卷138附周禎傳
鄢	懋	卿	明史卷308姦臣附嚴嵩傳
瑤	里 孛	迭	金史卷94
槊	直 腯	魯 華	元史卷122
蒯		恩	宋書卷49
蒯			南史卷17
蒯		通	漢書卷45
蒙		恬	史記卷88
蒙	古	綱	金史卷102
輔		超	宋史卷271
輔	公	祏	舊唐書卷56 新唐書卷87
臺		佟	後漢書卷113逸民
臺		亨	宋史卷456孝義附蘇慶文傳

楊	肇	基	明史卷270附馬世龍傳
楊	維	楨	明史卷285文苑
楊15	震	仲	宋史卷449忠義
楊	德	幹	新唐書卷197循吏附賈敦頤傳
楊16	凝	式	舊五代史卷128周書
楊	遹	勗	遼史卷105能吏
楊	穆	儉	周書卷22附楊寬傳
楊17	徽	之	宋史296
楊	應	詢	宋史卷350
楊19	難	敵	魏書卷101
楊20	縉	宗	明史卷159
楊	繼	盛	明史卷209
楊	朶	兒 只	元史卷179
楊	傑	只 哥	元史卷152
楊	賽	因 不 花	元史卷165

十三畫

楊 摑 僧 閒 銚 窩 福 雒 銀 牒 壽 端 鄢 瑤 槊 蒯 蒙 輔 臺

十四畫

滿察赫暢綦築管蓋幹僕

臺	產	晉書卷95藝術
滿	桂	明史卷271
滿	寵	三國魏志卷26
滿 朝	薦	明史卷246
察	罕	元史卷120 元史卷137
察	割	遼史卷112逆臣
察 罕	帖木兒	元史卷141
赫 連	達	周書卷27 北史卷65
赫 連	子悅	北齊書卷40 北史卷55
赫 連	勃勃	晉書卷130夏載記
暢	享	明史卷180附姜洪傳
暢	當	新唐書卷200儒學
暢	璀	舊唐書卷111
暢 師	文	元史卷170
綦	僑	魏書卷81 北史卷50
綦 公	直	元史卷165
綦 連	猛	北齊書卷41 北史卷53
綦 崇	禮	宋史卷378
綦 母	懷文	北齊書卷49方技 北史卷89藝術
築	毗	北史卷77 隋書卷66
築	瑜	明史卷297忠義附鄭瑛傳
築	璧	宋史卷333
築 建	緒	隋書卷66附築毗傳
築 恕	旻仲	宋史卷456孝義附樊景溫傳
管	仲	史記卷62

管		輅	三國魏志卷29方技
管		寧	三國魏志卷11
管	如	德	元史卷165
管	良	相	明史卷290忠義
管	師	仁	宋史卷351
蓋		延	後漢書卷48
蓋		苗	元史卷185
蓋		寓	舊五代史卷55唐書
蓋		儁	魏書卷87節義附王悶傳
蓋		勳	後漢書卷88
蓋 文	達		舊唐書卷189上儒學 新唐書卷198儒學
蓋 文	懿		舊唐書卷189上儒學附蓋文達傳 新唐書卷198儒學附蓋文達傳
蓋 寬	饒		漢書卷77
幹		者	金史卷65
幹		帶	金史卷65
幹		魯	金史卷65
幹		賽	金史卷71 金史卷65
幹 羅	思		元史卷134
幹 勒	忠		金史卷97
幹 勒	合	打	金史卷104
幹 魯	古	勃菫	金史卷71
僕 忽	得		金史卷121忠義
僕 固	懷	恩	舊唐書卷121 新唐書卷224上叛臣
僕 散	揆		金史卷93

僕	散	端	金史卷101（本名七斤）
僕	散	安	貞 金史卷102
僕	散	忠	義 金史卷87
僕	散	師	恭 金史卷132逆臣（本名忽土）
僕	散	渾	垣 金史卷82
爾	朱	兆	魏書卷75
爾	朱	弼	魏書卷75附爾朱彥伯傳
爾	朱	榮	魏書卷74
爾	朱	天	光 魏書卷75
爾	朱	世	承 魏書卷75附爾朱彥伯傳
爾	朱	世	隆 魏書卷75附爾朱彥伯傳
爾	朱	仲	遠 魏書卷75附爾朱彥伯傳
爾	朱	彥	伯 魏書卷75
爾	朱	度	律 魏書卷75
廖		化	三國蜀志卷15或45附宗預傳
廖		立	三國蜀志卷10或40
廖		扶	後漢書卷112上方術
廖		壯	明史卷162
廖		昇	明史卷143
廖		紀	明史卷202
廖		剛	宋史卷374
廖		欽	明史卷281循吏附吳履傳
廖	永	安	明史卷133
廖	永	忠	明史卷129
廖	德	明	宋史卷437儒林
甄		宇	後漢書卷109下儒林

甄	侃	魏書卷68附甄琛傳
甄	恬	梁書卷47孝行／南史卷74孝義
甄	密	魏書卷68附甄琛傳
甄	彬	南史卷70循吏附甄法崇傳
甄	琛	魏書卷68／北史卷40
甄	楷	魏書卷68附甄琛傳
甄	濟	舊唐書卷187下忠義／新唐書卷194卓行
甄	權	舊唐書卷191方技／新唐書卷204方技
甄	玄 成	周書卷48附蕭詧傳／北史卷93僭偽附庸／梁附蕭詧傳
甄	立 言	舊唐書卷191方技附甄權傳
甄	法 崇	南史卷70循吏
甄	婆 兒	宋史卷456孝義附奚璟傳
甄	棲 眞	宋史卷462方技
臧	丙	宋史卷276
臧	洪	後漢書卷88／三國魏志卷7
臧	盾	梁書卷42／南史卷18臧燾傳
臧	宮	後漢書卷48
臧	厥	梁書卷42附臧盾傳／南史卷18臧燾傳
臧	質	宋書卷74／南史卷18附臧燾傳
臧	熹	南史卷18附臧燾傳
臧	燾	宋書卷55／南史卷18
臧	嚴	梁書卷50文學／南史卷18附臧燾傳
臧	霸	三國魏志卷18
臧 未	甄	南史卷18附臧燾傳
臧 夢	解	元史卷177

十四畫							
臧	榮	絡	南齊書卷54高逸 南史卷76隱逸	蒲	察	琦	金史卷124忠義
臧	應	奎	明史卷192附張溁傳	蒲	察	世	傑 金史卷91（本名阿撒）
臧	齊		金史卷66　（本名掃合） 金史卷74附宗望傳	蒲	察	合	住 金史卷129酷吏
	齊	抗	舊唐書卷136 新唐書卷128附齊澣傳	蒲	察	官	奴 金史卷116
				蒲	察	阿	里 金史卷103
	齊	映	舊唐書卷136 新唐書卷150	蒲	察	思	宗 金史卷104
	齊	恢	宋史卷322	蒲	察	胡	盞 金史卷81
	齊	思	明史卷290忠義附朱裒傳	蒲	察	裴	室 金史卷122忠義
	齊	泰	明史卷141	蒲	察	鼎	壽 金史卷120世戚
	齊	紹	北史卷92恩倖齊諸宦者	蒲	察	幹	論 金史卷86
	齊	廓	宋史卷301	蒲	察	鄭	留 金史卷128循吏
	齊	澣	舊唐書卷190中文苑 新唐書卷128	蒲	察	石	家 奴 金史卷120世戚
	齊	融	舊唐書卷190中文苑 附賀知章傳	蒲	察	阿	虎 迭 金史卷120世戚
	齊 之	鸞	明史卷208	蒲	察	移	剌 都 金史卷104文苑
	齊 秉	節	元史卷165		熊	本	宋史卷334
	齊 得	一	宋史卷456孝義		熊	克	宋史卷445文苑
	齊 榮	顯	元史卷152		熊	浹	明史卷197
	齊 履	謙	元史卷172		熊	望	舊唐書卷154 新唐書卷175
	齊 藏	珍	舊五代史卷129周書		熊	鼐	明史卷294忠義附馮雲路傳
	齊 鷹	揚	金史卷121忠義		熊	概	明史卷159
	蒲	卣	宋史卷353		熊	過	明史卷287文苑附陳束傳
	蒲	查	金史卷68		熊	鼎	明史卷289忠義
	蒲 宗	孟	宋史卷328		熊	遠	晉書卷71
	蒲 家	奴	金史卷65附勃孫傳		熊	緯	明史卷277附鄭爲虹傳
	蒲	察 通	金史卷95		熊	襄	南史卷72文學附澄超傳
					熊	繡	明史卷186

臧齊蒲熊

熊	文	燦	明史卷260
熊	安	生	周書卷45儒林 北史卷82儒林
熊	汝	霖	明史卷276
熊	廷	弼	明史卷259
熊	朋	來	元史卷190儒學
熊	尙	初	明史卷289忠義附張 瑋傳
熊	明	遇	明史卷257
熊	開	元	明史卷258
熊	曇	朗	陳書卷35 南史卷80賊臣
翟		宣	漢書卷84附翟方進 傳
翟		英	明史卷290忠義附龔 萬祿傳
翟		唐	明史卷188附徐文溥 傳
翟		莊	晉書卷94隱逸附翟 湯傳
翟		湯	晉書卷94隱逸
翟		進	宋史卷452忠義附翟 興傳
翟		善	明史卷138附陳修傳
翟		義	漢書卷84附翟方進 傳
翟		酺	後漢書卷78
翟		璋	舊五代史卷95晉書
翟		興	宋史卷452忠義
翟		鵬	明史卷204
翟		鑾	明史卷193
翟	方	進	漢書卷84
翟	永	固	金史卷89
翟	汝	文	宋史卷372
翟	守	素	宋史卷274

翟	光	鄴	舊五代史卷129周書 新五代史49雜傳
翟	法	賜	宋書卷93隱逸 南史卷75隱逸
翟	進	宗	新五代史卷33死事
翟	普	林	北史卷84孝行 隋書卷72孝義
翟	溥	福	明史卷281循吏
翟	鳳	翀	明史卷242
裴	5玄		三國吳志卷8或53附 嚴畯傳
裴	尼		周書卷34附裴寬傳
裴	6律		魏書卷69附裴延儁 傳
裴	夙		魏書卷69附裴延儁 傳
裴	向		舊唐書卷113附裴遵 慶傳 新唐書卷140附裴遵 慶傳
裴	休		舊唐書卷177 新唐書卷182
裴	羽		舊五代史卷128周書 新五代史卷57雜傳
裴	7秀		三國魏志卷23附裴 潛傳 晉書卷35
裴	忌		陳書卷25 南史卷58附裴邃傳
裴	良		魏書卷69附裴延儁 傳
裴	佗		魏書卷88良吏 北史卷38
裴	均		新唐書卷108附裴行 儉傳
裴	8果		周書卷36 北史卷38
裴	炎		舊唐書卷87 新唐書卷117
裴	佶		舊唐書卷98附裴耀 卿傳 新唐書卷127附裴耀 卿傳
裴	玢		舊唐書卷146 新唐書卷110諸夷蕃 將

十四畫

裴

裴	昇	舊唐書卷186下酷吏附敬羽傳
裴	坦	新唐書卷182
裴	迪	新五代史卷43雜傳
裴	9宣	魏書卷45附裴駿傳
裴	約	魏書卷71附裴叔業傳
		舊五代史卷52唐書附李嗣昭傳
		新五代史卷32死節
裴	衍	魏書卷71附裴叔業傳
裴	俠	周書卷35
		北史卷38
裴	政	北史卷77
		隋書卷66
裴	胄	舊唐書卷122
		新唐書卷130附裴遵傳
裴	垍	舊唐書卷148
		新唐書卷169
裴	度	舊唐書卷170
		新唐書卷173
裴	10修	魏書卷45附裴駿傳
裴	矩	北史卷38附裴佗傳
		隋書卷67
		舊唐書卷63
		新唐書卷100
裴	茂	舊唐書卷114
		新唐書卷144附來瑱傳
裴	倩	新唐書卷108附裴行儉傳
裴	11祥	北史卷38附裴俠傳
裴	寂	舊唐書卷57
		新唐書卷88
裴	冕	舊唐書卷113
		新唐書卷140
裴	寅	舊唐書卷113附裴遵慶傳
裴	莊	宋史卷277
裴	12絢	魏書卷71附裴叔業

傳

裴	植	魏書卷71附裴叔業傳
裴	13楷	晉書卷35附裴秀傳
裴	瑗	魏書卷69附裴延儁傳
裴	粲	魏書卷71附裴叔業傳
裴	寬	周書卷34
		北史卷38
		舊唐書卷100附裴漼傳
		新唐書卷130附裴漼傳
裴	蕭	北史卷38附裴俠傳
		隋書卷62
裴	源	明史卷289忠義附牟魯傳
裴	14漢	周書卷34附裴寬傳
裴	潅	舊唐書卷100
		新唐書卷130
裴	15潾	三國魏志卷23
裴	頠	晉書卷35附裴秀傳
裴	樞	舊唐書卷113附裴遵慶傳
		新唐書卷140附裴遵慶傳
裴	遘	舊唐書卷171
		新唐書卷118
裴	積	新唐書卷108附裴行儉傳
裴	諗	新唐書卷173附裴度傳
裴	16憲	晉書卷35附裴秀傳
裴	誧	舊唐書卷126
		新唐書卷130附裴漼傳
裴	餘	新唐書卷129附裴守貞傳
裴	17巖	晉書卷108前裴載記
裴	遂	遼史卷28
		南史卷58
裴	駿	魏書卷45
		北史卷38

十四畫

裴

裴		鴻	周書卷34附裴寬傳
裴		皞	舊五代史卷92晉書 新五代史卷57雜傳
裴		濟	宋史卷308
裴		麗	魏書卷71附裴叔業傳
裴	19	諝	魏書卷71附裴叔業傳
裴		諴	新唐書卷173附裴庻傳
裴		贄	新唐書卷182附裴坦傳
裴	20	藻	北史卷54附司馬子如傳
裴		蘊	北史卷74 隋書卷67
裴	3子	烈	陳書卷9附吳明徹傳 南史卷66附吳明徹傳
裴	子	野	梁書卷30 南史卷32附裴松之傳
裴	子	餘	舊唐書卷188孝友附裴守眞傳 新唐書卷129附裴守眞傳
裴	4仁	基	北史卷38 隋書卷70附李密傳
裴	文	舉	周書卷37 北史卷38
裴	之	平	梁書卷28附裴邃傳 南史卷58裴邃傳
裴	之	高	梁書卷28附裴邃傳 南史卷58裴邃傳
裴	之	橫	梁書卷28附裴邃傳 南史卷58裴邃傳
裴	之	禮	梁書卷28附裴邃傳 南史卷58裴邃傳
裴	6光	庭	舊唐書卷84附裴行儉傳 新唐書卷108附裴行儉傳
裴	夷	直	新唐書卷148附張孝忠傳
裴	守	眞	舊唐書卷188孝友 新唐書卷129
裴	安	祖	魏書卷45附裴駿傳 北史卷38附裴駿傳

裴	仲	規	魏書卷69附裴延儁傳
裴	行	立	新唐書卷129附裴守眞傳
裴	行	儉	舊唐書卷84 新唐書卷108
裴	7佶	先	新唐書卷117附裴炎傳
裴	伯	茂	魏書卷85文苑
裴	延	儁	魏書卷69 北史卷38
裴	延	齡	舊唐書卷135 新唐書卷167
裴	8松	之	宋書卷64 南史卷33
裴	芬	之	魏書卷71附裴叔業傳
裴	知	古	舊唐書卷191方技附尙獻甫傳
裴	居	道	舊唐書卷86附孝敬皇帝弘傳 新唐書卷81附孝敬皇帝弘傳
裴	叔	業	南齊書卷51 魏書卷71 北史卷45
裴	9彥	先	魏書卷71附裴叔業傳
裴	昭	明	南齊書卷53良政 南史卷35附裴松之傳
裴	宣	機	舊唐書卷63附裴矩傳
裴	10虔	通	北史卷79附宇文述傳 隋書卷85附宇文化及傳
裴	11莊	伯	北史卷38附裴駿傳
裴	紹	宗	明史卷192附毛玉傳
裴	12景	融	魏書卷69附裴延儁傳
裴	景	顏	魏書卷69附裴延儁傳
裴	13敬	憲	魏書卷85文苑 北史卷38附裴駿傳
裴	敬	舜	舊唐書卷188孝友 新唐書卷195孝友

（天）

十四畫

裴趙

裴15	誡	之	北齊書卷35附裴讓之傳
裴	慶	孫	魏書卷60附裴延儁傳
裴16	遵	慶	舊唐書卷113 / 新唐書卷140
裴19	懷	古	舊唐書卷185下良吏 / 新唐書卷197循吏
裴20	蔿	之	魏書卷71附裴叔業傳
裴	耀	卿	舊唐書卷98 / 新唐書卷127
裴24	讓	之	北齊書卷35 / 北史卷38附裴佗傳
裴27	讞	之	北齊書卷35附裴讓之傳
裴	滿	亨	金史卷97
裴	滿	達	金史卷120世戚
裴	滿	賽不	金史卷122忠義附梁持勝傳
裴	滿	阿虎帶	金史卷124忠義附烏古論奴申傳
趙	3	子	漢書卷88儒林
趙		才	北史卷78 / 隋書卷65
趙	4	元	新唐書卷107附陳子昂傳 / 金史卷90
趙		及	宋史卷304
趙		方	宋史卷403
趙	5	立	宋史卷448忠義 / 宋史卷451忠義附張玨傳
趙		可	金史卷125文藝
趙		永	明史卷163附魯鐸傳
趙	6	至	晉書卷92文苑
趙		軌	宋史卷316附趙抃傳

趙		安	明史卷155
趙	7	岐	後漢書卷94
趙		孝	後漢書卷69
趙		佀	宋史卷246宗室（卽吳王）
趙		杞	宋史卷246宗室（卽景王）
趙		似	宋史卷246宗室（卽楚王）
趙		孚	宋史卷287附趙安仁傳
趙		抃	宋史卷316
趙		佑	明史卷188
趙		汸	明史卷282儒林
趙	8	典	後漢書卷57
趙		芬	北史卷75 / 隋書卷46
趙		昌	舊唐書卷151 / 新唐書卷170
趙		玼	宋史卷274
趙	9	信	史記卷111附衛將軍驃騎傳 / 漢書卷55附霍去病傳
趙		禹	史記卷122酷吏 / 漢書卷90酷吏
趙		咨	後漢書卷69
趙		苞	後漢書卷111獨行
趙		彥	後漢書卷112下方術 / 明史卷257
趙		柔	魏書卷52 / 北史卷34 / 元史卷152
趙		昶	周書卷33 / 北史卷69 / 新唐書卷189附趙犨傳 / 舊五代史卷14梁書附趙犨傳
趙		軌	北史卷70附趙肅傳 / 隋書卷73循吏

（天）

趙	俣	宋史卷246宗室（卽燕王）	趙	11猛	北齊書卷48外戚 北史卷80外戚
趙	茂	宋史卷246宗室（卽獻愍太子）	趙	勇	宋史卷246宗室（卽元懿太子）
趙	竑	宋史卷246宗室（卽鎭王）	趙	逢	宋史卷270
趙	范	宋史卷417附趙葵傳	趙	卨	宋史卷332
趙	俊	宋史卷453忠義附縣逢傳 明史卷138附薛祥傳	趙	野	宋史卷352
趙	迪	元史卷151	趙	密	宋史卷370
趙	炳	元史卷163	趙	淮	宋史卷450忠義
趙	狂	明史卷150	趙	庸	明史卷129附廖永忠傳
趙	亮	明史卷161附楊瓚傳	趙	琎	明史卷291忠義附顏孕紹傳
趙	10修	魏書卷33鹿志 北史卷92恩倖	趙	紳	明史卷296孝義
趙	起	北齊書卷26	趙	12勝	史記卷76（卽平原君） 明史卷173附孫鏜傳
趙	邕	魏書卷93恩倖 北史卷92恩倖	趙	奢	史記卷81
趙	剛	周書卷33 北史卷69	趙	堯	漢書卷42
趙	涓	舊唐書卷137 新唐書卷161	趙	壹	後漢書卷110下文苑
趙	珝	新唐書卷189附趙驊傳 舊五代史卷14梁書附趙驊傳	趙	雲	三國蜀志卷6或36
趙	倣	明史卷137	趙	逸	魏書卷52 北史34
趙	祐	宋史卷245宗室（卽悼獻太子）	趙	琰	魏書卷86孝感 北史卷34附趙逸傳
趙	栩	宋史卷246宗室（卽濟王）	趙	黑	魏書卷94閹宦（北史卷92作趙默）
趙	杙	宋史卷246宗室（卽和王）	趙	貴	周書卷16 北史卷59
趙	訓	宋史卷246宗室附太子謹傳	趙	善	周書卷34 北史卷59附趙貴傳
趙	晁	宋史卷254	趙	棣	宋史卷246宗室（卽徐王）
趙	振	宋史卷323	趙	普	宋史卷256
趙	益	金史卷122忠義	趙	賀	宋史卷301
趙	泰	明史卷161附陳本深傳	趙	湘	宋史卷303
			趙	隆	宋史卷350

十四畫

趙

275

十四畫	趙	開	宋史卷374	趙	鳳	舊五代史卷67唐書 舊五代史卷129周書 新五代史卷28唐書
	趙	逵	宋史卷381			
	趙	雄	宋史卷396	趙	榛	宋史卷246宗室（卽信王）
趙	趙	鹹	金史卷81	趙	愭	宋史卷246宗室（莊文太子）
	趙	渢	金史卷126文藝	趙	瑨	宋史卷275附薛超傳
	趙	復	元史卷189儒學	趙	葵	宋史卷417
	趙	珫	元史卷194忠義附趙璉傳	趙	瑨	元史卷150
	趙	登	明史卷281循吏附趙豫傳	趙	榮	元史卷197孝友 明史卷171附楊善傳
	趙13達	三國吳志卷18或63	趙	毓	元史卷197孝友
	趙	退	魏書卷52附趙逸傳	趙	輔	明史卷155
	趙	溫	魏書卷52附趙逸傳 北史卷34附趙逸傳	趙	漢	明史卷206附劉世揚傳
	趙	肅	周書卷37 北史卷70	趙15談	漢書卷93佞幸
	趙	巽	北史卷75 隋書卷46	趙	憬	舊唐書卷138 新唐書卷150
	趙	熙	舊五代史卷93晉書	趙	瑩	舊五代史卷89晉書 新五代史卷56雜傳
	趙	暉	舊五代史卷125周書	趙	樞	宋史卷246宗室（卽肅王）
	趙	楷	宋史卷246宗室（卽鄆王）	趙	積	宋史卷288
	趙	㮚	宋史卷246宗室（卽沂王）	趙	質	金史卷127隱逸
	趙	愷	宋史卷246宗室（卽魏王）	趙	璉	元史卷194忠義
	趙	詢	宋史卷246宗室（卽景獻太子）	趙	耋	明史卷138附薛祥傳
	趙	鼏	宋史卷318	趙16憙	後漢書卷56
	趙	滋	宋史卷324	趙	曅	後漢書卷109下儒林
	趙	鼎	宋史卷360	趙	熾	魏書卷94閹官附趙黑傳
	趙	煥	明史卷225	趙	默	北史卷92恩倖（魏書卷94作趙黑）
	趙	楠	明史卷289忠義附宋以方傳	趙	隱	舊唐書卷178 新唐書卷182
	趙14誘	晉書卷57	趙	曄	舊唐書卷187下忠義
	趙	綽	北史卷77 隋書卷62	趙	頵	宋史卷246宗室（卽益王）

十四畫

趙

趙　譓　宋史卷246宗室（即太子譓）
趙　遹　宋史卷348
趙　蕃　宋史卷445文苑附張即之傳
趙　璜　明史卷194
趙　錦　明史卷210
趙　豫　明史卷281循吏
趙17璩　宋史卷246宗室（即信王）
趙　徹　遼史卷97
趙　壎　明史卷285文苑
趙18鎔　宋史卷268
趙　瞻　宋史卷341
趙　璧　元史卷159
趙　鐄　明史卷146附郭亮傳
趙19贄　宋史卷254／宋史卷470佞幸
趙20隱　舊唐書卷178附趙隲傳
趙　犨　舊五代史卷14梁書／新五代史卷42雜傳／新唐書卷189
趙21霸　魏書卷89酷吏附張赦提傳／北史卷87酷吏附愍赦提傳
趙　顒　宋史卷246宗室（即吳王）
趙22儼　三國魏志卷23
趙　鑑　金史卷128循吏
趙24曠　宋史卷262附趙上交傳
趙27犫　新唐書卷189
趙1一德　元史卷137孝友
趙3上交　宋史卷262

趙子偁　宋史卷244宗室附秦王德芳傳（即秀王）
趙子砥　宋史卷247宗室
趙子淔　宋史卷247宗室
趙子崧　宋史卷247宗室
趙子晝　宋史卷247宗室
趙子潚　宋史卷247宗室
趙子櫟　宋史卷247宗室
趙士春　明史卷229附趙用賢傳
趙士𡊟　宋史卷452忠義附趙士隆傳
趙士晤　宋史卷247宗室
趙士㒟　宋史卷247宗室
趙士跂　宋史卷452忠義附趙士隆傳
趙士晴　宋史卷247宗室
趙士獻　宋史卷452忠義附趙士隆傳
趙士寬　明史卷292忠義附尹㷦蓋傳
趙士㟋　宋史卷452忠義
趙士褭　宋史卷247宗室
趙士𥟖　宋史卷452忠義附趙士隆傳
趙士驤　明史卷267附宋玫傳
趙4仁本　舊唐書卷81
趙天錫　元史卷151
趙允讓　宋史卷245宗室（即濮王）
趙文表　周書卷33／北史卷69
趙文恪　舊唐書卷57附劉文靜傳／新唐書卷88附裴寂傳
趙文度　宋史卷482北漢世家附劉繼元傳

十四畫

趙

趙	文	深	周書卷47藝術 北史卷82儒林附樂遜傳
趙	文	華	明史卷308姦臣附聶豹傳
趙	不	尤	宋史卷247宗室
趙	不	惪	宋史卷247宗室
趙	不	試	宋史卷447忠義
趙	不	羣	宋史卷247宗室
趙	不	棄	宋史卷247宗室
趙	元	份	宋史卷245宗室（即商王）
趙	元	佐	宋史卷245宗室（即漢王）
趙	元	偁	宋史卷245宗室（即楚王）
趙	元	淑	隋書卷70附楊玄感傳
趙	元	偓	宋史卷245宗室（即鎮王）
趙	元	傑	宋史卷245宗室（即越王）
趙	元	僖	宋史卷245宗室（即昭成太子）
趙	元	儼	宋史卷245宗室（即周王）
趙	卯	發	宋史卷450忠義
趙	必	愿	宋史卷413
趙	用	賢	明史卷229
趙	冬	曦	新唐書卷200儒學
趙	世	延	元史卷180
趙	世	卿	明史卷220
趙	弘	智	舊唐書卷188孝友 新唐書卷106
趙	弘	毅	元史卷196忠義
趙	令	安	魏書卷87節義附石文德傳
趙	令	晟	宋史卷447忠義

趙	令	勝	魏書卷52附趙逸傳
趙	律	之	宋史卷452忠義附趙士隆傳
趙	仲	卿	北史卷69附趙剛傳 隋書卷74酷吏
趙	充	國	漢書卷69
趙	行	樞	北史卷79附宇文述傳
趙	好	德	明史卷138附陳修傳
趙	匡	凝	舊五代史卷17梁書 新五代史卷41雜傳
趙	在	禮	舊五代史卷90晉書 新五代史卷46雜傳
趙	自	化	宋史卷461方技
趙	自	然	宋史卷461方技
趙	安	仁	宋史卷287 遼史卷109宦官
趙	安	易	宋史卷256附趙普傳
趙	光	允	舊五代史卷58唐書附趙光逢傳
趙	光	抃	明史卷259
趙	光	胤	舊唐書卷178附趙隱傳
趙	光	逢	舊唐書卷178附趙隱傳 舊五代史卷58唐書 新五代史卷35唐六臣
趙	光	裔	舊唐書卷178附趙隱傳
趙	汝	述	宋史卷247宗室
趙	汝	愚	宋史卷392
趙	汝	談	宋史卷413
趙	汝	騰	宋史卷424
趙	汝	讜	宋史卷413
趙	匣	刺	元史卷165
趙	宏	偉	元史卷166

趙	志	皋	明史卷219
趙	克	裕	舊五代史卷15梁書
趙	君	錫	宋史卷287附趙安仁傳
趙	廷	美	宋史卷244宗室（卽魏王）
趙	廷	蘭	明史卷140附王宗顯傳
趙	伯	振	宋史卷453忠義
趙	伯	符	宋書卷46附趙倫之傳 / 南史卷18附趙倫之傳
趙	伯	深	宋史卷456孝義
趙	良	規	宋史卷287附趙安仁傳
趙	良	淳	宋史卷451忠義
趙	良	弼	元史卷159
趙	良	嗣	宋史卷472姦臣
趙	希	言	宋史卷247宗室
趙	希	泊	宋史卷454忠義附趙時賞傳
趙	希	懌	宋史卷247宗室
趙	希	錧	宋史卷413
趙	延	乂	舊五代史卷131周書
趙	延	進	宋史卷271
趙	延	義	新五代史卷57雜傳
趙	延	溥	宋史卷254附趙晁傳
趙	延	壽	舊五代史卷98晉書附趙德鈞傳 / 遼史卷76
趙	8昌	言	宋史卷267
趙	拔	扈	南史卷74孝義
趙	來	章	新唐書卷106附趙弘智傳

趙	季	通	明史卷137附桂彥良傳
趙	尙	寬	宋史卷426循吏
趙	明	遇	明史卷257
趙	知	禮	陳書卷16 / 南史卷68
趙	東	曦	明史卷258附魏星潤傳
趙	秉	文	金史卷110
趙	秉	溫	元史卷150附趙璹傳
趙	宗	儒	舊唐書卷167 / 新唐書卷151
趙	叔	向	宋史卷247宗室
趙	叔	近	宋史卷247宗室
趙	叔	皎	宋史卷452忠義附趙士廞傳
趙	叔	憑	宋史卷452忠義附趙士廞傳
趙	叔	隆	魏書卷52附趙逸傳
趙	孟	松	宋史卷454忠義附劉士昭傳
趙	孟	桀	宋史卷454忠義附劉士昭傳
趙	孟	頫	元史卷172
趙	孟	錦	宋史卷450忠義附趙與檡傳
趙	孟	壘	宋史卷454忠義附劉士昭傳
趙	9貞	吉	明史卷193
趙	食	其	史記卷111附衞將軍驃騎傳 / 漢書卷55附霍去病傳
趙	南	星	明史卷243
趙	炳	然	明史卷202
趙	建	極	明史卷263附蔡懋德傳
趙	持	滿	舊唐書卷183外戚附長孫敞傳
趙	重	華	明史卷297孝義

十四畫

趙

趙	重	福	金史卷128循吏
趙	思	忠	宋史卷492外國附吐蕃傳
趙	思	溫	遼史卷76
趙	思	綰	舊五代史卷109漢書 新五代史卷53雜傳
趙	彥	吶	宋史卷413
趙	彥	昭	舊唐書卷92附章安石傳 新唐書123
趙	彥	倓	宋史卷247宗室
趙	彥	深	北齊書38 北史卷55(名隱)
趙	彥	逾	宋史卷247宗室
趙	彥	楠	宋史卷247宗室
趙	彥	韜	宋史卷479西蜀世家附孟昶傳
趙10修		己	宋史卷461方技
趙	倫	之	宋書卷46 南史卷18
趙	挺	之	宋史卷351
趙	訚	之	宋史卷452忠義附趙士㒟傳
趙	破	奴	史記卷111附衛將軍驃騎傳 漢書卷55附霍去病傳
趙	時	春	明史卷200
趙	時	賞	宋史卷454忠義
趙	師	民	宋史卷294
趙	師	旦	宋史卷446忠義附曹覲傳
趙	師	魯	元史卷176
趙	師	嶧	宋史卷247宗室
趙	師	檟	宋史卷449忠義
趙11率		教	明史卷271
趙	參	魯	明史卷221
趙	逢	龍	宋史卷424
趙	國	忠	明史卷211附周佲文傳
趙	國	珍	舊唐書卷115
趙	崇	憲	宋史卷332附趙汝愚傳
趙	崇	韜	宋史卷479西蜀世家附孟昶傳
趙2貢		亨	元史卷151附趙天錫傳
趙	超	宗	魏書卷52附趙逸傳
趙	博	宣	舊唐書卷137附趙涓傳 新唐書卷161附趙涓傳
趙	景	緯	宋史卷425
趙	善	俊	宋史卷247宗室
趙	善	湘	宋史卷413
趙	善	譽	宋史卷247宗室
趙13道		興	舊唐書卷83
趙	與	懃	元史卷168
趙	與	懌	宋史卷450忠義
趙	與	懽	宋史卷423
趙	與	權	宋史卷413
趙14輔		和	北齊書卷49方技 北史卷89藝術
趙	僧	嚴	南史卷76隱逸附吳苞傳
趙15鄰		幾	宋史卷439文苑
趙	廣	漢	漢書卷76
趙	撝	謙	明史卷285文苑
趙	德	芳	宋史卷244宗室(即秦王)
趙	德	昭	宋史卷244宗室(即燕王)

逯傳

十五畫		

論	惟	貞	新唐書卷110諸夷蕃將附論弓仁傳
練	綱		明史卷164附左鼎傳
練	子	寧	明史卷141
練	國	事	明史卷260
徹		里	元史卷130 元史卷135
徹		徹	元史卷197孝友
徹	里	帖 木 兒	元史卷142
劇		孟	史記卷124游俠 漢書卷92游俠
劇		鵬	魏書卷94閹宦 北史卷92恩倖
劇	可	久	宋史卷270
劇	買	奴	魏書卷92閹宦附劇鵬傳
闆	毗	肥	魏書卷83上外戚 北史卷80外戚
闆	大	均	魏書卷30 北史卷20
闆	丘	八	舊唐書卷190中文苑附陳子昂傳
闆		改	金史卷121忠義 金史卷70
撒		敦	元史卷138附燕鐵木兒傳
撒	吉	思	元史卷134
撒	合	輦	金史卷111
黎		光	明史卷138附周楨傳
黎		貫	明史卷208
黎		幹	舊唐書卷118 新唐書卷145附王縉傳
黎	民	表	明史卷287文苑附黃佐傳
黎	弘	業	明史卷292忠義
黎	景	熙	周書卷47藝術 北史卷82儒林附樂

樓	玄		三國吳志卷20或65
樓	异		宋史卷354
樓	炤		宋史卷380
樓	望		後漢書卷109下儒林
樓	毅		魏書卷30附樓伏連傳
樓	璵		明史卷141附方孝孺傳
樓	護		漢書卷92游俠
樓	鑰		宋史卷395
樓	伏	連	魏史卷30(北史卷20作夏伏連)
樓	惠	明	南史卷75隱逸附闆康之傳
滕		定	明史卷156附吳成傳
滕		胤	三國吳志卷19或64
滕		修	晉書卷57
滕		康	宋史卷375
滕		撫	後漢書卷68
滕		毅	明史卷138附陳修傳
滕	中	正	宋史卷276
滕	元	發	宋史卷332
滕	用	亨	明史卷286文苑附沈度傳
滕	宗	諒	宋史卷303
滕	茂	實	宋史卷449忠義
滕	德	懋	明史卷138附楊思義傳
滕	曇	恭	梁書卷47孝行 南史卷74孝義
樂	良		明史卷285文苑附趙撝謙傳
樂	京		宋史卷331附張問傳

十五畫

論練徹劇闆撒黎樓滕樂

樂		恢	後漢書卷73
樂		進	三國魏志卷17
樂		運	周書卷40附顏之儀傳 北史卷62附王軌傳
樂		預	南史卷73孝義附樂頤之傳
樂		遜	周書卷45儒林 北史卷82儒林
樂		毅	史記卷80
樂		廣	晉書卷43
樂		頤	南齊書卷55孝義 （南史卷73作裴頤之）
樂		藹	梁書卷19 南史卷56
樂	法	才	南史卷56附樂藹傳
樂	彥	禎	舊唐書卷181 新唐書卷210藩鎭附何進滔傳
樂	彥	瑋	舊唐書卷81 新唐書卷99附劉洎傳
樂	從	訓	舊唐書卷181附樂彥楨傳
樂	黃	目	宋史卷306
樂	道	融	晉書卷89忠義
樂	韶	鳳	明史卷136
樂	頤	之	南史卷73孝義 （南齊書卷55作樂頤）
魯		丕	後漢書卷55附魯恭傳
魯		芝	晉書卷90良吏
魯		炅	舊唐書卷114 新唐書卷147
魯		恭	後漢書卷55
魯		爽	宋書卷74 南史卷40
魯		勝	晉書卷94隱逸
魯		欽	明史卷270
魯		肅	三國吳志卷9或54
魯		經	明史卷174附魯鑑傳
魯		穆	明史卷158
魯		褒	晉書卷94隱逸
魯		鐸	明史卷163
魯		鑑	明史卷174
魯		麟	明史卷174附魯鑑傳
魯	世	任	明史卷293忠義
魯	世	達	北史卷82儒林 隋書卷75儒林 史記卷83
魯	仲	連	
魯	有	開	宋史卷426循吏
魯	宗	文	明史卷270附魯欣傳
魯	宗	道	宋史卷286
魯	悉	達	陳書卷13 南史卷67
魯	康	祚	南史卷73孝義附解叔謙傳
魯	廣	達	陳書卷31 南史卷67附魯悉達傳
慕	容	永	魏書卷95附徒河慕容廆傳
慕	容	冲	魏書卷95附徒河慕容廆傳
慕	容	泓	魏書卷95附徒河慕容廆傳
慕	容	恪	晉書卷111前燕載記
慕	容	契	魏書卷50附慕容白曜傳
慕	容	垂	晉書卷123後燕載記 魏書卷95附徒河慕容廆傳 北史卷93僭僞附前

歐陽	紇	陳書卷9附歐陽頠傳 南史卷66附歐陽頠傳
歐陽	迥	宋史卷479西蜀世家附孟昶傳
歐陽	重	明史卷203
歐陽	秬	新唐書卷203文藝附歐陽詹傳
歐陽	修	宋史卷319
歐陽	珣	宋史卷448忠義
歐陽	通	舊唐書卷189上儒學附歐陽詢傳 新唐書卷198儒學附歐陽詢傳
歐陽	棐	宋史卷319附歐陽修傳
歐陽	發	宋史卷319附歐陽修傳
歐陽	詢	舊唐書卷189上儒學 新唐書卷198儒學
歐陽	詹	新唐書卷203文藝
歐陽	瑜	明史卷283儒林附歐陽德傳
歐陽	韶	明史卷139附韓宜可傳
歐陽	銘	明史卷140附道同傳
歐陽	頠	陳書卷9 南史卷66 宋史卷455忠義
歐陽	澈	宋史卷455忠義
歐陽	德	明史卷283儒林
歐陽	歙	後漢書卷109上儒林
歐陽	鐸	明史卷203
歐陽	一敬	明史卷215
歐陽	守道	宋史卷411
歐陽	東鳳	明史卷231附顏惟成傳
歐陽	顯宇	明史卷294忠義附張鵬翼傳

褚	向	南史卷28附褚裕之傳
褚	玠	陳書卷34文學 南史卷28附褚裕之傳
褚	炫	南齊書卷32 南史卷28附褚裕之傳
褚	炤	南史卷28附褚裕之傳
褚	亮	舊唐書卷72 新唐書卷102
褚	修	梁書卷47孝行 南史卷74孝義
褚	陶	晉書卷92文苑
褚	爽	晉書卷93外戚
褚	淵	南齊書卷23(南史卷28作褚彥回)
褚	球	梁書卷41 南史卷28附褚裕之傳
褚	翔	梁書卷41 南史卷28附褚裕之傳
褚	贲	南史卷28附褚裕之傳
褚	羡	晉書卷77
褚	裒	晉書卷93外戚
褚	該	周書卷47藝術 北史卷90藝術
褚	暉	北史卷82儒林(隋書卷75作褚輝)
褚	輝	隋書卷75儒林(北史卷82作褚暉)
褚	蒙	南史卷28附褚裕之傳
褚	蓁	南齊書卷23附褚淵傳
褚		南史卷28附褚裕之傳
褚	澄	南齊書卷23附褚淵傳
褚		南史卷28附褚裕之傳
褚	灃	南史卷28附褚裕之傳

十五畫

歐褚

十五畫　褚樊潘

褚	璟	新唐書卷105附褚遂良傳
褚	無量	舊唐書卷102 / 新唐書卷200儒學
褚	不華	元史卷194忠義
褚	伯玉	南齊書卷54高逸 / 南史卷75隱逸
褚	叔度	宋書卷52(南史卷28作褚裕之)
褚	承亮	金史卷127隱逸
褚	彥回	南史卷28附褚裕之傳(南齊書卷23作褚淵)
褚	淡之	南史卷28附褚裕之傳
褚	湛之	南史卷28附褚裕之傳
褚	遂良	舊唐書卷80 / 新唐書卷105
褚	裕之	南史卷28(宋書卷52作褚叔度)
樊	宏	後漢書卷62
樊	阿	三國魏志卷29方技附華陀傳
樊	英	後漢書卷112上方術
樊	建	三國蜀志卷5或35附諸葛亮傳
樊	猛	陳書卷31附樊毅傳 / 南史卷67附樊毅傳
樊	深	周書卷45儒林 / 北史卷82儒林 / 明史卷207附楊思忠傳
樊	須	史記卷67仲尼弟子
樊	淵	元史卷197孝友
樊	準	後漢書卷62附樊宏傳
樊	楫	元史卷166
樊	遜	北齊書卷45文苑 / 北史卷83文苑
樊	毅	陳書卷31 / 南史卷67
樊	瑩	明史卷186
樊	噲	史記卷95 / 漢書卷91
樊	曄	後漢書卷107酷吏
樊	興	舊唐書卷57附劉文靜傳 / 新唐書卷88附裴寂傳
樊	澤	舊唐書卷122 / 新唐書卷159
樊	儵	後漢書卷62附樊宏傳
樊	衡	明史卷279
樊	子蓋	北史卷76 / 隋書卷63
樊	子鵠	魏書卷80 / 北史卷49
樊	玉衡	明史卷233
樊	志張	後漢書卷112下方術
樊	知古	宋史卷276
樊	叔略	北史卷86循吏 / 隋書卷73循吏
樊	宗師	新唐書卷159附樊澤傳
樊	執敬	元史卷195忠義
樊	景溫	宋史卷456孝義
樊	鼎遇	明史卷233附樊玉衡傳
樊	維城	明史卷233附樊玉衡傳
潘	方	宋史卷454忠義附鍾季玉傳
潘	尼	晉書卷55附潘岳傳
潘	旦	明史卷203附潘珍傳
潘	弘	明史卷293忠義
潘	鳳	宋史卷333
潘	佑	宋史卷478南唐世家附李景傳
潘	辰	明史卷152附陳濟傳
潘	岳	晉書卷55

（天）

潘		京	晉書卷90良吏
潘		牥	宋史卷425
潘		府	明史卷282儒林
潘		美	宋史卷258
潘		珍	明史卷203
潘		恩	明史卷202附周延傳
潘		勖	三國魏志卷21附衛覬傳
潘		塤	明史卷203
潘		綜	宋書卷91孝義 南史卷73孝義
潘		禋	明史卷154附柳升傳
潘		榮	明史卷157
潘		璋	三國吳志卷10或55
潘		樂	北齊書卷15 北史卷53
潘		濬	三國吳志卷16或61
潘		蕃	明史卷186
潘		徽	北史卷83文苑 隋書卷76文學
潘		環	舊五代史卷94晉書
潘	士	藻	明史卷234附李忭傳
潘	永	思	宋史卷465外戚
潘	永	基	魏書卷72 北史卷45
潘	守	恆	金史卷131宦者附宋珪傳
潘	好	禮	舊唐書卷185下良吏 新唐書卷128
潘	志	伊	明史卷223附朱衡傳
潘	良	貴	宋史卷376
潘	孟	陽	舊唐書卷162 新唐書卷160
潘	季	馴	明史卷223
潘	宗	顏	明史卷291忠義
潘	師	正	舊唐書卷192隱逸 新唐書卷196隱逸附吳筠傳
潘	庭	堅	明史卷135附范常傳
潘	崇	徹	宋史卷481南漢世家附劉鋹傳
潘	愼	修	宋史卷296
蔣		乂	舊唐書卷149 新唐書卷132
蔣		沇	舊唐書卷185下良吏 新唐書卷112附蔣欽緒傳
蔣		伸	新唐書卷132附蔣乂傳
蔣		昇	周書卷47藝術 北史卷89藝術 明史卷187附洪鐘傳
蔣		係	新唐書卷132附蔣乂傳
蔣		芾	宋史卷384
蔣		英	明史卷245附周宗建傳
蔣		信	明史卷156附金忠傳 明史卷283儒林附湛若水傳
蔣		恭	宋書卷91孝義 南史卷73孝義
蔣		殷	舊五代史卷13梁書 新五代史卷13雜傳 明史卷190
蔣		冕	明史卷190
蔣		清	舊唐書卷187下忠義 新唐書卷112附蔣欽緒傳
蔣		偕	新唐書卷132附蔣乂傳 宋史卷326
蔣		堂	宋史卷298
蔣		欽	三國吳志卷10或55 明史卷188

十五畫

潘蔣

十五畫

蔣 鄧

蔣		斌	三國蜀志卷14或44附蔣琬傳
蔣		琬	三國蜀志卷14或44 明史卷155附蔣貴傳
蔣		貴	明史卷155
蔣		琮	明史卷304宦官
蔣		歆	宋史卷363
蔣		瑤	明史卷194
蔣		靜	宋史卷356
蔣		濟	三國魏志卷14
蔣		曙	新唐書卷132附蔣乂傳
蔣		鎮	舊唐書卷127
蔣		儼	舊唐書卷185上良吏 新唐書卷100
蔣		顯	三國蜀志卷14或44附蔣琬傳
蔣	子	春	宋史卷152忠義附龔楫傳
蔣	之	奇	宋史卷343
蔣	少	游	魏書卷91藝術 北史卷90藝術
蔣	允	儀	明史卷235
蔣	玄	暉	新唐書卷223下姦臣附柳璨傳
蔣	佳	徵	明史卷292忠義
蔣	係	伸	舊唐書卷149附蔣乂傳
蔣	重	珍	宋史卷411
蔣	欽	緒	新唐書卷112
蔣	德	璟	明史卷251
蔣	興	祖	宋史卷452忠義
鄧		6艾	三國魏志卷28
鄧		7攸	晉書卷90良吏
鄧		珅	明史卷273附左良玉傳

鄧		8芝	三國蜀志卷15或45
鄧		9禹	後漢書卷46
鄧		述	魏書卷24附鄧淵傳
鄧		郁	南史卷76隱逸
鄧		10訓	後漢書卷46附鄧禹傳
鄧		原	明史卷304宦官附何鼎傳
鄧		11通	史記卷125佞幸 漢書卷93佞幸
鄧		晨	後漢書卷45
鄧		彪	後漢書卷74
鄧		淵	魏書卷24(北史卷21作鄧彥海)
鄧		12琬	宋書卷84 南史卷40
鄧		羨	魏書卷24附鄧淵傳
鄧		13遐	晉書卷81附鄧嶽傳
鄧		粲	晉書卷82
鄧		肅	宋史卷375
鄧		愈	明史卷126
鄧		14縮	宋史卷329
鄧		15潁	魏書卷24附鄧淵傳
鄧		17颺	三國魏志卷9附曹真傳
鄧		嶽	晉書卷81
鄧		18顯	明史卷172附張驥傳
鄧		20隲	後漢書卷46附鄧禹傳
鄧		驀	晉書卷70
鄧		躋	魏書卷24附鄧淵傳
鄧		22儼	金史卷97
鄧	3子	龍	明史卷247

鄧 4中	和	宋史卷456孝義	
鄧 文	原	元史卷172	
鄧 元	起	梁書卷10 南史55	
鄧 元	錫	明史卷283儒林	
鄧 5玄	挺	舊唐書卷190上文苑	
鄧 世	隆	舊唐書卷73附令狐 德棻傳 新唐書卷102附令 狐德棻傳	
鄧 以	讚	明史卷283儒林	
鄧 6守	恩	宋史卷466宦官	
鄧 7孝	甫	宋史卷458隱逸	
鄧 廷	瓚	明史卷172	
鄧 8季	筠	舊五代史卷19梁書	
鄧 宗	古	宋史卷456孝義	
鄧 宗	慶	魏書卷24附鄧淵傳	
鄧 9若	水	宋史卷455忠義	
鄧 洵	武	宋史卷329附鄧琯傳	
鄧 彥	海	北史卷21(魏書卷24 作鄧淵)	
鄧 洪	震	明史卷215附周弘祖 傳	
鄧10祖	禹	明史卷269附姜名武 傳	
鄧11惟	恭	新唐書卷214藩鎮附 劉玄佐傳	
鄧 處	訥	新唐書卷186	
鄧 得	遇	宋史卷451忠義	
鄧12景	山	舊唐書卷110 新唐書卷141 宋史卷343	
鄧15潤	甫		
鄧19瀋	錫	明史卷291忠義	
鄧20繼	曾	明史卷207	

蔡	4卞	宋史卷472姦臣附蔡 京傳	
蔡	5玄	後漢書卷109下儒林	
蔡	6羽	明史卷287文苑附文 徵明傳	
蔡	7抗	宋史卷328附蔡挺傳	
蔡	沉	宋史卷434儒林附蔡 元定傳	
蔡	攸	宋史卷472姦臣附蔡 京傳	
蔡	8杭	宋史卷420	
蔡	定	宋史卷456孝義	
蔡	京	宋史卷472姦臣	
蔡	9茂	後漢書卷56	
蔡	衍	後漢書卷97黨錮	
蔡	約	南齊書卷46 南史卷29附蔡廓傳	
蔡	洸	宋史卷390	
蔡	珍	元史卷166	
蔡	10邕	後漢書卷90	
蔡	倫	後漢書卷108宦者	
蔡	豹	晉書卷81	
蔡	祐	周書卷27 北史卷65	
蔡	挺	宋史卷328	
蔡	珪	金史卷125文藝附蔡 松年傳	
蔡	11清	明史卷282儒林	
蔡	12順	後漢書卷69附周磐 傳	
蔡	儵	宋史卷472姦臣附蔡 京傳	
蔡	13義	漢書卷66	
蔡	裔	晉書卷77	
蔡	運	明史卷143附程通傳	

十
五
畫

鄧
蔡

十五畫

蔡鄒

蔡	14	廓	宋書卷57 南史卷29
蔡		齊	宋史卷286
蔡		肇	宋史卷444文苑
蔡	15	撙	梁書卷21 南史卷29附蔡廓傳
蔡		徵	陳書卷29 南史卷68附蔡景歷傳
蔡		儁	北齊書卷19 北史卷53
蔡		確	宋史卷471姦臣
蔡	16	澤	史記卷79
蔡		凝	陳書卷34文學 南史卷29附蔡廓傳
蔡		遷	明史卷134
蔡	17	薈	南史卷76隱逸附吳苞傳
蔡		襄	宋史卷320
蔡		謨	晉書卷77
蔡	18	巍	宋史卷354
蔡	2八	兒	金史卷124忠義
蔡	3子	英	明史卷124附擴廓帖木兒傳
蔡	大	業	周書卷48附蕭督傳
蔡	大	寶	周書卷48附蕭詧傳 北史卷93僭偽附蕭詧傳 梁附蕭詧傳
蔡	4元	定	宋史卷434儒林
蔡	允	恭	舊唐書卷190上文苑 新唐書卷201文藝
蔡	天	祐	明史卷200
蔡	5幼	學	宋史卷434儒林
蔡	6汝	楠	明史卷287文苑附高叔嗣傳
蔡	7廷	玉	新唐書卷193忠義
蔡		延 慶	宋史卷286附蔡齊傳

蔡	8松	年	金史卷125文藝
蔡		居 厚	宋史卷356
蔡		宗 興	宋史卷57附蔡廓傳
蔡	10時	鼎	明史卷230
蔡	11國	用	明史卷253附程國祥傳
蔡		國 珍	明史卷224
蔡	12復	一	明史卷249
蔡		景 歷	陳書卷16 南史卷68
蔡	13道	恭	梁書卷10 南史卷55
蔡		道 憲	明史卷294忠義
蔡	15毅	中	明史卷216
蔡		審 廷	宋史卷271
蔡	16興	宗	宋書卷57附蔡廓傳 南史卷29附蔡廓傳 南史卷73孝義附吳達之傳
蔡		曇 智	明史卷263
蔡	17懋	德	
鄒	3山		明史卷289忠義附宋以方傳
鄒	4太		後漢書卷100
鄒		方	晉書卷59附齊王冏傳
鄒		元	舊唐書卷146
鄒	5弘		漢書卷66 後漢書卷63
鄒		玄	後漢書卷65
鄒		丙	宋史卷394
鄒		玉	元史卷196忠義
鄒	6吉		漢書卷70
鄒		冲	晉書卷33
鄒		光	新唐書卷206外戚

鄭	向	宋史卷301
鄭	7均	後漢書卷57
鄭	灼	陳書卷33儒林 南史卷71儒林
鄭	阮	舊五代史卷36晉書
鄭	亭	明史卷116
鄭	辰	明史卷157
鄭	8注	舊唐書卷169 新唐書卷179
鄭	岳	明史卷203
鄭	定	明史卷286文苑附林鴻傳
鄭	和	明史卷304宦官
鄭	9畋	舊唐書卷178 新唐書卷185
鄭	珏	舊五代史卷58唐書 新五代史卷54雜傳
鄭	俠	宋史卷321
鄭	洛	明史卷222
鄭	10修	魏書卷90逸士 北史卷88隱逸
鄭	虔	新唐書卷202文藝
鄭	家	金史卷65附昭傳
鄭	起	宋史卷439文苑
鄭	振	宋史卷453忠義
鄭	恕	明史卷142附顏伯瑋傳
鄭	11衆	後漢書卷66附鄭興傳 後漢書卷108宦者
鄭	崇	漢書卷77
鄭	球	晉書卷44附鄭袤傳
鄭	袤	晉書卷44
鄭	頂	周書卷36附鄭偉傳
鄭	偉	周書卷36 北史卷35附鄭羲傳
鄭	朗	舊唐書卷173附鄭覃傳 新唐書卷165附鄭珣瑜傳
鄭	宗	宋史卷420
鄭	12渾	三國魏志卷16
鄭	絪	舊唐書卷159 新唐書卷165
鄭	覃	舊唐書卷173 新唐書卷165附鄭珣瑜傳 宋史卷453忠義
鄭	琮	舊五代史卷91晉書
鄭	13華	明史卷142附顏伯瑋傳
鄭	肅	舊唐書卷176 新唐書卷182
鄭	雍	宋史卷342
鄭	僅	宋史卷353
鄭	鼎	元史卷154 明史卷290忠義附徐朝綱傳
鄭	溫	元史卷154
鄭	義	元史卷166
鄭	14演	魏書卷55附劉芳傳
鄭	綮	舊唐書卷179 新唐書卷183
鄭	遨	新五代史卷34一行（舊五代史93作鄭雲叟）
鄭	戩	宋史卷292
鄭	轂	宋史卷399
鄭	綺	宋史卷456孝義
鄭	15獬	宋史卷321
鄭	賜	明史卷151

十五畫

鄭

十五畫	鄭	16 與	後漢書卷66
	鄭	獣	晉書卷44附鄭袤傳
	鄭	頤	北齊書卷34附楊愔傳
			北史卷41附楊播傳
鄭	鄭	澣	舊唐書卷158附鄭餘慶傳
			新唐書卷165附鄭餘慶傳
	鄭	穆	宋史卷347
	鄭	樵	宋史卷436儒林
	鄭	曉	明史卷199
	鄭	17 羲	魏書卷56
			北史卷35
	鄭	褒	宋史卷448忠義附趙立傳
	鄭	濂	明史卷296孝義
	鄭	18 薰	新唐書卷177
	鄭	謨	明史卷297孝義
	鄭	20 譯	周書卷35附鄭孝穆傳
			北史卷35附鄭羲傳
			隋書卷38
	鄭	21 顥	舊唐書卷159附鄭綱傳
			新唐書卷165附鄭綱傳
	鄭	22 懿	魏書卷56附鄭羲傳
	鄭	儼	魏書卷93恩倖
			北史卷35附鄭羲傳
	鄭	權	舊唐書卷162
			新唐書卷159
	鄭	27 驤	宋史卷301
			宋史卷448忠義
	鄭	1 一 鵬	明史卷206
	鄭	2 士 利	明史卷139
	鄭	三 俊	明史卷254
	鄭	子 聘	金史卷125文藝
鄭	4 公 智	明史卷141附方孝孺傳
鄭	允 謨	舊唐書卷158附鄭餘慶傳
鄭	仁 表	新唐書卷182附鄭肅傳
鄭	仁 誨	舊五代史卷123周書
		新五代史卷31周臣
鄭	文 嗣	元史卷197孝友
鄭	文 寶	宋史卷277
鄭	元 綏	明史卷293忠義附趙興基傳
鄭	元 德	北齊書卷29附鄭述祖傳
鄭	元 璹	舊唐書卷62附鄭善果傳
		新唐書卷100附鄭善果傳
鄭	5 本 公	明史卷192
鄭	以 偉	明史卷251附徐光啓傳
鄭	幼 儒	魏書卷56附鄭羲傳
鄭	世 翼	舊唐書卷190上文苑
		新唐書卷201文藝附崔信明傳
鄭	6 仲 禮	北齊書卷18外戚
鄭	自 璧	明史卷208
鄭	先 護	魏書卷56附鄭羲傳
鄭	7 延 昌	新唐書卷182
鄭	伯 歆	魏書卷56附鄭羲傳
鄭	成 憲	明史卷300外戚
鄭	孝 穆	周書卷35
鄭	8 性 之	宋史卷419
鄭	季 亮	魏書卷56附鄭羲傳
鄭	受 益	舊五代史卷96晉書
鄭	長 歆	魏書卷55附劉芳傳

鄭	居	中	宋史卷351
鄭	居	貞	明史卷141附方孝孺傳
鄭9建	充		金史卷82
鄭	茂	休	舊唐書卷158附鄭餘慶傳
鄭	述	祖	北齊書卷29 北史卷35附鄭義傳
鄭	洛	書	明史卷206附解一貫傳
鄭10剛	中		宋史卷370
鄭	珣	瑜	新唐書卷165
鄭	祗	德	舊唐書卷159附鄭絪傳
鄭11望	之		宋史卷373
鄭	清	之	宋史卷414
鄭	連	山	魏書卷56附鄭義傳
鄭	紹	叔	梁書卷11 南史卷56
鄭	國	昌	明史卷291忠義
鄭	惟	忠	舊唐書卷100 新唐書卷128
鄭	陶	孫	元史卷190儒學附鄭滁孫傳
鄭	崇	儉	明史卷260
鄭	處	誨	舊唐書卷158附鄭餘慶傳 新唐書卷165附鄭餘慶傳
鄭	從	讜	舊唐書卷158附鄭餘慶傳 新唐書卷165附鄭餘慶傳
鄭12爲	虹		明史卷277
鄭	欽	說	新唐書卷200儒學附趙冬曦傳
鄭	善	夫	明史卷286文苑
鄭	善	果	舊唐書卷62 新唐書卷100
鄭	璠	叟	舊五代史卷93晉書（新五代史34作鄭璠）

			(遼)
鄭	雲	逵	舊唐書卷137 新唐書卷161
鄭13遇	春		明史卷131
鄭	當	時	史記卷120 漢書卷50
鄭	滁	孫	元史卷190儒學
鄭	裔	綽	新唐書卷165附鄭珣瑜傳
鄭	道	昭	魏書卷56附鄭義傳
鄭	道	邕	北史卷35附鄭義傳
鄭14維	垣		明史卷164附鄭崖傳
鄭15德	元		北齊書卷29附鄭述祖傳
鄭	履	淳	明史卷215
鄭	澣	曜	新唐書卷195孝友
鄭16輯	之		魏書卷56附鄭義傳
鄭	興	裔	宋史卷465外戚
鄭	餘	慶	舊唐書卷158 新唐書卷165
鄭	遵	謙	明史卷276附錢肅樂傳
鄭17鮮	之		宋書卷64 南史卷33
鄭19韜	光		舊五代史卷92晉書
鄭20繼	之		明史卷225
鄭	嚴	祖	魏書卷56附鄭義傳
劉	2乂		新唐書卷176附韓愈傳
劉	3凡		宋史卷262附劉溫叟傳
劉	才		明史卷145附陳亨傳
劉	4友		漢書卷38諸王（趙幽王） 宋書卷90諸王（卽邵陵嘉王） 南史卷14宋宗室諸王

293

十五畫

劉

劉	巴	三國蜀志卷9或39
劉	卞	晉書卷36
劉	方	北史卷73 隋書卷53
劉	元	元史卷203方技附阿尼哥傳
劉	文	明史卷211附王效傳
劉	5旦	漢書卷63諸王(卽燕剌王)
劉	玄	後漢書卷41
劉	永	後漢書卷42 三國蜀志卷4或34 (卽先主子永)
劉	弘	晉書卷66 北史卷85節義 隋書卷71誠節
劉	平	後漢書卷69 宋史卷325
劉	尼	魏書卷30 北史卷28
	用	宋史卷279
劉	甲	宋史卷337
劉	正	元史卷176
劉	丙	明史卷172
劉	玉	明史卷175 明史卷203
劉	6安	史記卷118(卽淮南王) 明史卷207
劉	交	漢書卷36(史記卷50作楚元王世家)
劉	向	漢書卷36
劉	伉	後漢書卷85諸王(卽千乘貞王)
劉	全	後漢書卷85諸王(卽平春悼王)
劉	兆	晉書卷91儒林
劉	休	南齊書卷34 南史卷47

劉	戍	宋史卷267附陳規傳
劉	因	元史卷171
劉	吉	明史卷168
劉	宇	漢書卷80諸王(卽東平思王) 明史卷306閹黨附焦芳傳
劉	7良	後漢書卷44宗室(卽趙孝王)
劉	延	後漢書卷72諸王(卽阜陵質王)
劉	劭	三國魏志卷21 宋書卷99 魏書卷97附島夷劉裕傳 南史卷14宋宗室(目作元凶劭)
劉	伶	晉書卷49
劉	沆	晉書卷89忠義
劉	宏	宋書卷72諸王(建平宣簡王) 南史卷14宋宗室諸王
劉	志	周書卷36附裴果傳
劉	迅	舊唐書卷102附劉子玄傳 新唐書卷132附劉子玄傳
劉	助	新唐書卷181附劉瞻傳
劉	言	舊五代史卷133世襲附馬殷傳 新五代史卷66楚世家附馬殷傳
劉	玘	舊五代史卷64唐書 新五代史卷45雜傳
劉	沆	宋史卷285
劉	汲	宋史卷448忠義
劉	沐	宋史卷454忠義附鄺�傳
劉	伸	遼史卷98
劉	均	金史卷117附粘哥荊山傳

劉	成	明史卷133附桑世傑傳	劉	奇	新唐書卷90附劉政會傳
劉	辰	明史卷150	劉	岳	舊五代史卷68唐書　新五代史卷55雜傳
劉	玫	明史卷159	劉	恽	舊唐書卷143　新唐書卷212藩鎮
劉	⑧武	漢書卷47諸王(史記58作梁孝王世家)	劉	昌	舊唐書卷152　新唐書卷170
劉	長	史記卷118(即淮南厲王)　漢書卷44　後漢書卷80(即濟陰悼王)	劉	沔	舊唐書卷161　新唐書卷171
劉	非	漢書卷53諸王(即江都易王)	劉	旻	新五代史卷70東漢世家　(舊五代史卷135作劉崇)
劉	尚	後漢書卷72諸王附東平憲王蒼傳(即任城孝王)	劉	昇	新唐書卷106附劉德威傳
劉	京	後漢書卷72諸王(即琅邪孝王)	劉	玢	舊五代史卷135僭偽附劉涉傳　新五代史卷65南漢世家附劉隱傳
劉	肥	漢書卷38諸王(史記卷52作齊悼惠王世家)	劉	㳂	宋史卷319附劉敞傳
劉	表	後漢書卷104下　三國魏志卷6	劉	玠	宋史卷452忠義附趙士隆傳
劉	昆	後漢書卷109上儒林	劉	易	宋史卷458隱逸
劉	放	三國魏志卷14	劉	昂	金史卷126文藝
劉	波	晉書卷69附劉隗傳	劉	忠	明史卷181
劉	和	晉書卷101前趙載記	劉	⑨恢	漢書卷38諸王(即趙共王)
劉	虯	南齊書卷54高逸　南史卷50	劉	建	漢書卷38諸王(即燕靈王)　後漢書卷80諸王(即千乘哀王)
劉	坦	梁書卷19　南史卷50附劉虯傳	劉	勃	漢書卷44附劉長傳
劉	沼	梁書卷50文學　南史卷49附劉懷珍傳	劉	胥	漢書卷63諸王(即廣陵厲王)
劉	杳	梁書卷50文學　南史卷49附劉懷珍傳	劉	祉	後漢書卷44宗室(即城陽恭王)
劉	芳	魏書卷55　北史卷42	劉	英	後漢書卷72諸王(即楚王)
劉	昉	北史卷74　隋書卷38	劉	建	後漢書卷80諸王
			劉	衍	後漢書卷80諸王(即下邳惠王)
			劉	珍	後漢書卷110上文苑
			劉	茂	後漢書卷111獨行

十五畫

劉

十五畫	劉	封	三國蜀志卷10或40	劉	拯	宋史卷356

十五畫	劉	封	三國蜀志卷10或40	劉	拯	宋史卷356
	劉	柳	晉書卷61附劉喬傳	劉	昺	宋史卷356
	劉	胤	晉書卷81	劉	珏	宋史卷378
劉	劉	宣	晉書卷101前趙載記 宋史卷453忠義 元史卷168	劉	拿	宋史卷444文苑
				劉	美	宋史卷463外戚
	劉	苞	梁書卷49文學 南史卷39附劉勔傳	劉	炳	金史卷106
	劉	昭	梁書卷49文學 南史卷72文學 明史卷174附史昭傳	劉	政	金史卷127孝友 明史卷141附方孝孺傳
	劉	昞	後漢書卷80諸王(即淮陽頃王) 魏書卷52(北史34作劉延明)	劉	春	明史184
	劉	昶	宋書卷72諸王(即晉熙王) 魏書卷59 南史卷14宋宗室諸王 北史卷29	劉	10乘	漢書卷53諸王(即清河哀王史記卷59作五宗世家)
	劉	肯	魏書卷93恩倖附茹皓傳	劉	般	後漢書卷69
	劉	昱	魏書卷97島夷劉裕傳 明史卷154附劉儁傳	劉	荊	後漢書卷72諸王(即廣陵思王)
	劉	亮	周書卷17 北史卷65	劉	恭	後漢書卷80諸王(即彭城靖王)
	劉	盈	周書卷48附蕭詧傳	劉	祐	後漢書卷97黨錮 北史卷89藝術 隋書卷78藝術附蕭吉傳
	劉	胡	南史卷40附鄧琬傳			
	劉	炫	北史卷82儒林 隋書卷75儒林	劉	矩	後漢書卷106循吏
	劉	洎	舊唐書卷74 新唐書卷99	劉	根	後漢書卷112下方術
	劉	昫	舊五代史卷89晉書 新五代史卷55雜傳	劉	耽	晉書卷61附劉喬傳
	劉	信	舊五代史卷105漢宗室(即蔡王) 新五代書卷18漢家人	劉	殷	晉書卷88孝友
				劉	彧	魏書卷97附島夷劉裕
				劉	悛	南齊書卷37 南史卷39附劉勔傳
	劉	述	宋史卷321	劉	峻	梁書卷50文學 南史卷49附劉懷珍傳
	劉	庠	宋史卷322	劉	訏	梁書卷51處士 南史卷49附劉懷珍傳

劉	迵	舊唐書卷102附劉子玄傳 新唐書卷132附劉子玄傳
劉	秩	舊唐書卷102附劉子玄傳 新唐書卷132附劉子玄傳
劉	晏	舊唐書123 新唐書149 宋史卷453忠義
劉	砳	舊唐書153 新唐書卷193忠義
劉	悟	舊唐書卷161 新唐書卷214藩鎮
劉	訓	舊五代史卷61唐書
劉	捍	舊五代史卷26梁書 新五代史卷21梁臣
劉	陟	舊五代史卷135僭偽 (五代史65作劉龑)
劉	珙	宋史386
劉	韐	宋史401
劉	涇	宋史卷443文苑
劉	恕	宋史444文苑
劉	泰	宋史卷453忠義
劉	珫	金史卷97附劉瑋傳
劉	容	元史134
劉	恩	元史166
劉	翊	明史168
劉	校	明史卷189附何遷傳
劉	訒	明史202
劉	11参	漢書卷47諸王(即代孝王)
劉	寄	漢書卷53諸王(即膠東康王史記卷59作五宗世家)
劉	寬	漢書卷80諸王(即中山哀王)
劉	康	漢書卷80諸王(即定陶共王) 後漢書卷72諸王(即濟南安王)
劉	陶	後漢書卷87
劉	淑	後漢書卷85諸王(即城陽懷王) 後漢書卷97黨錮
劉	焉	後漢書72諸王(即中山簡王) 後漢書卷105 三國蜀志卷1或31
劉	梁	後漢書卷110下文苑
劉	翊	後漢書111獨行 宋史卷447忠義附李遹傳
劉	理	三國蜀志卷4或34(即先主子理)
劉	敏	三國蜀志卷14或44附蔣琬傳 元史153 明史卷138附周植傳
劉	基	三國吳志卷4或49附劉繇傳 明史128
劉	惇	三國吳志卷18或63
劉	愀	晉書卷75
劉	勔	宋書86 南史39
劉	睿	魏書卷23附劉庫仁傳
劉	淵	魏書卷95附匈奴劉聰傳(晉書卷101作劉元海)
劉	晝	北齊書卷44儒林 北史卷81儒林
劉	逖	北齊書卷45文苑 北史卷42附劉芳傳
劉	祥	周書卷42附劉璠傳 南史卷15附劉穆之傳 北史卷70附劉璠傳
劉	晞	舊五代史卷98晉書

十五畫

劉

十五畫	劉	衰	舊五代史卷131周書	劉	植	後漢書卷51
	劉	晟	舊五代史卷135僭偽附劉陟傳 新五代史卷65南漢世家附陟傳	劉	隆	後漢書卷52
劉	劉	崇	舊五代史卷135僭偽 新五代史卷18漢家人(目作劉旻)	劉	羨	後漢書卷80諸王(卽陳敬王)
	劉	章	宋史卷390	劉	開	後漢書卷85諸王(卽河閒孝王)
	劉	通	元史卷152 元史卷197孝友	劉	備	三國蜀志卷2或32(卽先主)
	劉	淳	明史卷137附桂彥良傳	劉	琰	三國蜀志卷10或40
	劉	崧	明史卷137	劉	智	晉書卷41附劉寔傳
	劉	球	明史卷162	劉	寔	晉書卷41
	劉	釪	明史卷162附劉球傳	劉	喬	晉書傳61
	劉	健	明史卷181	劉	琨	晉書卷62
	劉	12楫	漢書卷47諸王(卽梁懷王)	劉	超	晉書卷70
	劉	勝	漢書卷53諸王(卽中山靖王史記卷59作五宗世家) 後漢書卷85諸王(卽平原懷王)	劉	湛	宋書卷69 南史卷35
	劉	發	漢書卷53諸王(卽長沙定王史記卷59作五宗世家)	劉	渾	宋書卷79諸王(卽武昌王) 南史卷14宋宗室諸王
				劉	準	魏書卷97附島夷劉裕傳
	劉	舜	漢書卷53諸王(卽常山憲王史記卷59作五宗世家)	劉	貴	北齊書卷19 北史卷53
	劉	越	漢書卷53諸王(卽廣川惠王史記卷59作五宗世家) 宋史卷303附滕宗諒傳	劉	雄	周書卷29 北史66 明史卷175附何洪傳
				劉	渢	南史卷73孝義
				劉	焯	北史卷82儒林 隋書卷75儒林
	劉	閎	漢書卷63諸王(卽齊懷王)	劉	斌	北史卷83文苑附潘徽傳 隋書卷76文學 宋史卷456孝義 元史卷152
	劉	欽	漢書卷80諸王(卽淮陽憲王)	劉	眖	舊唐書卷102附劉子玄傳 新唐書卷132附劉子玄傳
	劉	順	後漢書卷44宗室(卽成武孝侯)	劉	詞	舊五代史卷124周書 新五代史卷50雜傳

劉	湜	宋史卷304	劉	粲	晉書卷102前趙載記 魏書卷95附匈奴劉 聰傳
劉	敞	宋史卷319			
劉	琦	宋史卷321 元史卷198孝友 明史卷206附馬錄傳	劉	嵩	宋書卷90諸王(卽新 興王) 南史卷14宋宗室諸 王
劉	渙	宋史卷324附劉文質 傳			
劉	遼	宋史卷351	劉	健	魏書卷23附劉庫仁 傳
劉	絢	宋史卷428道學	劉	裕	魏書卷97(目作島夷 劉裕)
劉	景	遼史卷86	劉	損	南史卷17附劉粹傳
劉	筈	金史卷78	劉	暄	南史卷47附江佑傳
劉	鈗	明史卷168附劉珝傳	劉	漾	南史卷73孝義附劉 渢傳
劉	最	明史卷207附鄭維會 傳	劉	滋	舊唐書卷136 新唐書卷132附劉子 玄傳
劉	策	明史卷248			
劉	渠	明史卷271附羅一貫 傳	劉	感	舊唐書卷187上忠義 新唐書卷191忠義
劉	閔	明史卷298隱逸	劉	鼎	舊五代史卷108漢書
劉	13敬	史記卷99(漢書卷43 作甚敬)	劉	遇	宋史卷260
劉	賈	漢書卷35(卽荆王史 記卷51作荆燕世家)	劉	載	宋史卷262
劉	歆	漢書卷36附劉向傳	劉	筠	宋史卷305
劉	愷	後漢書卷69附劉般 傳	劉	詵	宋史卷444文苑 元史卷190儒學
劉	瑜	後漢書卷87 宋史卷91孝義 南史卷73孝義 金史卷127孝友	劉	愚	宋史卷459隱逸
			劉	頍	金史卷78
劉	虞	後漢書卷103	劉	瑋	金史卷95
劉	資	三國魏志卷14附劉 放傳	劉	煥	金史卷128循吏
劉	禎	三國魏志卷21附王 粲傳	劉	蕭	元史卷160
劉	頌	晉書卷46	劉	源	元史卷198孝友
劉	羣	晉書卷62附劉琨傳	劉	鈗	明史卷162附劉球傳
劉	隗	晉書卷69	劉	鉉	明史卷163

十五畫	劉	煒	明史卷164	劉	璵	舊唐書卷177 新唐書卷182
	劉	槩	明史卷130附湯鼐傳	劉	銖	舊五代史卷107漢書 新五代史卷30漢臣
	劉	瑞	明史卷184	劉	福	宋史卷275
	劉	綖	明史卷247	劉	綜	宋史卷277
	劉	漙	明史卷286文苑	劉	湜	宋史卷324附劉文質傳
劉	劉	準	明史卷297孝義附王俊傳	劉	蒙	宋史卷331附張問傳
	劉	14嘉	後漢書卷14宗室(卽順陽懷侯)	劉	翰	宋史卷446忠義
	劉	端	漢書卷53諸王(卽膠西于王史記卷59作五宗世家)	劉	聚	明史卷155
	劉	輔	漢書卷77 後漢書卷72諸王(卽沛獻王)	劉	榮	漢書卷53諸王(卽臨江閔王史記卷59作五宗世家) 明史卷155
	劉	蒼	後漢書卷72諸王(卽東平憲王)	劉	戩	明史卷158附章敞傳
	劉	暢	後漢書卷80諸王(卽梁節王)	劉	寧	明史卷174
	劉	壽	後漢書卷85諸王(卽濟北惠王)	劉	蒞	明史卷188
	劉	毅	梁書卷11附王規傳 南史卷50附劉瓛傳	劉	魁	明史卷209
	劉	演	晉書卷62附劉琨傳	劉	臺	明史卷229
	劉	遐	晉書卷81	劉	綱	明史卷234 明史卷281循吏附范希正傳
	劉	粹	宋書卷45 南史卷17	劉	磐	明史卷293忠義
	劉	誕	宋書卷79諸王(卽竟陵王) 南史卷14宋宗室諸王	劉	15賜	史記卷118(卽衡山王) 漢書卷44附劉長傳 後漢書卷44宗室(卽安成孝侯)
	劉	禕	宋書卷79諸王(卽廬江王) 南史卷14宋宗室諸王	劉	餘	漢書卷53諸王(卽魯恭王史記卷59作五宗世家)
	劉	歊	梁書卷51處士 南史卷49附劉懷珍傳	劉	慶	後漢書卷85諸王(卽濟海孝王)
	劉	璡	南史卷39附劉勔傳	劉	寬	後漢書卷55
	劉	彙	舊唐書卷102附劉子玄傳	劉	毅	後漢書卷110上文苑 晉書卷45

		晉書卷85	劉	璉	明史卷128附劉基傳
劉	廙	三國魏志卷21	劉	儁	明史卷154
劉	璟	三國蜀志卷1或31 明史卷185附賣俊傳	劉	實	明史卷161
劉	潛	梁書卷41 南史卷39附劉勔傳 宋史卷442文苑附石 延年傳	劉	懋	明史卷203附劉玉傳
			16	澤	漢書卷35(卽燕王史 記卷51作荊燕世家)
劉	勰	梁書卷50文學 南史卷72文學	劉	閼	漢書卷53諸王(卽臨 江哀王史記卷59作 五宗世家)
劉	德	漢書卷53諸王(卽河 間獻王史記卷59作 五宗世家) 元史卷197孝友附郭 全傳	劉	據	漢書卷63(卽戾太 子)
			劉	興	漢書卷80諸王(卽中 山孝王) 後漢書卷44宗室附 齊武王縯傳(卽北海 靖王)
劉	潔	魏書卷28 北史卷25			
劉	模	魏書卷48附高允傳	劉	歆	後漢書卷44宗室(卽 泗水王)
劉	廞	魏書卷55附劉芳傳	劉	疆	後漢書卷72諸王(卽 東海恭王)
劉	褘	北齊書卷35	劉	衡	後漢書卷72諸王(卽 臨淮懷公)
劉	諒	南史卷39附劉勔傳			
劉	緩	南史卷72文學附劉 昭傳	劉	儒	後漢書卷97黨錮
劉	稹	舊唐書卷161附劉悟 傳 新唐書卷214藩鎭附 劉悟傳	劉	曄	三國魏志卷14
			劉	暾	晉書卷45附劉毅傳
劉	潼	新唐書卷149附劉晏 傳	劉	瓛	南齊書卷39附劉瓛 傳 南史卷50附劉瓛傳
劉	鄩	舊五代史卷23梁書 新五代史卷22梁臣			
劉	瑾	宋史卷333 明史卷304宦官	劉	遵	梁書卷41附劉孺傳 南史卷39附劉勔傳 周書卷42 北史卷70
劉	摯	宋史卷340	劉	瑤	
劉	閈	宋史卷350	劉	稻	南史卷72文學附劉 昭傳
劉	銳	宋史卷449忠義附陳 寅傳	劉	臻	北史卷83文苑 隋書卷76文學
劉	輝	魏書卷59附劉昶傳 遼史卷104文學	劉	龍	隋書卷68附何稠傳
劉	樞	金史卷105	劉	餗	舊唐書卷102附劉子 玄傳 新唐書卷132附劉子 玄傳
劉	廣	元史卷174			

十
五
畫

劉

十五畫	劉 濰	舊唐書卷143附劉怦傳 新唐書卷148
	劉 鄩	舊唐書卷177 新唐書卷183
劉	劉 憲	舊唐書卷190中文苑 新唐書卷202文藝 明史卷297孝義
	劉 蕡	舊唐書卷190下文苑 新唐書卷178
	劉 遲	新唐書卷149附劉晏傳
	劉 皡	舊五代史卷131周書
	劉 銀	舊五代史卷135僭偽 附劉陟傳 新五代史卷65南漢 世家附劉隱傳 宋史卷481南漢世家
	劉 煇	宋史卷262附劉溫叟 傳
	劉 陶	宋史卷297
	劉 錡	宋史卷366
	劉 穎	宋史卷404
	劉 翰	宋史卷461方技
	劉 豫	宋史卷475叛臣 金史卷77
	劉 萼	金史卷78
	劉 撝	金史卷97
	劉 整	元史卷161
	劉 璟	明史卷128附劉基傳
	劉 機	明史卷157附劉中敷 傳
	劉 靜	明史卷297孝義附容 師偓傳
	劉 17濞	史記卷106（即吳王） 漢書卷35
	劉 縯	後漢書卷44宗室（即 齊武王）
	劉 禪	三國蜀志卷3或33 （即後主）
劉 絲	三國吳志卷4或49
劉 輿	晉書卷62附劉琨傳
劉 邁	晉書卷85附劉毅傳
劉 聰	晉書卷102前趙載記 魏書卷95（目作匈奴 劉聰）
劉 鍾	宋書卷49 南史卷17
劉 禧	宋書卷90諸王（即始 建王） 南史卷14宋宗室諸 王
劉 濬	宋書卷99（即始興 王） 南史卷14宋宗室諸 王 元史卷195忠義
劉 孺	梁書卷41 南史卷39附劉勔傳
劉 駿	魏書卷97附島夷劉 裕傳
劉 懋	魏書卷55附劉芳傳 北史卷42附劉芳傳
劉 總	舊唐書卷143附劉怦 傳 新唐書卷212藩鎮附 劉總傳
劉 濟	舊唐書卷143附劉怦 傳 新唐書卷212藩鎮附 劉怦傳 明史卷192
劉 隱	新五代史卷65南漢 世家
劉 濛	新唐書卷149附劉晏 傳
劉 濤	宋史卷262
劉 誄	宋史卷275 宋史卷323
劉 徽	宋史卷405
劉 18馥	三國魏志卷15
劉 璿	三國蜀志卷4或34 （即後主太子）

劉	曜	晉書卷102前趙載記 魏書卷95附匈奴劉‧聰傳
劉	豐	北齊書卷27 北史卷53
劉	瞻	舊唐書卷177 新唐書卷181
劉	蟠	宋史276
劉	彝	宋史卷334
劉	顏	宋史卷432儒林
劉	謹	明史卷296孝義
劉	鎬	明史卷296孝義附旦敏傳
劉	19寵	後漢書卷106循吏
劉	翾	宋書卷90諸王(即隨陽王) 南齊書卷14宋宗室諸王
劉	繪	南齊書卷48 南史卷39附劉勔傳 明史卷208
劉	曠	北史卷86循吏 隋書卷73循吏
劉	贊	宋書卷80諸王(即武陵王) 南史卷14宋宗室諸王 舊唐書136附劉滋傳 新唐書卷132附劉子玄傳 舊五代史卷68唐書 新五代史卷28唐臣
劉	贇	舊五代史卷105漢書宗室(即湘陰公) 新五代史卷18漢家人
劉	䚩	漢書卷63諸王(即昌邑哀王)
劉	20黨	後漢書卷80諸王(即樂成靖王)
劉	藻	魏書卷70 北史卷45
劉	騰	魏書卷94閹官 北史卷92恩倖
劉	黨	魏書卷55附劉芳傳
劉	龔	新五代史卷65南漢世家(舊五代史卷135作龑陟)
劉	21囂	漢書卷80諸王(即楚孝王)
劉	蘭	魏書卷84儒林 北史卷81儒林 舊唐書卷63附薛萬徹傳 新唐書卷94附薛萬均傳
劉	闢	舊唐書卷140附韋皋傳 新唐書卷158附韋皋傳
劉	焴	宋史卷401
劉	22寬	梁書卷41附劉孺傳 南史卷39附劉勔傳
劉	霽	梁書卷47孝行 南史卷49附劉懷珍傳
劉	權	北史卷76 隋書卷63
劉	儼	明史卷152附周敍傳
劉	23鑠	宋書卷72諸王(即南平穆王) 南史卷14宋宗室諸王
劉	顯	梁書卷40 魏書卷23附劉庫仁傳 南史卷50附劉瓛傳 明史卷212
劉	夔	宋史卷298
劉	麟	明史卷194
劉	24巘	南齊書卷39 南史卷50
劉	25觀	明史卷151 明史卷282儒林
劉	1一止	宋史卷378
劉	一焜	明史卷240附劉一燝傳

十五畫

劉

十五畫	劉	一	煜	明史卷240附劉一燝傳			南史卷14宋宗室諸王
	劉	一	燝	明史卷240	劉	子 俊	宋史卷454忠義附鄭源傳
	劉	一	儒	明史卷220附王之誥傳	劉	子 眞	宋書卷80諸王（卽始安王）
劉	劉	3才	邵	宋史卷422			南史卷14宋宗室諸王
	劉	大	夏	明史卷182	劉	子 師	宋書卷80諸王（卽南海哀王）
	劉	三	吾	明史卷137			南史卷14宋宗室諸王
	劉	三	策	明史卷295忠義附王勵精傳	劉	子 翊	北史卷85誠節 隋書卷71節義
	劉	士	斗	明史卷295忠義	劉	子 勛	宋書卷80諸王（卽晉安王）
	劉	士	昭	宋史卷454忠義			南史卷14宋宗室諸王
	劉	士	涇	舊唐書卷152附劉昌傳 新唐書卷170附劉昌傳	劉	子 雲	宋書卷80諸王（卽晉陵孝王）
	劉	士	寧	舊唐書卷145附劉玄佐傳	劉	子 頊	南史卷14宋宗室諸王 宋書卷80諸王（卽臨海王）
	劉	士	儒	北史卷84孝行 隋書卷72孝義			南史卷14宋宗室諸王
	劉	子	仁	宋書卷80諸王（卽永嘉王） 南史卷14宋宗室諸王	劉	子 嗣	宋書卷80諸王（卽東平王） 南史卷14宋宗室諸王
	劉	子	元	宋書卷80諸王（卽邵陵王） 南史卷14宋宗室諸王	劉	子 業	魏書卷97附島夷劉裕傳
	劉	子	玄	舊唐書卷102 新唐書卷132	劉	子 霄	宋書卷80諸王（卽淮陽思王） 南史卷14宋宗室諸王
	劉	子	羽	宋書卷80（卽齊敬王） 南史卷14宋宗室諸王 宋史卷370	劉	子 翬	宋史卷434儒林
					劉	子 鷹	宋史卷454忠義
	劉	子	尙	宋書卷80諸王（卽豫章王） 南史卷14宋宗室諸王	劉	子 鸞	宋書卷80諸王（始平孝敬王） 南史卷14宋宗室諸王
	劉	子	孟	宋書卷80諸王（卽淮南王） 南史卷14宋宗室諸王	劉	4太 眞	舊唐書卷137 新唐書卷203文藝
					劉	六 符	遼史卷86
					劉	化 源	宋史卷453忠義
	劉	子	房	宋史卷80諸王（卽松滋侯）	劉	日 寧	明史卷216附王圖傳

劉　中　敷　明史卷157

劉　中　藻　明史卷276附錢肅樂傳

劉　允　章　舊唐書卷153附劉遒傳
　　　　　　新唐書卷160附劉伯蒭傳

劉　允　濟　舊唐書卷190中文苑
　　　　　　新唐書卷202文藝附李適傳

劉　天　孚　元史卷193忠義

劉　天　和　明史卷200

劉　天　起　金史卷119附粘葛奴申傳

劉　天　麒　明史卷189附葉釗傳

劉　仁　之　魏書81
　　　　　　北史卷20附劉庫仁傳

劉　仁　軌　舊唐書卷84
　　　　　　新唐書卷108

劉　仁　恩　隋書卷46附張奫傳

劉　仁　恭　新唐書卷212藩鎮

劉　仁　贍　舊五代史卷129周書
　　　　　　新五代史卷32死節

劉　之　宏　舊唐書卷189上儒學附劉伯莊傳

劉　之　亨　梁書卷40附劉之遴傳
　　　　　　南史卷50附劉虯傳

劉　之　勃　明史卷263

劉　之　綸　明史卷261

劉　之　鳳　明史卷256

劉　之　遴　梁書40
　　　　　　南史卷50附劉虯傳

劉　文　炳　明史卷300外戚

劉　文　起　舊唐書卷57附劉文靜傳

劉　文　裕　宋史卷463外戚

劉　文　煥　明史卷296孝義附伍洪傳

劉　文　質　宋史卷324

劉　文　曄　魏書卷43附劉休賓傳

劉　文　靜　舊唐書卷57
　　　　　　新唐書卷88

劉　文　耀　明史卷300外戚附劉文炳傳

劉　元　珍　明史卷231

劉　元　卿　明史卷283儒林附鄧元錫傳

劉　元　海　晉書卷101前趙載記
　　　　　　（魏書卷95作劉淵）

劉　元　振　元史卷149附劉伯林傳

劉　元　進　隋書卷70附楊玄感傳

劉　元　瑜　宋史卷304

劉　元　震　明史卷230附饒伸傳

劉　元　霖　明史卷230附饒伸傳

劉　元　禮　元史卷149附劉伯林傳

劉　玄　佐　舊唐書卷145
　　　　　　新唐書卷214藩鎮

劉　奴　真　魏書卷23附劉庫仁傳

劉　巨　容　新唐書卷186

劉　可　訓　明史卷249附朱燮元傳

劉　弘　基　舊唐書卷58
　　　　　　新唐書卷90

劉　正　夫　宋史卷351

劉　正　彥　宋史卷475叛臣附苗傳傳

劉　仕　英　宋史卷452忠義

劉　仕　貆　明史卷140

劉　永　一　宋史卷459卓行

劉　永　年　宋史卷463外戚附劉美傳

劉　永　誠　明史卷304宦官

十五畫

劉

305

十五畫			
劉	世	明	魏書卷55附劉芳傳
劉	世	揚	明史卷206
劉	世	龍	舊唐書卷57附劉文靜傳 明史卷207
劉	世	讓	舊唐書卷69附薛萬徹傳 新唐書卷94附薛萬均傳
劉	6夷	父	宋書卷72諸王(卽新朋懷王) 南史卷14宋宗室諸王
劉	式	之	南史卷15附劉穆之傳
劉	同	升	明史卷216附劉膰秋傳
劉	行	本	北史卷70附劉璠傳 隋書卷62
劉	安	世	宋史卷345
劉	守	光	舊五代史卷135僭偽 新五代史卷39雜傳
劉	在	明	舊五代史卷106漢書
劉	宇	亮	明史卷253附張至發傳
劉	如	意	漢書卷38諸王(卽趙隱王)
劉	全	諒	舊唐書卷145 新唐書卷151附董晉傳
劉	好	禮	元史卷167
劉	光	世	宋史卷369
劉	光	祖	宋史卷397
劉	光	祚	明史卷269附猛如虎傳
劉	仲	武	宋史卷350
劉	仲	威	陳書卷18
劉	仲	洙	金史卷97
劉	仲	誨	金史卷78
劉	仲	質	明史卷136附崔亮傳
劉	休	仁	宋書卷72諸王(卽始安王) 南史卷14宋宗室諸王
劉	休	若	宋書卷72諸王(巴陵哀王) 南史卷14宋宗室諸王
劉	休	茂	宋書卷79諸王(卽海陵王) 南史卷14宋宗室諸王
劉	休	祐	宋書卷72諸王(卽晉平剌王) 南史卷14宋宗室諸王
劉	休	倩	宋書卷72諸王(卽臨慶沖王) 南史卷14宋宗室諸王
劉	休	業	宋書卷72諸王(卽郡陽哀王) 南史卷14宋宗室諸王
劉	休	賓	魏書卷43 北史卷39
劉	休	範	宋書卷79諸王(卽桂陽王) 南史卷14宋宗室諸王
劉	7牢	之	晉書卷84
劉	秀	之	宋書卷81 南史卷15附劉穆之傳
劉	兵	申	元史卷190儒學附劉詵傳
劉	亨	安	元史卷150
劉	君	良	舊唐書卷188孝友 新唐書卷195孝友
劉	克	明	新唐書卷208宦者
劉	邦	宋	明史卷283儒林附阿廷仁傳
劉	完	素	金史卷131方技
劉	志	選	明史卷306閹黨

劉	希	夷	舊唐書卷190中文苑附喬知之傳
劉	希	暹	舊唐書卷184宦官附魚朝恩傳
劉	希	簡	明史卷206附陸粲傳
劉	伯	正	宋史卷419
劉	伯	林	元史卷149
劉	伯	莊	舊唐書卷189上儒學 新唐書卷1 8儒學附敬播傳
劉	伯	芻	舊唐書卷153附蕢迺傳 新唐書卷160
劉	廷	標	明史卷295忠義
劉	廷	翰	宋史卷260
劉	廷	蘭	明史卷232附魏允貞傳
劉	廷	讓	宋史卷259 元史卷197孝友
劉	孝	先	梁書卷41附劉溍傳
劉	孝	忠	宋史卷456孝義
劉	孝	威	梁書卷41附劉溍傳
劉	孝	孫	舊唐書卷72附褚亮傳 新唐書卷102附褚亮傳
劉	孝	勝	梁書卷41附劉溍傳
劉	孝	綽	梁書卷33 南史卷39附劉勔傳
劉	延	明	北史卷34(魏書卷52作劉昞)
劉	延	孫	宋書卷78 南史卷17附劉康祖傳
劉	延	祐	舊唐書卷190上文苑附劉嵒之傳 新唐書卷201文藝
劉	延	朗	舊五代史卷69唐書 新五代史卷27唐臣
劉	延	皓	舊五代史卷69唐書
劉	延	景	新唐書卷106附劉德威傳
劉	延	嗣	舊唐書卷77附劉德威傳 新唐書卷106附劉德威傳
劉	延	慶	宋史卷357
劉	佳	引	明史卷263附龍文光傳
劉	奉	世	宋史卷319附劉敞傳
劉	宗	周	明史卷255
劉	東	星	明史卷223
劉	易	從	舊唐書卷77附劉德威傳
劉	孟	雍	明史卷281循吏附具秉彝傳
劉	居	敬	元史卷197孝友附郭全傳
劉	居	麾	漢書卷66
劉	忠	翼	舊唐書卷118附黎幹傳
劉	定	之	明史卷176
劉	定	國	明史卷292忠義附方區聶傳
劉	武	周	舊唐書卷55 新唐書卷86
劉	武	英	魏書卷59附劉昶傳
劉	昌	言	宋史卷267
劉	昌	祚	宋史卷349
劉	昌	裔	舊唐書卷151 新唐書卷170
劉	秉	忠	元史卷157
劉	秉	直	元史卷192良吏
劉	秉	恕	元史卷157附劉秉忠傳
劉	季	貞	舊唐書卷56附梁師都傳 新唐書卷87附梁師都傳

十五畫

劉

十五畫	劉	季	述	新唐書卷208宦者	劉	重	進	宋史卷261
	劉	季	連	宋書卷51附營浦侯遒考傳 梁書卷20 南史卷13宗室附營浦侯遒考傳	劉	政	會	舊唐書卷58 新唐書卷90
					劉	若	愚	明史卷305宦官附王體乾傳
劉	劉	季	箎	明史卷150	劉	建	鋒	新唐書卷190
	劉	承	宗	宋史卷463外戚附劉知信傳	劉	禹	錫	舊唐書卷160 新唐書卷168
	劉	承	訓	舊五代史卷105漢書宗室(禹魏王) 新五代史卷18漢家人	劉	保	勳	宋史卷276
					劉	彥	宗	金史卷78
	劉	承	規	宋史卷466宦者	劉	彥	琮	舊五代史卷61唐書
	劉	承	鈞	新五代史卷70東漢世家附劉旻傳	劉	思	祖	魏書卷55附劉芳傳
	劉	承	勳	舊五代史卷105漢書宗室(即陳王) 新五代史卷18漢家人	劉	思	逸	魏書卷94閹宦 北史卷92恩倖
					劉	思	敬	元史卷152附劉斌傳 元史卷198孝友
	劉	知	信	宋史卷463外戚	劉	庫	仁	魏書卷23 北史卷20
	劉	知	俊	舊五代史卷13梁書 新五代史卷44雜傳	劉	庭	式	宋史卷459卓行
	劉	知	素	舊唐書卷102附劉子玄傳	劉	耕	孫	元史卷195忠義
	劉	知	柔	舊唐書卷102附劉子玄傳 新唐書卷201文蓺附劉廷佑傳	劉	桃	符	魏書卷79 北史卷46
					劉	栖	楚	舊唐書卷154(新唐書卷175作劉棲楚)
	劉	知	謙	新唐書卷190	劉	海	賓	新唐書卷153附段秀實傳
	劉	盆	子	後漢書卷41	劉	彙	濟	宋史卷325附劉怦傳
	劉	侯	仁	魏書卷87節義 北史卷85節義	劉	振	之	明史卷292忠義
	劉	勉	之	宋史卷459隱逸	劉	振	世	明史卷293忠義附潘弘傳
	劉	胤	之	舊唐書卷190上文苑	劉	師	立	舊唐書卷57附劉文靜傳 新唐書卷88附裴寂傳
	劉	幽	求	舊唐書卷97 新唐書卷121	劉	師	知	陳書卷16 南史卷68
	劉	係	宗	南齊書卷56倖臣 南史卷77恩倖	劉	師	道	宋史卷304
	劉	貞	亮	新唐書卷207宦者	劉	唐	之	宋史卷437儒林
	劉	軌	思	北齊書卷44儒林 北史卷81儒林	劉	訥	言	新唐書卷198儒學附敬播傳

劉	理	順	明史卷266
劉	淵	然	明史卷299方技附張正常傳
劉	祥	道	舊唐書卷81 新唐書卷106
劉	處	讓	舊五代史卷94晉書 新五代史卷47雜傳
劉	康	乂	舊五代史卷21梁書
劉	康	祖	宋書卷50 南史卷17
劉	國	能	明史卷269
劉	國	傑	元史卷162
劉	紹	珍	魏書卷70附劉藻傳
劉	紹	能	宋史卷350
劉	敏	中	元史卷178
劉	敏	元	晉書卷89忠義
劉	敏	行	金史卷128循吏
劉	惟	輔	宋史卷452忠義
劉	惟	謙	明史卷198附周楨傳
劉	惟	簡	宋史卷467宦者
劉	崇	望	舊唐書卷179 新唐書卷90附劉政會傳
劉	崇	魯	舊唐書卷179附劉崇望傳 新唐書卷90附劉政會傳
劉	崇	龜	舊唐書卷179附劉崇望傳 新唐書卷90附劉政會傳
劉	崇	謨	舊唐書卷179附劉崇望傳
劉	從	一	舊唐書卷125 新唐書卷106附劉祥道傳
劉	從	益	金史卷126文藝
劉	從	德	宋史卷463外戚附劉美傳
劉	從	廣	宋史卷463外戚附劉美傳
劉	從	諫	舊唐書卷161附劉悟傳 新唐書卷214藩鎮附劉悟傳
劉12渴		侯	魏書卷87節義 北史卷85節義
劉	彭	祖	漢書卷53諸王(即趙敬肅王史記卷59作五宗世家)
劉	遂	清	舊五代史卷96晉書
劉	舜	卿	宋史卷349
劉	黃	裳	明史卷208附劉繪傳
劉	棲	楚	新唐書卷175(舊唐書154作劉栖楚)
劉	敦	儒	舊唐書卷187忠義下 新唐書卷132附劉子玄傳
劉	景	昕	南史卷74孝義附殳景仁傳
劉	景	巖	新五代史卷47雜傳
劉	善	明	南齊書卷28 南史卷49附劉懷珍傳
劉	善	經	北史卷83文苑附潘徽傳 隋書卷76文學
劉	黑	馬	元史卷149附劉伯林傳
劉	黑	闥	舊唐書卷55 新唐書卷86
劉13陸		之	宋書卷93隱逸附王素傳
劉	寬	夫	舊唐書卷153附劉迺傳 新唐書卷160附劉伯芻傳
劉	嗣	明	宋史卷356

十五畫

劉

十五畫

劉

劉 敬 宣	晉書卷84附劉牢之傳 宋書卷47 南史卷17
劉 溫 叟	宋史卷262
劉 鼎 孫	宋史卷451忠義附陸秀夫傳
劉 源 清	明史卷200附詹榮傳 明史卷291忠義附張振秀傳
劉 萬 歲	後漢書卷83諸王(即廣宗殤王)
劉 業 與	魏書卷87節義附王閬傳
劉 熙 古	宋史卷263
劉 熙 祚	明史卷294忠義
劉 道 合	舊唐書卷192隱逸 新唐書卷196隱逸附吳筠傳
劉 道 規	宋書卷51宗室(即臨川烈武王) 南史卷13宋宗室諸王
劉 道 產	宋書卷65 南史卷17附劉康祖傳
劉 道 斌	魏書卷79 北史卷46
劉 道 憐	宋書卷51宗室(即長沙景王) 南史卷13宋宗室諸王
劉 義 季	宋書卷61諸王(即衡陽文王) 南史卷13宋宗室諸王
劉 義 宣	宋書卷68諸王(即南郡王) 南史卷13宋宗室諸王
劉 義 眞	宋書卷61諸王(即廬陵孝獻王) 南史卷13宋宗室諸王
劉 義 恭	宋書卷61諸王(即江夏文獻王) 南史卷13宋宗室諸王
劉 義 康	宋書卷68諸王(即彭城王) 南史卷13宋宗室諸王
劉 義 符	魏書卷97島夷劉裕傳
劉 義 隆	魏書卷97附島夷劉裕傳
劉 義 節	新唐書卷88附裴寂
劉 14端 夫	舊唐書卷153附劉迺傳
劉 褘 之	舊唐書卷87 新唐書卷117
劉 寧 止	宋史卷378附劉一止傳
劉 僧 利	魏書卷55附劉芳傳
劉 肇 基	明史卷272
劉 齊 賢	新唐書卷106附劉祥道傳
劉 蒙 正	宋史卷263附劉熙古傳
劉 蒙 叟	宋史卷263附劉熙古傳
劉 漢 宏	新唐書卷190
劉 漢 弼	宋史卷406
劉 15儀 鳳	宋史卷380
劉 慧 斐	梁書卷51處士 南史卷76隱逸
劉 慧 鏡	南史卷76隱逸附劉慧斐傳
劉 審 交	舊五代史卷106漢書 新五代史卷48雜傳
劉 審 禮	舊唐書卷77附劉德威傳 新唐書卷106附劉德威傳
劉 審 瓊	宋史卷274
劉 德 威	舊唐書卷77 新唐書卷106
劉 德 泉	元史卷197孝友
劉 德 基	金史卷121忠義

劉德溫	元史卷176	
劉16穆之	宋書卷42 南史卷15	
劉凝之	宋書卷93隱逸 南史卷75隱逸	
劉遵考	宋書卷51宗室(即營浦侯) 南史卷13宋宗室諸王	
劉曇靜	梁書卷47孝行 南史卷76隱逸附劉慧斐傳	
劉樹藝	舊唐書卷57附劉文靜傳	
劉興哥	金史卷129忠義附楊沃衍傳	
劉奮庸	明史卷215	
劉澤清	明史卷273附高傑傳	
劉17謙之	南史卷17附劉康祖傳	
劉錫元	明史卷249附李橒傳	
劉羲叟	宋史卷432儒林	
劉徽柔	金史卷90	
劉鴻訓	明史卷251	
劉應秋	明史卷216	
劉應節	明史卷220	
劉應龍	宋史卷425	
劉18簡之	南史卷17附劉康祖傳	
劉藏器	舊唐書卷190上文苑附劉胤之傳 新唐書卷201文藝附劉延祐傳	
劉鎮藩	明史卷263附劉之勃傳	
劉19羅辰	魏書卷83上外戚 北史卷20附劉庫仁傳	
劉懷珍	南齊書卷27 南史卷49	
劉懷胤	南史卷73孝義附華寶傳	
劉懷慎	宋書卷45 南史卷17附劉懷肅傳	
劉懷肅	宋書卷47 南史卷17	
劉懷敬	南史卷17附劉懷肅傳	
劉懷慰	南齊書卷53良政 南史卷49附劉懷珍傳	
劉20獻之	魏書卷84儒林 北史卷81儒林	
劉繼元	新五代史卷70東漢世家附劉旻傳 宋史卷482北漢世家	
劉繼恩	新五代史卷70東漢世家附劉旻傳	
劉繼勳	舊五代史卷96晉書	
劉22驎之	晉書卷94隱逸	
劉23體乾	明史卷214	
劉24靈助	魏書卷91藝術 北史卷89藝術	
劉靈哲	南史卷43附劉懷珍傳	
劉哈刺不花	元史卷188	
劉哈刺八都魯	元史卷169(目作劉哈喇巴圖爾)	

十五畫

劉

十六畫

橋　玄　後漢書卷81
橋與安　明史卷304宦官附金英傳
贏　疾　史記卷71（卽樗里子）
彊　霓　宋史卷452忠義
豫　讓　史記卷86刺客
謁只里臣　元史卷154（目作伊奇里）
譖吉臣　明史卷294忠義
諧都剌　元史卷192良吏
賴雕開　史記卷67仲尼弟子
澹祿孫　元史卷197孝友附樊淵傳
澹臺滅明　史記卷67仲尼弟子
謀衍　金史卷72
謀演　金史卷68附歡都傳
冀儁　周書卷47藝術／北史卷82儒林附樂遜傳
冀體　明史卷230附楊恂傳
冀元亨　明史卷195附王守仁傳
耨盌溫敦乙迭　金史卷84附耨盌溫敦思忠傳
耨盌溫敦兀帶　金史卷84
耨盌溫敦思忠　金史卷84

駱牙　陳書卷22（南史卷67作駱文牙）
駱統　三國吳志卷12或57
駱文牙　南史卷67（陳書卷23作駱牙）
駱奉先　新唐書卷207宦者附程元振傳
駱問禮　明史卷215
駱賓王　舊唐書卷190上文苑／新唐書卷201文藝附王勃傳
龍敏　舊五代史卷108漢書／新五代史卷56雜傳
龍旌　明史卷290忠義附蘇兆賜傳
龍大淵　宋史卷470佞幸附曾覿傳
龍仁夫　元史卷190儒學附劉詵傳
龍文光　明史卷263
龍在田　明史卷270
龍景昭　宋史卷479西蜀世家附孟昶傳
燕度　宋史卷298附燕肅傳
燕肅　宋史卷298
燕瑛　宋史卷298附燕肅傳
燕達　宋史卷349
燕鳳　魏書卷24／北史卷21
燕榮　北史卷87酷吏／隋書卷74酷吏
燕寧　金史卷118
燕子獻　北齊書卷34附楊愔傳／北史卷41附楊播傳
燕公楠　元史卷173
燕欽融　舊唐書卷187上忠義
燕鐵木兒　元史卷138

十六畫
橋與贏彊豫謁譖諧賴澹謀冀耨駱龍燕

獨吉義　金史卷86

獨吉恩忠　金史卷93

獨孤及　新唐書162

獨孤信　周書卷16 / 北史卷61

獨孤陁　隋書卷79外戚附獨孤羅傳 / 北史卷61附獨孤信傳

獨孤庠　新唐書卷162附獨孤及傳

獨孤郁　舊唐書卷168 / 新唐書卷162附獨孤及傳

獨狐朗　舊唐書卷168附獨孤郁傳 / 新唐書卷162附獨孤及傳

獨孤盛　北史卷73附獨孤楷傳 / 隋書卷71誠節

獨孤善　北史卷61附獨孤信傳

獨孤楷　北史卷73 / 隋書卷55

獨孤羅　北史卷61附獨孤信傳 / 隋書卷79外戚

獨孤永業　北齊書卷41 / 北史卷53

獨孤懷恩　舊唐書卷183外戚 / 新唐書卷206外戚

鮑永　後漢書卷59

鮑由　宋史卷443文苑

鮑宏　北史卷77 / 隋書卷66

鮑防　舊唐書卷146 / 新唐書卷159

鮑宣　漢書卷72

鮑昱　後漢書卷59附鮑永傳

鮑泉　梁書卷30 / 南史卷62

鮑恂　明史卷137附吳伯宗傳

鮑勛　三國魏志卷12

鮑照　宋書卷51附臨川烈武王道規傳 / 南史卷13附臨川烈武王道規傳

鮑靚　晉書卷95藝術

鮑行卿　南史卷62附鮑泉傳

鮑季詳　北齊書卷44儒林 / 北史卷81儒林

鮑宗巖　宋史卷456孝義附鄭綺傳

鮑客卿　南史卷62附鮑泉傳

鮑象賢　明史卷198附毛伯溫傳

霍光　漢書卷68

霍存　舊五代史卷21梁書 / 新五代史卷21梁臣

霍原　晉書卷94隱逸

霍峻　三國蜀志卷11或41

霍恩　明史卷289忠義

霍瑾　明史卷171附楊善傳

霍諝　後漢書卷78

霍韜　明史卷197

霍子衡　明史卷278附陳子壯傳

霍去病　史記卷111(即驃騎將軍) / 漢書卷55

霍仙鳴　舊唐書卷184宦官 / 新唐書卷207宦者附竇文場傳

霍安國　宋史卷447忠義

霍彥威　舊五代史卷64唐書 / 新五代史卷46雜傳

十六畫	霍	與	瑘	明史卷197附霍韜傳	穆	修	宋史卷442文苑

	霍	端	友	宋史卷354
	霍	維	華	明史卷306閹黨
	諸	壽	賢	明史卷231附顏允成傳
	諸	葛	亮	三國蜀志卷5或35
	諸	葛	恪	三國吳志卷19或64
	諸	葛	恢	晉書卷77
	諸	葛	爽	舊唐書卷182 新唐書卷187
	諸	葛	喬	三國蜀志卷5或35附諸葛亮傳
	諸	葛	昺	南史卷72文學附卞彬傳
	諸	葛	瑾	三國吳志卷7或52
	諸	葛	誕	三國魏志卷28
	諸	葛	穎	北史卷83文苑 隋書卷76文學
	諸	葛	融	三國吳志卷7或52附諸葛瑾傳
	諸	葛	璩	梁書卷51處士 南史卷76隱逸
	諸	葛	豐	漢書卷77
	諸	葛	瞻	三國蜀志卷5或35附諸葛亮傳
	諸	葛	長 民	晉書卷85
	穆		良	魏書卷27附穆崇傳
	穆		建	魏書卷27附穆崇傳
	穆		亮	魏書卷27附穆崇傳
	穆		衍	宋史卷332
	穆		眞	魏書卷27附穆崇傳
	穆		泰	魏書卷27附穆崇傳
	穆		員	舊唐書卷155附穆寧傳 新唐書卷163附穆寧傳

穆		崇	魏書卷27 北史卷20
穆		紹	魏書卷27附穆崇傳
穆		殉	魏書卷27附穆崇傳
穆		壽	魏書卷27附穆崇傳
穆		寧	舊唐書卷155 新唐書卷163
穆		賞	舊唐書卷155附穆寧傳
穆		質	舊唐書卷155附穆寧傳 新唐書卷162附穆寧傳
穆		羆	魏書卷27附穆崇傳
穆		頵	魏書卷27附穆崇傳
穆		贊	舊唐書卷155附穆寧傳 新唐書卷163附穆寧傳
穆		鑽	魏書卷27附穆崇傳
穆		觀	魏書卷27附穆崇傳
穆	子	琳	魏書卷27附穆崇傳
穆	多	侯	魏書卷27附穆崇傳
穆	提	婆	北齊書卷50恩倖 北史卷92恩倖
穆	醜	善	魏書卷27附穆崇傳
衞		玄	北史卷76 隋書卷63
衞		宏	後漢書卷109下儒林
衞		青	史記卷111（卽衞將軍） 漢書卷55 明史卷175
衞		玠	晉書卷36附衞瓘傳
衞		恆	晉書卷36附衞瓘傳
衞		洙	新唐書卷164附衞次公傳

衞		雄	魏書卷23附衞操傳
衞		縮	史記103 漢書卷46
衞		颯	後漢書卷106循吏
衞		臻	三國魏志卷22
衞		操	魏書卷23 北史卷20
衞		融	宋史卷482北漢世家 附劉繼元傳
衞		頴	明史卷175附衞青傳
衞		覬	三國魏志卷21
衞		璪	晉書卷36附衞瓘傳
衞		繼、	三國蜀志卷15或45 附楊戲傳
衞		瓘	晉書卷36
衞	大	經	舊唐書卷192隱逸 新唐書卷196隱逸
衞	元	嵩	周書卷47藝術附褚 該傳
衞	次	公	舊唐書卷159 新唐書卷164
衞	伯	玉	舊唐書卷115 新唐書卷141
衞	承	芳	明史卷221附張孟男 傳
衞	紹	欽	宋史卷466宦者
衞	景	瑗	明史卷263
衞	屑	敏	宋史卷378
閻		毗	北史卷61附閻慶傳 隋書卷68
閻		進	宋史卷449忠義
閻		復	元史卷160
閻		溫	三國魏志卷18
閻		鼎	晉書卷60
閻		詢	宋史卷333
閻		慶	周書卷20 北史卷61

閻		寶	舊五代史卷59唐書 新五代史卷44雜傳
閻		纘	晉書卷48
閻	元	明	魏書卷86孝感 北史卷84孝行
閻	公	貞	金史卷97
閻	日	新	宋史卷309
閻	文	應	宋史卷468宦者
閻	生	斗	明史卷291忠義
閻	巨	源	舊唐書卷154
閻	立	本	舊唐書卷77附閻立 德傳 新唐書卷100附閻立 德傳
閻	立	德	舊唐書卷77 新唐書卷100
閻	守	恭	宋史卷323
閻	宏	魯	舊五代史卷130周書
閻	承	翰	宋史卷466宦者
閻	禹	錫	明史卷282儒林附薛 瑄傳
閻	晉	卿	舊五代史卷107漢書
閻	朝	隱	舊唐書卷190中文苑 新唐書卷202文藝附 李適傳
閻	鳴	泰	明史卷306閹黨
閻	慶	胤	魏書卷71附裴叔業 傳 魏書卷88良吏 北史卷86循吏
閻	應	元	明史卷277附侯峒曾 傳
閻	濟	美	舊唐書卷185下良吏 新唐書卷159附盧坦 傳
錢	1	乙	宋史卷462方技
錢	7	佐	舊五代史卷133世襲 附錢鏐傳

315

十六畫			
錢	忱	新五代史卷67吳越世家附錢鏐傳 宋史卷465外戚	
錢	8易	宋史卷317附錢惟演傳	
錢	芹	明史卷142附姚善傳	
錢	泮	明史卷290忠義附王鈇傳	
錢	9卲	宋史卷317附錢惟演傳	
錢	昱	宋史卷480吳越世家附錢鏐傳	
錢	春	明史卷231附錢一本傳	
錢	10珝	新唐書卷177附錢徽傳	
錢	倧	舊五代史卷133世襲附錢鏐傳	
錢	俶	舊五代史卷133世襲附錢鏐傳 新五代史卷67吳越世家附錢鏐傳 宋史卷480吳越世家	
錢	時	宋史卷407附楊簡傳	
錢	宰	明史卷137附滇俶傳	
錢	唐	明史卷139	
錢	能	明史卷304宦官附梁芳傳	
錢	12貴	明史卷300外戚	
錢	13熙	宋史卷440	
錢	瑛	明史卷296孝義	
錢	14寧	明史卷307佞幸	
錢	15澐	宋史卷317附錢惟演傳	
錢	16遹	宋史卷356	
錢	鏵	明史卷290忠義	
錢	17徽	舊唐書卷168 新唐書卷177	
錢	薇	明史卷208	

錢	19鏐		舊五代史卷133世襲 新五代史卷67吳越世家傳
錢		顗	宋史卷321
錢	1一	本	明史卷231
錢	2九	隴	舊唐書卷57附劉文靜傳 新唐書卷88附朱寇傳
錢	3士	升	明史卷251附錢龍錫傳
錢	士	晉	明史卷251附錢龍錫傳
錢	4公	輔	宋史卷321
錢	元	瓘	舊五代史卷133世襲附錢鏐傳 新五代史卷67吳越世家附錢鏐傳 明史卷136附陶安傳
錢	5用	壬	明史卷136附陶安傳
錢	可	復	舊唐書卷168附錢徽傳
錢	6守	俊	宋史卷280
錢	7延	慶	南史卷73孝義附孫棘傳
錢	8明	逸	宋史卷317附錢惟演傳
錢	9彥	遠	宋史卷317附錢惟演傳
錢	若	水	宋史卷266
錢	若	冲	宋史卷266附錢若水傳
錢	10祚	徵	明史卷293忠義
錢	11習	禮	明史卷152
錢	惟	治	宋史卷480吳越世家附錢俶傳
錢	惟	善	明史卷285文苑附楊維楨傳
錢	惟	演	宋史卷317
錢	惟	濬	宋史卷480吳越世家附錢俶傳
錢	惟	濟	宋史卷480吳越世家附錢俶傳

錢12景諟	宋史卷317附錢惟演傳	
錢 象先	宋史卷330	
錢 象坤	明史卷251附何如寵傳	
錢13道戩	陳書卷22 / 南書卷67	
錢 蕭樂	明史卷276	
錢14端禮	宋史卷385	
錢15德洪	明史卷283儒林	
錢16寵錫	明史卷251	
盧4內	魏書卷34附盧魯元傳	
盧5玄	魏書卷47 / 北史卷30	
盧6同	魏書卷76 / 北史卷30	
盧 全	新唐書卷176附韓愈傳	
盧 光	周書卷45儒林 / 北史卷30附盧同傳	
盧7志	晉書卷44附盧欽傳	
盧 杞	舊唐書卷135 / 新唐書卷223下姦臣	
盧8芳	後漢書卷42	
盧 坦	舊唐書卷153 / 新唐書卷159	
盧 秉	宋史卷331附盧革傳	
盧9昶	魏書卷47附盧玄傳 / 北史卷30附盧玄傳	
盧 柔	周書卷32 / 北史卷30	
盧 度	南史卷75隱逸附顧歡傳	
盧 勇	北史卷30附盧同傳	
盧 奐	舊唐書卷98附盧懷慎傳 / 新唐書卷126附盧懷慎傳	
盧 弈	舊唐書卷187下忠義 / 新唐書卷191忠義	
盧 革	宋史卷331	
盧 政	宋史卷349	
盧 柟	明史卷287文苑附謝榛傳	
盧10浮	晉書卷44附盧欽傳	
盧 迵	明史卷141附卓敬傳	
盧11琁	晉書卷44附盧欽傳	
盧 淵	魏書卷47附盧玄傳	
盧 敏	北史卷30附盧玄傳	
盧 商	舊唐書卷176 / 新唐書卷182附鄭肅傳	
盧 庸	金史卷92	
盧12植	後漢書卷94	
盧 欽	晉書卷44	
盧 循	晉書卷100	
盧 湛	晉書卷44附盧欽傳	
盧 統	魏書卷34附盧魯元傳	
盧 斐	北齊書卷47酷吏 / 北史卷30附盧同傳	
盧 賁	北史卷30附盧同傳 / 隋書卷38	
盧 曾	舊五代史卷24梁書	
盧 琰	宋史卷307	
盧 斌	宋史卷308	
盧 程	舊五代史卷67唐書 / 新五代史卷28唐臣	
盧 鈞	舊唐書卷177 / 新唐書卷182	
盧 琦	元史卷192良吏	
盧13溥	魏書卷47附盧玄傳	
盧 愷	北史卷30附盧柔傳 / 隋書卷56	
盧 楚	北史卷85節義 / 隋書卷71誠節	

十六畫

錢盧

十六畫	盧	恕	舊唐書卷126	盧	邁	舊唐書卷136 新唐書卷150
	盧	羣	舊唐書卷140	盧	鴻	新唐書卷196隱逸 （舊唐書192作盧鴻一）
盧			新唐書卷147			
	盧	鉉	舊唐書卷186下酷吏 附吉溫傳	盧	謙	明史卷292忠義
			新唐書卷134附王鉷傳	盧	19瓊	明史卷206附馬錄傳
	盧	粲	舊唐書卷189下儒學 新唐書卷199儒學	盧	鏜	明史卷212附兪大猷傳
	盧	詹	舊五代史卷93晉書	盧	21辯	周書卷24
	盧	損	舊五代史卷128周書 新五代史卷55雜傳	盧	22鑑	北史卷30附盧同傳 宋史卷326
	盧	熙	明史卷140	盧	25觀	魏書卷85文苑
	盧	14縚	史記卷93 漢書卷34	盧 3士 宏		北史卷30 宋史卷333
	盧	銃	三國魏志卷22	盧 士 宗		宋史卷330
	盧	誕	周書卷45儒林 北史卷30	盧 士 玫		舊唐書卷162 新唐書卷147
	盧	偓	新唐書卷200儒學附 趙冬曦傳	盧 士 叡		新唐書卷191忠義附 王行敏傳
	盧	綸	新舊唐卷203文藝	盧 4之 翰		宋史卷277
	盧	熊	明史卷140附盧熙傳	盧 太 翼		北史卷89藝術 隋書卷78藝術附庾季才傳
	盧	15潛	北齊書卷42 北史卷30附盧支傳	盧 元 明		魏書卷47附盧玄傳 北史卷30附盧玄傳
	盧	廣	梁書卷48儒林 南史卷71儒林	盧 元 輔		舊唐書卷135附盧杞傳 新唐書卷191忠義附盧奕傳
	盧	徵	舊唐書卷146 新唐書卷149附劉宴傳	盧 文 紀		舊五代史卷127周書 新五代史卷55雜傳
	盧	質	舊五代史卷93晉書 新五代史卷56雜傳	盧 文 偉		北齊書卷22 北史卷30附盧觀傳
	盧	億	宋史卷264附盧多遜傳	盧 文 進		舊五代史卷97晉書 新五代史卷48雜傳
	盧	積	宋史卷441文苑附黃夷簡傳	盧 5世 榮		元史卷205姦臣
	盧	攜	舊唐書卷178 新唐書卷184	盧 弘 止		新唐書卷177附盧簡辭傳 舊唐書卷163附盧簡辭傳（目作弘正）
	盧	16諶	晉書卷44附盧欽傳			
	盧	導	舊五代史卷92晉書 新五代史卷54雜傳			
	盧	璵	金史卷75附盧彥倫傳	盧 弘 宣		新唐書卷197循吏
	盧	17醜	魏書卷84儒林 北史卷81儒林			

盧	6安	世	明史卷249附朱雙元傳
盧	仲	宜	北史卷30附盧觀傳
盧	多	遜	宋史卷264
盧	守	懃	宋史卷467宦者
盧	汝	弼	舊唐書卷163附盧簡辭傳 新唐書卷177附盧簡辭傳 舊五代史卷60唐書
盧	光	啓	新唐書卷182
盧	光	稠	新唐書卷190附劉知謙傳 新五代史卷41雜傳
盧	7成	功	明史卷291忠義附鄧國昌傳
盧	克	忠	金史卷128循吏
盧	孝	俊	金史卷92
盧	亨	嗣	金史卷75附盧彥倫傳
盧	8法	原	宋史卷377附盧知原傳
盧	承	慶	舊唐書卷81 新唐書卷106
盧	明	諴	明史卷230附逯中立傳
盧	昌	衡	北史卷30附盧玄傳 隋書卷57附盧思道傳
盧	知	原	宋史卷377
盧	知	猷	舊唐書卷163附盧簡辭傳 新唐書卷177附盧簡辭傳
盧	叔	武	北齊書卷42（北史卷30作盧叔彪）
盧	叔	彪	北史卷30附盧觀傳（北齊書卷42作盧叔武）
盧	9度	世	魏書卷47附盧玄傳
盧	洪	春	明史卷234
盧	彥	倫	金史卷75
盧	思	道	北史卷30附盧玄傳 隋書卷57
盧	10祖	尙	舊唐書卷69附薛萬徹傳 新唐書壹94附薛萬徹傳
盧	原	質	明史卷141附方孝孺傳
盧	11勒	叉	北史卷92恩倖齊諸宦者
盧	從	史	舊唐書卷132 新唐書卷141
盧	從	愿	舊唐書卷100 新唐書卷129
盧	12順	密	舊五代史卷95晉書
盧	景	亮	新唐書卷164
盧	景	裕	魏書卷84儒林 北史卷30附盧同傳
盧	象	同	明史卷261附盧象昇傳
盧	象	昇	明史卷261
盧	象	晉	明史卷261附盧象昇傳
盧	象	觀	明史卷261附盧象昇傳
盧	13嗣	業	舊唐書卷163附盧簡辭傳
盧	義	僖	魏書卷47附盧玄傳
盧	照	鄰	新唐書卷201文藝附王勃傳
盧	道	約	魏書卷47附盧玄傳
盧	道	虔	魏書卷47附盧玄傳
盧	道	將	魏書卷47附盧玄傳
盧	道	裕	魏書卷47附盧玄傳
盧	14齊	卿	新唐書卷106附盧承慶傳
盧	15魯	元	魏書卷34 北史卷25
盧	履	冰	新唐書卷200儒學

十六畫

盧

十六畫

盧16學	古	明史卷294忠義
盧17鴻	一	舊唐書卷192隱逸（新唐書196作盧鴻）
盧 藏	用	舊唐書卷94 新唐書卷123
盧18簡	方	新唐書卷182附盧鈞傳
盧 簡	求	舊唐書卷163附盧簡辭傳 新唐書卷177附盧簡辭傳
盧 簡	能	舊唐書卷163附盧簡辭傳
盧 簡	辭	舊唐書卷163 新唐書卷177
盧19懷	忠	宋史卷274
盧 懷	愼	舊唐書卷98 新唐書卷126
盧22鼇	秀	新唐書卷120附桓彦範傳

十七畫

盧閣濟糜轄繁薩矯薊臨薄邁襄優轅濮濮賽鞠

十七畫

閣		母	金史卷71
濟		安	金史卷80
糜		竺	三國蜀志卷8或38
轄		底	遼史卷112逆臣（姓耶律）
繁		欽	三國魏志卷21附王粲傳
薩		琦	明史卷163附劉鉉傳
矯		愼	後漢書卷113逸民
薊	子	訓	後漢書卷112下方術
臨	孝	恭	北史卷89藝術 隋書卷78藝術附蕭吉傳
薄	彦	微	明史卷188附陸崑傳
邁	里	古思	元史卷188附石抹宜孫傳 金史卷76（本名永慶）
襄		楷	後漢書卷60下
優		孟	史記卷126滑稽
優		旃	史記卷126滑稽
轅		固	漢書卷88儒林
轅	固	生	史記卷121儒林（即清河王太傅）
濮		英	明史卷133
濮	陽	興	三國吳志卷19或64
賽		不	金史卷122忠義附梁持勝傳
賽	典赤	瞻思丁	元史卷125
鞠		常	宋史卷440文苑

鞠		詠	宋史卷297
鞠	嗣	復	宋史卷453忠義
闊		闊	元史卷134
闊	里	吉思	元史卷118附阿刺兀思剌吉忽里 元史卷134
闊	闊	不花	元史卷123
蹇		義	明史卷149
蹇		彞	宋史卷449忠義附陳寅傳
蹇	序	辰	宋史卷329附蹇周輔傳
蹇	周	輔	宋史卷329
鮮	于	侁	宋史卷344
鮮	于	文宗	南史卷73孝義附蕭叡明傳
鮮	于	文英	南史卷73孝義附蕭叡明傳
鮮	于	世榮	北齊書卷41 北史卷53
鮮	卑	仲吉	元史卷165
繆		肜	後漢書卷111獨行
繆		胤	晉書卷60附繆播傳
繆		播	晉書卷60
繆		襲	三國魏志卷21附劉劭傳
繆	大亨		明史卷134
繆	希雍		明史卷299方技附李時珍傳
繆	昌期		明史卷245
應		劭	後漢書卷78附應奉傳
應		奉	後漢書卷78
應		貞	三國魏志卷21附王粲傳 晉書卷92文苑
應		瑒	三國魏志卷21附王粲傳
應		詹	晉書卷70
應		璩	三國魏志卷21附王粲傳
應		繇	宋史卷420
應	孟	明	宋史卷422
應	履	平	明史卷161
檀		奴	金史卷76附充傳
檀		珪	南史卷15附檀道濟傳
檀		祇	宋書卷47 南史卷15附檀道濟傳
檀		超	南齊書卷52文學 南史卷72文學
檀		韶	宋書卷45 南史卷15附檀道濟傳
檀		敷	後漢書卷97黨錮
檀		翥	周書卷38附李昶傳 北史卷70
檀	特師		北史卷89藝術附李順興傳
檀	道濟		宋書卷43 南史卷15
檀	道鸞		南史卷72文學附檀超傳
檀	憑之		晉書卷85
鍾		同	明史卷162
鍾		阮	南史卷72文學附鍾榮傳
鍾		皓	後漢書卷92
鍾		雅	晉書卷70
鍾		傳	新唐書卷190 舊五代史卷17梁書附杜洪傳 新五代史卷41雜傳 宋史卷348

十七畫	鍾	偓	明史卷288文苑附袁道宏傳	謝	9弈	晉書卷79附謝安傳
	鍾	會	三國魏志卷28	謝	述	宋書卷52附謝景仁傳 南史卷19附謝裕傳
	鍾	毓	三國魏志卷13附鍾繇傳	謝	朏	梁書卷15 南史卷20附謝弘微傳
	鍾	興	後漢書卷109下儒林	謝	貞	陳書卷32孝行 南史卷74孝義謝藺傳
	鍾	嶼	南史卷72文學附鍾嶸傳			
	鍾	繇	三國魏志卷13	謝	恂	南史卷19附謝裕傳
鍾謝	鍾	嶸	梁書卷19文學 南史卷72文學 明史卷227	謝	10朓	南齊書卷47 南史卷19附謝裕傳
	鍾化	民		謝	哲	陳書卷21 南史卷20附謝弘微傳
	鍾羽	正	明史卷241	謝	純	南史卷19附謝裕傳
	鍾季	玉	宋史卷454忠義	謝	皋	宋史卷453忠義附連萬夫傳
	鍾紹	京	舊唐書卷97 新唐書卷121			
	鍾離	牧	三國吳志卷15或60	謝	11朗	晉書卷79附謝安傳
	鍾離	意	後漢書卷71	謝	混	晉書卷79附謝安傳
	鍾離	瑾	宋史卷299	謝	晦	宋書卷44 南史卷19
	謝	5石	晉書卷79附謝安傳	謝	莊	宋書卷85 南史卷20附謝弘微傳
	謝	玄	晉書卷79附謝安傳			
	謝	用	明史卷297孝義	謝	偃	舊唐書卷190上文苑 新唐書卷201文藝
	謝	6安	晉書卷79	謝	12弼	後漢書卷87
	謝	沉	晉書卷82	謝	琰	晉書卷79附謝安傳
	謝	歧	陳書卷16 南史卷68	謝	絳	宋史卷295
	謝	7成	明史卷132	謝	貴	明史卷142附張昺傳
	謝	8昇	明史卷141附王度傳	謝	13該	後漢書卷109下儒學
	謝	杰	明史卷227	謝	萬	晉書卷79附謝安傳
	謝	尚	晉書卷79	謝	裕	南史卷19(宋書卷52作謝景仁)
	謝	泌	宋史卷306			
	謝	炎	宋史卷441文苑附黄庶簡傳			

謝	微	南史卷19附謝裕傳（梁書卷50作謝徵）
謝	瑜	明史卷210
謝	14甄	徉漢書卷98附郭太傳
謝	嘏	陳書卷21 南史卷20附謝弘微傳
謝	僑	南史卷20附謝弘微傳
謝	端	元史卷182
謝	榛	明史卷287文苑
謝	15敷	晉書卷94隱逸
謝	徵	梁書卷50文學（南史卷19作謝微）
謝	璉	明史卷248附徐從治傳
謝	廣	明史卷297孝義附趙重華傳
謝	16翠	梁書卷37 南史卷20附謝弘微傳
謝	瞻	南史卷19附謝誨傳
謝	諤	宋史卷389
謝	澤	明史卷167附孫祥傳
謝	遷	明史卷181
謝	17曈	舊五代史卷20梁書
謝	18瞻	宋書卷56 南史卷19附謝誨傳
謝	19鯤	晉書卷49
謝	邈	晉書卷79附謝安傳
謝	懿	南史卷20附謝弘微傳
謝	20藺	梁書卷47孝行 南史卷74孝義
謝	21曜	南史卷19附謝誨傳
謝	顥	南史卷20附謝弘微傳
謝	鐸	明史卷163
謝	22覽	梁書卷15附謝朏傳 南史卷20附謝弘微傳
謝	23麟	宋史卷330
謝	24瀹	南齊書卷43 南史卷20附謝弘微傳
謝	讓	元史卷176
謝	1一魯	元史卷195忠義附周鏜傳
謝	3士元	明史卷172附張瓚傳
謝	子襄	明史卷281循吏
謝	4文瓘	宋史卷354
謝	方叔	宋史卷417
謝	方明	宋書卷53 南史卷19
謝	5弘微	宋書卷58 南史卷20
謝	6仲溫	元史卷169
謝	夷吾	後漢書卷112上方術
謝	夷保	金史卷65
謝	7良佐	宋史卷428道學
謝	里忽	金史卷65
謝	廷蒍	明史卷207
謝	廷諒	明史卷233附謝廷瓚傳
謝	廷瓚	明史卷233
謝	8叔方	舊唐書卷187上忠義 新唐書卷191忠義附敬君弘傳
謝	定柱	明史卷296孝義
謝	枋得	宋史卷425

十七畫

謝　薛

謝	昌寓	南史卷73孝義附解叔謙傳
謝	9彥章	舊五代史卷16梁書 / 新五代史卷23梁臣
謝	10庫德	金史卷65
謝	11深甫	宋史394
謝	12超宗	南齊書卷36 / 南史卷19附謝靈運傳
謝	惠連	宋書卷53附謝方明傳 / 南史卷19附謝方明傳
謝	幾卿	梁書卷50文學 / 南史卷19附謝靈運傳
謝	景仁	宋書卷52(南史卷19作謝裕)
謝	景溫	宋史卷295附謝絳傳
謝	15德權	宋史卷309
謝	17應芳	明史卷282儒林
謝	24靈運	宋書卷67 / 南史卷19
薛	4方	漢書卷72附鮑宣傳
薛	5平	舊唐書卷124附薛嵩傳 / 新唐書卷111附薛仁貴傳
薛	田	宋史卷301
薛	6向	宋史卷328
薛	收	舊唐書卷73 / 新唐書卷98
薛	戎	舊唐書卷155 / 新唐書卷164
薛	7俶	舊唐書卷146
薛	8拔	魏書卷42附薛辯傳
薛	和	魏書卷42附薛辯傳
薛	放	舊唐書卷155附薛戎傳
薛	昂	新唐書卷164附薛戎傳 宋史卷352
薛	侃	明史卷207
薛	9宣	漢書卷83
薛	胤	魏書卷42附薛辯傳
薛	胄	周書卷35附薛端傳 / 北史卷36附薛辯傳 / 隋書卷56
薛	珏	舊唐書卷185下良吏 / 新唐書卷143
薛	萃	舊唐書卷185下良吏 / 新唐書卷164
薛	奎	宋史卷286
薛	映	宋史卷305
薛	10珝	三國吳志卷8或53附薛綜傳
薛	秉	晉書卷68
薛	11淵	南齊書卷30(南史卷40作薛深)
薛	深	南史卷40附薛安都傳(南齊書卷30作薛淵)
薛	訥	舊唐書卷93 / 新唐書卷111附薛仁貴傳
薛	逢	舊唐書卷190下文苑 / 新唐書卷203文藝
薛	從	新唐書卷111附薛仁貴傳
薛	祥	明史卷138
薛	12提	魏書卷33 / 北史卷28
薛	琡	北齊書卷26 / 北史卷25附薛麑子傳
薛	善	周書卷35 / 北史卷36附薛辯傳
薛	湖	北史卷36附薛辯傳

薛	盛	隋書卷72孝義	薛	播	舊唐書卷146 新唐書卷159
薛	登	舊唐書卷101 新唐書卷112	薛	憕	周書卷38 北史卷36
薛	超	宋史卷275	薛	慶	宋史卷453忠義
薛	弼	宋史卷380	薛	16頤	舊唐書卷191方技 新唐書卷204方技
薛	極	宋史卷419	薛	舉	舊唐書卷55 新唐書卷86
薛	琪	宋史卷452忠義附牛皓傳	薛	融	舊五代史卷93晉書 新五代史卷56雜傳
薛	貴	明史卷156附薛斌傳	薛	蕙	明史卷191
薛	斌	明史卷156	薛	濬	北史卷36附薛辯傳 隋書卷72孝義
薛	13裕	周書卷35附薛端傳	薛	17聰	北史卷36附薛辯傳
薛	憕	周書卷35附薛善傳 北史卷36附薛辯傳	薛	孺	隋書卷57附薛道衡傳
薛	寘	周書卷38 北史卷36	薛	膚	新唐書卷164附薛平傳
薛	暉	周書卷48附薛寘傳	薛	18謹	魏書卷42附薛辯傳
薛	嵩	舊唐書卷124 新唐書卷111附薛仁貴傳	薛	顏	宋史卷299
薛	祿	明史卷155	薛	21辯	魏書卷42 北史卷36
薛	瑄	明史卷282儒林	薛	欑	魏書卷61附薛安都傳
薛	14漢	後漢書卷109下儒林	薛	23顯	明史卷131
薛	綜	三國吳志卷8或53	薛	1一鶚	明史卷267附庶鹿蕃繼傳
薛	端	周書卷35 北史卷36附薛辯傳	薛	3大鼎	舊唐書卷185上良吏 新唐書卷197循吏
薛	愿	舊唐書卷187上忠義 新唐書卷193忠義附薛慶堅傳	薛	4天生	南史卷73孝義附華寶傳
薛	稷	明史卷156附薛斌傳	薛	仁杲	舊唐書卷55附薛舉傳 新唐書卷36附薛舉傳
薛	15瑩	三國吳志卷8或53附薛綜傳	薛	仁貴	舊唐書卷83 新唐書卷111
薛	稷	舊唐書卷73附薛收傳 新唐書卷98附薛收傳	薛	仁謙	舊五代史卷128周書
薛	蕚	舊唐書卷124附薛嵩傳	薛	元超	舊唐書卷73附薛收傳 新唐書卷98附薛收傳
			薛	元敬	舊唐書卷73附薛收傳

十七畫

薛

十七畫		
薛		
薛 元 賞	新唐書卷98附薛收傳
	新唐書卷197循吏
薛5世 雄	北史卷76
	隋書卷55
薛6志 勤	舊五代史卷55唐書
薛 安 都	宋書卷88
	魏書卷61
	南史卷40
	北史卷39
薛 存 誠	舊唐書卷153
	新唐書卷162
薛 存 慶	新唐書卷143附薛珏傳
薛7孝 通	北史卷36附薛辯傳
薛 伯 陽	新唐書卷98附薛收傳
薛 克 構	新唐書卷197循吏附薛大鼎傳
薛 良 顯	宋史卷453忠義
薛 廷 老	舊唐書卷153附薛存誠傳
	新唐書卷162附薛存誠傳
薛 廷 珪	舊唐書卷190下文苑附薛逢傳
	舊五代史卷68唐書
薛8虎 子	魏書卷44附薛野賭傳（北史卷25作薛彪子）
薛 居 正	宋史卷264
薛 叔 似	宋史卷397
薛 孤 延	北齊書卷19
	北史卷53
薛 東 明	明史卷295忠義附金鉱綱傳
薛 宗 鎧	明史卷209附馮恩傳
薛 季 宣	宋史卷434儒林
薛 季 昶	舊唐書卷185上良吏新唐書卷120附祖彥範傳

薛9保 遜	舊唐書卷153附薛存誠傳
薛 昭 緯	舊唐書卷153附薛存誠傳
薛10眞 度	魏書卷61附薛安都傳
薛 修 義	北史卷53（北齊書卷20作薛循義）
薛11彪 子 傳	北史卷25（魏書卷44作薛虎子）
薛 惟 吉	宋史卷261附薛居正傳
薛 野 睹	魏書卷44
薛 崇 譽	宋史卷481南漢世家附劉鋹傳
薛 國 用	明史卷259附袁應泰傳
薛 國 觀	明史卷253
薛12貽 矩	舊五代史卷18梁書新五代史卷35唐六臣
薛 循 義	北齊書卷20（北史卷53作薛修義）
薛13嗣 昌	宋史卷328附薛向傳
薛 道 衡	北史卷36附薛辯傳隋書卷57
薛 敬 珍	周書卷35附薛善傳
薛 敬 祥	周書卷35附薛善傳
薛 萬 均	新唐書卷94（舊唐書卷69作薛萬鈞）
薛 萬 鈞	舊唐書卷69附薛萬徹傳（新唐94作薛萬均）
薛 萬 備	新唐書卷94附薛萬均傳
薛 萬 徹	舊唐書卷69新唐書卷94附薛萬均傳
薛14閏 禮	明史卷294附夏統春傳
薛15慶 之	魏書卷42附薛辯傳
薛 廣 德	漢書卷71

薛	敷	教	明史卷231	韓	杲	周書卷27 北史卷65
薛16曇		尚	魏書卷44附薛野賭傳	韓	伏	舊唐書卷101附韓思復傳
薛17徽		言	宋史卷376	韓		新唐書卷118附韓思復傳
薛 應		玢	明史卷294忠義附唐時升傳	韓	昉	金史卷125文藝
薛19懷		吉	魏書卷61附薛安都傳	韓	性	元史卷190儒學
薛 懷		義	舊唐書卷183外戚附武承嗣傳	韓	青	宋史卷452忠義附劉惟輔傳
薛 懷		儁	魏書卷61附薛安都傳	韓	9信	史記卷92(目標淮陰侯)
薛 懷		讓	宋史卷254	韓		漢書卷34
薛20繼		先	金史卷127隱逸	韓		史記卷93(目標韓王信)
薛 塔		刺海	元史卷151	韓		漢書卷33
韓	3	川	宋史卷347	韓	恆	晉書卷110前燕載記
韓	4	友	晉書卷95藝術	韓	軌	北齊書卷15 北史卷54
韓		文	明史卷186	韓	茂	魏書卷51 北史卷37
韓		生	史記卷121儒林	韓	洪	隋書卷52附韓擒傳 新唐書卷126附韓休傳
韓	5	弘	舊唐書卷156 新唐書卷158	韓	洄	舊唐書卷129附韓滉傳 新唐書卷126附韓休傳
韓		丕	宋史卷296			
韓		玉	金史卷110	韓	約	新唐書卷179附王璠傳
韓		永	明史卷141附王廣傳	韓	建	舊五代史卷15梁書 新五代史卷40雜傳
韓	6	休	舊唐書卷98 新唐書卷126	韓	洙	舊五代史卷132世襲附韓遜傳
韓		充	舊唐書卷156附韓弘傳 新唐書卷158附韓弘傳	韓	政	明史卷130
				韓	郁	明史卷143附高巍傳
韓		因	元史卷194忠義	韓	10浩	三國魏志卷9附夏侯淳傳 宋史卷448忠義
韓	7	伯	晉書卷75			
韓		秀	魏書卷42 北史卷27	韓	務	魏書卷42附韓秀傳
韓		均	魏書卷51附韓茂傳	韓	泰	新唐書卷168附王叔文傳
韓	8	非	史記卷63	韓	倫	宋史卷251附韓令坤傳

十七畫

薛韓

韓	11康	後漢書卷113逸民		韓	遜	舊五代史卷132世襲
						新五代史卷40雜傳
韓	偓	新唐書卷183		韓	維	宋史卷315
韓	通	宋史卷484周三臣		韓	綜	宋史卷315附韓億傳
韓	12稜	後漢書卷75		韓	15賢	北齊書卷19
						北史卷53
韓	階	晉書卷89忠義		韓	儆	新唐書卷183附韓偓傳
韓	雄	周書卷43				
		北史卷68		韓	億	宋史卷315
韓	盛	周書卷34		韓	駒	宋史卷445文苑
韓	禽	北史卷68附韓雄傳		韓	福	明史卷306閹黨附張綵傳
		(隋書卷52作擒)				
韓	皐	舊唐書卷129附韓滉傳		韓	16曁	三國魏志卷24
		新唐書卷126附韓休傳		韓	擒	隋書卷52(北史卷68作韓禽)
韓	琬	新唐書卷112附韓思彥傳		韓	曇	新唐書卷168附王叔文傳
韓	惲	舊五代史卷92晉書		韓	縝	宋史卷315
韓	琦	宋史卷312		韓	錫	金史卷97
韓	絳	宋史卷315		韓	擇	元史卷189儒學附蕭奭傳
韓	13當	三國吳志卷10或55		韓	17嬰	漢書卷88儒林
韓	瑗	舊唐書卷80		韓	績	晉書卷94隱逸
		新唐書卷105				
韓	滉	舊唐書卷129		韓	襄	周書卷37
		新唐書卷126附韓懷傳				北史卷70
				韓	18簡	舊唐書卷181附韓允忠傳
韓	愈	舊唐書卷160				新唐書卷210落纊附何進滔傳
		新唐書卷176				
韓	溥	宋史卷440文苑		韓	璲	宋史卷330
韓	雍	明史卷178		韓	贄	宋史卷331
韓	14說	史記卷111附衛將軍驃騎傳		韓	19鏞	元史卷185
		後漢書卷112下方術		韓	爌	明史卷240
韓	嫣	史記卷125佞幸		韓	21鐸	金史卷78附韓企先傳
		漢書卷93佞幸				
韓	韶	後漢書卷92		韓	25觀	明史卷166
韓	鳳	北齊書卷50恩倖		韓 1—	良	明史卷258附毛羽健傳
		北史卷92恩倖				

韓	3子	高	陳書卷20 南史卷58
韓	子	熙	魏史卷60附韓麒麟傳
韓	4允	忠	舊唐書卷181 新唐書卷210藩鎮附何進滔傳
韓	元	善	元史卷184
韓	公	武	舊唐書卷156附韓弘傳 新唐書卷158附韓弘傳
韓	公	裔	宋史卷379
韓	5令	坤	宋史卷251
韓	世	忠	宋史卷364
韓	世	能	明史卷216附黃鳳翔傳
韓	6企	先	金史卷78
韓	守	英	宋史卷467宦者
韓	安	國	史記卷108（即韓長孺） 漢書卷52
韓	匡	嗣	遼史卷74附韓知古傳
韓	全	誨	新唐書卷208宦者
韓	全	義	舊唐書卷162 新唐書卷141
韓	7肖	胄	宋史卷379
韓	佗	胄	宋史卷474姦臣
韓	邦	奇	明史卷201
魏	邦	靖	明史卷201附韓邦奇傳
韓	延	之	晉書卷37宗室附譙剛王遜傳 魏書卷38 北史卷27
韓	延	壽	漢書卷76
韓	延	徽	遼史卷74
韓	8知	古	遼史卷74
韓	宜	可	明史卷139
韓	林	兒	明史卷122
韓	忠	彥	宋史卷312附韓琦傳
韓	長	孺	史記卷108（即韓安國）
韓	宗	武	宋史卷315附韓絳傳
韓	宗	師	宋史卷315附韓絳傳
韓	9保	正	宋史卷479西蜀世家附孟昶傳
韓	係	伯	南齊書卷55 南史卷73孝義
韓	彥	直	宋史卷364附韓世忠傳
韓	建	業	北史卷53附張保洛傳
韓	若	愚	元史卷176
韓	重	贇	宋史卷250
韓	思	彥	新唐書卷112
韓	思	復	舊唐書卷101 新唐書卷118
韓	10晉	卿	宋史卷426循吏
韓	11國	華	宋史卷277
韓	紹	芳	遼史卷74附韓延徽傳
韓	紹	勳	遼史卷74附韓延徽傳
韓	崇	訓	宋史卷250附韓重贇傳
韓	崇	業	宋史卷250附韓重贇傳
韓	12朝	宗	新唐書卷118附韓思復傳
韓	13熙	載	宋史卷478南唐世家附李景傳
韓	遊	瓌	舊唐書卷144 新唐書卷156
韓	資	讓	遼史卷74附韓延徽傳
韓	14僧	壽	隋書卷52附韓擒傳

十七畫

韓

十七畫

韓蕭

韓15廣	德	漢書卷71
韓 德	源	遼史卷74附韓知古傳
韓 德	樞	遼史卷74附韓延徽傳
韓 德	凝	遼史卷74附韓知古傳
韓19懷	明	梁書卷47孝行 南史卷74孝義
韓 麒	麟	魏書卷60 北史卷40
韓20賓	業	北齊書卷50恩倖 北史卷92恩倖齊諸官者
韓23顯	宗	魏書卷60附韓麒麟傳
韓 顯	符	宋史卷461方技
韓24靈	敏	南齊書卷55孝義 南史卷73孝義
蕭 4	介	梁書卷41 南史卷18附蕭思話傳
蕭	允	陳書卷21 南史卷18附蕭思話傳
蕭	引	陳書卷21附蕭允傳 南史卷18附蕭思話傳
蕭	文	遼史卷105能吏
蕭 5	由	漢書卷78附蕭望之傳
蕭	玉	金史卷76附宗本傳
蕭	吉	北史卷89藝術 隋書卷78藝術
蕭 6	存	新唐書卷202文藝附蕭穎士傳
蕭	朴	遼史卷80
蕭 7	何	漢書卷39(史記卷53作蕭相國世家)
蕭	宏	魏書卷22諸王(即臨川王) 南史卷51梁宗室(臨川靖惠王)
蕭	秀	梁書卷22諸王(即安成王) 南史卷52梁宗室
蕭	炭	周書卷48附蕭詧傳 北史卷93僭偽附庶 梁附蕭詧傳
蕭	岑	周書卷48附蕭詧傳 北史卷93僭偽附庶 梁附蕭詧傳
蕭	岐	明史卷139
蕭 8	育	漢書卷78附蕭望之傳
蕭	昌	梁書卷24附蕭景傳 南史卷51梁宗室附吳平侯景傳
蕭	昂	梁書卷24附蕭景傳 南史卷51梁宗室附吳平侯景傳
蕭	明	北齊書卷33 南史卷51梁宗室附長沙宣武王懿傳
蕭	放	北齊書卷33
蕭	欣	周書卷48附蕭詧傳 北史卷93僭偽附庶 梁附蕭詧傳
蕭	直	舊唐書卷102附章述傳
蕭	昕	舊唐書卷146 新唐書卷159
蕭	定	舊唐書卷185下良吏 新唐書卷101附蕭瑀傳
蕭	注	宋史卷334
蕭 9	咸	漢書卷78附蕭望之傳
蕭	昱	梁書卷24附蕭景傳 南史卷51梁宗室附吳平侯景傳
蕭	洽	梁書卷41附蕭介傳 南史卷18附蕭思話傳

蕭	映	南齊書卷35諸王(卽臨川獻王) 南史卷43齊宗室
蕭	紀	梁書卷55(卽武陵王) 南史卷53梁宗室
蕭	彥	魏書卷94閹官附張宗之傳 明史卷227
蕭	衍	魏書卷98(目作島夷蕭衍)
蕭	勃	南史卷51梁宗室附吳平侯景傳
蕭	恪	南史卷52梁宗室附南平元襄王偉傳
蕭	恢	梁書卷29諸王(卽郡陽王) 南史卷52梁宗室(郡陽忠烈王)
蕭	亮	南史卷52梁宗室附始興忠武王憺傳
蕭	俛	舊唐書卷172 新唐書卷101附蕭瑀傳
蕭	服	宋史卷348附沈畸傳
蕭	革	遼史卷113逆臣
蕭	柳	遼史卷85
蕭	拱	金史卷82附蕭仲恭傳
蕭	10退	北齊書卷33 北史卷29
蕭	祇	北齊書卷33 南史卷52梁宗室附南平元襄王偉傳 北史卷29
蕭	絪	南史卷41齊宗室(南齊書卷45作緬)
蕭	晃	南齊書卷35諸王(卽長沙威王) 南史卷43齊宗室
蕭	泰	南史卷52梁宗室附郡陽忠烈王恢傳 北史卷29

蕭	修	南史卷52梁宗室附郡陽忠烈王恢傳
蕭	恭	南史卷52梁宗室附南平元襄王偉傳 金史卷82
蕭	祜	舊唐書卷168附章溫傳 新唐書卷169附章貫之傳
蕭	倣	舊唐書卷172附蕭俛傳 新唐書卷101附蕭瑀傳
蕭	俶	舊唐書卷172附蕭俛傳
蕭	振	宋史卷380
蕭	貢	金史卷105
蕭	11乾	陳書卷21 南史卷42附鄱章文獻王礙傳
蕭	朗	南史卷51梁宗室附長沙宣武王懿傳
蕭	衆	南史卷51梁宗室附桂陽簡王融傳
蕭	勖	南史卷51梁宗室附吳平侯景傳
蕭	偉	梁書卷22諸王(卽南平王) 南史卷52梁宗室(卽南平元襄王)
蕭	推	南史卷53梁宗室附安成康王秀傳
蕭	堅	南史卷53梁宗室附邵陵攜王綸傳
蕭	頃	舊五代史卷58唐書
蕭	執	明史卷137附趙俶傳
蕭	授	明史卷166
蕭	12景	梁書卷24 南史卷51梁宗室(卽吳平侯)
蕭	琛	梁書卷26 南史卷18附蕭思話傳

	蕭	統	梁書卷8宗室（卽昭明太子） 南史卷53梁宗室	蕭	歎	南史卷51梁宗室附長沙宣武王懿傳

十七
畫

蕭

蕭	統	梁書卷8宗室（卽昭明太子） 南史卷53梁宗室
蕭	幾	梁書卷41 南史卷41齊宗室附曲陽公遙欣傳
蕭	棟	南史卷53梁宗室附昭明太子統傳
蕭	琮	周書卷48附蕭詧傳 北史卷93僭偽附蕭梁附蕭詧傳 隋書卷79外戚附蕭巋傳
蕭	賁	南史卷51梁宗室附臨川靜惠王宏傳
蕭	象	梁書卷23諸王（卽桂陽嗣王）
蕭	鈞	南史卷51梁宗室附桂陽簡王融傳 南史卷41齊宗室附衡陽元王道度傳 舊唐書卷63附蕭瑀傳 新唐書卷101附蕭瑀傳
蕭	瑒	舊唐書卷63附蕭瑀傳
蕭	華	舊唐書卷99附蕭嵩傳 新唐書卷101附蕭瑀傳
蕭	復	舊唐書卷125 新唐書卷101附蕭瑀傳
蕭	傑	舊唐書卷172附蕭俛傳
蕭	貫	宋史卷442文苑
蕭	惠	遼史卷93
蕭	13詧	周書卷48 北史卷93僭偽附蕭梁傳
蕭	鉉	南齊書卷35諸王（卽河東王） 南史卷43齊宗室

蕭	歎	南史卷51梁宗室附長沙宣武王懿傳
蕭	業	梁書卷23諸王（卽長沙嗣王） 南史卷51梁宗室附長沙宣武王懿傳
蕭	嗣	南史卷52梁宗室附鄱陽忠烈王恢傳
蕭	暎	南史卷52梁宗室附始興忠武王憺傳
蕭	該	北史卷82儒林附何妥傳 隋書卷75儒林附何妥傳
蕭	瑀	舊唐書卷63 新唐書卷101
蕭	嵩	舊唐書卷99 新唐書卷101附蕭瑀傳
蕭	資	宋史卷454忠義附鄒溥傳
蕭	肄	金史卷129佞幸
蕭	裕	金史卷129佞幸
蕭	雍	明史卷227附蕭彥傳
蕭	14暠	南齊書卷35諸王（卽安成恭王） 南史卷43齊宗室
蕭	緬	南齊書卷45宗室（卽安陸昭王南史卷41作蕭緬）
蕭	憺	南史卷51梁宗室上附桂陽簡王融傳
蕭	韶	南史卷51梁宗室附長沙宣武王懿傳
蕭	暢	南史卷51梁宗室（卽衡陽宣王）
蕭	銑	舊唐書卷56 新唐書卷87
蕭	綜	梁書卷55（卽豫章王） 南史卷53梁宗室
蕭	綸	梁書卷29諸王（卽邵陵嗣王） 南史卷53梁宗室（邵陵攜王）

蕭　遘　舊唐書卷179
　　　　新唐書卷101附蕭瑀傳

蕭　願　舊五代史卷128周書

蕭　幹　遼史卷84

蕭　漢　明史卷263附宋一鶴傳

蕭　15鋒　南齊書卷35諸王(即江夏王)
　　　　南史卷43齊宗室

蕭　錄　南齊書卷35諸王(晉熙王)
　　　　南史卷43齊宗室

蕭　懿　北齊書卷45文苑附顏之推傳

蕭　敷　南史卷51梁宗室(即永陽昭王)

蕭　撝　周書卷42
　　　　北史卷29

蕭　嶤　周書卷48附蕭督傳
　　　　北史卷93晉偽附廧
　　　　梁附蕭督傳

蕭　範　南史卷52梁宗室附郡陽忠烈王恢傳

蕭　銳　南齊書卷35諸王(即南平王)
　　　　南史卷43齊宗室
　　　　舊唐書卷63附蕭瑀傳

蕭　德　遼史卷96

蕭　16諶　南齊書卷42
　　　　南史卷41齊宗室(即衡陽公)

蕭　融　南史卷51梁宗室(即桂陽簡王)

蕭　曄　南齊書卷35諸王(武陵昭王)
　　　　南史卷43齊宗室
　　　　南史卷52梁宗室附始興忠武王憺傳

蕭　憺　梁書卷22諸王(即始興王)
　　　　南史卷52梁宗室(始興忠武王)

蕭　靜　南史卷52梁宗室附南平元襄王偉傳

蕭　諮　南史卷52梁宗室附郡陽忠武王恢傳

蕭　機　南史卷52梁宗室附安成康王秀傳

蕭　確　南史卷53梁宗室附邵陵攜王綸傳

蕭　鄴　新唐書卷182

蕭　翰　舊五代史卷98晉書
　　　　遼史卷113逆臣

蕭　廩　舊唐書卷172附蕭俛傳
　　　　新唐書卷101附蕭瑀傳
　　　　明史卷227

蕭　17濟　陳書卷30
　　　　周書卷42附蕭撝傳
　　　　南史卷69附顧野王傳

蕭　嶷　南齊書卷22(即豫章文獻王)
　　　　南史卷42齊宗室

蕭　勵　南史卷51梁宗室附吳平侯景傳

蕭　駿　南史卷51梁宗室附長沙宣武王懿傳

蕭　績　梁書卷29諸王(即南康王)
　　　　南史卷53梁宗室(南康簡王)

蕭　燧　宋史卷385

蕭　18鏔　明史卷168附陳循傳

蕭　19贊　魏齊書卷59附蕭寶寅傳
　　　　北史卷29附蕭寶寅傳

蕭　鏘　南齊書卷35諸王(即郡陽王)
　　　　南史卷43齊宗室

蕭　鏗　南齊書卷35諸王(即宜都王)
　　　　南史卷43齊宗室

十七畫

蕭

蕭　賾	魏書卷98附島夷蕭道成傳
蕭　𣂔	元史卷189儒學
蕭　20勱	南史卷51梁宗室附吳平侯景傳
蕭　藻	梁書卷23附長沙嗣王業傳 南史卷51梁宗室附長沙宣武王懿傳
蕭　21譽	梁書卷55（即河東王）
蕭　續	梁書卷29諸王（即廬陵王） 南史卷53梁宗室
蕭　巋	周書卷48附蕭詧傳 北史卷93僭僞附庸梁附蕭詧傳 隋書卷79外戚
蕭　22懿	南史卷51梁宗室（即長沙宣武王）
蕭　23鑠	南齊書卷35諸王（即桂陽王） 南史卷43齊宗室
蕭　巖	周書卷48附蕭詧傳 北史卷93僭僞附庸梁附蕭詧傳
蕭　鑑	南齊書卷35諸王（即始興簡王） 南史卷43齊宗室
蕭　24瓛	周書卷48附蕭詧傳 北史卷93僭僞附庸梁附蕭詧傳 隋書卷79外戚附蕭巋傳
蕭　30鸞	魏書卷98附島夷蕭道成傳
蕭1乙薛	遼史卷101
蕭2十三	遼史卷110姦臣
蕭　乂理	南史卷53梁宗室附南康簡王績傳
蕭3兀納	遼史卷98
蕭大心	梁書卷44諸王（即潯陽王） 南史卷54梁宗室
蕭大成	南史卷54梁宗室（即桂陽王）
蕭大昕	梁書卷44諸王（即義安王） 南史卷54梁宗室
蕭大春	梁書卷44諸王（即安陸王） 南史卷54梁宗室
蕭大封	南史卷54梁宗室（即汝南王）
蕭大威	梁書卷44諸王（即武寧王） 南史卷54梁宗室
蕭大訓	南史卷54梁宗室（即皇子大訓）
蕭大連	梁書卷44諸王（即南郡王） 南史卷54梁宗室
蕭大莊	梁書卷44諸王（即新興王） 南史卷54梁宗室
蕭大球	梁書卷44諸王（即建平王） 南史卷54梁宗室
蕭大款	南史卷54梁宗室（即臨川王）
蕭大鈞	梁書卷44諸王（即西陽王） 南史卷54梁宗室
蕭大雅	梁書卷44諸王（即瀏陽公） 南史卷54梁宗室
蕭大摯	梁書卷44諸王（即綏建王） 南史卷54梁宗室
蕭大器	梁書卷8宗室（即哀太子） 南史卷54梁宗室
蕭大圜	南史卷54梁宗室 周書卷42

北史卷29

蕭	大	臨	梁書卷44諸王（卽南 海王） 南史卷54
蕭	子	文	南齊書卷40諸王（卽 西陽王） 南史卷44齊宗室
蕭	子	良	南齊書卷40諸王（卽 晉陵文宣王） 南史卷44齊宗室
蕭	子	罕	南齊書卷40諸王（卽 南海王） 南史卷44
蕭	子	明	南齊書卷40諸王（卽 西陽王） 南史卷44齊宗室
蕭	子	岳	南齊書卷40諸王（卽 臨賀王） 南史卷44齊宗室
蕭	子	貞	南齊書卷40諸王（卽 邵陵王） 南史卷44齊宗室
蕭	子	建	南齊書卷40諸王（卽 湘東王） 南史卷44齊宗室
蕭	子	恪	梁書卷35 南史卷42附豫章文 獻王嶷傳
蕭	子	卿	南齊書卷40諸王（卽 廬陵王） 南史卷44齊宗室
蕭	子	倫	南齊書卷40諸王（卽 巴陵王） 南史卷44齊宗室
蕭	子	峻	南齊書卷40諸王（卽 衡陽王） 南史卷44齊宗室
蕭	子	眞	南齊書卷40諸王（卽 建安王）

南史卷44齊宗室

蕭	子	夏	南齊書卷40諸王（卽 南郡王） 南史卷44齊宗室
蕭	子	隆	南齊書卷40諸王（卽 隋郡王） 南史卷44齊宗室
蕭	子	琳	南齊書卷40諸王（卽 南康王） 南史卷44齊宗室
蕭	子	雲	梁書卷35附蕭子恪 傳 南史卷42附豫章文 獻王嶷傳
蕭	子	敬	南齊書卷40諸王（卽 安陸王） 南史卷44齊宗室
蕭	子	暉	梁書卷35附蕭子恪 傳
蕭	子	廉	南史卷42附豫章文 獻王嶷傳
蕭	子	範	梁書卷35附蕭子恪 傳 南史卷42附豫章文 獻王嶷傳
蕭	子	操	南史卷42附豫章文 獻王嶷傳
蕭	子	懋	南齊書卷40諸王（卽 晉安王） 南史卷44齊宗室
蕭	子	響	南齊書卷40諸王（卽 魚復侯） 南史卷44齊宗室
蕭	子	顯	梁書卷35附蕭子恪 傳 南史卷42附豫章文 獻王嶷傳
蕭	4札	刺	遼史卷106卓行
蕭	匹	敵	遼史卷88附蕭排押 傳
蕭	元	簡	梁書卷23諸王（卽衡 陽嗣王）
蕭	方	矩	梁書卷8宗室（卽愍 懷太子）

		南史卷54梁宗室	

十七畫

蕭

蕭	方	略	南史卷54梁宗室(卽始安王)
蕭	方	等	梁書卷44諸王(卽忠壯世子) 南史卷54梁宗室
蕭	方	諸	梁書卷44諸王(卽貞惠世子) 南史卷54梁宗室
蕭	5尤	哲	遼史卷91
蕭	永	祺	金史卷125文藝
蕭	世	怡	周書卷42
蕭	世	廉	陳書卷31附蕭摩訶傳 南史卷67附蕭摩訶傳
蕭	正	仁	南史卷51梁宗室附臨川靜惠王宏傳
蕭	正	立	南史卷51梁宗室附臨川靜惠王宏傳
蕭	正	表	魏書卷59 南史卷51梁宗室附臨川靜惠王宏傳 北史卷29
蕭	正	則	南史卷51梁宗室附臨川靜惠王宏傳
蕭	正	信	南史卷51梁宗室附臨川靜惠王宏傳
蕭	正	義	南史卷51梁宗室附臨川靜惠王宏傳
蕭	正	德	梁書卷55(卽臨賀王) 南書卷51梁宗室附臨川靜惠王宏傳
蕭	6合	卓	遼史卷81
蕭	至	忠	舊唐書卷92 新唐書卷123
蕭	如	薰	明史卷239
蕭	仲	宣	金史卷82
蕭	仲	恭	金史卷82
蕭	7希	甫	舊五代史卷71唐書 新五代史卷28唐臣

蕭	赤	斧	南齊書卷38 南史卷41齊宗室(卽南豐伯)
蕭	見	理	南史卷51梁宗室附臨川靜惠王宏傳
蕭	伯	游	梁書卷23諸王(卽永陽嗣王)
蕭	迂	魯	遼史卷93
蕭	孝	友	遼史卷87附蕭孝穆傳
蕭	孝	先	遼史卷87附蕭孝穆傳
蕭	孝	忠	遼史卷81
蕭	孝	穆	遼史卷87
蕭	孝	儼	梁書卷23附長沙嗣王業傳 南史卷51梁宗室附長沙宣武王懿傳
蕭	8坦	之	南齊書卷42 南史卷41齊宗室(卽臨汝侯)
蕭	忽	古	遼史卷99
蕭	奉	先	遼史卷102
蕭	和	尙	遼史卷86
蕭	拔	刺	遼史卷88附蕭敵古傳
蕭	阿	刺	遼史卷90
蕭	明	哲	宋史卷454忠義附鄒㵮傳
蕭	近	高	明史卷242
蕭	長	懋	南齊書卷21(卽文惠太子) 南史卷44齊宗室
蕭	9拜	住	元史卷179
蕭	省	身	明史卷161附李昌祺傳
蕭	恆	德	遼史卷88附蕭排押傳
蕭	胡	篤	遼史卷101

蕭	胡	覩	遼史卷114逆臣
蕭	思	話	宋書卷78 南史卷18
蕭	思	溫	遼史卷78
蕭	昭	秀	南齊書卷50諸王(卽 巴陵王) 南史卷44齊宗室
蕭	昭	胄	南齊書卷40附竟陵 文宣王子良傳 南史卷44附竟陵文 宣王子良傳
蕭	昭	業	魏書卷98附島夷蕭 道成傳
蕭	昭	粲	南齊書卷50諸王(卽 桂陽王) 南史卷44齊宗室
蕭10討	古		遼史卷84附蕭幹傳
蕭	際	素	梁書卷52止足 南史卷18附蕭思話 傳
蕭	烏	野	遼史卷92
蕭	素	颯	遼史卷95
蕭	海	璃	遼史卷78
蕭	特	末	遼史卷86附蕭和尙 傳
蕭	特	烈	遼史卷114逆臣
蕭11望	之		漢書卷78
蕭	排	押	遼史卷88
蕭	惟	信	遼史卷96
蕭	常	哥	遼史卷82
蕭	通	理	南史卷53梁宗室附 南康簡王績傳
蕭	陶	隗	遼史卷90
蕭	速	撒	遼史卷99
蕭	痕	篤	遼史卷74

蕭12陽	阿		遼史卷8?
蕭	普	達	遼史卷92
蕭	景	先	南齊書卷38 南史卷41齊宗室(卽 新吳侯)
蕭	景	茂	元史卷193忠義
蕭	惠	休	南史卷18附蕭思話 傳
蕭	惠	明	南史卷18附蕭思話 傳
蕭	惠	基	南齊書卷46 南史卷18附蕭思話 傳
蕭	惠	開	宋書卷87 南史卷18附蕭思話 傳
蕭	會	理	南史卷53梁宗室附 南康簡王績傳
蕭13嗣	業		舊唐書卷63附蕭瑀 傳 新唐書卷101附蕭瑀 傳
蕭	酬	斡	遼史卷100
蕭	雷	龍	宋史454
蕭	圓	正	南史卷53梁宗室附 武陵王紀傳
蕭	圓	照	南史卷53梁宗室附 武陵王紀傳
蕭	圓	肅	周書卷42 北史卷29
蕭	道	生	南齊書卷45宗室(卽 始安貞王) 南史卷41齊宗室
蕭	道	成	魏書卷98(目標島夷 蕭道成) 南齊書卷45宗室(卽 衡陽元王)
蕭	道	度	南齊書卷45宗室(卽 衡陽元王) 南史卷41齊宗室
蕭	道	壽	元史卷197孝友
蕭14蒲	奴		遼史卷87

十七畫	蕭	奪	剌	遼史卷92
	蕭	滴	列	遼史卷95
	蕭	鳴	鳳	明史卷208
蕭	蕭	遙	光	南齊書卷45附始安貞王道生傳 南史卷41齊宗室(始安王)
	蕭	遙	昌	南齊書卷45附始安貞王道生傳
	蕭	遙	欣	南齊書卷45附始安貞王道生傳 南史卷41齊宗室(曲江公)
	蕭15	撻	凜	遼史卷85
	蕭	撒	八	遼史卷87附蕭孝穆傳
	蕭	圖	玉	遼史卷93
	蕭	德	言	舊唐書卷189上儒學 新唐書卷189儒學
	蕭	摩	訶	陳書卷31 南史卷67
	蕭	敵	烈	遼史卷88
	蕭	敵	魯	遼史卷73
	蕭16	叡	明	南齊書卷55孝義 南史卷73孝義
	蕭	穎	士	舊唐書卷102附韋述傳 舊唐書卷190下文苑 新唐書卷202韋述傳
	蕭	穎	胄	南齊書卷38附蕭赤斧傳 南史卷41齊宗室附南豐王赤斧傳
	蕭	穎	達	梁書卷10 南史卷41齊宗室附南豐王赤斧傳
	蕭17	韓	家	遼史卷92
	蕭18	燕	夫	宋史卷454忠義附鄒㵸傳
	蕭19	懷	忠	金史卷91
	蕭20	機	先	遼史卷78
	蕭	嚴	壽	遼史卷99
	蕭	寶	玄	南齊書卷50諸王(卽江夏王) 南史卷44齊宗室
	蕭	寶	攸	南齊書卷50諸王(卽邵陵王)南史卷44作蕭寶修
	蕭	寶	卷	魏書卷98附島夷蕭道成傳
	蕭	寶	貞	南齊書卷50諸王(卽桂陽王) 南史卷44齊宗室
	蕭	寶	脩	南史卷44齊宗室(南齊書卷50作蕭寶攸)
	蕭	寶	義	南齊書卷50諸王(卽巴陵隱王) 南史卷44齊宗室(卽巴陵隱王)
	蕭	寶	源	南齊書卷50諸王 南史卷44齊宗室(卽廬陵王)
	蕭	寶	嵩	南齊書卷50諸王(卽晉熙王) 南史卷44齊宗室
	蕭	寶	寅	南齊書卷50諸王(卽鄱陽王) 魏書卷59 南史卷44齊宗室 北史卷29
	蕭	寶	融	魏書卷98附島夷蕭道成傳
	蕭21	護	思	遼史卷78
	蕭	王	家奴	金史卷81
	蕭	余	里也	遼史卷111姦臣
	蕭	阿	古只	遼史卷73附蕭敵魯傳
	蕭	阿	魯帶	遼史卷94
	蕭	迭	里得	遼史卷114逆臣
	蕭	訛	都幹	遼史卷111姦臣

十
七
八
畫

蕭璿翼鎦鎮黿闕叢儲顒擴酈簡謖鎖豐藍

蕭	達	魯	古 遼史卷111姦臣
蕭	陶	蘇	幹 遼史卷101
蕭	得	里	底 遼史卷100
蕭	得	里	特 遼史卷111姦臣
蕭	塔	剌	葛 遼史卷90
蕭	塔	烈	賢 遼史卷85
蕭	撻	不	也 遼史卷99
蕭	蒲	离	不 遼史卷106卓行
蕭	圖	吉	辭 遼史卷111姦臣
蕭	樂	音	奴 遼史卷96
蕭	韓	家	奴 遼史卷96
蕭	藥	師	奴 遼史卷103文學遼史卷91附蕭尤哲傳
蕭	繹	盧	幹 遼史卷93附蕭迂魯傳
蕭		觀	音 奴 遼史卷85

十 八 畫

璿			金史卷85附永功傳
翼		奉	漢書卷75
鎦		炳	明史卷285文苑附王冕傳
鎮		海	元史卷120
黿		錯	史記卷101漢書卷49
闕		禮	宋史卷469宦者
叢		蘭	明史卷185
儲		巏	明史卷286文苑
顒	孫	師	史記卷67仲尼弟子
擴	廓	帖 木 兒	明史卷124
酈		埶	明史卷167
酈	日	廣	明史卷292忠義附張克儉傳
簡		雍	三國蜀志卷8或38
簡	仁	瑞	明史卷294忠義
謖	都	本	金史卷65附麻頠傳
謖	都	訶	金史卷65
鎖		兒 哈	元史卷118附孛禿傳
鎖	咬 兒 哈 的 迷 失		元史卷124附塔本傳
豐		坊	明史卷191附豐熙傳
豐		熙	明史卷191
豐		稷	宋史卷321
藍		玉	明史卷132
藍		田	明史卷206附葉應驄傳

聶　大　年　明史卷286文苑
聶　文　進　舊五代史卷107漢書／新五代史卷30漢臣
聶　天　驥　金史卷115
聶　冠　卿　宋史卷294
聶　崇　義　宋史卷431儒林
戴　　　良　後漢書卷113逸民／明史卷285文苑
戴　　　封　後漢書卷111獨行
戴　　　洋　晉書卷95藝術
戴　　　胄　舊唐書卷70／新唐書卷99
戴　　　冠　明史卷189
戴　　　珊　明史卷183
戴　　　就　後漢書卷111獨行
戴　　　逵　晉書卷94隱逸
戴　　　溪　宋史卷434儒林
戴　　　綸　明史卷162
戴　　　銑　明史卷188
戴　　　憑　後漢書卷109上儒林
戴　　　興　宋史卷279
戴　　　邈　晉書卷69附戴若思傳
戴　　　顒　宋書卷93隱逸／南史卷75隱逸
戴　士　衡　明史卷234
戴　至　德　舊唐書卷70附戴冑傳／新唐書卷99附戴冑傳
戴　休　顏　舊唐書卷144／新唐書卷156
戴　表　元　元史卷190儒學
戴　叔　倫　新唐書卷143

十八畫

藍瞿歸聶戴

藍　　　珪　宋史卷469宦者
藍　繼　宗　宋史卷467宦者
瞿　　　能　明史卷142
瞿　九　思　明史卷288文苑
瞿　式　耜　明史卷280
瞿　汝　說　明史卷216附瞿景淳傳
瞿　汝　稷　明史卷216附瞿景淳傳
瞿　　　景　明史卷216
歸　　　登　舊唐書卷149附歸崇敬傳／新唐書卷164附歸崇敬傳
歸　　　暘　元史卷186
歸　　　鉞　明史卷297孝義
歸　　　融　舊唐書卷149附歸崇敬傳／新唐書卷164附歸崇敬傳
歸　　　繡　明史卷297孝義附歸鉞傳
歸　　　藹　舊五代史卷68唐書
歸　　　慕光　明史卷287文苑附歸有光傳
歸　子　有　光　明史卷287文苑
歸　　　崇敬　舊唐書卷149／新唐書卷164／宋史卷353
聶　　　政　史記卷86刺客
聶　　　炳　元史卷195忠義
聶　　　豹　明史卷202
聶　　　鉉　明史卷137附宋訥傳
聶　　　賢　明史卷206附馬錄傳
聶　　　興　舊五代史卷73唐書

戴法興	宋書卷94恩倖 南史卷77恩倖
戴明寶	宋書卷94恩倖 南史卷77恩倖附戴法興傳
戴若思	晉書卷69
戴思恭	明史卷299方技
戴思遠	舊五代史卷64唐書
戴僧靜	南齊書卷30 南史卷46
戴慶珂	宋史卷420
戴德彝	明史卷141附王度傳
顏回	史記卷67仲尼弟子傳
顏含	晉書卷88孝友
顏協	梁書卷50文學 南史卷72文學
顏衎	宋史卷270
顏晃	陳書卷34文學 南史卷72文學
顏竣	宋書卷75 南史卷34附顏延之傳
顏復	宋史卷347
顏詡	宋史卷456孝義
顏瑜	元史卷194忠義
顏碩	舊唐書卷128附顏眞卿傳
顏頵	舊唐書卷128附顏眞卿傳
顏鯨	明史卷208
顏大初	宋史卷442文苑
顏日愉	明史卷293忠義
顏之推	北齊書卷45文苑 北史卷83文苑
顏之儀	周書卷40 北史卷83文苑附顏之推傳
顏弘式	舊唐書卷128附顏眞卿傳
顏孕紹	明史卷291忠義
顏安樂	漢書卷88儒林
顏延之	宋書卷73 南史卷34
顏希惠	明史卷284儒林附孔希學傳
顏伯瑋	明史卷142
顏佩韋	明史卷245附周順昌傳
顏杲卿	舊唐書卷187下忠義 新唐書卷192忠義
顏則孔	明史卷293忠義附王世琇傳
顏泉明	舊唐書卷187下忠義附顏杲卿傳
顏相時	舊唐書卷73附顏思古傳 新唐書卷198儒學附顏思古傳
顏春卿	新唐書卷192忠義附顏杲卿傳
顏眞卿	舊唐書卷128 新唐書卷153
顏師古	新唐書卷198儒學 舊唐書卷73
顏師伯	宋書卷77 南史卷34附顏延之傳
顏師邑	新唐書卷179附王播傳
顏師魯	宋史卷389
顏游秦	新唐書卷198儒學附顏師古傳
顏無繇	史記卷67仲尼弟子
顏惡頭	北史卷89藝術
顏頤壽	明史卷206附馬錄傳
顏繼祖	明史卷248
顏盞門都	金史卷82

十八畫

魏

魏	4元	明史卷180
魏	5冉	史記卷72（即穰侯）
魏	玄	周書卷43 北史卷66
魏	丕	宋史卷270
魏	6羽	宋史卷267附陳恕傳
魏	全	金史卷121忠義
魏	7延	三國蜀志卷10或40
魏	收	北齊書卷37 北史卷56
魏	杞	宋史卷385
魏	8矼	宋史卷376
魏	初	元史卷164
魏	9相	史記卷96附張蒼傳 漢書卷74
魏	恬	新唐書卷117附魏玄同傳
魏	豹	史記卷90 漢書卷33
魏	10浚	晉書卷63
魏	能	宋史卷279
魏	校	明史卷282儒林
魏	11朗	後漢書卷97黨錮
魏	野	宋史卷457隱逸
魏	冕	明史卷143附廖昇傳
魏	彬	明史卷304宦官附谷大用傳
魏	12舒	晉書卷41
魏	琰	宋史卷303附魏瓘傳
魏	勝	宋史卷368
魏	13該	晉書卷63附魏浚傳
魏	虜	南齊書卷57

魏	愷	北史卷56附魏蘭根傳
魏	源	明史卷160
魏	14寧	北齊書卷49方技 北史卷89藝術
魏	15徵	舊唐書卷71 新唐書卷97
魏	震	宋史卷309
魏	16澹	北史卷56附魏季景傳 隋書卷58
魏	璠	遼史卷108方技
魏	17應	後漢書卷109下儒林
魏	18謩	舊唐書卷176 新唐書卷97附魏徵傳
魏	21霸	後漢書卷55
魏	22瓘	宋史卷303
魏	25觀	明史卷140
魏	27驥	明史卷158
魏	2了 翁	宋史卷437儒林
魏	3大 中	明史卷244
魏	子 平	金史卷89
魏	4中 立	元史卷195忠義
魏	元 忠	舊唐書卷92 新唐書卷122
魏	仁 浦	宋史卷249
魏	少 遊	舊唐書卷115 新唐書卷141
魏	允 中	明史卷232附魏允貞傳
魏	允 貞	明史卷232
魏	5玄 同	舊唐書卷87 新唐書卷117
魏	6行 可	宋史卷449忠義

魏 7 廷 式	宋史卷307
魏 呈 潤	明史卷258
魏 良 政	明史卷283儒林附何廷仁傳
魏 良 弼	明史卷206
魏 8 知 古	舊唐書卷98 新唐書卷126
魏 承 祖	魏書卷71附裴叔業傳
魏 季 景	北史卷56
魏 長 賢	北史卷56
魏 忠 賢	明史卷305宦官
魏 9 彥 明	宋史卷452忠義
魏 咸 信	宋史卷249附魏仁浦傳
魏 昭 亮	宋史卷249附魏仁浦傳
魏 10 益 德	周書卷48附蕭詧傳 北史卷93僭偽附庸梁附蕭詧傳
魏 時 光	明史卷292忠義附王蕭傳
魏 時 亮	明史卷221
魏 11 捄 之	宋史卷459隱逸
魏 12 詠 之	晉書卷85
魏 無 忌	史記卷77（即信陵君）
怎 13 敬 益	元史卷98孝友
魏 14 漢 津	宋史卷462方技
魏 15 德 深	北史卷86循吏 隋書卷73循吏
魏 廣 微	明史卷306閹黨附顧秉謙傳
魏 16 學 洢	明史卷244附魏大中傳
魏 學 曾	明史卷228
魏 學 濂	明史卷244附魏大中傳

魏 20 藻 德	明史卷253
魏 21 蘭 根	北齊書卷23 北史卷56

十八畫

魏

十九畫

十九畫

臓褅懷藥關麹譙邊譚龐

	酷	金史卷67
臓		
褅	衡	後漢書卷110下文苑
懷	丙	宋史卷462方技
懷	恩	明史卷304宦官
懷	都	元史卷131
藥	福	宋史卷254
藥	元彦縱之	
藥	稠	舊五代史卷66唐書 新五代史卷27唐臣
藥	羽	舊五代史卷71唐書 三國蜀志卷6或36
關	播	舊唐書卷130 新唐書卷151
關	傑	明史卷293忠義
關	永康之允	宋書卷93隱逸 南史卷75隱逸 晉書卷89忠義
關	珍	北史卷53附張保洛傳
麹	紹祥	北史卷89藝術附許遵傳
麹	玄	明史卷296孝義
譙	秀	後漢書卷111獨行
譙	周	晉書卷94隱逸
譙	定	三國蜀志卷12或42
譙	縱	宋史卷459隱逸
譙	載	晉書卷100
譙	熙	宋史卷470佞幸附姜特立傳
邊	珝	宋史卷270
邊	貢	明史卷286文苑

邊	蕭	宋史卷301
邊	韶	後漢書卷110上文苑
邊	蔚	舊五代史卷128周書
邊	讓	後漢書卷110下文苑
邊	光範	宋史卷262
邊	居誼	宋史卷450忠義
邊	歸讜	宋史卷262
譚	淵	明史卷145
譚	綸	明史卷222
譚	澄	元史卷191良吏
譚	廣	明史卷155
譚	召	明史卷231附安希范傳
譚	一初	明史卷201附吳嶽傳
譚	大春	明史卷288文苑附袁宏道傳
譚	元勣	宋史卷357
譚	世寶	南史卷73孝義附封延伯傳
譚	弘播	新五代史卷41雜傳
譚	全美	宋史卷275
譚	延思	明史卷221附袁洪愈傳
譚	希星	元史卷197孝友附邵敬祖傳
譚	景榮	元史卷167
龐	資公	後漢書卷113逸民
龐	泮	明史卷180
龐	迪	金史卷91
龐	晃	北史卷75 隋書卷50
龐	參	後漢書卷81

		出處				出處
龐	清	三國魏志卷18	羅	8尚		晉書卷57附羅憲傳
龐	堅	舊唐書卷187下忠義附薛愿傳 新唐書卷193忠義	羅	性		明史卷140附王觀傳
龐	萌	後漢書卷42	羅	9威		舊唐書卷181附羅弘信傳 （新唐書卷210作羅紹威）
龐	統	三國蜀志卷7或37	羅	抆		宋史331
龐	嵩	明史卷281循吏	羅	10瑜		新唐書卷197循吏
龐	瑜	明史卷292忠義	羅	倫		明史卷179
龐	德	三國魏志卷18	羅	11研		南史卷55附鄧元起傳
龐	樹	魏書卷71附江悅之傳	羅	貫		舊五代史卷71唐書
龐	遵	元史卷197孝友附胡光遠傳	羅	通		明史卷160
龐	嚴	舊唐書卷166附元稹傳 新唐書卷104附于志寧傳	羅	12結		魏書卷44 北史卷20
龐	籍	宋史卷311	羅	14綺		明史卷160
龐	鑄	金史卷126文藝	羅	僑		明史卷189
龐	天祐	宋史卷456孝義	羅	15璋		明史卷297孝義附劉憲傳
龐	安時	宋史卷462方技	羅	16憲		晉書卷57
龐	尚鵬	明史卷227	羅	17隱		舊五代史卷24梁書
龐	師古	舊五代史卷21梁書 新五代史卷21梁臣	羅	點		宋史卷393
龐	恭孫	宋史卷311附龐籍傳	羅	18璧		元史卷166
龐	時雍	明史卷231附劉元珍傳	羅	璡		明史卷152附柯潛傳
龐	娥親	三國魏志卷18附龐淯傳	羅	19藝		舊唐書卷56 新唐書卷92
龐	卿惲	舊唐書卷57附劉文靜傳 新唐書卷88附裴寂傳	羅	願		宋史卷380附羅汝楫傳
羅	4斤	魏書卷44附羅結傳	羅	24讓		舊唐書卷188孝友 新唐書卷197循吏附羅珦傳
羅	7含	晉書卷92文苑	羅	1一貫		明史卷271
羅	珦	明史卷286文苑	羅	3士信		舊唐書卷137上忠義 新唐書卷191忠義
			羅	大紘		明史卷233

十九畫	羅 5 以	禮	明史卷161附陳本深傳
	羅 必	元	宋史卷415
	羅 立	言	舊唐書卷169 新唐書卷179附王璵傳
羅	羅 弘	信	舊唐書卷181 新唐書卷210藩鎮
	羅 6 企	生	晉書卷89忠義
	羅 伊	利	魏書卷44附羅結傳
	羅 汝	楫	宋史卷380
	羅 汝	敬	明史卷137附羅復仁傳
	羅 衣	輕	遼史卷109伶官
	羅 7 亨	信	明史卷172
	羅 希	奭	舊唐書卷186下酷吏 新唐書卷209酷吏吉溫傳
	羅 8 秉	忠	明史卷156
	羅 居	通	宋史卷456孝義
	羅 周	敬	舊五代史卷91晉書
	羅 9 洪	先	明史卷283儒林
	羅 思	遠	新唐書卷204方技附張果傳
	羅 彥	瓌	宋史卷250
	羅 11 從	彥	宋史卷428
	羅 處	約	宋史卷440文苑
	羅 紹	威	新唐書卷210藩鎮附羅弘信傳（舊唐書卷181作羅威） 舊五代史卷14梁書 新五代史卷39雜傳
	羅 國	瓛	明史卷295忠義附徐道興傳
	羅 12 復	仁	明史卷137

羅 欽	順	明史卷282儒林
羅 13 喻	義	明史卷216
羅 虞	臣	明史卷207附劉世龍傳
羅 照	隣	舊唐書卷190上文苑
羅 道	珍	魏書卷71附江悅之
羅 道	琮	舊唐書卷189上儒學 新唐書卷189儒學
羅 萬	藻	明史卷288文苑附艾南英傳

二十畫

璥　　　金史卷93
蹾　布　史記卷91（漢書卷34作英布）
騽　奭　史記卷74
繼　曉　明史卷307倖幸
竇　誌　南史卷76隱逸附陶弘景傳
黨　還　醇　明史卷291忠義
瞻　　　元史卷202釋老附八思巴傳
瞻　思　元史卷190儒學
藺　芳　明史卷153附宋禮傳
藺　相　如　史記卷81
闞　稜　舊唐書卷56附輔公祏傳
　　　　新唐書卷92附杜伏威傳
闞　澤　三國吳志卷8或53
闞　駰　魏書卷52　北史卷34
嚴　升　明史卷158附顧佐傳
嚴　本　明史卷150附虞謙傳
嚴　安　漢書卷64下
嚴　光　後漢書卷113逸民
嚴　助　漢書卷64上
嚴　成　南史卷73孝義附徐耕傳
嚴　武　舊唐書卷117
　　　　新唐書卷129附嚴挺之傳
嚴　郢　新唐書卷145
嚴　卿　晉書卷95藝術

嚴　訥　明史卷193
嚴　清　明史卷224
嚴　畯　三國吳志卷8或53
嚴　稜　魏書卷43
　　　　北史卷27附毛脩之傳
嚴　嵩　明史卷308姦臣
嚴　綬　舊唐書卷146
　　　　新唐書卷129附嚴挺之傳
嚴　震　舊唐書卷117
　　　　新唐書卷158
嚴　澈　新唐書卷129附嚴挺之傳
嚴　賨　元史卷148
嚴　譔　新唐書卷158附嚴震傳
嚴　礪　舊唐書卷117
　　　　新唐書卷144
嚴　世　期　宋書卷91孝義
　　　　　南史卷73孝義
嚴　安　之　舊唐書卷186下酷吏附吉溫傳
嚴　延　年　漢書卷90酷吏
嚴　忠　嗣　元史卷148附嚴賨傳
嚴　忠　濟　元史卷148附嚴賨傳
嚴　挺　之　舊唐書卷99
　　　　　新唐書卷129
嚴　起　恆　明史卷279
嚴　植　之　梁書卷48儒林
　　　　　南史卷71儒林
嚴　善　思　舊唐書卷191方技
　　　　　新唐書卷204方技
嚴　彭　祖　漢書卷88儒林
嚴　震　直　明史卷151
嚴　德　珉　明史卷138附楊洪傳
嚴　遵　美　新唐書卷207宦者附馬存亮傳

二十畫

璥 蹾 騽 繼 竇 黨 瞻 藺 闞 嚴

二十畫

竇

竇	4允	晉書卷90良吏
竇	卞	宋史卷330
竇	5申	舊唐書卷136附竇參傳
		新唐書卷145附竇參傳
竇	6牟	舊唐書卷155附竇羣傳
		新唐書卷175附竇羣傳
竇	7抗	舊唐書卷61附竇威傳
		新唐書卷95附竇威傳
竇	8固	後漢書卷53附竇融傳
竇	武	後漢書卷99
竇	9威	舊唐書卷61
		新唐書卷95
竇	軌	舊唐書卷61附竇威傳
		新唐書卷95附竇威傳
竇	衍	舊唐書卷61附竇威傳
竇	庠	舊唐書卷155附竇羣傳
竇	10泰	北齊書卷15
		北史卷54
竇	儼	宋史卷263附竇儀傳
竇	11章	後漢書卷53附竇融傳
竇	參	舊唐書卷136
		新唐書卷145
竇	常	舊唐書卷155附竇羣傳
		新唐書卷175附竇羣傳
竇	12琮	舊唐書卷61附竇威傳
		新唐書卷95附竇威傳
竇	惲	舊唐書卷61附竇威傳
竇	逵	舊唐書卷61附竇威傳
竇	13瑗	魏書卷88良吏
		北史卷86循吏
竇	14羣	舊唐書卷155
		新唐書卷175
竇	誕	舊唐書卷61附竇威傳
		新唐書卷95附竇威傳
竇	兢	新唐書卷109附竇懷貞傳
竇	15瑾	魏書卷46
		北史卷27
竇	毅	周書卷30附竇熾傳
		北史卷61附竇熾傳
竇	羣	舊唐書卷155附竇羣傳
		新唐書卷175附竇羣傳
竇	儀	宋史卷263
竇	16憲	後漢書卷53附竇融傳
竇	融	後漢書卷53
竇	遵	魏書卷46附竇瑾傳
竇	熾	周書卷30
		北史卷61
竇	璡	舊唐書卷61附竇威傳
		新唐書卷95附竇威傳
竇	靜	舊唐書卷61附竇威傳
		新唐書卷95附竇威傳
竇	覦	舊唐書卷183外戚
竇	默	元史卷158
竇	17嬰	史記卷107(即魏其侯)
		漢書卷52
竇	22儼	宋史卷263附竇儀傳
竇	4文場	舊唐書卷184宦官
		新唐書卷207宦者
竇	5永澄	明史卷291忠義附潘宗顏傳
竇	7延琬	舊五代史卷74唐書
竇	孝慈	舊唐書卷61附竇威傳

竇	孝	諶	舊唐書卷61附竇威傳 舊唐書卷183外戚附 竇德明傳
竇	希	玠	舊唐書卷61附竇威 傳
竇	希	球	舊唐書卷183外戚附 竇德明傳
竇	希	瓛	舊唐書卷183外戚附 竇德明傳
竇	希	瓘	舊唐書卷183外戚附 竇德明傳
竇	8易	直	舊唐書卷167 新唐書卷151
竇	奉	節	舊唐書卷61附竇威 傳
竇	9貞	固	宋史卷262
竇	建	德	舊唐書卷54 新唐書卷85
竇	10神	寶	宋史卷466宦者
竇	12舜	卿	宋史卷349
竇	景	庸	遼史卷97
竇	14榮	定	北史卷61附竇熾傳 隋書卷39
竇	夢	徵	舊五代史卷68唐書
竇	維	鎡	舊唐書卷183外戚附 竇德明傳
竇	15德	玄	新唐書卷95附竇威 傳
竇	德	明	舊唐書卷183外戚
竇	19懷	貞	舊唐書卷183外戚附 竇德明傳 新唐書卷109
蘇	5弁		舊唐書卷189下儒學 新唐書卷103附蘇世 長傳
蘇		平	明史卷286文苑附劉 溥傳
蘇	8武		漢書卷54附蘇建傳
蘇		林	三國魏志卷21附劉 劭傳
蘇		侃	南齊書卷28 南史卷47

蘇	9建		史記卷111附衛將軍 驃騎傳 漢書卷54
蘇		則	三國魏志卷16
蘇		威	北史卷63附蘇綽傳 隋書卷41
蘇		亮	周書卷38 北史卷63附蘇綽傳
蘇		迨	宋史卷338附蘇軾傳
蘇		昞	宋史卷428道學
蘇		洵	宋史卷443文苑
蘇	10秦		史記卷69
蘇		峻	晉書卷100
蘇		晉	舊唐書卷100 新唐書卷128附蘇珦 傳
蘇		珦	舊唐書卷100 新唐書卷128
蘇	11竟		後漢書卷60上
蘇		章	後漢書卷61
蘇		淑	魏書卷88良吏 北史卷86循吏
蘇		袞	舊唐書卷189下儒學 附蘇弁傳
蘇		冕	舊唐書卷189下儒學 附蘇弁傳
蘇		紳	宋史卷294
蘇		宷	宋史卷331
蘇	12順		後漢書卷110上文苑
蘇		湛	魏書卷45附韋閬傳 周書卷38附蘇亮傳 北史卷63附蘇綽傳
蘇		循	舊五代史卷60唐書 新五代史卷35唐六 臣傳
蘇		過	宋史卷338附蘇軾傳

二十畫

竇 蘇

二十畫

蘇

蘇 13椿　周書卷23附蘇綽傳
　　　　北史卷53附蘇綽傳
蘇 詵　　新唐書卷125附蘇瓌傳
蘇 幹　　新唐書卷125附蘇瓌傳
蘇 楷　　舊五代史卷60唐書附蘇循傳
蘇 軾　　宋史卷338
蘇 頌　　宋史卷340
蘇 14綽　周書卷23
　　　　北史卷63
蘇 15震　新唐書卷125附蘇瓌傳
蘇 16曉　宋史卷270
蘇 緘　　宋史卷446忠義
蘇 頲　　舊唐書卷88附蘇瓌傳
　　　　新唐書卷125附蘇瓌傳
蘇 17邁　宋史卷338附蘇軾傳
蘇 19瓊　北齊書卷46循吏
　　　　北史卷86循吏
蘇 轍　　宋史卷339
蘇 20瓌　舊唐書卷88
　　　　新唐書卷125
蘇 24讓　北史卷63附蘇綽傳
蘇 虁　　北史卷63附蘇綽傳
　　　　隋書卷41附蘇威傳
蘇 老　　宋史卷339附蘇轍傳
蘇 4元 章　後漢書卷61附蘇章傳
蘇 不 韋　元史卷183
蘇 天 爵　元史卷183
蘇 5世 長　舊唐書卷75
　　　　　新唐書卷103
蘇 6安 恆　舊唐書卷187上忠義
　　　　　新唐書卷112
蘇 7利 涉　宋史卷468宦者
蘇 良 嗣　舊唐書卷75附蘇世長傳
　　　　　新唐書卷103附蘇世長傳

蘇 孝 慈　北史卷75
　　　　　隋書46
蘇 伯 衡　明史卷285文苑
蘇 沙 羅　隋書卷46附蘇孝慈傳
蘇 8定 方　舊唐書卷83
　　　　　新唐書卷111
蘇 味 道　舊唐書卷94
　　　　　新唐書卷114
蘇 易 簡　宋史卷266
蘇 9禹 珪　舊五代史卷127周書
蘇 奎 章　明史卷296孝義附謝定住傳
蘇 保 衡　金史卷89
蘇 10恭 讓　明史卷140附王宗顯傳
蘇 11逢 吉　舊五代史卷108漢書
　　　　　新五代史卷30漢臣
蘇 12景 恕　周書卷38附蘇亮傳
蘇 舜 欽　宋史卷442文苑
蘇 雲 卿　宋史卷459隱逸
蘇 13源 明　新唐書卷202文藝
蘇 14夢 賜　明史卷290忠義
蘇 15慶 文　宋史卷456孝義
蘇 澄 隱　宋史卷461方技
蘇 25觀 生　明史卷278

二十一畫

績 咸　晉書卷91儒林
鶴 壽　金史卷121忠義附溫迪罕蒲觀傳
鵑 謀琶　金史卷81
霸 突魯　元史卷119附木華黎傳
瀧 夫　史記卷107（即瀧將軍）／漢書卷52
瀧 嬰　史記卷55／漢書卷41
蘭 汗　魏書卷95附徒河慕容廆傳
蘭 欽　梁書卷32／南史卷61
饒 伸　明史卷230
饒 位　明史卷230附饒伸傳
饒 虎臣　宋史卷420
鐵 哥　元史卷125
鐵 連　元史卷134
鐵 鉉　明史卷142
鐵 木迭　元史卷205姦臣
鐵 邁赤　元史卷122
鐵 哥述兒　元史卷135
鐵 木兒塔識　元史卷140
鐵 弗昌　魏書卷95附鐵弗劉虎傳
鐵 弗定　魏書卷95附鐵弗劉虎傳
鐵 弗屈子　魏書卷95附鐵弗劉虎傳
鐵 弗務垣　魏書卷95附鐵弗劉虎傳
鐵 弗劉武　北史卷93僭偽附赫連夏氏傳

鐵 弗衛辰　魏書卷95附鐵弗劉虎傳
鐵 弗悉勿祈　魏書卷95附鐵弗劉虎傳
鐵 弗關陋頭　魏書卷95附鐵弗劉虎傳
顧 7況　舊唐書卷130附李泌傳
顧 忻　宋史卷456孝義
顧 佐　明史卷158／明史卷186附韓文傳
顧 成　明史卷144
顧 8承　三國吳志卷7或52附顧雍傳
顧 邵　三國吳志卷7或52附顧雍傳
顧 和　晉書卷83
顧 協　梁書卷30／南史卷62
顧 9胤　舊唐書卷73附令狐德棻傳／新唐書卷102附令狐德棻傳
顧 10珣　宋史卷452忠義附孫益傳
顧 時　明史卷131
顧 11彪　北史卷82儒林／隋書卷75儒林
顧 清　明史卷184
顧 琇　明史卷296孝義附崔敏傳
顧 12琛　宋書卷81／南史卷35
顧 衆　晉書卷76
顧 越　陳書卷33儒林／南史卷71儒林
顧 13雍　三國吳志卷7或52
顧 14榮　晉書卷68
顧 璘　明史卷286文苑附顧璘傳

二十一畫

顧

顧	15緒	宋史卷452忠義附孫益傳
顧	16璘	明史卷286文苑
顧	17顒	明史卷291忠義附高邦佐傳
顧	濟	明史卷208
顧	18臨	宋史卷344
顧	19譚	三國吳志卷7或52附顧雍傳
顧	22歡	南齊書卷54高逸南史卷75隱逸
顧	3大章	明史卷244
顧	大韶	明史卷244附顧大章傳
顧	4允成	明史卷231
顧	少連	新唐書卷162
顧	5可學	明史卷307佞幸
顧	6存仁	明史卷209附楊最傳
顧	8昌衍	南史卷73附王虛之傳
顧	秉謙	明史卷306閹黨
顧	9彥朗	新唐書卷186
顧	彥暉	新唐書卷186附顧彥朗傳
顧	10悅之	晉書卷77
顧	11野王	陳書卷30南史卷69
顧	章志	明史卷208附顧濟傳
顧	13愷之	晉書卷92文苑
顧	鼎臣	明史卷193
顧	15德輝	明史卷285文苑附陶宗儀傳
顧	17錫疇	明史卷216
顧	憲之	南齊書卷46附陸慧曉傳梁書卷52止足南史卷35附顧觀之

傳		
顧憲成	明史卷231	
顧覬之	宋書卷81南史卷35	

二 十 二 畫

穋	侯	史記卷72
歡	都	金史卷68
囊	加歹	元史卷131
酈	炎	後漢書卷110下文苑
酈	商	史記卷95 漢書卷41
酈	惲	魏書卷42附酈範傳
酈	範	魏書卷42 北史卷27
酈	瓊	金史卷79
酈希	誠	元史卷202釋老
酈食	其	史記卷97 漢書卷43
酈道	元	魏書卷69酷吏 北史卷27附酈範傳
酈道	約	魏書卷42附酈範傳
酈道	慎	魏書卷42附酈範傳
權	武	北史卷78 隋書卷65
權	皋	新唐書卷194卓行
權	會	北齊書卷44儒林 北史卷81儒林
權	璩	舊唐書卷148附權德輿傳 新唐書卷165附權德輿傳
權	謹	明史卷296孝義
權邦	彥	宋史卷396
權景	宣	周書卷28 北史卷61
權萬	紀	舊唐書卷185上良吏 附柳懷恩傳 新唐書卷100
權德	輿	舊唐書卷148 新唐書卷165

權懷		恩	舊唐書卷185上良吏 新唐書卷100附權萬 紀傳
龔		夬	宋史卷346
龔		壯	晉書卷94隱逸
龔		舍	漢書卷72
龔		祈	宋書卷93隱逸 南史卷75隱逸
龔		原	宋史卷353
龔		泰	明史卷143附廖昇傳
龔		勝	漢書卷72
龔		遂	漢書卷89循吏
龔		楫	宋史卷452忠義
龔		愷	明史卷209附楊繼盛傳
龔		諒	明史卷290忠義附王 晃傳
龔		穎	宋書卷91孝義 南史卷73孝義
龔元		祥	明史卷292忠義
龔玄		之	晉書卷94隱逸
龔孟		舒	南史卷71儒林附顧 越傳
龔茂		良	宋史卷385
龔炳		衡	明史卷292忠義附龔 元祥傳
龔鼎		臣	宋史卷347
龔萬		祿	明史卷290忠義
龔澄		樞	宋史卷481南漢世家 附劉鋹傳

二 十 五 畫

觀 音 奴　元史卷192良吏

列　女

2 丁　氏　宋史卷460（張晉卿妻）
　　　　　元史卷200（鄭伯文妻）
　　　　　明史卷302（王序禮妻）

丁 美 音　明史卷301附范氏二女

丁 錦 擎　明史卷301（唐方妻）

丁 尚 賢 妻 李 氏　元史卷201

刁 思 遼 妻 魯 氏　魏書卷92　北史卷91

3 上 官 氏　舊唐書卷193　新唐書卷205（目作楚王靈龜妃）

也 先 忽 都　元史卷201

于　氏　明史卷303（荊溭妻）
　　　　明史卷303（裴鐸妻）
　　　　明史卷303（鄧任妻）

于 同 祖 妻 曹 氏　元史卷201

于 敏 直 妻 張 氏　舊唐書卷193　新唐書卷205

4 尤　氏　明史卷302（趙一鳳妻）

月　娥　明史卷301

毛　惜　宋史卷460附劉仝子妻傳

巴 寡 婦 清　漢書卷91貨殖

尹　氏　金史卷130（完顏猪兒妻）

尹 虞 二 女　晉書卷96

元 巖 女　北史卷91　隋書卷80（目作華陽王楷妃）

列女				
元務光母盧氏			北史卷91 隋書卷80	
方		氏	明史卷302（袁堅妻） 明史卷303（錢東鑑妻）	
方	孝	女	明史卷302	
王		氏	元史卷200附覝脫尼傳（李世安妻） 元史卷200（張買奴妻） 明史卷301（陳佳妻） 明史卷302（沈伯夔妻） 明史卷302附張氏傳（高文學妻） 明史卷302（葉其瑞妻） 明史卷303附項淑美傳 明史卷303（成象妻） 明史卷303附周氏傳（浦延禧妻） 明史卷303附石氏傳（鄭宗我妻） 明史卷303附倪氏傳（宋愈亨妻） 明史卷303（劉應龍妻） 明史卷303（張侶顏妻。目作和州王氏）	
王		舜	北史卷91 隋書卷80（目作孝女王舜）	
王	氏	女	南史卷73孝義附蕭矯妻羊傳（目作永興梶中里王氏女）	
王	氏	婦	宋史卷460	
王	氏	淑	元史卷201附陶宗媛傳	
王	安	哥	元史卷200附趙彬妻傳	
王	妙	鳳	明史卷301	
王	貞	女	明史卷303（字顏同音）	

王	貞	婦		宋史卷460
王	烈	婦		明史卷302
王	惠	風		晉書卷36（目作愍懷太子妃）
王	廣	女		晉書卷96
王	霸	妻		後漢書卷114
王	氏	二	婦	宋史卷460
王	氏	五	烈婦	明史卷303附萬氏傳（尹氏杜氏魯氏戴氏王氏）
王	孝	女	和子	舊唐書卷193（目作孝女王和子） 新唐書卷205
王	泛	妻	裴氏	舊唐書卷193附盧甫妻李氏
王	時	妻	安氏	元史卷201（名正同）
王	袤	妻	趙氏	宋史卷460
王	琳	妻	韋氏	新唐書卷205
王	渾	妻	鍾氏	晉書卷96（字琰）
王	士	明妻	李氏	元史卷201（名賽兒
王	宗	仁妻	宋氏	元史卷201
王	德	政妻	郭氏	元史卷200
王	履	謙妻	齊氏	元史卷201
王	凝	之妻	謝氏	晉書卷96（字道韞）
5白			氏	金史卷130（蘇嗣母） 元史卷200附丁氏傳

			妙元)
		羊緝之女佩任	南史卷73孝義附藺矯妻羊
田	氏		
	明史卷303（惠道昌妻）		
	明史卷303（李鐵匠妻）	羊琇妻辛氏	晉書卷96（字憲英）
只魯花眞	元史卷200（忽都妻）	朱 氏	宋史卷460
皮京妻龍氏	晉書卷96（字憐西）		明史卷303（徐畢璋妻）
古玄應妻高氏	舊唐書卷193		明史卷303（目作甬上四烈婦屬獻震妻）
	附鄔臬英妻奚氏	朱 娥	宋史卷460
石 氏	明史卷301附丁氏傳（鄒煒妻）	朱淑信	元史卷200
	明史卷303（鄭完我母）	朱虎妻芽氏	元史卷200
石氏女	明史卷303	朱延壽妻王氏	新唐書卷205
石孝女	明史卷301	7成 氏	明史卷301（尤谷妻）
史 氏	明史卷301（字孔弘業）	谷 氏	明史卷303（史茂妻）
史映周妻耿氏	魏書卷92 北史卷91	余 氏	明史卷303（宋蒙妻）
6衣 氏	元史卷201（孟志剛妻）	妙 聰	明史卷301（目作義嫦妙聰）
向 氏	明史卷303（王且士妻）	狄恆妻徐氏	元史卷201
仲氏女	明史卷303	邢簡妻陳氏	遼史卷107
任仲文妻林氏	元史卷201	沈 氏	明史卷303（目作甬上四烈婦。張文琦妻）
安志道妻劉氏	元史卷201		
宇文士及妻楊氏	北史卷91 隋書卷80（目作南陽公主）	沈氏六節婦	明史卷302
		杜 氏	明史卷301附淩氏傳（曹桂妻）
江 氏	明史卷301（夏璜妻） 明史卷301附龔烈婦傳（王可道妻） 明史卷303（宗允芳妻）	杜有道妻嚴氏	晉書卷96（字憲）
		汪烈婦	明史卷301（楊希閔妻）
		汪琰妻潘氏	元史卷201
江文鑄妻范氏	元史卷201（名	何 氏	宋史卷460（吳永年妻）

列女

列女

明史卷303（鬭抱貞妻）

何無忌母劉氏晉書卷96

宋氏明史卷303（陳丹儉妻）

宋諫妻趙氏元史卷201

宋庭瑜妻魏氏舊唐書卷193

完顏仲德妻金史卷130

完顏素蘭妻金史卷130

完顏忙哥妻溫特罕氏金史卷130

呂氏明史卷303（鬭陳諫妻）

呂彥能姊元史卷201

呂彥能妻劉氏元史卷201

呂紹妻張氏晉書卷96附呂纂妻楊氏傳

呂仲洙女良子宋史卷460

呂纂妻楊氏晉書卷96

吳氏明史卷301（盧浩妻）
吳氏明史卷302（名姑姑）

吳節婦明史卷302（周瓚貞妻）

吳中孚妻宋史卷460

吳之瑞妻張氏明史卷303

吳守正妻禹氏元史卷201（名淑靖）

吳康之妻趙氏南史卷73孝義附蕭矯妻羊傳

吳翼之母丁氏南史卷73孝義附蕭矯妻羊傳

李氏金史卷130（哀宗寶符）
李氏元史卷200附趙美兒妻傳（高惠兒妻）
李氏明史卷302（何璘妻）
李氏明史卷302（王龍麟妻）
李氏明史卷302（目作郎陽李氏）
李氏明史卷302（目作壽昌李氏。字翁應兆）
李氏明史卷303（黃日芳妻）
李氏明史卷303附邵氏傳（張一桂妻）
李氏明史卷303（目作定州李氏。歸郝生）
李氏明史卷303（目作高陵李氏。劉光燦妻）
李氏明史卷303（目作薪水李氏。何之且妻）
李氏明史卷303（目標雞澤二李氏。一田藴圖妻。一嫁郝集）

李宗北史卷91（目作貞孝女李宗。魏書作盧元禮妻）

李氏女新唐書卷205（目作汴女李）

李冬兒元史卷200附趙美兒妻傳（丁從信妻）

李玄真舊唐書卷193（目作女道士李玄眞）

李孝婦明史卷302（名中姑）

李烈婦明史卷302（吳江妻）

李舍母新唐書卷205

李順兒元史卷201

李淵妻舊唐書卷193
李淵妻新唐書卷205

李智貞元史卷200

李孝女妙法新唐書卷205

李文妻史氏金史卷130

李英妻張氏金史卷130

李拯妻盧氏	新唐書卷205	武用妻蘇氏　元史卷201
李氏妻王阿足	舊唐書卷193（目作冀州女子王氏）新唐書卷205	孟氏　魏書卷92　北史卷91（目作任城國大妃孟氏）
李弘益妻申氏	元史卷201	孟昶妻周氏　晉書卷96
李玄盛后尹氏	晉書卷96	金氏　元史卷201（程徐妻）明史卷302（劉大俊妻）
李仲義妻劉氏	元史卷201（名翠哥）	金節婦　新唐書卷205
李君進妻王氏	元史卷200	阿鄰妻　金史卷130（名沙里賀）
李廷節妻崔氏	新唐書卷205	阿魯貞　金史卷130
李宗頤妻夏氏	元史卷201附陳淑眞傳	房玄齡妻盧氏　新唐書卷205
李馬兒妻袁氏	元史卷201	房愛親妻崔氏　魏書卷92　北史卷91
李景文妻徐氏	元史卷201（名彩鸞）	邵氏　明史卷303（張一桂妻）明史卷303（目作商州邵氏。薛臣倫妻）明史卷303（目作曲州邵氏。李純盛妻）
李寶信妻王氏	金史卷130	邵氏婢　明史卷302
李德武妻裴淑英	舊唐書卷193　新唐書卷205	林老女　宋史卷460
8易氏	明史卷301附王氏傳（王世昌妻）	林貞女　明史卷303（字陳長源）
邱氏	明史卷303（劉應景妻）	林端娘　明史卷301附史氏傳
兒先氏	魏書卷92（目作涇州貞女兒先氏）北史卷91	周氏　元史卷200（李伯通妻）元史卷200附焦氏傳（張興祖妻）明史卷303（王永命妻）
叔先雄	後漢書卷114（目作孝女叔先雄）	周迪妻　新唐書卷205
招襄猛	明史卷301	周郁妻　後漢書卷114
		周如砥氏　元史卷201
		周婦毛氏　元史卷201

列女

周顗母李氏　晉書卷96（字絡秀）

9洗氏　北史卷91　隋書卷80（目作譙國夫人洗氏）

宣氏　明史卷301（張樹田妻）

施氏　明史卷301附盧佳娘傳（彭平妻）

洪氏　明史卷302附李孝婦傳（章崇雅妻）

茅氏女　明史卷301附章銀兒傳

柳旦女　北史卷91　隋書卷80（目作襄城王格知）

皇甫規妻　後漢書卷114

畏吾氏三女　元史卷200附葛妙真傳

相琪妻樂氏　金史卷130

柯節婦陳氏　元史卷201

俞士淵妻童氏　元史卷201

封卓妻劉氏　魏書卷92　北史卷91

苟金龍妻劉氏　魏書卷92　北史卷91

姜氏　明史卷303（宋德成妻）

姜詩妻龐氏　後漢書卷114

苻堅妾張氏　晉書卷96

苻登妻毛氏　晉書卷96

韋逞母宋氏　晉書卷96

韋雍妻蕭氏　舊唐書卷193　新唐書卷205（舊唐書目作韋雍安

蘭陵縣君蕭氏

范氏　明史卷302附張氏傳（林壽妻）

范氏二女　明史卷301

范法恂妻褚氏　南史卷73孝友附蕭矯妻辛（目作吳郡范法恂妻褚氏）

段氏　元史卷200（霍榮妻）

段居貞妻謝氏　新唐書卷205（字小娥）

段豐妻慕容氏　晉書卷96

姚氏　元史卷201　明史卷303（吳道震妻）

姚女勝　魏書卷92（目作河東女姚氏）　北史卷91

姚孝女　明史卷301

姚氏婦楊氏　魏書卷92　北史卷91

耶律中妻　遼史卷107（蕭按闐）

耶律奴妻　遼史卷107（蕭意辛）

耶律氏常哥　遼史卷107

耶律尤者妻　遼史卷107（蕭訛里本）

胡氏　明史卷301（李珂妻）　明史卷302附戴氏傳（吹茂仁妻）　明史卷303（李敬中妻）　明史卷302（沈妻孝）

胡烈婦　元史卷200（劉平妻）

列女

胡貴貞	明史卷301
胡敬妻姚氏	明史卷303
胡長命妻張氏	魏書卷92 北史卷91
10師氏	宋史卷460（范孝純妻）
郎氏	元史卷200（朱甲妻）
柴氏	明史卷303（目作烈婦柴氏孫貞妻）
夏氏	明史卷303（黔國公沐天波侍女）
郝節娥	宋史卷460
烏古論氏	金史卷130
荀崧小女灌	晉書卷96
乘公濟妻姚氏	南史卷73孝義附蕭矯妻羊傳（目作吳興乘公濟妻姚氏）
殷保晦妻封絢	新唐書卷205
涂端友妻陳氏	宋史卷460
袁氏孤女	元史卷201
袁隗妻馬倫	後漢書卷114
秦氏二女	元史卷200
秦聞夫妻柴氏	元史卷201
倪氏	明史卷302附李孝婦傳（陸鸞妻）明史卷302（字陳敏）明史卷303（蕭來鳳妻）
倪美玉	明史卷303
唐氏	明史卷301附莊氏傳（陳旺妻）
	明史卷303（潘龍躍妻）
唐貴梅	明史卷301附王妙鳳傳
唐烈妻陳氏	明史卷303
馬氏	明史卷301（余佑妻）明史卷302附陳節婦傳（劉晉蕭妻）
馬英	元史卷200
馬節婦	明史卷302（劉濂妻）
高氏	明史卷301（陳和妻）
高荆娼	明史卷303（目作荆娼）
高烈婦	明史卷302（買填妻）
高愍女	新唐書卷205（名妹妹）
高麗氏	元史卷201
高叡妻秦氏	新唐書卷205
孫氏	明史卷301（衞廷珪妻）明史卷301附宣氏傳（沈思道妻）明史卷302（字吳廷桂）
孫氏女	元史卷200附秦氏二女傳
孫男玉	魏書卷92 北史卷91（目作平原縣女子孫氏）
孫烈女	明史卷302
孫義婦	明史卷301
孫神妻陳氏	北史卷91
孫棘妻許氏	南史卷73孝義
孫道溫妻趙氏	北史卷91
徐氏	宋史卷460（張弼妻）明史卷302附歐陽氏傳（潘順妻）明史卷301（金傑妻）

列女			
徐	氏 女	明史卷303附朱氏傳（名京）	
徐 孝	女	明史卷301	
徐 貞	女	明史卷303（宇施之濟）	
徐 亞	長	明史卷302	
徐 元	妻 許 氏	南史卷73孝義附孫棘妻傳	
徐 猱 頭	妻 岳 氏	元史卷201	
徐 允 讓	妻 潘 氏	元史卷201（名妙圓）	
11郭	氏	明史卷301	
		明史卷303（宋道婁妻）	
莊	氏	明史卷301（吳金童妻）	
		明史卷303（周彦敬妻）	
凌	氏	明史卷301（張維妻）	
畢	氏	明史卷301附吳氏傳（鄧節妻）	
乾	氏	明史卷303附邱氏傳（高文煥妻）	
康 住	住	金史卷130	
移 剌	氏	元史卷200附李碅進妻傳（耶律忽都不花妻）	
戚 家	婦	明史卷302附展氏傳	
脫 脫	尼	元史卷200（哈剌不花妻）	
章 銀	兒	明史卷301	
符 鳳	妻 玉 英	新唐書卷205	
陰 瑜	妻 荀 采	後漢書卷114	
曹	娥	後漢書卷114（目作孝女曹娥）	
曹 世 叔	妻 班 昭	後漢書卷114	
梁	氏	明史卷301（尹之路妻）	
梁 緯	妻 辛 氏	晉書卷96	
陸	氏	明史卷303（黃應辰妻）	
		明史卷303（目作而上四烈婦。華夏變妻）	
陸 讓	母 馮 氏	北史卷91隋書卷80	
陶	氏	明史卷303（孫士毅妻）	
陶 宗	媛	元史卷201	
陶 侃	母 湛 氏	晉書卷96	
崔	氏	宋史卷460（包綬妻）	
		元史卷200（周北忽妻）	
		明史卷303（王錫田妻）	
崔 繪	妻 盧 氏	舊唐書卷193 新唐書卷205	
崔 覽	妻 封 氏	魏書卷92 北史卷91	
許 氏	女	元史卷200附秦氏二女傳	
許 烈	婦	明史卷302附王烈婦傳	
許 升	妻 呂 榮	後漢書卷114	
許 古	妻 劉 氏	金史卷130	
許 延	妻 杜 氏	晉書卷96	
許 元 忱	妻 胡 氏	明史卷302	
陳	氏	明史卷301（字楊瑄）	
		明史卷303（王生妻）	
		明史卷303（黃日芳妾）	
陳 堂	前	宋史卷460	
陳 淑	眞	元史卷201	
陳 義	姑	明史卷301附襲姑萬氏傳	

陳節婦		明史卷302(適李姓)
陳文矩妻		後漢書卷114
陳諫妻	李氏	明史卷302
陳宗球妻	史氏	明史卷301
張氏		宋史卷460
		宋史卷460
		明史卷301附王妙鳳傳
		明史卷301附楊氏傳(鄔煥妻)
		明史卷301附楊泰奴傳(周祥妻)
		明史卷301(目作義妾張氏。楊千山妻)
		明史卷301附陳氏傳(目作秀水張氏。字劉伯春)
		明史卷302(游銓妻)
		明史卷302(羅寧妻)
		明史卷302(李坤妻)
		明史卷302附譚氏傳(林與坡妻)
		明史卷303(梁以樟妻)
		明史卷303(目作甬上四烈婦。楊文瓚妻)
		明史卷303(目作江都張氏。史若鶚妻)
張氏女		元史卷200附秦氏二女傳
		元史卷201
張烈婦		明史卷302(繆釜妻)
張義婦		元史卷200(李伍妻)
張鳳奴		金史卷130附寶符李氏傳
張蟬雲		明史卷302附楊玉英傳
張茂妻	陸氏	晉書卷96
張訥妻	劉氏	元史卷201
張天錫妾	閻氏	晉書卷96
張天錫妾	薛氏	晉書卷96
張正蒙妻	韓氏	元史卷201
張秉純妻	劉氏	明史卷303
張洪祁妻	劉氏	魏書卷92(祁作初) 北史卷91
12覃氏		北史卷91 隋書卷80(目作孝婦覃氏)
貴哥		元史卷200(羅五十三妻)
屠氏女		南史卷73孝義附蕭矯妻羊傳(目作諸暨居氏女)
須烈婦		明史卷302
曾氏婦晏		宋史卷460
童氏女八娜		宋史卷460
陽尼妻	高氏	魏書卷92 北史卷91
惠士玄妻	王氏	元史卷201
盛道妻	趙媛姜	後漢書卷114
彭氏		明史卷302(字王枚皋)
彭烈女		宋史卷460
程氏		明史卷301(胡尙絅妻)
程氏六烈		明史卷303(目作江都程氏六烈)
焦氏		元史卷200(袁天祜妻)
焦士廉妻	王氏	元史卷201
湯慧信		明史卷301(郭林妻)
湯輝妻	張氏	元史卷201

列女

列女

馮　氏　明史卷302附歐陽氏傳(劉慶妻)
　　　　明史卷303(梁凝蕎妻)
馮妙眞　金史卷130
馮淑安　元史卷200(李如忠妻)
項　氏　宋史卷460
項貞女　明史302
項淑美　明史卷303
黃　氏　明史卷302(陳汭妻)
　　　　明史卷302(王珣妻)
　　　　明史卷303附邱氏傳(張挺然妻)
黃烈婦　明史卷302附李烈婦傳(金一龍妻)
黃善聰　明史卷301附貞女韓氏傳
黃道弘妻　明史卷303附陸氏傳
黃仲起妻朱氏　元史卷201
13葉　氏　明史卷301(字慈谿翁姓)
　　　　明史卷302附張氏傳(江華妻)
　　　　明史卷302附方氏傳(許仲妻)
詹氏女　宋史卷460
葛妙眞　元史卷200
解孝女　明史卷302附方孝女傳
靳康女　晉書卷96
雷　氏　明史卷303(劉長庚妻)
雷婦師氏　金史卷130
萬　氏　明史卷303(姚守中妻)
萬義顧　明史卷301(目作義姑萬氏)
鄒侍徵妻薄氏　舊唐書卷193　新唐書卷205

鄒保英妻奚氏　舊唐書卷193
虞鳳娘　明史卷303
虞潭母孫氏　晉書卷96
董　氏　宋史卷460
董祀妻蔡琰　後漢書卷114
董昌齡母楊氏　舊唐書卷193　新唐書卷205
董景起妻張氏　魏書卷92　北史卷91
買　氏　明史卷301(陳愈妻)
買氏女　舊唐書卷193(目作澶州孝女買氏)
買孝女　新唐書卷205
買渾妻宗氏　晉書卷96
買直言妻董氏　新唐書卷205
楊　氏　元史卷200(郭三妻)
　　　　明史卷301(鄭子萊妻)
　　　　明史卷301(目作義婦楊氏。王世昌妻)
　　　　明史卷302附金氏傳(王芳亓)
　　　　明史卷302(吳仲淇妻)
　　　　明史卷302附吳節婦傳(劉壽昌妻)
　　　　明史卷302附劉氏傳(吳進性妻)
　　　　明史卷302(饒卿妻)
　　　　明史卷303附于氏傳(張國紘妻)
　　　　明史卷303(曹復彬妻)
楊玉英　明史卷302
楊阿五　北史卷91　隋書卷80(目作蘭陵公主遇柳述)

楊 貞 婦	明史卷302（字郭恆）		趙 淮 妾	宋史卷460	
楊 泰 奴	明史卷301		趙 美 妻 王 氏	元史卷200	
楊 烈 婦	新唐書卷205		趙 洙 妻 許 氏	元史卷201	
楊 含 妻 蕭 氏	新唐書卷205		趙 元 楷 妻 崔 氏	北史卷91 隋書卷80	
楊 慶 妻 王 氏	舊唐書卷193 新唐書卷205		趙 彬 妻 朱 錦 哥	元史卷200	
楊 三 安 妻 李 氏	舊唐書卷193 新唐書卷205		15潘 氏	明史卷302（許鈍妻）	
楊 紹 宗 妻 王 氏	舊唐書卷193 新唐書卷205		榮 羊 子 妻	後漢書卷114	
14榮 氏	宋史卷460（馬元穎妻）		慕 容 垂 妻 段 氏	晉書卷96（字元妃）	
廖 氏	宋史卷460（目作節婦廖氏歐陽希文妻）		撒 合 輦 妻 獨 吉 氏	金史卷130	
聞 氏	元史卷200（僉薪妻）		歐 陽 氏	明史卷302（王仕傳妻）	
甄 氏	明史卷301附劉孝婦傳（李大妻）		歐 陽 金 貞	明史卷301附陳氏傳	
熊 氏	明史卷303（李藎臣妻）		蔣 烈 婦	明史卷302（姜上達妻）	
蒲 察 明 秀	金史卷130		蔣 儁 之 妻 黃 氏	南史卷73孝義附蕭矯妻羊傳	
裴 倫 妻 柳 氏	北史卷91 隋書卷80		樊 彥 琛 妻 魏 氏	舊唐書卷193 新唐書卷205	
齊 闊 妻 劉 氏	元史卷201		樊 會 仁 母 敬 氏	舊唐書卷193 新唐書卷205（字象子）	
臺 氏	明史卷303附于氏傳（張雲鵬妻）				
臺 叔 齡 妻 劉 氏	元史卷200		蔡 三 玉	元史卷200（陳端才妻）	
趙 氏	宋史卷460 明史卷303（湯祖契妻）		蔡 孝 女	明史卷301附姚孝女傳	
趙 氏 女	新唐書卷205（目作山陽女趙）		蔡 烈 女	明史卷302附孫烈女傳	
趙 玉 兒	元史卷200附馮英傳		蔡 烈 婦	明史卷302附張烈婦傳（葉三妻）	
趙 孝 婦	元史卷200				
趙 哇 兒	元史卷200附李君道傳				

列女

列女

鄭 氏	明史卷302附張烈婦傳(趙鈺妻)	劉 氏 二 孝 女 明史卷302
鄭 孝 女	舊唐書卷193附孝女王和子傳(目作鄭神佐女) 新唐書卷205	劉 臻 妻 陳 氏 晉書卷96
鄭 休 妻 石 氏	晉書卷96	劉 聰 妻 劉 娥 晉書卷96
鄭 袤 妻 曹 氏	晉書卷96	劉 公 翼 妻 蕭 氏 元史卷201
鄭 廉 妻 李 氏	新唐書205(目作鄭貞節婦李)	劉 仝 子 妻 林 氏 宋史卷460
鄭 琪 妻 羅 妙 安	元史卷201(名妙安)	劉 生 妻 歐 陽 氏 宋史卷460
鄭 善 果 母 崔 氏	北史卷91 隋書卷80	劉 長 卿 妻 桓 氏 後漢書卷114
鄭 義 宗 妻 盧 氏	舊唐書卷193 新唐書卷205	劉 當 可 母 王 氏 宋史卷460

劉氏 — 宋北卷460(陳公輔妻) 元史卷200附閆氏傳(李五妻) 明史卷302附彭氏傳(字李之本) 明史卷302(張龍信妻) 明史卷302(吳遵學妻) 明史卷303 明史卷303附唐烈妻陳氏傳

劉 寂 妻 夏 侯 碎 金 舊唐書193 新唐書205

劉 孝 女 明史卷303

16 諸 娥 明史卷301

劉 孝 婦 明史卷301(韓太初妻)

霍 氏 二 婦 元史卷200(尹氏楊氏)

劉 昶 女 北史卷91 隋書卷80

衡 方 厚 妻 程 氏 舊唐書卷193(目作衡方厚妻武昌縣君程氏) 新唐書卷205

劉 烈 女 明史卷303(字吳嘉謀)

鮑 宣 妻 桓 少 君 後漢書卷114

劉 氏 二 女 元史卷201(長貞次孫) 明史卷302

獨 孤 師 仁 乳 母 玉 蘭 英 舊唐書卷193附楊慶妻王氏傳 新唐書卷205

衛 孝 女 無 忌 舊唐書卷193(目作絳州孝女衛氏) 新唐書卷205

列女

衛敬瑜妻王氏	南史卷73孝義附服景仁傳
盧氏	明史卷303（王瀴妻）
盧佳娘	明史卷301（李廣妻）
盧甫妻李氏	舊唐書卷193 新唐書卷205
盧元禮妻李宗	魏書卷92
盧惟清妻徐氏	新唐書卷205
17 鮮于文英	南史卷73孝義附蕭溦明傳
蕭氏	明史卷303附于氏傳（賴南波妻）
蕭矯妻羊淑褘	南史卷73孝義
鍾氏四節婦	明史卷301
鍾士雄母蔣氏	北史卷91 隋書卷80
謝氏	明史卷303附石氏女傳（吳昌祚妻）
謝烈婦玉華	明史卷302（曹世與妻）
謝泌妻侯氏	宋史卷460
謝枋得妻李氏	宋史卷460
韓氏	明史卷303附倪氏傳（宋庭亨子婦）
韓貞女	明史卷301（目作貞女蔣氏）
韓慶民妻	金史卷130
韓氏女希孟	宋史卷460
韓鼎允妻劉氏	明史卷303
韓覬妻于茂德	北史卷91 隋書卷80
18 戴氏	明史卷302（蔡本澄妻）
顏氏	明史卷303（黃應遲妻）
聶孝女舜英	金史卷130
魏溥妻房氏	魏書卷92 北史卷91
魏衡妻王氏	舊唐書卷193
19 龐清母趙娥	後漢書卷114
譚氏	宋史卷460（吳琪妻）明史卷392（方存業妻）
譚氏婦趙	宋史卷460
20 嚴氏	明史卷301附江氏傳
闞文興妻王醜醜	元史卷200
竇妙善	明史卷301
竇烈婦	新唐書卷205
竇滔妻蘇蕙	晉書卷96
竇氏伯女仲女	舊唐書卷193（目作奉天縣竇氏二女）新唐書卷205
21 蘭氏	明史卷303附江都張氏傳（孫道升妻）
饒娥	新唐書卷205
22 龔烈婦	明史卷301
25 觀音奴妻卜顏的斤	元史卷201

后　妃

后妃

漢

中山衞姬　漢書卷97下
史皇孫王夫人　漢書卷97上
孝文竇皇后　漢書卷97上
孝元王皇后　漢書卷97上
　　　　　　漢書卷98附元后傳
孝元馮昭儀　漢書卷97下
孝元傅昭儀　漢書卷97下
孝平王皇后　漢書卷97下
孝成班倢伃　漢書卷97下
孝成趙皇后　漢書卷97下
孝武李夫人　漢書卷97上
孝武陳皇后　漢書卷97上
孝成許皇后　漢書卷97下
孝武衞皇后　漢書卷97上
孝武鉤弋趙倢伃　漢書卷97上
孝哀傅皇后　漢書卷97下
孝宣王皇后　漢書卷97上
孝宣許皇后　漢書卷97上
孝宣霍皇后　漢書卷97上
孝昭上官皇后　漢書卷97上
孝惠張皇后　漢書卷97上
孝景王皇后　漢書卷97上

孝景薄皇后　漢書卷97上
定陶丁姬　漢書卷97下
高祖薄姬　漢書卷97上
高祖呂皇后　漢書卷37本紀　漢書卷97上外戚
衞太子史良娣　漢書卷97上

東漢

安思閻皇后　後漢書卷10下
光武郭皇后　後漢書卷10上
光烈陰皇后　後漢書卷10上
孝仁董皇后　後漢書卷10下
孝崇匽皇后　後漢書卷10下
明德馬皇后　後漢書卷10上
和帝陰皇后　後漢書卷10上
和熹鄧皇后　後漢書卷10上
桓思竇皇后　後漢書卷10下
桓帝鄧皇后　後漢書卷10下
桓帝懿獻梁皇后　後漢書卷10下
章德竇皇后　後漢書卷10上
順烈梁皇后　後漢書卷10下
獻帝伏皇后　後漢書卷10下
獻穆曹皇后　後漢書卷10下
靈思何皇后　後漢書卷10下

三國

漢　東漢

魏					
文昭甄皇后	三國魏志卷5		元敬虞皇后	晉書卷32	**后妃**
文德郭皇后	三國魏志卷5		元帝荀豫章君	晉書卷32附元敬虞皇后傳	
武宣卞皇后	三國魏志卷5		安僖王皇后	晉書卷32	
明元郭皇后	三國魏志卷5		安德陳太后	晉書卷32	
明悼毛皇后	三國魏志卷5		孝武文李皇后	晉書卷32	**三國**
蜀			孝武定王皇后	晉書卷32	
先主甘后	三國蜀志卷4		成恭杜皇后	晉書卷32	**晉**
先主穆后	三國蜀志卷4		成帝章周太妃	晉書卷32附成恭杜皇后傳	
後主張后	三國蜀志卷4		明穆庚皇后	晉書卷32	
後主敬哀后	三國蜀志卷4		武元楊皇后	晉書卷31	
吳			武帝左貴嬪	晉書卷31附武悼楊皇后傳	
吳主權王夫人	三國吳志卷5（有二）		武帝胡貴嬪	晉書卷31附武悼楊皇后傳	
吳主權步夫人	三國吳志卷5		武帝諸葛夫人	晉書卷31附武悼楊皇后傳	
吳主權徐夫人	三國吳志卷5		武悼楊皇后	晉書卷31	
吳主權潘夫人	三國吳志卷5		哀靖王皇后	晉書卷32	
吳主權謝夫人	三國吳志卷5		宣穆張皇后	晉書卷31	
孫和何姬	三國吳志卷5		恭思褚皇后	晉書卷32	
孫休朱夫人	三國吳志卷5		康獻褚皇后	晉書卷32	
孫亮全夫人	三國吳志卷5		景獻羊皇后	晉書卷31	
孫皓滕夫人	三國吳志卷5		景懷夏侯皇后	晉書卷31	
孫破虜吳夫人	三國吳志卷5		惠羊皇后	晉書卷31	
晉					
文明王皇后	晉書卷31				
元夏侯太后	晉書卷31				

后妃

宋

齊

惠　賈　皇　后	晉書卷31
惠　帝　謝　夫　人	晉書卷31附惠羊皇后傳
廢　帝　庾　皇　后	晉書卷39
穆　章　何　皇　后	晉書卷32
簡　文　宣　鄭　太　后	晉書卷32
簡　文　順　王　皇　后	晉書卷32
懷　王　太　后	晉書卷31

宋

少　帝　司　馬　皇　后	宋書卷41　南史卷11
文　沈　婕　伃	宋書卷41
文　路　淑　媛	宋書卷41
文　潘　淑　妃	宋書卷41附文元袁皇后傳　南史卷11附文元袁皇后傳
文　元　袁　皇　后	宋書卷41　南史卷11
文　章　胡　太　后	南史卷11
孝　武　宣　貴　妃	宋書卷41附孝武文穆王皇后傳　南史卷11附孝武文穆王皇后傳
孝　武　昭　路　太　后	南史卷11
孝　武　文　穆　王　皇　后	宋書卷41　南史卷11
孝　穆　趙　皇　后	宋書卷41　南史卷11
孝　懿　蕭　皇　后	宋書卷41　南史卷11
明　宣　沈　太　后	南史卷11
明　恭　王　皇　后	宋書卷41　南史卷11
武　張　夫　人	宋書卷41　南史卷11
武　敬　臧　皇　后	宋書卷41　南史卷11
前　廢　帝　何　皇　后	宋書卷41　南史卷11
後　廢　帝　江　皇　后	宋書卷41　南史卷11
後　廢　帝　陳　太　妃	南史卷11
順　陳　太　妃	宋書卷41　南史卷11
順　謝　皇　后	宋書卷41　南史卷11

齊

文　安　王　皇　后	南齊書卷20　南史卷11
和　帝　王　皇　后	南齊書卷20　南史卷11
東　昏　褚　皇　后	南齊書卷20　南史卷11
明　敬　劉　皇　后	南齊書卷20　南史卷11
武　穆　裴　皇　后	南齊書卷20　南史卷11
宣　孝　陳　皇　后	南齊書卷20　南史卷11
高　昭　劉　皇　后	南齊書卷20

	南史卷11
海陵王王妃	南齊書卷20
	南史卷11
鬱林王何妃	南齊書卷20
	南史卷11

梁

元徐妃	南史卷12
太宗王皇后	梁書卷7
太祖張皇后	梁書卷7
文獻張皇后	南史卷12
世祖徐妃	梁書卷7
武丁貴嬪	南史卷12
武阮脩容	南史卷12
武德郗皇后	南史卷12
高祖丁貴嬪	梁書卷7
高祖阮脩容	梁書卷7
高祖郗皇后	梁書卷7
敬王皇后	南史卷12
敬夏太后	南史卷12
簡文王皇后	南史卷12

陳

文沈皇后	南史卷12
世祖沈皇后	陳書卷7
武宣章皇后	南史卷12
後主張貴妃	陳書卷7附後主沈皇后傳
	南史卷12

	附後主沈皇后傳
後主沈皇后	陳書卷7
	南史卷12
高宗柳皇后	陳書卷7
宣柳皇后	南史卷12
高祖章皇后	陳書卷7
廢帝王皇后	陳書卷7
	南史卷12

北魏

文成昭太后常氏	魏書卷13附景穆恭皇后郁久閭氏傳
文成文明皇后馮氏	魏書卷13
	北史卷13
文成元皇后李氏	魏書卷13
	北史卷13
太武皇后赫連氏	魏書卷13
	北史卷13
太武惠太后竇氏	魏書卷13附明元密皇后杜氏傳
太武敬哀皇后賀氏	魏書卷13
	北史卷13
文帝次妃蘭氏	魏書卷13附文帝皇后封氏傳
文帝皇后封氏	魏書卷13
	北史卷13
文帝文皇后乙弗氏	

后妃

梁 陳 北魏

后妃

北齊

北史卷13

文帝悼皇后郁久閭氏　北史卷13

平文皇后王氏　魏書卷13　北史卷13

孝文貞皇后林氏　魏書卷13　北史卷13

孝文昭皇后高氏　魏書卷13　北史卷13

孝文幽皇后馮氏　魏書卷13　北史卷13

孝文廢皇后馮氏　魏書卷13　北史卷13

孝明皇后胡氏　魏書卷13　北史卷13

孝武皇后高氏　北史卷13

孝靜皇后高氏　魏書卷13　北史卷13

明元密皇后杜氏　魏書卷13　北史卷13

明元昭哀皇后姚氏　魏書卷13　北史卷13

昭成皇后慕容氏　魏書卷13　北史卷13（成作文）

宣武皇后高氏　魏書卷13

北史卷13（有二）

宣武順皇后于氏　魏書卷13　北史卷13

宣武靈皇后胡氏　魏書卷13　北史卷13

神元皇后竇氏　魏書卷13　北史卷13

恭帝皇后若干氏　北史卷13

桓皇后惟氏　北史卷13

桓帝皇后祁氏　魏書卷13

景穆恭皇后郁久閭氏　魏書卷13　北史卷13

道武皇后慕容氏　魏書卷13　北史卷13

道武宣穆皇后劉氏　魏書卷13　北史卷13

廢帝皇后宇文氏　北史卷13

獻明皇后賀氏　魏書卷13　北史卷13

獻文思皇后李氏　魏書卷13　北史卷13

北齊

小尒朱氏　北史卷14附彭城太妃尒朱氏

傳

上黨太妃韓氏	北史卷14
文宣王嬪	北史卷14附文宣皇后李氏傳
文宣薛嬪	北史卷14附文宣皇后李氏傳
文宣段昭儀	北史卷14附文宣皇后李氏傳
文宣皇后李氏	北齊書卷9 北史卷14
文襄敬皇后元氏	北齊書卷9 北史卷14
弘德李夫人	北史卷14
李娘	北史卷14附高陽太妃游氏傳
孝昭皇后元氏	北齊書卷9 北史卷14
武成皇后胡氏	北齊書卷9 北史卷14
武明皇后婁氏	北史卷14
後主馮淑妃	北史卷14
後主皇后胡氏	北齊書卷9 北史卷14
後主皇后斛律氏	北齊書卷9 北史卷14
後主皇后穆氏	北齊書卷9 北史卷14
神武婁后	北齊書卷9
高陽太妃游氏	北史卷14

琅邪公主	北史卷14附文襄敬皇后元氏傳
馮娘	北史卷14附高陽太妃游氏傳
馮翊太妃鄭氏	北史卷14
彭城太妃尒朱氏	北史卷14
蠕蠕公主郁久閭氏	北史卷14

北周

文帝元皇后	周書卷9 北史卷14
文宣叱奴皇后	周書卷9 北史卷14
孝閔帝元皇后	周書卷9 北史卷14
明帝獨孤皇后	周書卷9 北史卷14
武帝李皇后	周書卷9 北史卷14
武帝阿史那皇后	周書卷9 北史卷14
宣帝元皇后	周書卷14 北史卷9
宣帝朱皇后	周書卷9 北史卷14
宣帝陳皇后	周書卷9 北史卷14
宣帝楊皇后	周書卷9 北史卷14
宣帝尉遲皇后	周書卷9 北史卷14
靜帝司馬皇后	周書卷9

后妃

北周

后妃　隋

隋

唐

文獻獨孤皇后　北史卷14　隋書卷36

宣華夫人陳氏　北史卷14　隋書卷36

容華夫人蔡氏　北史卷14　隋書卷36

煬愍蕭皇后　北史卷14　隋書卷36

唐

女學士尙宮宋若昭　舊唐書卷52　新唐書卷77附宣憲韋太后傳

太宗賢妃徐氏　舊唐書卷51　新唐書卷76

太宗文德皇后長孫氏　舊唐書卷51　新唐書卷76

中宗韋庶人　舊唐書卷51　新唐書卷76附(作皇后)

中宗上官昭容　舊唐書卷51　新唐書卷76附中宗韋皇后傳

中宗和思皇后趙氏

北史卷14

代宗睿眞皇后沈氏　舊唐書卷51　新唐書卷76　舊唐書卷52　新唐書卷77

代宗貞懿皇后獨孤氏　舊唐書卷52　新唐書卷77

玄宗楊貴妃　舊唐書卷51　新唐書卷76

玄宗廢后王氏　舊唐書卷51　新唐書卷76

玄宗貞順皇后武氏　舊唐書卷51　新唐書卷76

玄宗元獻皇后楊氏　舊唐書卷52　新唐書卷76

代宗崔妃　舊唐書卷52　新唐書卷77

武宗王賢妃　舊唐書卷52　新唐書卷77

則天順聖武皇后　舊唐書卷6本紀　新唐書卷4本紀　新唐書卷76

宣宗元昭皇后晁氏

后妃

唐

睿宗肅明皇后劉氏 新唐書卷76 舊唐書卷51

德宗韋賢妃 舊唐書卷52 新唐書卷77附德宗昭德皇后王氏傳

德宗昭德皇后王氏 舊唐書卷52 新唐書卷77

憲宗孝明皇后鄭氏 舊唐書卷52 新唐書卷77

憲宗懿安皇后郭氏 舊唐書卷52 新唐書卷77

穆宗恭僖皇后王氏 舊唐書卷52 新唐書卷77

穆宗貞獻皇后蕭氏 舊唐書卷52 新唐書卷77

穆宗宣懿皇后韋氏 舊唐書卷52 新唐書卷77

懿宗郭淑妃 舊唐書卷52

昭宗積善皇后何氏 舊唐書卷52 新唐書卷77

高宗良娣蕭氏 舊唐書卷51附高宗廢后王氏傳

高宗廢后王氏 舊唐書卷51 新唐書卷76

高祖太穆皇后竇氏 舊唐書卷51 新唐書卷76

順宗莊憲皇后王氏 舊唐書卷52 新唐書卷77

敬宗郭貴妃 舊唐書卷52 新唐書卷77

肅宗韋妃 舊唐書卷52 新唐書卷77

肅宗張皇后 舊唐書卷52 新唐書卷77

肅宗章敬皇后吳氏 舊唐書卷52 新唐書卷77

睿宗昭成皇后竇氏 舊唐書卷51

后妃					
	懿宗恭憲皇后王氏	新唐書卷77		太祖貞簡皇后曹氏	新五代史卷14唐家人
	懿宗惠安皇后王氏	舊唐書卷52 新唐書卷77			舊五代史卷49唐書 新五代史卷14唐家人
五代	**五　代**			明宗淑妃王氏	新五代史卷15唐家人
	梁				
	太祖李昭容	新五代史卷13梁家人		明宗和武憲皇后曹氏	舊五代史卷49唐書 新五代史卷15唐家人
	太祖陳昭儀	新五代史卷13梁家人			
	太祖元貞皇后張氏	舊五代史卷11梁書 新五代史卷13梁家人		明宗宣憲皇后魏氏	新五代史卷49唐書 舊五代史卷15唐家人
	太祖母文惠皇后王氏	舊五代史卷11梁書 新五代史卷13梁家人		明宗昭懿皇后夏氏	舊五代史卷49唐書 新五代史卷15唐家人
	末帝郭妃	新五代史卷13梁家人		莊宗淑妃韓氏	舊五代史卷49唐書 新五代史卷14人
	末帝張德妃	舊五代史卷11梁書 新五代史卷13梁家人			
	唐			莊宗德妃伊氏	舊五代史卷49唐書 新五代史卷14人
	太祖劉太妃	舊五代史卷49唐書			

后妃

五代

高祖皇后李氏　舊五代史卷104漢書　新五代史卷18漢家人

周

太祖淑妃楊氏　舊五代史卷121周書　新五代史卷19周家人

太祖貴妃張氏　舊五代史卷121周書　新五代史卷19周家人

太祖德妃董氏　舊五代史卷121周書　新五代史卷19周家人

太祖聖穆皇后柴氏　舊五代史卷121周書　新五代史卷19周家人

世宗後立皇后符氏　新五代史卷20周家人

世宗貞惠皇后劉氏　舊五代史卷121周書

莊宗神閔敬皇后劉氏　舊五代史卷49唐書　新五代史卷14唐家人

愍帝哀皇后孔氏　舊五代史卷49唐書　新五代史卷15唐家人

廢帝皇后劉氏　舊五代史卷49唐書　新五代史卷16唐家人

魏國夫人陳氏　舊五代史卷49唐書

晉

少帝皇后張氏　舊五代史卷86晉書

出帝太妃安氏　舊五代史卷86晉書　新五代史卷17晉家人

出帝皇后馮氏　舊五代史卷86晉書　新五代史卷17晉家人

高祖皇后李氏　舊五代史卷86晉書　新五代史卷17晉家人

漢

后妃

新五代史卷20周家人

世宗宣懿皇后符氏 舊五代史卷121周書 新五代史卷20周家人

宋

宋

仁宗周貴妃 宋史卷242
仁宗苗貴妃 宋史卷242
仁宗郭皇后 宋史卷242
仁宗張貴妃 宋史卷242
仁宗馮賢妃 宋史卷242
仁宗楊德妃 宋史卷242
仁宗慈聖光獻曹皇后 宋史卷242
太宗元德李皇后 宋史卷242
太宗明德李皇后 宋史卷242
太宗淑德尹皇后 宋史卷242
太宗懿德符皇后 宋史卷242
太祖孝明王皇后 宋史卷242
太祖孝章宋皇后

宋史卷242

太祖孝惠賀太后 宋史卷242
太祖母昭憲杜太后 宋史卷242
光宗黃貴妃 宋史卷243
光宗慈懿李皇后 宋史卷243
孝宗李賢妃 宋史卷243
孝宗蔡貴妃 宋史卷243
孝宗成恭夏皇后 宋史卷243
孝宗成肅謝皇后 宋史卷243
孝宗成穆郭皇后 宋史卷243
度宗全皇后 宋史卷243
度宗楊淑妃 宋史卷243
英宗宣仁聖烈高皇后 宋史卷242
哲宗昭慈孟皇后 宋史卷243
哲宗昭懷劉皇后 宋史卷243
神宗武賢妃 宋史卷243
神宗林賢妃 宋史卷243

后妃

宋

遼

后妃

遼史卷71

肅祖昭烈皇后蕭氏
遼史卷71

道宗惠妃蕭氏 遼史卷71

道宗宣懿皇后蕭氏
遼史卷71

聖宗仁德皇后蕭氏
遼史卷71

聖宗欽哀皇后蕭氏
遼史卷71

德祖宣簡皇后蕭氏
遼史卷71

穆宗皇后蕭氏 遼史卷71

興宗貴妃蕭氏 遼史卷71

興宗仁懿皇后蕭氏
遼史卷71

懿祖莊敬皇后蕭氏
遼史卷71

金

太宗欽仁皇后 金史卷63

太祖光懿皇后 金史卷63

太祖崇妃蕭氏 金史卷63

太祖欽憲皇后 金史卷63

太祖聖穆皇后 金史卷63

世宗元妃李氏 金史卷64

世宗元妃張氏 金史卷64

世宗昭德皇后 金史卷64

世祖簡翼皇后 金史卷63

安帝節皇后 金史卷63

始祖明懿皇后 金史卷63

昭祖威順皇后 金史卷63

哀宗徒單皇后 金史卷64

宣宗明惠皇后 金史卷64

宣宗皇后王氏 金史卷64

海陵母大氏 金史卷62

海陵后徒單氏 金史卷63

海陵嫡母徒單氏
金史卷63

康宗敬僖皇后 金史卷64

章宗元妃李氏 金史卷64

章宗欽懷皇后 金史卷64

景祖昭肅皇后 金史卷63

熙宗悼平皇后 金史卷63

肅宗靖宣皇后 金史卷63

睿宗貞懿皇后 金史卷63

睿宗欽慈皇后 金史卷64

德帝思皇后 金史卷63

穆宗貞惠皇后 金史卷63

衛紹王后徒單氏
金史卷64

獻祖恭靖皇后 金史卷63

后妃

顯宗孝懿皇后 金史卷64

顯宗昭聖皇后 金史卷64

元

文宗卜答失里皇后 元史卷114

仁宗莊懿慈聖皇后 元史卷114

太宗昭慈皇后 元史卷114

太祖光獻翼聖皇后 元史卷114

世祖南必皇后 元史卷114

世祖昭睿順聖皇后 元史卷114

成宗卜魯罕皇后 元史卷114

成宗貞慈靜懿皇后 元史卷114

定宗欽淑皇后 元史卷114

明宗八不沙皇后 元史卷114

明宗貞裕徽聖皇后 元史卷114

武宗宣慈惠聖皇后 元史卷114

武宗速哥失里皇后 元史卷114

英宗莊靖懿聖皇后 元史卷114

泰定帝八不罕皇后 元史卷114

順宗昭獻元聖皇后 元史卷116

順帝伯顏忽都皇后 元史卷114

順帝完者忽都皇后 元史卷114

順帝答納失里皇后 元史卷114

裕宗徽仁裕聖皇后 元史卷116

睿宗顯懿莊聖皇后 元史卷116

寧宗答里也忒迷失皇后 元史卷114

憲宗貞節皇后 元史卷114

顯宗宣懿淑聖皇后 元史卷116

明

仁宗誠孝張皇后 明史卷113

太祖李淑妃 明史卷113

太祖孫貴妃 明史卷113

后妃

明

太祖郭寧妃 明史卷113

太祖孝慈高皇后 明史卷113

世宗張廢后 明史卷114

世宗孝恪杜太后 明史卷114

世宗孝烈方皇后 明史卷114

世宗孝潔陳皇后 明史卷114

光宗李康妃 明史卷114

光宗李莊妃 明史卷114

光宗趙選侍 明史卷114

光宗孝元郭皇后 明史卷114

光宗孝和王太后 明史卷114

光宗孝純劉太后 明史卷114

孝宗孝康張皇后 明史卷114

成祖王貴妃 明史卷113

成祖權賢妃 明史卷113

成祖仁孝徐皇后 明史卷113

武宗孝靜夏皇后

明史卷114

英宗孝莊錢皇后 明史卷113

英宗孝肅周太后 明史卷113

宣宗郭嬪 明史卷113

宣宗吳賢妃 明史卷113

宣宗孝恭孫皇后 明史卷113

宣宗恭讓胡皇后 明史卷113

神宗劉昭妃 明史卷114 附神宗孝端王皇后傳

神宗鄭貴妃 明史卷114

神宗孝靖王太后 明史卷114

神宗孝端王皇后 明史卷114

莊烈帝田貴妃 明史卷114

莊烈帝愍周皇后 明史卷114

惠帝馬皇后 明史卷113

景帝汪廢后 明史卷113

景帝肅孝杭皇后 明史卷113 附景帝江廢后傳

睿宗興獻蔣皇后
明史卷115
附睿宗憲
皇帝

興宗呂太后
明史卷115
附興宗孝
康皇帝

興宗孝康常皇后
明史卷115
附興宗孝
康皇帝

熹宗張裕妃
明史卷114

熹宗懿安張皇后
明史卷114

穆宗孝安陳皇后
明史卷114

穆宗孝定李太后
明史卷114

穆宗孝懿李皇后
明史卷114

憲宗吳廢后
明史卷113

憲宗萬貴妃
明史卷113

憲宗孝貞王皇后
明史卷113

憲宗孝惠邵太后
明史卷113

憲宗孝穆紀太后
明史卷113

宗室諸王

漢
中山孝王興　漢書卷80
中山哀王竟　漢書卷80
中山靖王勝　漢書卷53
（史記卷59
五宗世家）
代孝王參　漢書卷47
江都易王非　漢書卷53
（史記卷59
五宗世家）
吳王濞　漢書卷35
史記卷106
戾太子據　漢書卷63
定陶共王康　漢書卷80
長沙定王發　漢書卷53
（史記卷59
五宗世家）
東平思王宇　漢書卷80
昌邑哀王髆　漢書卷63
河間獻王德　漢書卷53
（史記卷59
五宗世家）
荊王賈　漢書卷35
（史記卷51荊燕世
家）
眞定王平　（史記卷59五宗
世家）
梁孝王武　漢書卷47
（史記卷58世
家）
梁懷王揖　漢書卷47
清河哀王乘　漢書卷53
（史記卷59

宗室諸王

漢

宗室諸王		
		五宗世家）
	常 山 獻 王 舜	漢書卷53 （史記卷59 五宗世家）
	淮 南 王 安	（史記卷118）
	淮 南 厲 王 長	漢書卷44 （史記卷 118）
	淮 陽 憲 王 欽	漢書卷80
	楚 元 王 交	漢書卷36 （史記卷50世 家）
	楚 孝 王 囂	漢書卷80
	齊 懷 王 閎	漢書卷63 （史記卷60三五 世家）
	齊 悼 惠 王 肥	漢書卷38 （史記卷52 世家）
	趙 共 王 恢	漢書卷38
	趙 幽 王 友	漢書卷38
	趙 隱 王 如 意	漢書卷38
	趙 敬 肅 王 彭 祖	漢書卷 53 （史記 卷59 五宗 世家）
	魯 恭 王 餘	漢書卷53 （史記卷59五宗 世家）
	廣 川 惠 王 越	漢書卷53 （史記卷59 五宗世家）
	廣 陵 厲 王 胥	漢書卷63 （史記卷60 三五世家）

東漢		
	膠 西 于 王 端	漢書卷53 （史記卷59 五宗世家）
	膠 東 康 王 寄	漢書卷53 （史記卷59 五宗世家）
	衡 山 王 賜	史記卷118 漢書卷44
	燕 王 澤	漢書卷35 （史記卷51荊燕世 家）
	燕 刺 王 旦	漢書卷63 （史記卷60三五 世家）
	燕 靈 王 建	漢書卷38
	濟 北 王 勃	漢書卷44
	臨 江 哀 王 閼	漢書卷53 （史記卷59 五宗世家）
	臨 江 閔 王 榮	漢書卷53

東 漢		
	下 邳 惠 王 衍	後漢書卷 80
	千 乘 貞 王 伉	後漢書卷 85
	千 乘 哀 王 建	後漢書卷 80
	中 山 簡 王 焉	後漢書卷 72
	北 海 靜 王 興	後漢書卷 44附齊武 王縯傳
	平 春 悼 王 全	後漢書卷 85
	平 原 懷 王 勝	後漢書卷 85
	安 成 孝 侯 賜	後漢書卷 44
	任 城 孝 王 尚	後漢書卷 72附東平 憲王蒼傳

成 武 孝 侯 順	後漢書卷44	三 國	宗室諸王
泗 水 王 歙	後漢書卷44	魏	
河 間 孝 王 開	後漢書卷85	文 帝 丕 三國魏志卷2	
阜 陵 質 王 延	後漢書卷72	中 山 恭 王 袞 三國魏志卷20	
沛 獻 王 輔	後漢書卷72	元 城 哀 王 禮 三國魏志卷20	
東 平 憲 王 蒼	後漢書卷72	北 海 悼 王 蕤 三國魏志卷20	
東 海 恭 王 彊	後漢書卷72	任 城 威 王 彰 三國魏志卷19	
城 陽 恭 王 祉	後漢書卷44	明 帝 叡 三國魏志卷3	
城 陽 懷 王 淑	後漢書卷85	武 帝 操 三國魏志卷1	三
陳 敬 王 羨	後漢書卷80	沛 穆 王 林 三國魏志卷20	國
梁 節 王 暢	後漢書卷80	邯 鄲 哀 王 邕 三國魏志卷20	
琅 邪 孝 王 京	後漢書卷72	東 平 靈 王 徽 三國魏志卷20	
清 河 孝 王 慶	後漢書卷85	東 海 定 王 霖 三國魏志卷20	
淮 陽 頃 王 昞	後漢書卷80	東 武 陽 懷 王 鑒 三國魏志卷20	
彭 城 靖 王 恭	後漢書卷80	相 殤 王 鑠 三國魏志卷20	
順 陽 懷 侯 嘉	後漢書卷44	范 陽 閔 王 矩 三國魏志卷20	
楚 王 英	後漢書卷72	高 貴 鄉 公 髦 三國魏志卷4	
趙 孝 王 良	後漢書卷44	剛 殤 公 子 勤 三國魏志卷20	
齊 武 王 縯	後漢書卷44	清 河 悼 王 貢 三國魏志卷20	
樂 成 靖 王 黨	後漢書卷80	陳 思 王 植 三國魏志卷19	
廣 陵 思 王 荊	後漢書卷72	陳 留 王 奐 三國魏志卷4	
廣 宗 殤 王 萬 歲	後漢書卷85	陳 留 恭 王 峻 三國魏志卷20	
臨 淮 懷 公 衡	後漢書卷72	郿 戴 公 子 整 三國魏志卷20	
濟 北 惠 王 壽	後漢書卷85	楚 王 彪 三國魏志卷20	
濟 南 安 王 康	後漢書卷72	彭 城 王 據 三國魏志卷20	
濟 陰 悼 王 長	後漢書卷80	齊 王 芳 三國魏志卷4	

宗室諸王

趙　王　幹　三國魏志卷20
轂城殤公子乘　三國魏志卷20
樊安公均　三國魏志卷20
鄧哀王沖　三國魏志卷20
樂陵王茂　三國魏志卷20
廣平哀王儼　三國魏志卷20
廣宗殤公子棘　三國魏志卷20
燕　王　宇　三國魏志卷20
蕭懷王熊　三國魏志卷19
濟陽懷王玹　三國魏志卷20
臨邑殤公子上　三國魏志卷20
豐愍王昂　三國魏志卷20
賛哀王協　三國魏志卷20
靈殤公子京　三國魏志卷20

蜀

先主備　三國蜀志卷2
先主子永　三國蜀志卷4
先主子理　三國蜀志卷4
後主禪　三國蜀志卷3
後主太子璿　三國蜀志卷4

吳

吳主權　三國吳志卷2

晉

下邳獻王晃　晉書卷37附安平獻王孚傳
太原成王輔　晉書卷37附安平獻王孚傳

王孚傳
太原烈王瓌　晉書卷37附安平獻王孚傳
代哀王演　晉書卷64
平原王幹　晉書卷38
安平獻王孚　晉書卷37
西河繆王斌　晉書卷37附任城景王陵傳
任城景王陵　晉書卷37
汝陰哀王謨　晉書卷64
汝南文成王亮　晉書卷59
孝王略　晉書卷37附高密文獻王泰傳
扶風王駿　晉書卷38
成都王穎　晉書卷59
吳敬王晏　晉書卷64
沛順王景　晉書卷37附安平獻王孚傳
始平哀王裕　晉書卷64
長沙厲王乂　晉書卷59
武陵威王晞　晉書卷64
忠王尙之　晉書卷37附譙剛王遜傳
忠敬王遵　晉書卷64
河間王顒　晉書卷59
河間平王洪　晉書卷37附安平獻王孚傳
東海冲王祗　晉書卷64
東海哀王冲　晉書卷64

宗室諸王

晉

東海孝獻王越 晉書卷59
南陽王模 晉書卷37附高密文獻王泰傳
渤海殤王恢 晉書卷64
毗陵悼王軌 晉書卷64
范陽康王綏 晉書卷37
烈王無忌 晉書卷37附譙剛王遜傳
秦獻王柬 晉書卷64
城陽王兆 晉書卷38
城陽懷王景 晉書卷64
高陽王睦 晉書卷37
高陽元王珪 晉書卷37附安平獻王孚傳
高密文獻王泰 晉書卷37
莊王礭 晉書卷37附高密文獻王泰傳
竟陵王楙 晉書卷37附安平獻王孚傳
常山孝王衡 晉書卷37附安平獻王孚傳
淮南忠壯王允 晉書卷64
梁王肜 晉書卷38
梁王瑝 晉書卷64
清河康王遐 晉書卷64
清惠亭侯京 晉書卷38
琅邪王伷 晉書卷38
琅邪孝王裒 晉書卷64
琅邪悼王煥 晉書卷64
閔王承 晉書卷37附譙剛王遜傳

彭城穆王權 晉書卷37
敬王恬 晉書卷37附譙剛王遜傳
楚隱王瑋 晉書卷59
義陽成王望 晉書卷37附安平獻王孚傳
會稽思世子道生 晉書卷64
新都王該 晉書卷64
新蔡武哀王騰 晉書卷37附高密文獻王泰傳
趙王倫 晉書卷59
齊王攸 晉書卷38
齊王冏 晉書卷59
廣漢王廣德 晉書卷38
樂安王鑒 晉書卷38
樂平王延祚 晉書卷38
隨穆王整 晉書卷37附安平獻王孚傳
遼東王定國 晉書卷38
臨川獻王郁 晉書卷64
濟南惠王遂 晉書卷37
譙剛王遜 晉書卷37

宋

元凶劭 宋書卷99 南史卷14
巴陵哀王休若 宋書卷72 南史卷14
永嘉王子仁 宋史卷80 南史卷14

宗室諸王

宋

齊

江夏文獻王義恭　宋史卷61　南史卷13
東平王子嗣　宋書卷80　南史卷14
松滋侯子房　宋書卷80　南史卷14
長沙景王道憐　宋書卷51　南史卷13
武昌王渾　宋書卷79　南史卷14
武陵王贊　宋書卷80　南史卷14
邵陵王子元　宋書卷80　南史卷14
邵陵殤王友　宋書卷90　南史卷14
始建王禧　宋書卷90　南史卷14
始興王濬　宋書卷99　南史卷14
始安王子真　宋書卷80　南史卷14
始安王休仁　宋書卷72　南史卷14
始平孝敬王子鸞　宋書卷80　南史卷14
建平宣簡王宏　宋書卷72　南史卷14
南平穆王鑠　宋書卷72　南史卷14
南郡王義宣　宋書卷68　南史卷13
南海哀王子師　宋書卷80　南史卷14
海陵王休茂　宋書卷79　南史卷14
桂陽王休範　宋書卷79　南史卷14
晉熙王昶　宋書卷72　南史卷14
晉安王子勛　宋書卷80　南史卷14

晉平刺王休祐　宋書卷72　南史卷14
晉陵孝王子雲　宋書卷80　南史卷14
竟陵王誕　宋書卷79　南史卷14
淮南王子孟　宋書卷80　南史卷44
淮陽思王子霄　宋書卷80　南史卷14
彭城王義康　宋書卷68　南史卷13
新興王嵩　宋書卷90　南史卷14
新野懷王夷父　宋書卷72　南史卷14
齊敬王子羽　南史卷14
鄱陽哀王休業　宋書卷72　南史卷14
隨陽王翽　宋書卷90　南史卷14
豫章王子尚　宋書卷80　南史卷14
衡陽文王義季　宋書卷61　南史卷13
營浦侯遵考　宋書卷51　南史卷13
臨海王子頊　宋書卷80　南史卷14
臨慶冲王休倩　宋書卷72　南史卷14
臨川烈武王道規　宋書卷51　南史卷13
廬江王褘　宋書卷79　南史卷14

廬陵孝獻王義眞	宋書卷61 南史卷13	宜都王鏗	南齊書卷35 南史卷43	宗室諸王
齊		長沙威王晃	南齊書卷35 南史卷43	
巴陵王子倫	南齊書卷40 南史卷44	武陵昭王曅	南齊書卷35 南史卷43	齊
巴陵王昭秀	南齊書卷50 南史卷44	邵陵王子貞	南齊書卷40 南史卷44	
巴陵隱王寶義	南齊書卷50 南史卷44	邵陵王寶攸	南齊書卷50 南史卷44	
文惠太子長懋	南齊書卷21 南史卷44	始安王道生	南齊書卷45 南史卷41	
曲江公遙欣	南史卷41	始安王遙光	南史卷41	
江夏王鋒	南齊書卷35 南史卷43	始興簡王鑑	南齊書卷35 南史卷43	
江夏王寶玄	南史卷44 南齊書卷50	建安王子眞	南齊書卷40 南史卷44	
西陽王子文	南齊書卷40 南史卷44	南平王銳	南齊書卷35 南史卷43	
西陽王子明	南齊書卷40 南史卷44	南海王子罕	南齊書卷40 南史卷44	
安成恭王暠	南齊書卷35 南史卷43	南康王子琳	南齊書卷40 南史卷44	
安陸王子敬	南齊書卷40 南史卷44	南豐伯赤斧	南史卷41	
安陸昭王緬	南齊書卷45 南史卷41	南郡王子夏	南齊書卷40 南史卷44	
河東王鉉	南齊書卷35 南史卷43	晉熙王銶	南齊書卷35 南史卷43	
		晉安王子懋	南齊書卷40	

宗室諸王

梁

		南史卷44
晉熙王寶嵩	南齊書卷50 南史卷44	
桂陽王鑠	南齊書卷35 南史卷43	
桂陽王昭粲	南齊書卷50 南史卷44	
桂陽王寶貞	南齊書卷50 南史卷44	
魚復侯子響	南齊書卷40 南史卷44	
竟陵文宣王子良	南齊書卷40 南史卷44	
湘東王子建	南齊書卷40 南史卷44	
新吳侯景先	南史卷41	
鄱陽王鏘	南齊書卷35 南史卷43	
鄱陽王寶寅	南齊書卷50 南史卷44	
隨郡王子隆	南齊書卷40 南史卷44	
豫章文獻王嶷	南齊書卷22 南史卷42	
衡陽公諶	南史卷41	
衡陽王子峻	南齊書卷40 南史卷44	

衡陽元王道度	南齊書卷45 南史卷41
臨川獻王映	南齊書卷35 南史卷43
臨汝侯坦之	南史卷41
臨賀王子岳	南齊書卷40 南史卷44
廬陵王子卿	南齊書卷40 南史卷44
廬陵王寶源	南齊書卷50 南史卷44

梁

永陽昭王敷	南史卷51
永陽嗣王伯游	梁書卷23
汝南王大封	南史卷54
西陽王大鈞	梁書卷44 南史卷54
安成康王秀	梁書卷22 南史卷52
安陸王大春	梁書卷44 南史卷54
吳平侯景	南史卷51
河東王譽	梁書卷55
邵陵攜王綸	梁書卷29 南史卷53
忠壯世子方等	梁書卷44 南史卷54
武陵王紀	梁書卷55 南史卷53
武寧王大威	梁書卷44 南史卷54
始安王方略	南史卷54

宗室諸王　陳

豫章王綜	梁書卷55 南史卷53
衡陽宣王暢	南史卷51
衡陽嗣王元簡	梁書卷23
臨賀王正德	梁書卷55
臨川王大款	南史卷54
臨川靜惠王宏	梁書卷22 南史卷51
瀏陽公大雅	南史卷44
廬陵茂王續	梁書卷29 南史卷53

陳

太原王叔匡	陳書卷28 南史卷65
巴山王叔雄	陳書卷28 南史卷65
巴東王叔謨	陳書卷28 南史卷65
永修侯擬	南史卷65
永嘉王彥	陳書卷28 南史卷65
永陽王伯智	陳書卷28 南史卷65
江夏王伯義	陳書卷28 南史卷65
西陽王叔穆	陳書卷28 南史卷65
沅陵王叔興	陳書卷28 南史卷65
吳郡王藩	陳書卷28 南史卷65
吳興王胤	陳書卷28 南史卷65
邵陵王兢	陳書卷28 南史卷65
東陽王恮	陳書卷28 南史卷65
長沙王叔堅	陳書卷28 南史卷65
河東王叔獻	陳書卷28 南史卷65
岳山王叔韶	陳書卷28 南史卷65

始興忠武王憺	梁書卷22 南史卷52
長沙嗣王業	梁書卷23
長沙宣武王懿	南史卷51
皇子大訓	南史卷54
哀太子大器	梁書卷8 南史卷54
昭明太子統	梁書卷8 南史卷53
建平王大球	梁書卷44 南史卷54
貞惠世子方諸	梁書卷44 南史卷54
南郡王大連	梁書卷44 南史卷54
南海王大臨	梁書卷44 南史卷54
南康簡王績	梁書卷29 南史卷53
南平元襄王偉	梁書卷22 南史卷52
桂陽王大成	南史卷54
桂陽嗣王象	梁書卷23
桂陽簡王融	南史卷51
義安王大昕	梁書卷44 南史卷54
綏建王大摯	梁書卷44 南史卷54
新興王大莊	梁書卷44 南史卷54
愍懷太子方矩	梁書卷8 南史卷54
樂良王大圜	南史卷54
潯陽王大心	梁書卷44 南史卷54
鄱陽王恢	梁書卷22 南史卷52

宗室諸王　北魏

封號	名	出處
		附武陵侯因傳
京兆王	愉	魏書卷22 北史卷19
京兆王	黎	魏書卷16 北史卷16
京兆王子	推	魏書卷19上 北史卷17
東平王	略	魏書卷19下附南安王楨傳
東平王	翰	魏書卷18 北史卷16
東安王	凝	魏書卷19下附章武王太洛傳
東海王	曄	魏書卷19下附南安王楨傳
東陽王	丕	魏書卷14附武衛將軍謂傳
河南王	曜	魏書卷16 北史卷16
河間王	若	魏書卷20 北史卷19
河間王	修	魏書卷16 北史卷16
河間公	齊	魏書卷14 北史卷15附武衛將軍謂傳
河間嗣王	琛	魏書卷20附河南王若傳
毗陵王	順	魏書卷15 北史卷15
咸陽王	禧	魏書卷21上 北史卷19
建寧王	崇	魏書卷17 北史卷16
建德公嬰	文	魏書卷14 北史卷15附上谷公乾羅傳
南平王	渾	魏書卷16附廣平王連傳
南安王	余	魏書卷18 北史卷16
南安王	楨	魏書卷19下 北史卷18

封號	名	出處
北海王	詳	魏書卷21上 北史卷19
西河公	敦	魏書卷14 北史卷15附吉陽男比干傳（作西江公）
任城王	雲	魏書卷19中 北史卷18魏
朱提王	悅	魏書卷15附陳留王虔傳
吉陽男比	干	魏書卷14 北史卷15
曲陽侯素	延	魏書卷14 北史卷15
江夏公	呂	魏書卷14 北史卷15附吉陽男比干傳
江陽王	繼	魏書卷16附京兆王黎傳
汝南王	悅	魏書卷22 北史卷19
汝陰王天	賜	魏書卷19上 北史卷17
安定王	休	魏書卷19下 北史卷18
安定王	彌	魏書卷17 北史卷16
安豐王	猛	魏書卷20 北史卷19
安樂王長	樂	魏書卷20 北史卷19
扶風公處	真	魏書卷14 北史卷15附武衛將軍謂傳
昌樂王	誕	魏書卷21上附高陽王雍傳
宜都王目	辰	魏書卷14 北史卷15附曲陽侯素延傳
武陵侯	因	魏書卷14 北史卷15
武衛將軍	謂	魏書卷14 北史卷15
長樂王處	文	魏書卷14 北史卷16
長樂王壽	樂	魏書卷14 北史卷15

宗室諸王

北魏

秦 王	翰	魏書卷15 北史卷15	
晉 王	伏羅	魏書卷18 北史卷16	
眞 定 侯	陸	魏書卷14 北史卷15附上谷公紇羅傳	
城 陽 王	長壽	魏書卷19 北史卷18	
高 涼 王	孤	魏書卷14 北史卷15附吉陽男比干傳	
高 陽 王	雍	魏書卷21上 北史卷19	
常 山 王	遵	魏書卷15 北史卷15	
陰 平 王	烈	魏書卷15附秦王翰傳	
陳 留 王	虔	魏書卷15 北史卷15	
望 都 公	頽	魏書卷14 北史卷15	
清 河 王	紹	魏書卷16 北史卷16	
清 河 王	懌	魏書卷22 北史卷19	
章 武 王	太洛	魏書卷19下 北史卷18	
淮 陵 侯	大頭	魏書卷14 北史卷15附武衛將軍謂傳	
略 陽 王	羯兒	魏書卷16附河間王修傳	
華 山 王	鷙	魏書卷14附高涼王孤傳	
彭 城 王	勰	魏書卷21下 北史卷19	
順 陽 公	郁	魏書卷14 北史卷15附曲陽侯素延傳	
陽 平 王	熙	魏書卷16 北史卷16	
陽 平 王	新成	魏書卷19上	

			北史卷17
新 興 王	俊	魏書卷17 北史卷16	
趙 郡 王	幹	魏書卷21上 北史卷19	
齊 郡 王	簡	魏書卷20 北史卷19	
潁 川 王	提	魏書卷16附河南王曜傳	
廢 太 子	恂	魏書卷22 北史卷19	
魯 郡 王	肅	魏書卷19下附南安王楨傳	
樂 平 王	丕	魏書卷17 北史卷16	
樂 安 王	範	魏書卷17 北史卷16	
樂 良 王	萬壽	魏書卷19上 北史卷17	
樂 陵 王	胡兒	魏書卷19下 北史卷18	
樂 陵 嗣 王	思譽	魏書卷19下附樂陵王胡兒傳	
廣 川 王	略	魏書卷20 北史卷19	
廣 平 王	連	魏書卷16 北史卷16	
廣 平 王	懷	魏書卷22 北史卷19	
廣 平 王	洛侯	魏書卷19上 北史卷17	
廣 陵 王	羽	魏書卷21上 北史卷19	
廣 陽 王	建閭	魏書卷18 北史卷16	
衛 王	儀	魏書卷15附秦王翰傳	
遼 西 公	意烈	魏書卷15 北史卷15	
穆 帝 長 子	六修	魏書卷14 北史卷15	

襄城王題	魏書卷14附上谷公乾羅傳	汝南王彥理	北齊書卷12　北史卷52

襄城王題　魏書卷14附上谷公乾羅傳

濟陰王小新成　魏書卷19上　北史卷17

臨淮王他　魏書卷16附陽平王熙傳

臨淮王潭　魏書卷18　北史卷16

北　齊

上洛王思宗　北齊書卷14　北史卷51

上黨剛肅王渙　北齊書卷10　北史卷51

太原王紹德　北齊書卷12　北史卷52

丹陽王仁直　北齊書卷12　北史卷52

北平王貞　北齊書卷12　北史卷52

永安簡平王浚　北齊書卷10　北史卷51

平秦王歸彥　北齊書卷14　北史卷51

平陽靖翼王淹　北齊書卷10　北史卷51

任城王湝　北齊書卷10　北史卷51

西河王仁幾　北齊書卷12　北史卷52

西河王紹仁　北齊書卷12　北史卷52

汝南王彥理　北齊書卷12　北史卷52

汝陽王彥忠　北齊書卷12　北史卷52

安陽王仁雅　北齊書卷12　北史卷52

安德王延宗　北齊書卷11　北史卷52

武興王普　北齊書卷14　北史卷51附平秦王歸彥傳

始平王彥德　北齊書卷12　北史卷52

定陽王彥康　北齊書卷12　北史卷52

長樂太守靈山　北齊書卷14　北史卷51（目作長樂王）

河間王孝琬　北齊書卷11　北史附52

河南康舒王孝瑜　北齊書卷11　北史卷52（目作康獻王）

東平王恪　北史卷52

東海王仁謙　北齊書卷12

宗室諸王

北齊

宗室諸王

北齊

北周

北史卷52

南陽王綽　北齊書卷12　北史卷52

范陽王紹義　北齊書卷12　北史卷52

城陽王彥基　北齊書卷12　北史卷52

高平王仁英　北齊書卷12　北史卷52

高陽康穆王湜　北齊書卷10　北史卷51

琅邪王儼　北齊書卷12　北史卷52

清河王岳　北齊書卷13　北史卷51

淮南王仁光　北齊書卷12　北史卷52

華山王凝　北齊書卷10　北史卷51

馮翊王潤　北齊書卷10　北史卷51

陽州公永樂　北齊書卷14　北史卷51

彭城景思王浟　北齊書卷10　北史卷51

博陵文簡王濟　北齊書卷10　北史卷51

齊安王廓　北齊書卷12　北史卷52

趙郡王琛　北齊書卷13　北史卷51

漁陽王紹信　北齊書卷11　北史卷52

漢陽敬懷王洽　北齊書卷10　北史卷51

潁川王仁儉　北齊書卷12　北史卷52

廣平公盛　北齊書卷14　北史卷51

廣寧王孝珩　北齊書卷11　北史卷52

樂平王仁邕　北齊書卷12　北史卷52

樂陵王百年　北齊書卷12　北史卷52

襄城景王淯　北齊書卷10　北史卷51　（淯作濬）

襄樂王顯國　北齊書卷14　北史卷51

隴西王紹廉　北齊書卷12　北史卷52

蘭陵武王孝瓘　北齊書卷11　北史卷52　（一名長恭）

北周

代奭王達　周書卷13　北史卷58

杞簡公連　周書卷10　北史卷57

宋獻公震　周書卷13　北史卷58

邵惠公顥　周書卷10　北史卷57

東平公神舉　北史卷57

紀厲王康　周書卷13　北史卷58

荊　王　元　周書卷13／北史卷58
郢　王　術　周書卷13／北史卷58
秦　王　贄　周書卷13／北史卷58
晉　蕩　公　護　周書卷11／北史卷57附邵惠公顥傳

曹　王　允　周書卷13／北史卷58
畢剌　王　賢　周書卷13／北史卷58
陳惑　王　純　周書卷13／北史卷58
莒莊　公　洛生　周書卷10／北史卷57
越野　王　盛　周書卷13／北史卷58
道　王　充　周書卷13／北史卷58
虞國　公　仲　周書卷10／北史卷57
漢　王　贊　周書卷13／北史卷58
齊煬　王　憲　周書卷12／北史卷58
趙僭　王　招　周書卷13／北史卷58
蔡　王　兗　周書卷13／北史卷58
廣川　公　測　周書卷27／北史卷57
滕聞　王　逌　周書卷13／北史卷58
鄭　王　衍　周書卷13／北史卷58
衛剌　王　直　周書卷13／北史卷58
冀康　公　通　周書卷13／北史卷58
譙孝　王　儉　周書卷13／北史卷58
鄖　王　貞　周書卷13／北史卷58

隋

元德太子　昭　隋書卷59／北史卷71
房陵　王　勇　隋書卷45／北史卷71

河間　王　弘　隋書卷43／北史卷71
長寧　王　儼　隋書卷45
秦孝　王　俊　隋書卷45／北史卷71
庶人　秀　隋書卷45／北史卷71
庶人　諒　隋書卷45／北史卷71
越　王　侗　隋書卷59附元德太子昭傳／北史卷71

義城　公　處綱　隋書卷43／北史卷71
道宣　王　嵩　北史卷71
道悼　王　靜　隋書卷44
趙　王　杲　隋書卷59／北史卷71
齊　王　暕　隋書卷59／北史卷71
滕穆　王　瓚　隋書卷44／北史卷71
蔡　王　智積　隋書卷44
蔡景　王　整　北史卷71
燕　王　倓　隋書卷59附元德太子昭傳／北史卷71

衛昭　王　爽　隋書卷44／北史卷71
離石太守　子崇　隋書卷43／北史卷71
觀德　王　雄　隋書卷43

唐

太子　瑛　新唐書卷82
丹　王　逖　舊唐書卷116
文敬太子　謜　舊唐書卷150／新唐書卷82

宗室諸王

隋

唐

宗室諸王

唐

召王偲	舊唐書卷116
代王諲	舊唐書卷150
代王簡	舊唐書卷76
永王璘	舊唐書卷107 新唐書卷82
永安王孝基	舊唐書卷60 新唐書卷78
吉王保	舊唐書卷175 新唐書卷82
光王琚	新唐書卷82
安王溶	舊唐書卷175 新唐書卷82
汝陽王璡	新唐書卷81附讓皇帝憲傳
江王囂	舊唐書卷76
江王元祥	舊唐書卷64 新唐書卷79
江夏王道宗	舊唐書卷60 新唐書卷78
延王玢	舊唐書卷107 新唐書卷82
沔王恂	舊唐書卷175
忻王造	舊唐書卷116
宋王結	舊唐書卷150
吳王恪	舊唐書卷76
吳王琨	新唐書卷80附鬱林王恪傳
杞王峻	舊唐書卷175
杞王倕	舊唐書卷116
均王遐	舊唐書卷116
均王緯	舊唐書卷150
成王千里	舊唐書卷76附吳王恪傳 新唐書卷80附鬱林王恪傳
邠王守禮	舊唐書卷86附章懷太子賢傳 新唐書卷81附章懷太子賢傳
汴哀王璥	舊唐書卷107 新唐書卷82
孝敬皇帝弘	舊唐書卷86 新唐書卷81
定王侗	舊唐書卷116
邵王約	舊唐書卷150
昌王嵯	舊唐書卷175
和王綺	舊唐書卷150
岳王緄	舊唐書卷150
周王元方	舊唐書卷64 新唐書卷79
承天皇帝倓	舊唐書卷118 新唐書卷82
奉天皇帝琮	新唐書卷82
河間王孝恭	舊唐書卷60 新唐書卷78
長平王叔良	舊唐書卷60 新唐書卷78
長樂王幼良	新唐書卷78
洋王忻	舊唐書卷175
威王侶	舊唐書卷175
茂王憕	舊唐書卷175
祁王祺	舊唐書卷175
建王恪	舊唐書卷175 新唐書卷82
建王震	舊唐書卷175
珍王誠	舊唐書卷150

珍　王　縡	舊唐書卷150	
紀　王　慎	舊唐書卷76 新唐書卷80	
紀　王　言揚	舊唐書卷175	
恆　王　瑱	舊唐書卷107	
恆　山　王　承乾	舊唐書卷76	
郇　王　綜	舊唐書卷150	
郇　國　公　孝協	新唐書卷78附長平王叔良傳	
信　王　瑝	舊唐書卷107	
信　王　憻	舊唐書卷175	
信　安　王　禕	舊唐書卷76附吳王恪傳 新唐書卷80附鬱林王恪傳	
昭　王　汭	舊唐書卷175	
昭　王　誠	舊唐書卷150	
昭　靖　太　子　邈	舊唐書卷116 新唐書卷82	
涇　王　侹	舊唐書卷116	
恩　王　連	舊唐書卷116	
袁　王　紳	舊唐書卷150	
桂　王　綸	舊唐書卷150	
原　王　孝	舊唐書卷86	
原　王　逵	舊唐書卷116	
虔　王　禕	舊唐書卷175	
虔　王　諒	舊唐書卷150 新唐書卷82	
益　王　迺	舊唐書卷116	
益　王　峴	舊唐書卷175	
益　王　陛	舊唐書卷175	宗室諸王
徐　王　元　禮	舊唐書卷64 新唐書卷79	
荊　王　選	舊唐書卷116	
荊　王　元　景	新唐書卷79 舊唐書卷64	
夏　悼　王　一	舊唐書卷107	
恭　王　通	舊唐書卷116	
恭　懿　太　子　佋	舊唐書卷116 新唐書卷82	
康　王　汶	舊唐書卷175	
曹　王　明	舊唐書卷76 新唐書卷80	
淄　王　協	舊唐書卷175	
莒　王　紓	舊唐書卷150	
深　王　悰	舊唐書卷175	
鄭　王　經	舊唐書卷150 新唐書卷82	
袞　王　岐	舊唐書卷175	
袞　王　佃	舊唐書卷116	
涼　王　健	舊唐書卷175	唐
涼　王　璿	舊唐書卷107	
通　王　滋	新唐書卷82	
通　王　諶	舊唐書卷150 新唐書卷82	
庶　人　祐	舊唐書卷76 新唐書卷80	
庶　人　琚	舊唐書卷107	
庶　人　瑛	舊唐書卷107	
庶　人　瑤	舊唐書卷107	
庶　人　重　福	舊唐書卷86	
巢　王　元　吉	舊唐書卷64 新唐書卷79	

宗室諸王

唐

許 王 素 節　舊唐書卷86　新唐書卷81
密 王 綱　舊唐書卷150
密 王 元 曉　舊唐書卷64　新唐書卷79
陳 王 珪　舊唐書卷107
陳 王 成 美　舊唐書卷175　新唐書卷82
琅 邪 王 冲　舊唐書卷76附越王貞傳　新唐書卷80附越王貞傳
常 山 王 承 乾　新唐書卷80
莊 恪 太 子 永　舊唐書卷175　新唐書卷82
章 懷 太 子 賢　舊唐書卷86　新唐書卷81
悼 懷 太 子 普　舊唐書卷175　新唐書卷82
梁 王 休 復　舊唐書卷175
梁 郡 公 孝 逸　新唐書卷78附淮安王神通傳
淮 陽 王 禧　舊唐書卷116
淮 安 王 神 通　舊唐書卷60　新唐書卷78
淮 陽 王 道 玄　舊唐書卷60　新唐書卷78
景 王 祕　舊唐書卷175
絳 王 悟　舊唐書卷175　新唐書卷82
盛 王 琦　新唐書卷82　舊唐書卷107
鄆 王 榮　舊唐書卷116

集 王 緗　舊唐書卷150
循 王 遹　舊唐書卷116
婪 王 懌　舊唐書卷175
溆 王 縱　舊唐書卷150
越 王 貞　舊唐書卷76　新唐書卷80
越 王 係　舊唐書卷116　新唐書卷82
鄂 王 瑤　新唐書卷82
鄂 王 潤　舊唐書卷175
欽 王 諤　舊唐書卷150
欽 王 績　舊唐書卷150
棣 王 祧　舊唐書卷175
棣 王 琰　舊唐書卷107　新唐書卷82
棣 王 惴　舊唐書卷175
雅 王 涇　舊唐書卷175
雅 王 逸　舊唐書卷116
雅 王 禛　舊唐書卷175
舒 王 誼　舊唐書卷150　新唐書卷82
舒 王 元 名　舊唐書卷64　唐書新卷79
隋 王 迅　舊唐書卷116
隋 王 隆 悌　舊唐書卷95
渤 海 王 奉 慈　新唐書卷78
彭 王 惕　舊唐書卷175
彭 王 僅　舊唐書卷116　新唐書卷82
彭 王 元 則　舊唐書卷64　新唐書卷79
彭 國 公 思 訓　新唐書卷78附長平王叔良傳

宗室諸王

唐

靖德太子琮	舊唐書卷107
靖懷太子漢	舊唐書卷175
嗣吳王祗	新唐書卷80附鬱林王恪傳
嗣吳王巘	新唐書卷80附鬱林王恪傳
嗣曹王皋	新唐書卷80附曹王明傳
嗣岐王珍	新唐書卷81附惠文太子範傳
嗣襄王熅	舊唐書175 新唐書卷82附襄王僙傳
嗣薛王知柔	新唐書卷81附惠宣太子業傳
壽王瑁	舊唐書卷107 新唐書卷82
端王遇	舊唐書卷116
福王綰	舊唐書卷150
榮王慎	舊唐書卷175
郿王憬	舊唐書卷175
韶王暹	舊唐書卷116
趙王福	舊唐書卷76
趙國公峘	新唐書卷80附鬱林王恪傳
漢王元昌	舊唐書卷64 新唐書卷79
漢中王瑀	新唐書卷81附讓皇帝憲傳
漢陽王瓌	新唐書卷78
慶王沂	舊唐書卷175
撫王紘	舊唐書卷150
虢王鳳	舊唐書卷64 新唐書卷79
儀王璲	舊唐書卷107
潁王璲	舊唐書卷107 新唐書卷82

惠文太子範	舊唐書卷95 新唐書卷81
惠宣太子業	舊唐書卷95 新唐書卷81
惠昭太子寧	舊唐書175 新唐書卷82
惠莊太子撝	舊唐書卷95 新唐書卷81
嘉王運	舊唐書卷116
肅王詳	舊唐書卷150 新唐書卷82
資王謙	舊唐書卷150
會王纁	舊唐書卷150
睦王述	舊唐書卷116 新唐書卷82
睦王倚	舊唐書卷175
蜀王佶	舊唐書卷175
蜀王愔	舊唐書卷76 新唐書卷80
蜀王遡	新唐書卷116
道王元慶	舊唐書卷64 新唐書卷79
楚王寬	舊唐書卷76
楚王智雲	舊唐書卷64 新唐書卷79
義王玼	舊唐書卷107
義陽王琮	新唐書卷80附紀王慎傳
新興郡王晉	新唐書卷78附長平王叔良傳
靖恭太子琬	舊唐書卷109 新唐書卷82

宗室諸王	德 王 裕	舊唐書卷175 新唐書卷82	
	德 王 嶧	舊唐書卷175	
	蔣 王 惲	舊唐書卷76 新唐書卷80	
	蔣 王 宗儉	舊唐書卷175	
	鄧 王 元裕	舊唐書卷64 新唐書卷79	
	滕 王 元嬰	舊唐書卷64 新唐書卷79	
	鄭 王 元懿	舊唐書卷64 新唐書卷79	
唐	魯 王 靈夔	舊唐書卷64 新唐書卷79	
	殤 帝 重茂	舊唐書卷86	
	膠 東 王 道彥	新唐書卷78附淮安王神通傳	
	節 愍 太子 重俊	新唐書卷81 舊唐書卷86	
	廣 王 澭	舊唐書卷175	
	廣 武 王 承宏	新唐書卷81附章懷太子賢傳	
	廣 寧 縣 公 道興	新唐書卷78附江夏王通宗傳	
	燕 王 忠	舊唐書卷86 新唐書卷81	
	澶 王 愦	舊唐書史175	
	衡 王 絢	舊唐書卷150	
	衡 王 憺	舊唐書卷175	
	澤 王 上金	舊唐書卷86 新唐書卷81	
	霍 王 元軌	舊唐書卷64 新唐書卷79	
	衛 王 俶	舊唐書卷116	
	衛 王 灌	舊唐書卷175	

衛 王 玄霸	舊唐書卷64 新唐書卷79		
燉 煌 王 承寀	新唐書卷81附章懷太子賢傳		
魏 王 侉	舊唐書卷175		
翼 王 綽	舊唐書卷150		
濟 王 環	舊唐書卷107		
濮 王 泰	舊唐書卷76 新唐書卷80		
濮 王 澤	舊唐書卷175		
韓 王 迴	舊唐書卷116		
韓 王 元嘉	舊唐書卷64 新唐書卷79		
褒 信 王 璆	新唐書卷81附許王素節傳		
隱 太 子 建成	舊唐書卷64 新唐書卷79		
襄 王 僙	舊唐書卷116 新唐書卷82		
襄 王 執中	舊唐書卷175		
襄 武 王 琛	舊唐書卷60 新唐書卷78		
襄 邑 王 神符	舊唐書卷60 新唐書卷78		
豐 王 珙	舊唐書卷107 新唐書卷82		
簡 王 遘	舊唐書卷116		
冀 王 綕	舊唐書卷150		
譙 王 重福	新唐書卷81		
廬 江 王 瑗	舊唐書卷60 新唐書卷78		
隴 西 王 博乂	舊唐書卷60 新唐書卷78		
懷 王 洽	舊唐書卷175		

懷哀王敏	舊唐書卷107	
懷懿太子湊	舊唐書卷175	
	新唐書卷82	
瓊王悦	舊唐書卷175	
蘄王緝	舊唐書卷150	
蘷王滋	舊唐書卷175	
澧王憛	舊唐書卷175	
	新唐書卷82	
鄆王元亨	舊唐書卷64	
	新唐書卷79	
懿德太子重潤	舊唐書卷86	
	新唐書卷81	
讓皇帝憲	舊唐書卷95	
	新唐書卷81	
鬱林王恪	新唐書卷80	

五　代

梁

安王友寧	舊五代史卷12梁書	
	新五代史卷13梁家人	
邵王友誨	舊五代史卷12梁書	
	新五代史卷13梁家人	
建王友徽	舊五代史卷12梁書	
	新五代史卷13梁家人	
郢王友珪	舊五代史卷12梁書	
	新五代史卷12梁家人	
康王友孜	舊五代史卷12梁書	
	新五代史卷13梁家人	
密王友倫	舊五代史卷12梁書	
	新五代史卷13梁家人	

郴王友裕	舊五代史卷12梁書	
	新五代史卷13梁家人	
博王友文	舊五代史卷12梁書	
	新五代史卷13梁家人	
惠王友能	舊五代史卷12梁書	
	新五代史卷13梁家人	
賀王友雍	舊五代史卷12梁書	
	新五代史卷13梁家人	
嗣廣王友諒	舊五代史卷12梁書	
	新五代史卷12梁家人	
福王友璋	舊五代史卷12梁書	
	新五代史卷13梁家人	
廣王全昱	舊五代史卷12梁書	
	新五代史卷13梁家人	

唐

申王存渥	舊五代史卷51唐書	
	新五代史卷14唐家人	
永王存霸	舊五代史卷51梁書	
	新五代史卷14唐家人	
邕王存美	舊五代史卷51唐書	
	新五代史卷14唐家人	
秦王從榮	舊五代史卷51唐書	
	新五代史卷15唐家人	
通王存確	舊五代史卷51唐書	
	新五代史卷14唐家人	

宗室諸王

五代　梁唐

宗室諸王

五代
晉漢周

許王從益 舊五代史卷51
唐書
新五代史卷15
唐家人

睦王存乂 舊五代史卷51
唐書
新五代史卷14
唐家人

雅王存紀 舊五代史卷51
唐書附通王存
確傳
新五代史卷14
唐家人

雍王重美 舊五代史卷51
唐書
新五代史卷16
唐家人

薛王存禮 舊五代史卷51
唐書
新五代史卷14
唐家人

魏王繼岌 舊五代史卷51
唐書
新五代史卷14
唐家人

晉

剡王重允 舊五代史卷87
晉書
新五代史卷17
晉家人

陳王重杲 舊五代史卷87
晉書
新五代史卷17
晉家人

楚王重信 舊五代史卷87
晉書
新五代史卷17
晉家人

壽王重乂 舊五代史卷87
晉書
新五代史卷17
晉家人

虢王重英 舊五代史卷87
晉書
新五代史卷17
晉家人

廣王敬威 舊五代史卷87
晉書
新五代史卷17
晉家人

韓王敬暉 舊五代史卷87
晉書
新五代史卷17
晉家人

剡王重進 舊五代史卷87
晉書
新五代史卷17
晉家人

漢

陳王承勳 舊五代史卷105
漢書
新五代史卷18
漢家人

湘陰公贇 舊五代史卷105
漢書
新五代史卷18
漢家人

蔡王信 舊五代史卷105漢書
新五代史卷18漢家人

魏王承訓 舊五代史卷105
漢書
新五代史卷18
漢家人

周

杞王信 舊五代史卷122周書
新五代史卷19周家人

紀王熙謹 舊五代史卷122
周書
新五代史卷20
周家人

剡王侗 舊五代史卷122周書
新五代史卷19周家人

曹王宗讓 舊五代史卷122
周書
新五代史卷20
周家人（一名熙讓）

越王宗誼 舊五代史卷122
周書
新五代史卷20
周家人

蘄王熙誨 舊五代史卷122
周書

新五代史卷20
周家人

宋

太子 諶 宋史卷246

元懿太子 蕡 宋史卷246

沂王 楞 宋史卷246

吳王 佖 宋史卷246

吳王 顥 宋史卷246

秀王子 偁 宋史卷244附秦王德芳傳

和王 栻 宋史卷246

周王 元儼 宋史卷245

信王 榛 宋史卷246

信王 璩 宋史卷246

昭成太子 元偁 宋史卷245

徐王 棣 宋史卷246

益王 頵 宋史卷246

秦王 德芳 宋史卷244

商王 元份 宋史卷245

莊文太子 愭 宋史卷246

悼獻太子 佑 宋史卷245

鄆王 楷 宋史卷246

越王 元傑 宋史卷245

景王 杞 宋史卷246

景獻太子 詢 宋史卷246

蕭王 樞 宋史卷246

楚王 似 宋史卷246

楚王 元偁 宋史卷245

漢王 元佐 宋史卷245

燕王 俁 宋史卷246

燕王 德昭 宋史卷244

濟王 栩 宋史卷246

濮王 允讓 宋史卷245

鎮王 竑 宋史卷246

鎮王 元偓 宋史卷245

魏王 愷 宋史卷246

魏王 廷美 宋史卷244

獻愍太子 茂 宋史卷246

遼

平王 隆先 遼史卷72附贊宗倍傳

宋王 喜隱 遼史卷72附章肅皇帝李胡傳

晉王 道隱 遼史卷72附義宗倍傳

晉王 敖盧斡 遼史卷72

章肅皇帝 李胡 遼史卷72

順宗 濬 遼史卷72

義宗 倍 遼史卷72

金

莊獻太子 金史卷93

元

順宗 答剌麻八剌 元史卷115

裕宗 真金 元史卷115

睿宗 拖雷 元史卷115

顯宗 甘麻剌 元史卷115

宗室諸王

明

明

三 城 王 芝 垝	明史卷118附唐王桱傳	
少 子 文 圭	明史卷118	
太 子 文 奎	明史卷118	
太 子 慈 烺	明史卷120	
文 城 王 彌 鉗	明史卷118附唐王桱傳	
代 王 桂	明史卷117	
申 王 祐 楷	明史卷119	
永 王 慈 炤	明史卷120	
伊 王 㰘	明史卷118	
吉 王 見 浚	明史卷119	
汝 王 祐 梈	明史卷119	
西 河 王 奇 溯	明史卷116附晉王棡傳	
安 王 楹	明史卷118	
安 邱 王 當 溯	明史卷116附魯王檀傳	
谷 王 橞	明史卷118	
吳 王 允 熥	明史卷118	
忻 王 見 治	明史卷119	
秀 王 見 澍	明史卷119	
岐 王 祐 棆	明史卷119	
沁 水 王 埕 增	明史卷118附瀋王模傳	

沅 王 常 治	明史卷120	
邠 王 常 淑	明史卷120	
均 王 載 坬	明史卷120	
岷 王 楩	明史卷118	
周 王 橚	明史卷116	
定 王 慈 炯	明史卷120	
武 岡 王 顯 槐	明史卷116附楚王槙傳	
奉 國 將 軍 健 根	明史卷116附魯王檀傳	
皇 子 楠	明史卷118	
南 陵 王 睦 楧	明史卷116附周王橚傳	
汧 陽 王 誠 洌	明史卷116附秦王樉傳	
哀 冲 太 子 載 基	明史卷120	
唐 王 桱	明史卷118	
晉 王 棡	明史卷116	
郢 王 棟	明史卷118	
秦 王 樉	明史卷116	
徐 王 允 熞	明史卷118	
涇 王 祐 橓	明史卷119	
益 王 祐 檳	明史卷119	
桂 王 常 瀛	明史卷120	
荊 王 瞻 堈	明史卷119	
許 王 見 淳	明史卷119	

宗室諸王

明

虞王雄英　明史卷118

新樂王載璽　明史卷119附衡王祐楎傳

靖王翊鈴　明史卷120

靖江王守謙　明史卷118

寧王權　明史卷117

壽王祐榰　明史卷119

榮王祐樞　明史卷119

福王常洵　明史卷120

睿宗興獻皇帝祐杬　明史卷115

趙王杞　明史卷116

趙王高燧　明史卷118

齊王榑　明史卷116

齊王由楫　明史卷120

輔國將軍宇淓　明史卷118附唐王桱傳

輔國將軍當瀍　明史卷116附㷂王檀傳

潭王梓　明史卷116

魯王檀　明史卷116

德王見潾　明史卷119

蔚王厚燁　明史卷119

潁王載𡊋　明史卷120

鄭王瞻埈　明史卷119

滕王瞻塏　明史卷119

崇王見澤　明史卷119

戚王載墍　明史卷120

梁王瞻垍　明史卷119

淮王瞻墺　明史卷119

清源王幼㘩　明史卷118附瀋王模傳

莊敬太子載壑　明史卷120

悼懷王　明史卷120

悼靈王慈煥　明史卷120

悼恭太子祐極　明史卷119

悼懷太子慈焴　明史卷120

景王載圳　明史卷120

越王瞻墉　明史卷119

博平王安㴒　明史卷116附周王橚傳

襄陽王祐楬　明史卷119附襄王瞻墡傳

湘王柏　明史卷117

湘王由栩　明史卷120

惠王由㰒　明史卷120

惠王常潤　明史卷120

蜀王椿　明史卷117

蕭王橒　明史卷117

楚王楨　明史卷116

雍王祐橒　明史卷119

瑞王常浩　明史卷120

宗室諸王

明

慶　王　㮸　明史卷117

慶成王　濟炫　明史卷116
　　　　　　　附晉王棡傳

遼　王　植　明史卷117

徽　王　見沛　明史卷119

潞　王　翊鏐　明史卷120

衛　王　瞻埏　明史卷119

憲懷太子　翊鈏　明史卷120

興宗孝康皇帝　標
　　　　　　明史卷115

衡　王　允熿　明史卷118

衡　王　祐楎　明史卷119

韓　王　松　明史卷118

蓟　王　載堰　明史卷120

襄　王　瞻墡　明史卷119

襄垣王　遜�　明史卷117
　　　　　　　附代王桂傳

潘　王　模　明史卷118

簡　王　由㰒　明史卷120

歸善王　當沍　明史卷116
　　　　　　　附魯王檀傳

鎮平王　有爌　明史卷116
　　　　　　　附周王橚傳

鎮國中尉　睦楧　明史卷116附
　　　　　　　周王橚傳

鎮國中尉　勤熨　明史卷116附

鎮國將軍安　沆　明史卷116附
　　　　　　　周王橚傳

廬江王　載塎　明史卷119
　　　　　　　附鄭王瞻埈傳

懷　王　由模　明史卷120

懷　王　慈烜　明史卷120

懷冲太子　慈然　明史卷120

懷獻太子　見濟　明史卷119

蘄　王　瞻垠　明史卷119

獻懷太子　慈炅　明史卷120

靈邱王　遜熁　明史卷117
　　　　　　　附代王桂傳

公　主

隋

南　陽　公　主　隋書卷80　北史91
蘭　陵　公　主　隋書卷80　北史91

唐

平　陽　公　主　舊唐書卷58附柴紹傳
中　宗　八　女　新唐書卷83
文　宗　四　女　新唐書卷83
太　宗　二十二　女　新唐書卷83
世　祖　一　女　新唐書卷83
代　宗　十八　女　新唐書卷83
玄　宗　二十九　女　新唐書卷83
武　宗　七　女　新唐書卷83
宣　宗　十一　女　新唐書卷83
昭　宗　十一　女　新唐書卷83
高　宗　三　女　新唐書卷83
高　宗　十九　女　新唐書卷83
順　宗　十一　女　新唐書卷83
蕭　宗　七　女　新唐書卷83
敬　宗　三　女　新唐書卷83
僖　宗　二　女　新唐書卷83
睿　宗　十一　女　新唐書卷83
德　宗　十一　女　新唐書卷83
穆　宗　八　女　新唐書卷83
憲　宗　十八　女　新唐書卷83

懿　宗　八　女　新唐書卷83

宋

仁　宗　十三　女　宋史卷248
太　宗　七　女　宋史卷248
太　祖　六　女　宋史卷248
光　宗　三　女　宋史卷248
孝　宗　二　女　宋史卷248
英　宗　四　女　宋史卷248
眞　宗　二　女　宋史卷248
神　宗　十　女　宋史卷248
哲　宗　四　女　宋史卷248
秦　國　大　長　公　主　宋史卷248
理　宗　一　女　宋史卷248
寧　宗　一　女　宋史卷248
徽　宗　三十　四　女　宋史卷248
魏　惠　獻　王　一　女　宋史卷248

明

仁　宗　七　女　明史卷121
仁　祖　二　女　明史卷121
太　祖　十六　女　明史卷121
世　宗　五　女　明史卷121
光　宗　九　女　明史卷121
孝　宗　三　女　明史卷121
成　祖　五　女　明史卷121
英　宗　八　女　明史卷121
神　宗　十　女　明史卷121

公主

隋唐宋明

釋氏

宣	宗	二	女	明史卷121
莊	烈	帝	六女	明史卷121
景	帝	一	女	明史卷121
福	成	公	主	明史卷121
睿	宗	二	女	明史卷121
慶	陽	公	主	明史卷121
興	宗	四	女	明史卷121
憲	宗	五	女	明史卷121
穆	宗	六	女	明史卷121
熹	宗	二	女	明史卷121

釋　氏

2	八思巴	元史卷202釋老
4	丹　巴	元史卷202釋老附八思巴傳
5	必蘭納識理	元史卷202釋老附八思巴傳
7	佛圖澄	晉書卷95藝術
	沙門洪蘊	宋史卷461方技
	沙門靈遠	北史卷89藝術附劉靈助傳
10	師夜光	新唐書卷204方技附張果傳
	浮屠泓	舊唐書卷191方技附僧一行傳新唐書卷204方技附杜生傳（目無名）
13	鳩摩羅什	晉書卷95藝術
14	僧　涉	晉書卷95藝術
	僧一行	舊唐書卷191方技
	僧玄奘	舊唐書卷191方技
	僧志言	宋史卷462方技
	僧神秀	舊唐書卷191方技
	僧眞寶	宋史卷455忠義
	僧普寂	舊唐書卷191方技附僧神秀傳
	僧智緣	宋史卷462方技
	僧義福	舊唐書卷191方技附僧神秀傳
	僧慧能	舊唐書卷191方技附僧神秀傳
	僧懷丙	宋史卷462方技
16	曇　霍	晉書卷95藝術
17	檀特師	北史卷89藝術附李順興傳

20 機　膝　明史卷307佞幸

21 釋　寶　誌　南史卷76附陶宏景
　　　　　　　　　傳

雜　目

3 上海某氏　明史卷303列女

4 元　后　漢書卷98

　六安女　明史卷303列女

　太史公自序　史記卷130

5 幼溪女　明史卷301列女附郭
　　　　　氏傳

　石門丐婦　明史卷301列女

　玉亭縣君　明史卷302列女

　台溫二樵　明史卷143附陳
　　　　　　思賢傳

　平津侯主父　史記卷112

　平原君　史記卷76

　北漢劉氏　宋史卷482世家

　北燕馮氏　北史卷93僭偽
　　　　　　附庸

　北涼沮渠氏　北史卷93
　　　　　　　僭偽附庸

6 老莊申韓　史記卷63

　氐楊難敵　魏書卷101

　匈奴劉聰　魏書卷95

　匈奴宇文莫槐　魏書卷
　　　　　　　　103
　　　　　　　　北史卷
　　　　　　　　98

　仲尼弟子　史記卷67

　任城國太妃　魏書卷92
　　　　　　　列女
　　　　　　　北史卷91
　　　　　　　列女

　西蜀孟氏　宋史卷479世家

　西秦乞伏氏　北史卷93
　　　　　　　僭偽附庸

7 李將軍　史記卷109

雜
目

（天）

411

雜目

皁 旗 張 氏　明史卷142附藍龍傳

吳 越 錢 氏　宋史卷480世家

甬 上 四 烈 婦　明史卷303列女

私 署 涼 王 李 暠　魏書卷99

私 署 涼 州 牧 張 寶　魏書卷99

8阿　寄　明史卷297孝義

河 西 傭　明史卷143附牛景先傳

羌 姚 萇　魏書卷95

孟 嘗 君　史記卷75

松 江 漁 翁　宋史卷458隱逸

明 倫 堂 女　明史卷303列女附萬氏傳

宛 陵 女 子　梁書卷47孝行附滕曇恭傳 南史卷74孝義附張景仁傳

招 遠 孝 女　明史卷301列女附姚孝女傳

9信 陵 君　史記卷77

春 申 君　史記卷78

後 秦 姚 氏　北史卷93僭僞附庸

洗 馬 販 婦　明史卷303列女

南 安 翁　宋史卷458隱逸

南 唐 李 氏　宋史卷478世家

南 漢 劉 氏　宋史卷481世家

10陝 婦 人　晉書卷96列女

海 夷 馮 跋　魏書卷97

荊 南 高 氏　宋史卷483世家

夏 赫 連 氏　北史卷93僭僞附庸

剡 縣 小 兒　南史卷75隱逸附杜京產傳

高 祖 外 家 呂 氏　隋書卷79外戚

徒 河 慕 容 廆　魏書卷95

島 夷 桓 玄　魏書卷97

島 夷 劉 裕　魏書卷97

島 夷 蕭 衍　魏書卷98

島 夷 蕭 道 成　魏書卷98

11麻　襦　晉書卷95藝術

敘　傳　漢書卷100 宋書卷100 北史卷100 魏書卷104

淮 陰 侯　史記卷92

梁 蕭 氏　北史卷93僭僞附庸

野 王 二 老　後漢書卷113逸民

莎 衣 道 人　宋史卷462方技

陳 留 老 父　後漢書卷113逸民

畧 陽 氏 呂 光　魏書卷95

涼 武 昭 王 李 玄 盛　晉書卷87

12犀　首　史記卷70

順 昌 山 人　宋史卷458隱逸

湖 南 周 氏　宋史卷483世家

華 陽 王 楷 妃　北史卷91列女 隋書卷80列女

隋 文 帝 外 家 呂 氏　北史卷80外戚

13楚 王 靈 龜 妃 上 官 氏

（天）

18	魏其武安侯	史記卷107
19	護國夫人洗氏	北史卷91列女 魏書卷80列女

雜目

		舊唐書卷193列女 新唐書卷205列女
	愍懷太子妃王氏	晉書卷96列女
14	漁父	南史卷75隱逸
	管晏	史記卷62
	齊諸宦者	北史卷92恩倖
	漢濱老父	後漢書卷113逸民
	僞晉司馬叡	魏書卷96
	漳泉留氏	宋史卷483世家
	漳泉陳氏	宋史卷483世家
15	賓李雄	魏書卷96
	羯胡石勒	魏書卷95
16	興安二女子	明史卷301列女附成氏傳
	龍溪六生	明史卷143附陳思賢傳
	燕慕容氏	北史卷93僭僞附序
	衛將軍驃騎	史記卷111
	盧水胡沮渠蒙遜	魏書卷99
17	襄城王恪妃	北史卷91列女 隋書卷80列女
	臨渭氐苻健	魏書卷95
	鮮卑乞伏國仁	魏書卷99
	鮮卑禿髮烏孤	魏書卷99
	酈礹先生	晉書卷94隱逸

外國

外紀
（四夷附）

一　畫
1 乙　弗勿敵　魏書卷101附吐谷渾傳

二　畫
2 卜　花兒　明史卷332西域
丁　機宜　明史卷325外國
八　可意　明史卷326外國附剌泥傳
入　達黑商　明史卷332西域

三　畫
3 千　里達　明史卷326外國
小　葛蘭　明史卷326外國
土　魯番　明史卷329西域
女　王　魏書卷101附吐谷渾傳
女　國　隋書卷83西域
干　陀利　梁書卷54海南諸國
干　陀利國　南史卷78西南夷
三　嶼　元史卷210
三　齊　宋史卷489外國
　　　　明史卷324外國
佛　闐　梁書卷54西北諸戎
　　　　魏書卷102西域
　　　　周書卷50異域下
　　　　南史卷79西域
　　　　隋書卷83西域
　　　　舊唐書卷198西戎
于

大　宛　新唐書卷221上西域
　　　　舊五代史卷138外國
　　　　宋史卷490外國
　　　　明史卷332西域
　　　　史記卷123
大　食　晉書卷97西夷
　　　　舊唐書卷198西戎
　　　　新唐書卷221下西域
　　　　宋史卷490外國
大　秦　晉書卷97西夷
大　理　宋史卷488外國
大　漢　梁書卷54東夷
　　　　南史卷79東夷
大　月氏　史記卷123附大宛傳
大　勃律　新唐書卷221下西域
大　葛蘭　明史卷326外國附小葛蘭傳
大　乘法王　明史卷331西域
大　慈法王　明史卷331西域

四　畫
4 勿　吉　魏書卷100
　　　　北史卷94
比　剌　明史卷326外國附溜山傳
夫　餘　後漢書卷115東夷
　　　　三國魏志卷30東夷
　　　　晉書卷97東夷
爪　哇　元史卷210
不　剌哇　明史卷326外國
巴　剌西　明史卷325外國
中　天竺國　梁書卷54海南諸國
　　　　南史卷78西南夷
木　骨都束　明史卷326外國
火　州　明史卷329西域

外國　一至四畫

（天）

火 刺 札	明史卷332西域	
丹 丹 國	梁書卷54海南諸國 南史卷78夷南夷	
丹 眉 流	宋史卷489外國	
日　　本	舊唐書卷199上東夷 新唐書卷220東夷 宋史卷491外國 元史卷208外國 明史卷322外國	
日　　落	明史卷332西域	
日 羅 夏 治	明史卷324外國 附爪哇傳	
文　身	梁書卷54東夷 南史卷79東夷	
文 郎 馬 神	明史卷323外國	
天　方	明史卷332西域	
天　竺	舊唐書卷198西戎 新唐書卷221上西域 宋史卷490外國	
天 竺 迦 毗 黎 國	宋書卷97夷蠻 南史卷78西南夷	

五　　畫

5未	梁書卷54西北諸戎 南史卷79西域	
且　末	魏書卷102西域	
打　回	明史卷326附剌泥傳	
石　國	隋書卷83西域	
史　國	隋書卷83西域	
弁　辰	三國魏志卷30東夷	
北　狄	晉書卷97四夷 隋書卷84 舊唐書卷199下 新唐書卷219	

	南史卷79	**外國**
瓦　刺	明史卷328外國	
瓜　哇	明史卷324外國	**四畫五畫**
占　城	舊五代史卷138外國 宋史卷489外國 元史卷210 明史卷324外國	
句　驪	後漢書卷115東夷	
加 異 勒	明史卷326外國	
甘　棠	新唐書卷221上西域 附疏勒傳	
甘 巴 里	明史卷326外國	
白　題	梁書卷54西南諸戎 南史卷79西域	
白　蘭	周書卷49異域上 北史卷96	
白 松 虎 兒	明史卷332西域	
白 葛 達	明史卷326外國	
失　韋	魏書卷100	
失 剌 比	明史卷326外國	
失 剌 思	明史卷332西域	
古　里	明史卷326外國	
古 里 班 卒	明史卷326外國	
古 麻 剌 朗	明史卷323外國	

六　　畫

6氐	魏書卷101 周書卷49異域上 北史卷96	
氐　胡	宋書卷98	
匈　奴	史記卷110 漢書卷94上 晉書卷97北狄	

外國

六畫

匈	奴	宇	文	莫	槐	魏書卷103 北史卷98
交				阯		宋史卷488外國
竹				步		明史卷326外國
名				蔑		新唐書卷222下南蠻
回				鶻		新唐書卷217 舊五代史卷138外國 宋史卷490外國
地	豆			于		魏書卷100 北史卷94
曲	先			衞		明史卷330西域
朱	俱			波		新唐書卷221上西域 附疎勒傳
合	貓			里		明史卷323外國
吃	力	麻		兒		明史卷332西域
亦	思	弗		罕		明史卷332西域
百	花					明史卷325外國
百	濟					梁書卷54東夷 魏書卷100 周書卷49異域上 南史卷79東夷 北史卷94 隋書卷81東夷 宋書卷97東夷 舊唐書卷199上東夷 新唐書卷220東夷
米	國					隋書卷83西域
米	昔	兒				明史卷332西域
朶	顏					明史卷328外國
朶	甘	烏	斯	藏		明史卷331西域
安	南					元史卷209 明史卷321外國
安	息					史記卷123附大宛傳 周書卷50異域下 隋書卷83西域(目標安國)

安	定	衞			明史卷330西域
吐			蕃		舊唐書卷196 新唐書卷216 舊五代史卷138外國 宋史卷492外國
吐	火	羅			隋書卷83西域 新唐書卷221下西域
吐	谷	渾			宋書卷96 晉書卷97西夷 魏書卷101 周書卷50異域下 北史卷96 隋書卷83西域 舊唐書卷198西戎 新唐書卷221上西域
西	戎				南史卷79 舊唐書卷198
西	夷				晉書卷97
西	羌				後漢書卷117
西	夏				遼史卷115外紀 金史卷134外國
西	域				漢書卷96 後漢書卷118 南史卷79 魏書卷102 北史卷97 隋書卷83 新唐書卷221 明史卷329至332
西	突	厥			隋書卷84北狄
西	原	蠻			新唐書卷222下南蠻
西	趙	蠻			舊唐書卷197
西	洋	瑣	里		明史卷325外國
西	蕃	諸	衞		明史卷330西域
西	南	夷			史記卷116 漢書卷95 後漢書卷116 宋書卷97 南史卷78 宋史卷496蠻夷 舊唐書卷197南蠻
西	南	蠻			
西	南	溪	峒	諸蠻	宋史卷493至

(天)

416

沙州	宋史卷490外國
	明史卷330西域
沙哈魯	明史卷332西域
沙里灣泥	明史卷326外國
沙鹿海牙	明史卷332西域
沙瑤呐嗶嘽	明史卷323外國

八　畫

8底里	明史卷326外國
林邑	晉書卷97南蠻
	梁書卷54海南諸國
	南史卷78海南諸國
	北史卷95
	隋書卷82南蠻
	舊唐書197
宕昌	梁書卷54北諸戎
	魏書卷101
	周書卷49異域上
	南史卷79西戎
	北史卷96
陁洹	舊唐書197
坤城	明史卷332西域
附國	北史卷96
	隋書卷83西域
拂菻	舊唐書卷198西戎
	新唐書卷221下西域
	宋史卷490外國
	明史卷326外國
奄蔡	史記卷123附大宛傳
注輦	宋史卷489外國
和蘭	明史卷325外國
周古柯國	梁書卷54西北諸戎
定安刺國	宋史卷491外國
奇剌泥蠻	明史卷326外國附剌泥傳
雨爨蠻	新唐書卷222下南蠻

西天尼八剌國	494蠻夷
	明史卷331西域
西天阿難功德國	明史卷331西域

七　畫

7坎巴	明史卷326外國附剌泥傳
呂宋	明史卷323外國
何國	隋書卷83西域
投和	新唐書卷222下南蠻
辰韓	後漢書卷115東夷
	三國魏志卷30東夷
	晉書卷97東夷
那孤兒	明史卷325外國
佛郎機	明史卷325外國
豆莫婁	魏書卷100
	北史卷94
別失八里	明史卷332西域
罕東衛	明史卷330西域
罕東左衛	明史卷330西域
扶桑	梁書卷54東夷
	南史卷79東夷
扶南	晉書卷97南蠻
	梁書卷54海南諸國
	新唐書卷222下南蠻
	宋書卷97夷蠻
	南史卷78海南諸國
赤土	北史卷95
	隋書卷82南蠻
赤斤蒙古衛	明史卷330西域
赤沙陀	新唐書卷218

（天）

外國

八畫九畫

昆沼	明納	部樸	落兒	舊五代史卷138
		斯		明史卷326外國
忽	魯	謨	斯	明史卷326外國
長	河	西	魚	明史卷331
武		與	通	梁書卷54西北諸戎 南史卷79西戎
芮		芮		梁書卷54西北諸戎
芮	芮	虜		南齊書卷59
波		斯		梁書卷54西北諸戎 周書卷50異域下 南史卷79西域 隋書卷83西域 舊唐書卷198西戎 新唐書卷221下西域 南史卷78西南夷
波	達	國		舊唐書卷198西戎
泥	婆	國		舊唐書卷198西戎
泥	婆	羅		新唐書卷221上西域
呵	跋	檀		梁書卷54西南諸戎 南史卷79西域
呵	羅	單	國	宋書卷97夷蠻 南史卷78西南夷
河		南		梁書卷54西北諸戎
河	南	王		南史卷79西戎
河	南	氐	羌	南齊書卷59
東		夷		後漢書卷115 三國魏志卷30 晉書卷97四夷 南史卷79 隋書卷81 舊唐書卷199上 新唐書卷220
東		女		舊唐書卷197 新唐書卷221上西域
東		越		史記卷114
東	南	夷		南齊書卷58

東	沃	沮		三國魏志卷30東夷
東	謝	蠻		舊唐書卷197
東	夷	高	句驪國	宋書卷97夷蠻
阿		丹		明史卷326外國
阿		哇		明史卷326外國附剌泥傳
阿		速		明史卷332西域
阿		魯		明史卷325外國
阿		蘭		魏書卷101附吐谷渾傳
阿	里	骨		宋史卷492附吐番傳
阿	端	衞		明史卷330西域

九　畫

9契		丹		魏書卷100 北史卷94 隋書卷84北狄 舊唐書卷199下北狄 新唐書卷219北狄 舊五代史卷137
柔		佛		明史卷325外國
柯		枝		明史卷326外國
勃		泥		宋史卷489外國
迴		紇		舊唐書卷195
柳		城		明史卷329西域
突		厥		周書卷50異域下 北史卷99 隋書卷84北狄 舊唐書卷194 新唐書卷215
迭	里	迷		明史卷332西域
美	洛	居		明史卷323外國
施	浪	詔		新唐書卷222中南蠻附南詔傳

（天）

十　畫

外國
九畫十畫

急闌丹　明史卷326外國

威茂渝州蠻　宋史卷496 蠻夷

剌泥　明史卷326外國

剌撒　明史卷326外國

胡密丹　梁書卷54西北諸戎

胡大且渠蒙遜　宋書卷98氐胡

室韋　北史卷94 隋書卷84北狄附契丹傳 舊唐書卷199下北狄 新唐書卷219北狄

室利佛逝　新唐書卷222下南蠻

哈烈　明史卷332西域

哈梅里　明史卷330西域

哈密衛　明史卷329西域

哈寶哈兒　明史卷332西域

南夷　宋書卷97夷蠻

南毗　宋史卷489附闍婆傳

南蠻　後漢書卷116 晉書卷97 隋書卷82 舊唐書卷197

南丹州　宋史卷494蠻夷

南匈奴　後漢書卷119

南平獠　舊唐書卷197 新唐書卷222下南蠻

南巫里　明史卷326外國

南詔蠻　舊唐書卷197 新唐書卷222南蠻

南學王　漢書卷95

南渤利　明史卷325外國

南越尉佗　史記卷113

10奚　北史卷94 隋書卷84北狄 舊唐書卷199下北狄 新唐書卷219北狄

浡泥　明史卷325外國

孫剌　明史卷326外國附溜山傳

索虜　宋書卷95

泰寧　明史卷328附朵顏傳

骨咄　新唐書卷221下西域

耽羅　元史卷208

師子國　宋書卷97夷蠻 梁書卷54海南諸國 南史卷78西南夷 新唐書卷221下西域

討來思　明史卷332西域

祖法兒　明史卷326外國

浪穹詔　新唐書卷222中南蠻附南詔傳

胖柯蠻　舊唐書卷197 舊五代史卷138

庫莫奚　魏書卷100 周書卷49異域上

唎眵囉　宋史卷492附吐蕃傳

納失者罕　明史卷332西域

狼牙修國　梁書卷54海南諸國 南史卷78西南夷

海南諸國　南史卷78 梁書卷54

荊雕州蠻　宋史卷97夷蠻 南史卷79諸蠻

俺的于　明史卷332西域

俺都淮　明史卷332西域

党項　北史卷96 隋書卷83西域

(天)

外國

十畫

挹怛　舊唐書卷198西戎　新唐書卷221上西域　舊五代史卷138　隋書卷83西域

挹婁　後漢書卷115東夷　三國魏志卷30東夷

馬韓　後漢書卷115東夷　三國魏志卷30東夷　晉書卷97東夷

馬八兒　元史卷210

夏國　宋史卷485至486外國

夏剌比　明史卷326外國附刺泥傳

流求　北史卷94　隋書卷81東夷　宋史卷491外國

流鬼　新唐書卷220外國

倭　後漢書卷115東夷　梁書卷54東夷　南史卷79東夷　北史卷94

倭人國　三國魏志卷30東夷　晉書卷97東夷　宋書卷97蠻　隋書卷81東夷　舊唐書卷199上東夷

高車　魏書卷103　北史卷98

高昌　梁書卷54西北諸夷　魏書卷101　周書卷50異域下　南史卷79西域　隋書卷83西域　新唐書卷198西戎　新唐書卷221上西域　宋史卷490外國

高麗　周書卷49異域上　北史卷94　隋書卷81東夷　舊唐書卷199上東夷　新唐書卷220東夷　舊五代史卷138　宋史卷487外國　遼史卷115外紀

高句麗　金史卷135　元史卷208　後漢書卷115東夷　三國魏志卷30東夷　宋書卷97蠻夷作東夷高句驪國　梁書卷54　魏書卷100東夷　南史卷79東夷

真臘　北史卷95　隋書卷82南蠻　舊唐書卷197　新唐書卷222下南蠻　宋史卷489外國　明史卷324外國

烏丸　三國魏志卷30

烏孫　史記卷123附大宛傳

烏桓　後漢書卷120

烏那曷　隋書卷83西域

烏洛侯　魏書卷100　北史卷94

烏羅渾　舊唐書卷199下北狄

烏沙剌踢　明史卷326外國附剌泥傳

烏斯藏大寶法王　明史卷331西域

徒河段就六眷　魏書卷103　北史卷98

十一畫

淡巴　明史卷325外國

焉耆　晉書卷97西夷　周書卷50異域下　隋書卷83西域　舊唐書卷198西戎　新唐書卷221上西域

曹國　隋書卷83西域

（天）

疎	勒	舊唐書卷198西戎 （條詳頁421）
敏	冀	明史卷332西域
琉	球	明史卷323外國
梅 山	峒	宋史卷494蠻夷
捨 刺	齊	明史卷326外國附剌 泥傳
條	枝	史記卷123附大宛傳
悉 居	半	魏書卷102西域
敍 州 三	路蠻	宋史卷496 蠻夷
張	掖	宋書卷98氐胡
麻	林	明史卷326外國
麻 葉	甕	明史卷323外國
康		新唐書卷221下西域
康	居	史記卷123附大宛傳 晉書卷97西戎 隋書卷83西域 舊唐書卷198西戎
婆	利	梁書卷54海南諸國 北史卷95 南史卷78西南夷 隋書卷82南蠻 舊唐書卷197
婆 羅		明史卷323外國
婆 皇	國	南史卷78西南夷

十 二 畫

12粟	特 勒	周書卷50異域下
疏	勒	隋書卷83西域 新唐書卷221上西域 舊唐書卷198西戎
單	單	新唐書卷222下南蠻
朝	鮮	史記卷115 漢書卷95

		明史卷320外國
答 兒	密	明史卷332西域
越 析	詔	新唐書卷222中南蠻 附南詔傳
跋 祿	迦	新唐書卷221上西域 附龜茲傳
須 文 達	那	明史卷325外國 附蘇門答剌傳
馮 嘉 施	蘭	明史卷323外國
渴	石	明史卷332西域
渴 盤	陀	梁書卷54西北諸戎 南史卷79西域
彭	亨	明史卷325外國
彭 加	那	明史卷326外國附剌 泥傳
訶	陵	舊唐書卷197 新唐書卷222下南蠻
訶 羅	陀國	南史卷78西南 夷
渤	海	新唐書卷219北狄 宋史卷491外國
渤 海	靺鞨	舊唐書卷199下 北狄 舊五代史138
黑	婁	明史卷332西域
黑 葛	達	明史卷326外國附白 葛達傳
黑 水	靺鞨	新唐書卷219 舊五代史138 北狄

外國
十
一
畫
十二畫十三畫

十 三 畫

13滑		梁書卷54西北諸戎 南史卷79西域 明史卷326外國
溜	山	
肅	愼	晉書卷97東夷
新	羅	梁書卷54東夷 南史卷79東夷 北史卷94 隋書卷81東夷

外國

十四畫十五畫

舊唐書卷199上東夷
新唐書卷220東夷
舊五代史卷138

崑察泥　明史卷326外國
達失干　明史卷332西域
意大里亞　明史卷326
嬰皇國　宋書卷97夷蠻
婆達國　宋書卷97夷蠻
董氈　宋史卷492外國附吐蕃傳（人名）
董卜韓胡　元史卷331西域

十　四　畫

14編　元史卷210
瑠求　元史卷210
瑣里　明史卷325外國
碟里　明史卷324外國附瓜哇傳
漕國　隋書卷83西域
寧遠　新唐書卷221下西域
福餘　明史卷328外國附朵顏傳
靺鞨　隋書卷81東夷
　　　舊唐書卷199下北狄
　　　明史卷325外國
滿剌加　新唐書卷222中南蠻附南詔傳
蒙儁詔　新唐書卷222中南蠻附南詔傳
箇失密　新唐書卷221下西域
趙思忠　宋史卷492附吐蕃傳（人名）
輔教王　明史卷331西域
閩粵王　漢書卷95
賓童龍　明史卷324外國附占城傳

榜葛剌　明史卷326外國
槃槃國　南史卷78西南夷
誠徽州　宋史卷494蠻夷
裸離等十國　晉書卷97東夷
蒲山　魏書卷102西域
蒲甘　宋史卷489外國

十　五　畫

15獠　魏書卷101
　　　周書卷49異域上
　　　明史卷332西域
養夷
鄧至　梁書卷54西北諸戎
　　　魏書卷101
　　　周書卷49異域上
　　　南史卷79西戎
　　　北史卷96
魯迷　明史卷332西域
鄯善　魏書卷102西域
　　　周書卷50異域下
盤盤　梁書卷54海南諸國
　　　舊唐書卷197
　　　新唐書卷222下南蠻
層檀　宋史卷490外國
撫水州　宋史卷495蠻夷
摩揭陀　新唐書卷221上西域
廣源州　宋史卷495蠻夷
撒馬兒罕　明史卷332西域
墮和羅　舊唐書卷197
墮婆登　舊唐書卷197
黎伐　明史卷325外國
黎洞　宋史卷495蠻夷

（天）

外國

十五至廿畫

賽　藍　明史卷332西域
環　王　新唐書卷222下南蠻
環　州　夷史卷495蠻夷
闍　婆　宋史卷489外國 / 明史卷324外國
闍　婆　達　國　宋書卷97夷蠻 / 南史卷78西南夷

十 八 畫

18魏　虜　南齊書卷57
瞻　博　新唐書卷222下南蠻
邈　黎　宋史卷489外國
雛　籠　明史卷323外國

十 九 畫

19霫　舊唐書卷199下北狄
識　匿　新唐書卷221下西域
瀘　州　蠻　宋史卷496蠻夷
贊　善　王　明史卷331西域

廿 畫

20鏺　汗　隋書卷83西域
蠕　蠕　魏書卷103 / 南史卷79北狄 / 北史卷98
闡　化　王　明史卷331西域
闡　教　王　明史卷331西域
蘇　毗　新唐書卷221下西域

黎　州　諸　蠻　宋史卷496蠻夷

十 六 畫

16濊　三國魏志卷30東夷
膽　征　宋史卷492外國附吐蕃傳
穆　胡　周書卷49異域上 / 北史卷96
龜　茲　晉書卷97西夷 / 梁書卷54西北諸戎 / 周書卷50異域下 / 南史卷79西域 / 隋書卷83西域 / 舊唐書卷198西戎 / 新唐書卷221上西域 / 宋史卷490 / 南史卷79
諸　蠻
豫　州　蠻　宋書卷97夷蠻 / 南史卷79諸蠻
邆　賧　詔　新唐書卷222中南蠻附南詔傳
默　德　那　明史卷332西域
錫　蘭　山　明史卷326外國
穆　國　隋書卷83西域
黔　涪　施　高　溆　外　諸　蠻　宋史卷496蠻夷
暹　元史卷210
暹　羅　明史卷324

十 七 畫

17鮮　卑　後漢書卷120 / 三國魏志卷30 / 宋書卷96
謝　颺　新唐書卷221下西域
闍　賓　舊唐書卷198西戎 / 新唐書卷221上西域

（天）

蘇	祿	明史卷325外國
蘇吉	丹	明史卷324外國附瓜哇傳
蘇門答	刺	明史卷325外國

廿 一 畫

21顯		新唐書卷222下南蠻
顯	國	舊唐書卷197
護教	王	明史卷331西域
鐵	勒	北史卷99 隋書卷84北狄 舊唐書卷199下北狄

廿 二 畫

22覽	邦	明史卷325外國
韃	靼	明史卷327外國

廿 三 畫

23玁	狁	周書卷50異域上

廿 五 畫

25蠻		南齊書卷58 魏書卷101 周書卷49異域上
蠻	獠	北史卷95

傳 叢

一 畫

一	行	新五代史卷34

三 畫

土	司	明史卷310至319

四 畫

止	足	梁書卷52
日	者	史記卷127
公	主	新唐書卷83 宋史卷248 明史卷121
方	技	(技一作伎) 三國魏志卷29 北齊書卷49 舊唐書卷191 新唐書卷204 宋史卷461至462 遼史卷108 金史卷131 元史卷203 明史卷299 後漢書卷112
方	術	
文	苑	後漢書卷110 晉書卷92 魏書卷85 北齊書卷45 北史卷83 舊唐書卷190 宋史卷439至445 明史卷285至288
文	學	南齊書卷52 梁書卷49至50 陳書卷34 南史卷72

（天）

文　藝		隋書卷76 遼史卷103至104 新唐書卷201至203 金史卷125至126

五　畫

世　家		新五代史卷61至71 宋史卷478至483
世　戚		金史卷120
世　襲		舊五代史卷132至133
外　戚		漢書卷97 晉書卷93 魏書卷83 北齊書卷48 北史卷80 隋書卷79 舊唐書卷183 新唐書卷206 宋史卷463至465 明史卷300
外　國		宋書卷97 晉書卷97 梁書卷54 周書卷49至50 南史卷78至79 隋書卷81至84 舊唐書卷194至199 新唐書卷215至222 舊五代史卷137至138 新五代史卷72至74 宋史卷485至496 遼史卷115 金史卷134至135 元史卷208至210 明史卷320至328

六　畫

列　女		後漢書卷114 晉書卷96 魏書卷92 北史卷91 隋書卷80 舊唐書卷193 新唐書卷205(列作列)

叢傳		宋史卷460 遼史卷107 金史卷130 元史卷200至201 明史卷301至303
后　妃		三國魏志卷5 三國蜀志卷34或4 三國吳志卷50或5(作妃嬪) 晉書卷31至32 宋書卷41 南齊書卷20(作皇后) 梁書卷7(作皇后) 陳書卷7(作皇后) 魏書卷13(閼) 北齊書卷9 周書卷9(作皇后) 南史卷11至12 北史卷13至14 隋書卷36 舊唐書卷51至52 新唐書卷76至77 舊五代史卷11梁 舊五代史卷49唐 舊五代史卷86晉 舊五代史卷104漢 舊五代史卷121周 新五代史卷13至20(作家人) 宋史卷242至243 遼史卷71 金史卷63至64 元史卷114又116 明史卷113至114
死　事		新五代史卷33
死　節		新五代史卷32

七　畫

伶　官		新五代史卷37
良　吏		遼史卷109 晉書卷90 宋書卷92 梁書卷53 魏書卷88 舊唐書卷185 元史卷191至192

四至七畫

（天）

叢傳

七畫八畫

良	政	南齊書卷53
佞	幸	史記卷125
		漢書卷93
		宋史卷470
		金史卷129
		明史卷307
孝	友	晉書卷88
		舊唐書卷188
		新唐書卷195
		金史卷127
		元史卷197至198
孝	行	梁書卷47
		陳書卷32
		北史卷84
孝	感	魏書卷86(闕)
孝	義	宋書卷91
		南齊書卷55
		周書卷46
		南史卷73至74
		隋書卷72
		宋史卷456
		明史卷296至297

八　畫

卓	行	新唐書卷194
		宋史卷459
		遼史卷106
宗室諸王		漢書卷38高五王
		漢書卷44
		漢書卷47文三王
		漢書卷53景十三王
		漢書卷63武五子
		漢書卷80宣元六王
		後漢書卷44
		後漢書卷72光武十王
		後漢書卷80明帝八王
		後漢書卷85章帝八王
		三國魏志卷19
		三國魏志卷20武文世王公

三國蜀志卷4或34
三國吳志卷6或51
晉書卷37至38
晉書卷53
晉書卷59
晉書卷64
宋書卷51
宋書卷61武三王
宋書卷68武二王
宋書卷72文九王
宋書卷80又90孝武十四王，明四王
南齊書卷35高祖十二王
南齊書卷40武帝十七王
南齊書卷45
南齊書卷50文二王明七王
梁書卷8
梁書卷22太祖五王
梁書卷23
梁書卷29高祖三王
梁書卷44太宗十一王，世祖二子
梁書卷55
陳書卷14至15
陳書卷28
陳書卷36
魏書卷14至22
北齊書卷10至14
周書卷10至13
南史卷13至14宋
南史卷41至44齊
南史卷51至54梁
南史卷65陳
北史卷15至19魏
北史卷51至52齊
北史卷57至58周
北史卷71隋
隋書卷13至45(45文四子)
隋書卷59煬三子
舊唐書卷60
舊唐書卷64
舊唐書卷76
舊唐書卷86
舊唐書卷95
舊唐書卷107
舊唐書卷116
舊唐書卷150
舊唐書卷175

（天）

叢傳　八至十二畫

新唐書卷78至82
舊五代史卷12　梁
舊五代史卷50至51　唐
舊五代史卷87　晉
舊五代史卷105　漢
舊五代史卷122　周
新五代史卷13　梁
新五代史卷14至16　唐
新五代史卷17　晉
新五代史卷18　漢
新五代史卷19至20　周
宋史卷244至247
遼史卷72
金史卷65至66
金史卷69又76
金史卷80又82
金史卷85又93
元史卷115
明史卷115至120
忠義　晉書卷89
　　　舊唐書卷187
　　　新唐書卷191至193
　　　宋史卷446至455
　　　金史卷121至124
　　　元史卷193至196
　　　明史卷289至295

九　畫
刺客　史記卷86
姦臣　新唐書卷223
　　　宋史卷471至474
　　　遼史卷110至111
　　　元史卷205
　　　明史卷308
叛臣　新唐書卷224
　　　宋史卷475至477
　　　金史卷133
　　　元史卷206
叛逆　晉書卷98

十　畫

能吏　遼史卷105
佞臣　南齊書卷56
逆臣　新唐書卷225
　　　遼史卷112至114
　　　金史卷132
　　　元史卷207
恩倖　宋書卷94
　　　魏書卷93
　　　北齊書卷50
　　　南史卷77
　　　北史卷92
高逸　南齊書卷54
流賊　明史卷309
宦官　舊唐書卷184
　　　遼史卷109
　　　明史卷304至305
宦者　後漢書卷108
　　　新唐書卷207至208
　　　新五代史卷38
　　　宋史卷466至469
　　　金史卷131
　　　元史卷204

十　一　畫
處士　梁書卷51
貨殖　史記卷129
　　　漢書卷91

十　二　畫
逸士　魏書卷90
逸民　後漢書卷113
循吏　史記卷119
　　　漢書卷89
　　　後漢書卷106
　　　北齊書卷46
　　　南史卷70
　　　北史卷86
　　　隋書卷73
　　　新唐書卷197

（天）

義傳

十二至十七畫

義傳　宋史卷426
　　　金史卷128
　　　明史卷281

游俠　史記卷124
　　　漢書卷92

十三畫

滑稽　史記卷126
賊臣　南史卷80
義兒　新五代史卷36
載記　晉書卷101至103前趙
　　　晉書卷104至107後趙
　　　晉書卷108至111前燕
　　　晉書卷112至115前秦
　　　晉書卷116至119後秦
　　　晉書卷120至121後蜀
　　　晉書卷122後涼
　　　晉書卷123至124後燕
　　　晉書卷125西秦乞伏
　　　北燕馮
　　　晉書卷126南涼
　　　晉書卷127至128南燕
　　　晉書卷129北涼
　　　晉書卷130夏
道學　宋史卷427至430

十四畫

酷吏　史記卷122
　　　漢書卷90
　　　後漢書卷107
　　　北齊書卷47
　　　魏書卷89(闕)
　　　北史卷87
　　　隋書卷74
　　　舊唐書卷186

節義　新唐書卷209
　　　金史卷129
誠節　魏書卷87(闕)
　　　北史85
　　　隋書71
僧偽附庸　北史卷93
　　　　　舊五代史卷134

十六畫

獨行　後漢書卷111
龜策　史記卷128
儒林　史記卷121
　　　漢書卷88
　　　後漢書卷109
　　　晉書卷91
　　　梁書卷48
　　　陳書卷33
　　　魏書卷84
　　　北齊書卷44
　　　周書卷45
　　　南史卷71
　　　北史卷81至82
　　　隋書卷75
　　　宋史卷431至438
　　　明史卷282至284
儒學　舊唐書卷189
　　　新唐書卷198至200
　　　元史卷189至190
閹官　魏書卷94
閹黨　明史卷306

十七畫

隱逸　晉書卷94
　　　宋書卷93
　　　南史卷75至76
　　　北史卷88
　　　隋書卷77
　　　舊唐書卷192
　　　新唐書卷196
　　　宋史卷457至459
　　　金史卷127
　　　元史卷199

(天)

叢傳

十八至廿畫

（天）

補遺

甘麻剌	元史卷115(卽顯宗)	41頁左甘昭吉下
田仲	漢書卷92附朱家傳	45頁左田牟下
朴不花	元史卷204	52頁右百家奴下
向傳範	或作向轉範	55頁左
拖雷	元史卷115(卽睿宗)	118頁左玠下
沮渠祖	魏書卷99	120頁右到彥之下
和速嘉安禮	金史卷121	122頁左和逢堯下
哈麻	元史卷205	136頁右哈銘下
眞金	元史卷115(卽裕宗)	156頁右家鉉翁下
桑哥	元史卷205	158頁左師覺授下
麻襦	晉書卷95	187頁右麻禧下
答剌麻八剌	元史卷115(卽順宗)	236頁左答失八都魯下
廉惠山海牙	元史卷145	250頁右廉希憲下
楊信	明史卷173附楊洪傳	260頁左楊拭下
楊能	明史卷173附楊洪傳	260頁左楊砥下
裴詢	魏書卷45附裴駿傳	272頁右裴楷下
蕭寶寅	卽蕭寶黃	見338頁右
鐵失	元史卷207	351頁左饒虎臣下
鐵弗劉虎	魏書卷95	351頁右鐵弗衞辰上
元后	漢書98	368左漢下

(天)

頁　　欄	正	誤
述例，4頁9行	以外紀（四夷附）名之	以外國名之
檢字各頁均有	外紀	外國
筆畫檢字6，三欄末	412雜目	「漏」
筆畫檢字7，二欄7行	絛　420外紀	「漏」
筆畫檢字6，一欄4行	犀　412雜目	犀156「應列12畫行下」
拼音檢字2，三欄裘下	Ch'iu 龜　422外紀	「漏」
拼音檢字6，二欄柯下	Ko 蓋　268	「漏」
拼音檢字6，三欄龜下	又見Ch'iu	「漏」
拼音檢字11，二欄銚下	Ti'ao 絛　420外紀	「漏」
拼音檢字11，三欄陀下	Tó 拕　118	「漏」
拼音檢字13，三欄漁下	Yü 尉　190	「漏」
13右元或下　　14左元提下	臨淮王譚	臨淮王潭
14左元提下	河南王曜傳（卽潁川王）	河南王曜傳
14右元弼下	北齊書卷28	「應另起一行」
15右2行	隋書卷46	「應另起一行」
15右元誕下	魏書卷21上附	魏書卷21附
17右元季方下　18右元羲方下　132右周思茂下 147左范履冰下　149左胡楚賓下	元萬頃	元寓傾
20左末　24左王勔下 27右末三，五	王勃	王渤
20右王昂下	元載	元戴
22左王卷下	石璞	石濮
23左王宰下	王仁皎	王仁蛟
24右	王　12寂	「12誤排王隆一行」
24右王渙下	楊禮敬	楊敬禮
25右	王翰	「應列王肅下」
28左王潛下	王同皎	王同蛟
29左王檀下	舊五代史卷22	舊五代史卷22梁書
29左王檀下	新五代史卷23梁臣	新五代史卷23雜傳
30右王九思下	附李夢陽傳	李夢陽傳
32左王正雅下	附王翊傳	附王栩傳
34左王秀之下	附王裕之傳	附王裕傳
36右王欽臣下	王洙傳	王洙傳

頁　欄	正	誤
37左王熙元下	王處訥	王處納
37右	王養正	應列38王審知下
38右	王鴻儒	王鴻孺
39右冉閔下	坩羯胡石勒傳	坩翔胡石勒傳
42右申怙下	作申恬	作申怙
44左史祥下	坩史寧傳	「應移入上行」
45左田蚡下	（卽武安候）	「應移入上行」
52右守眞下	本名左罷	本名左壓
54左伏勝下	卷88儒林（目標伏生）	卷88儒林
54右向朴下　291右鄭華下	顏伯瑋	顏伯諱,偉
54右末1,3　55左向宗良 宗回下	向傳範	向轉範
55右安上達下　57右末	黨還醇	黨還醨
56左安慶緒下	卷200上坩安祿山傳	卷200上
56右江洪下	吳均	吳筠
56右	江摠	「應倂入江總下」
60左朱珍	舊五代史卷19 新五代史卷21梁臣	舊五代史卷19梁書 新五代史卷21蔡傳
60右	朱怪	朱廷
60右末	明史卷118諸王	明史卷118諸
63右朱希彩下	李懷仙	李儇仙
65左朱戴垔下	坩鄭王瞻埈傳	附鄲王瞻埈傳
66左	朱瞻埏	朱瞻琁
66右	沃側	沃測
67右禿髮烏孤下	目作鮮卑	本作鮮卑
69左谷倚下	富嘉謨	富嘉煂
69左孛羅帖槐下	元史卷207逆臣	「漏」
73左	沈勃	沈浡「應列沈重上」
73右沈顗下	沈演之	沈續之
73右沈文阿下	沈峻	沈浚
73右	沈有容	沈有客
76右宋應亨下	坩宋玫傳	宋玫傳
78右	呂維祺	呂維褀
81左	何維柏	何維伯
81右	杜憎	「應列82杜瑛下」
81,82,83各頁	杜佑	杜祐

頁欄	正	誤
84右	吳筠	「應列吳琰下」
85右吳全節下	張宗演	張宗嶺
87左完顏元下	本名神土懣	本名土神懣
92左李佋下	舊唐書卷116宗室	舊唐書卷116
94右李泰下	卽濮王	卽濮王
96右李雄下	目作	本作
97左李棠下	明史卷222附王崇古傳	「漏」
97左李景下	李昇	李昪
100右李綺下	卽和王	卽松王
104右李籌下	坿毛洵傳	附毛恂傳
105右李公積下	坿李渾傳	附李惲傳
105右李日華下	坿王惟儉傳	上王維儉傳
107左李幼廉下	坿李義深傳	附李義琛傳
107左李玄霸下	新唐書卷79	「漏」
110左李孝貞下	北史卷33附李順傳	「漏」
110右李長仁傳	坿李叔虎傳	附李叔虝傳
110右	李抱眞	李抱貞
110右李季卿下	舊唐書卷99坿李適之傳	舊唐書卷99李適之傳
112左	坿劉晏傳	附到宴傳
112右	李彥頴	李彥頴
113左李家奴傳	坿寧豬狗傳	附寧狗豬傳
114右李開先下　270左熊過下	陳束	陳東
118右昻下	本名吳都補	本名吳都
119右抹然史扢搭下	金史卷93	金史卷93貨殖
120左尚大倫下	附王徵俊傳	坿丁泰運傳
122右金應下　127右林琦下	附鄒灜傳	附鄒鳳偆
125左末	阿榮	阿榮
125右阿魯補下	坿冶詞傳	坿紹訏傳
128左	林應驌	林應驄
128右孟嘗下	後漢書卷106循吏	漢書卷106循吏
130左周紘下	坿周瑄傳	附周王宣傳
131左周魴	吳志卷15或60	吳志卷15
132右周奉叔下	坿周盤龍傳	附周槃龍傳

頁欄	正	誤
136左	坿垣護之傳	附坦護之傳
136右	哈剌亦哈赤北魯	哈剌亦哈赤比魯
139左皇甫和下	坿裴佗傳	附裴陀傳
139右皇甫徵下	坿江悅之傳	附姜悅之傳
143左侯天錫下	坿侯良佳傳	附侯良住傳
143右侯廷訓下	坿薛蕙傳	附薛蕙傳
143右侯偉時下	明史	附明史
147左	范簒德	范蕆德
148左胡續下	坿董蘯綸傳	附董畫綸傳
149左	胡長孺	胡長儒
149左	胡舜陟	胡舜涉
152左	「韋師康條」	「刪」
155右	耶律阿魯掃古	耶律何魯掃古
156左	「犀首條」	「刪」
157右 叉晁宗愨下	晁迥	晁迥
158右	納驎	納鱗
158右郎愛下	坿燕欽融傳	附燕欽客傳
160右	徒單鎰	徒單益
161右殷士儋下	坿趙貞吉傳	附趙貞吉傳
162左殷盈孫下	坿殷侑傳	附殷洧傳
162右荀法尙下	坿荀朗傳	附荀郎傳
164左	烏氏贏	烏氏嬴
164右	烏延查剌	烏延查利
165左夏鐩下	坿夏壎傳	附夏勛傳
166右唐憲下	坿唐儉傳	附唐伶傳
170左馬廖下	坿馬援傳	附馬瑗傳
171左馬仙琕下	坿袁湛傳	附袁湛之傳
172右徐陟下	坿徐階傳	附徐諧傳
175左	徐應鑣	徐應鑒
177左孫臨下	附楊文驄傳	附楊文聰傳
177右	孫方諫	孫方謙
178右孫萬壽下	坿孫蕙蔚傳	附孫蕙蔚傳
179左	孫繼宗	孫繼忠
185左高顯國下	襄樂王	襄樂公

頁　欄	正	誤
185右爽下	阿鄰	阿僯
187右痲產下	臕酷	臕酷
188左各條	淩	淩
189右婁伏連下	作樓伏連	作婁伏連
190右尉遲運下	尉遲迥	尉遲迥
190右	畢仲游	畢仲遊
192左常德志條	「本條應刪去」	
192左章華下	傅縡	傅繹
195左　又右許力士下	許紹	許詔
195左末	許楫「應列許靖下」	許揖
199左	陸師閔	陸思閔
201右	曹文耀	曹文曜
203左郭絢下	郭裕「應併入左五行」	
203右二行	北史卷86循吏附柳儉傳	「脫四字」
206右崔逸條	「應列207左崔植下」	
208左崔頤下	北史卷88坿崔廓傳	「漏」
208右崔瞻下	作崔瞻	作崔瞻
208左崔辨	「應併入崔辯下」	
215左	陳少游	陳少遊
216左陳希烈下	張說	張垸
220左	張沇	張沇
222右張庸下	朴賽因不花	朴賽田不花
224右張禕下	晉書卷36忠義附張華傳	卷89忠義
224右張漢下	翟鵬	瞿鵬
224右張煒下	晉書卷89	卷36坿張華傳
225右張雕下	（北史卷81作張彫武）	「漏」
225右張鷹	「應列張巖下」	
227左張乞驢下	齊鷹揚	齊膺揚
229左張玄靚下	張軌	張祚
229張好古下	張晉亨	張晉亨
230左張廷範下	柳璨	柳㻑
230右	張始均	張始筠
232右	張彫武北齊書作張雕	張雕武
236左屠隆下	徐渭	徐謂

頁欄	正	誤
236左項羽下	史記卷7作項羽本紀	「漏」
236左	富紹庭	富超庭
237左舒璘下	沈煥	沈渙
238右湯沐下	馬錄	馬祿
239右	華毅	華嶔
244左	傅鼎銓	傅鼎詮
248左黃縮下　256左末	葉應驄	葉應聰
249左	黃淳耀淵耀	黃淳曜淵曜
251右	塔海帖木兒	塔海帖本兒
251右源師下	坿源賀傳	附源質傳
258左賈㺓下	新唐書卷116(作賈耽)	「脫三字」
261左楊愃下	楊敞	楊敝
262左楊蟲下	陳濟	陳璹
264左	揚文聰	揚文聰
266右楊智積下	北史卷71隋宗室	「漏」
268左榮瑝下	鄭譏	鄭瑛
269左	僕散渾坦	僕散渾垣
270右蒲察移剌都下	金史卷104	金史卷104文苑
271左瞿進下	瞿興	瞿與
272右裴諝下	裴潅	裴潅
276左趙瑰下	趙璉	趙㺫
278左趙元淑下	楊玄感	楊玄盛
283右魯宗文下	魯欽	魯欣
284左慕容暐下	魏書卷95附慕容廆傳	「漏」
295右劉昉下	劉陟	劉涉
296左劉信下	新五代史	新五代書
297右劉祥下	南齊書卷36	「漏」
298左	劉㮮	劉楫
299左劉最下	鄧繼曾	鄧維曾
300左劉演下	劉琨	劉焜
300左	劉韠	劉緯
301右	劉彊	劉疆
302左	劉蕚	劉蕚
304右劉子翽下	北史卷85節義	北史卷85誠節

頁　欄	正	誤
305左劉允章下　307左		
309右劉寬夫下	劉伯芻	劉伯蒭
305左	劉仁瞻	劉仁膽
307右劉定國下	方國儒	方國瑞
308左劉知柔下	劉延祐	劉延佑
308右劉鼻濟下	劉平	劉怦
314左霍與瑕下	霍韜	霍韜
316右錢可復下	錢徽	錢微
320右轅固生下	（卽淸河王太傅）刪去	
322左鍾惺下	袁宏道	袁道宏
322左	謝　7岐	謝歧
326右薛彪子下	北史卷25	傳北史卷25
330左韓寶業下	諸官者	諸官者
335左蕭子良下	竟陵文宣王	晉陵文宣王
341右顏相時下	顏師古	顏思古
341顏師邕下	王璠	王播
346左羅以禮	陳本深	陳本琛
347右嚴德珉下	楊靖	揚淸
349蘇晉下	舊唐書卷100附蘇瑜傳	「脫四字」
356左王氏下	舊唐書卷193	「漏」
361右馬氏下	明史卷302	「漏」
364左末	鄒待徵	鄒侍徵
365左楊貞婦下	明史	史明
366左鄭廉妻李氏下	堅貞	豎貞
366左	鄭義宗	鄭義宗
366右	王蘭英	玉蘭英
367左	盧元禮妻李氏	妻李宗
367右顏氏下	明史卷303坿唐氏傳	「脫四字」
369左先主甘后下	卷4或34	卷4
369左吳主權王夫人下	卷5或50	卷5
369右	孝武文李太后	孝武文李皇后
374左女學士下	宣懿	宣憲
374右末	晁氏	鼂氏
384左	常山憲王舜	常山獻王舜
386左先主備下	卷2或32	卷2

頁欄	正	誤
286左先主子永下	卷4或34	卷4
386左先主子理下	卷4或34	卷4
386左後主禪下	卷3或33	卷3
386左後主太子璿下	卷4或34	卷4
386左吳主權下	卷2或47	卷2
389右	始安貞王	始安王
400左舒王元名下	新唐書	唐書新
402左廣寧縣公下	江夏王道宗	江夏王通宗
406左	安邱王當㴑	安邱王當溯
406右	荊王瞻堈	荊王瞻梱
407左	淮王瞻墺	淮王瞻墺
408左	薊王載塇	薊王載堰

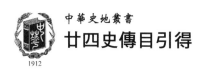

中華史地叢書
廿四史傳目引得

作　　　者／梁啟雄　著
主　　　編／劉郁君
美術編輯／中華書局編輯部

出 版 者／中華書局
發 行 人／張敏君
行銷經理／王新君
地　　　址／11494 臺北市內湖區舊宗路二段181巷8號5樓
客服專線／02-8797-8396　　　傳　真／02-8797-8909
網　　　址／www.chunghwabook.com.tw
匯款帳號／兆豐國際商業銀行　　東內湖分行
　　　　　　067-09-036932　中華書局股份有限公司

法律顧問／安侯法律事務所
印刷公司／維中科技有限公司　海瑞印刷品有限公司
出版日期／2015年3月臺六版
版本備註／據1988年3月五版復刻重製
定　　　價／NTD 660

國家圖書館出版品預行編目（CIP）資料

廿四史傳目引得 / 梁啟雄著. — 臺六版. —
　臺北市：中華書局，2015.03
　　面　；公分. —（中華史地叢書）
　ISBN 978-957-43-2372-2(平裝)

　1.中國史 2.索引

610.06021　　　　　　　　　104005854